马克思主义与中华文化文选

Makesi Zhuyi Yu Zhonghua Wenhua Wenxuan

傅其林 ◎ 主编

四川大学世界一流学科群『马克思主义与当代中国』建设经费资助

四川大学出版社
SICHUAN UNIVERSITY PRESS

图书在版编目（CIP）数据

马克思主义与中华文化文选 / 傅其林主编. — 成都：四川大学出版社，2023.3
ISBN 978-7-5690-5971-7

Ⅰ. ①马… Ⅱ. ①傅… Ⅲ. ①马克思主义－发展－中国－文集②文化发展－中国－文集 Ⅳ. ①D61-53 ②G12-53

中国国家版本馆CIP数据核字（2023）第021478号

书　　名：	马克思主义与中华文化文选
	Makesi Zhuyi yu Zhonghua Wenhua Wenxuan
主　　编：	傅其林

选题策划：	王　冰
责任编辑：	王　冰
责任校对：	陈　蓉　毛张琳
装帧设计：	墨创文化
责任印制：	王　炜

出版发行：	四川大学出版社有限责任公司
	地址：成都市一环路南一段24号（610065）
	电话：（028）85408311（发行部）、85400276（总编室）
	电子邮箱：scupress@vip.163.com
	网址：https://press.scu.edu.cn
印前制作：	四川胜翔数码印务设计有限公司
印刷装订：	四川五洲彩印有限责任公司

成品尺寸：	170mm×240mm
印　　张：	20
插　　页：	1
字　　数：	359千字

版　　次：	2023年8月 第1版
印　　次：	2023年8月 第1次印刷
定　　价：	88.00元

本社图书如有印装质量问题，请联系发行部调换

版权所有　◆　侵权必究

扫码获取数字资源

四川大学出版社
微信公众号

目 录

导论：推进马克思主义与中华优秀传统文化相结合的基本命题
.... 傅其林（1）
把中华文化的精华融入马克思主义 .... 叶书宗（9）
从建设性批判到创新性转化
　　——中国共产党人的百年传统文化观 .... 党圣元（15）
弘扬中华民族优秀传统文化与坚持马克思主义 …… 李生林　王远文（33）
坚持把马克思主义基本原理同中华优秀传统文化相结合 … 沈湘平（39）
论马克思主义基本原理同中华优秀传统文化相结合 .... 刘建军（53）
论马克思主义与中国儒学 .... 唐昌黎（69）
论毛泽东创新马克思主义的中国文化基础 .... 程美东（80）
马克思主义和中华传统文化关系的三种主要阐释范式
.... 李元旭　平章起（93）
马克思主义基本原理同中华优秀传统文化相结合的历史与逻辑
.... 郑　飞（103）
马克思主义如何同中华优秀传统文化相结合 .... 郝立新（117）
马克思主义同中华优秀传统文化相结合的百年实践 .... 欧阳军喜（126）
马克思主义同中华优秀传统文化相结合的时代价值
.... 王炳林　李盖启（135）
马克思主义与中国文化的传承与发展 .... 蒋桂芳（147）
马克思主义与中国文化关系演变的反思与展望 .... 金民卿（162）
马克思主义与中国文化结合三题 .... 张　安（174）
马克思主义与中国文学研究 .... 张　炯（187）
马克思主义与中华优秀传统文化相结合四题 .... 高长武（195）
马克思主义在中国的传播与中国传统哲学的背景 .... 张岱年（201）

1

马克思主义中国化与中国文化从传统向现代的转化 ………… 田克勤（205）
儒学与马克思主义的契合处及其在当代新文化中的位置 …… 蔡方鹿（214）
释张载哲学中所谓神
　　——再论张载的唯物论 ………………………………… 张岱年（221）
双选·双认·双赢：马克思主义与中华民族文化的整合效应
　…………………………………………………………… 姜建成（227）
西方马克思主义与中国文化研究话语的建构……………… 何卫华（238）
新中国70年马克思主义与中华优秀传统文化关系的底层逻辑
　…………………………………………………………… 田辰山（272）
延安时期马克思主义与中华优秀传统文化的结合 ………… 梁严冰（279）
"有容乃大"：关于马克思主义与中国文化的深度结缘 ……… 殷国明（294）
正确处理马克思主义与中华优秀传统文化的关系 ………… 何中华（298）
中国文化与马克思主义 …………………………………… 秦　哲（306）

导论：推进马克思主义与中华优秀传统文化相结合的基本命题

傅其林

习近平总书记在庆祝中国共产党成立100周年大会上的讲话中明确提出，"坚持把马克思主义基本原理同中国具体实际相结合、同中华优秀传统文化相结合"[①]。这是继续推进马克思主义中国化的核心内容，是21世纪马克思主义的重要命题。推进马克思主义与中华优秀传统文化相结合，是马克思、恩格斯、列宁和现代国外马克思主义者未曾涉及的问题，这是中国马克思主义在理论与实践中都需要深入探索的重大理论命题，也是中国马克思主义发展的新机遇，更是对世界马克思主义的新开拓，对于当代世界马克思主义发展和文化强国建设具有重要的指导意义。

马克思主义作为科学、革命、先进的理论体系，批判地吸收了人类文明的优秀成果。可以说，一部世界马克思主义的辉煌历史，是马克思主义与各民族优秀文化结合的历史。马克思、恩格斯所开创的马克思主义学说批判地吸收了德国古典哲学特别是黑格尔辩证法思想的合理内核，汲取了西方古希腊哲学与文化的精粹；列宁的马克思主义理论充分融合了俄国民主主义思想和俄国优秀的古典文化遗产。当代国外著名的诸多马克思主义理论家莫不坚实地扎根于民族文化传统之中：沙夫批判地对19世纪以来的波兰语义符号学展开对话，出色地建构了马克思主义语义学；卢卡奇从匈牙利著名革命民主主义美学家雅诺什·艾尔德里（János Erdélyi）、古希腊亚里士多德著述中找到革命、实践和模仿的思想源泉；巴赫金从中世纪的民间文化、陀思妥耶夫斯基小说中寻觅到狂欢文化、对话、复调的理论灵感；法兰克福学派阿多诺、霍克海默、马尔库塞等思想家在德国传统、古希腊文化经典中汲取思想之醴

[①] 习近平：《在庆祝中国共产党成立100周年大会上的讲话》，人民出版社，2021年，第13页。

泉，以批判、对话和融合的姿态，构建了独具原创性的批判理论体系，如复制艺术作品与灵韵美学，启蒙与神话之间的辩证法，爱欲与文明的交响。这不仅创新发展了马克思主义，而且深深地吸引了一大批非马克思主义思想家与读者大众，彰显了马克思主义强大的理论力量与实践品格。以此观之，推进马克思主义理论与中华优秀传统文化相结合，是中国马克思主义的必然选择，是中国特色社会主义建设的重大理论命题。这涉及四大基本的核心理论命题。

一是马克思主义中国化本身包含着中华优秀文化的基因。百年中国共产党史是中国最先进的马克思主义者与中华优秀传统文化结合、融合的历史，见证了作为现代先进思想文化的马克思主义理论与中国革命、建设与改革的深度结合，也激活了中华文化的基因。虽然陈独秀发表在《新青年》第二卷的《文学革命论》痛陈雕琢的阿谀的贵族文学、陈腐的铺张的古典文学、迂晦的艰涩的山林文学之弊端，但是其倡导的平易的抒情的国民文学、新鲜的立诚的写实文学、明了的通俗的社会文学在中华文化中有着深远的历史传统，譬如《诗经》与《楚辞》，所谓"'国风'多里巷猥辞，'楚辞'盛用土语方物，非不斐然可观"①。陈独秀的文学革命论实则是颠覆已经制度化和陈腐化的一些传统文化，而不是否定传统文化整体，更不是摒弃具有鲜活生命力的中华优秀传统文化，后者正是新文化的源泉，是与具有先锋意义的马克思主义相适应的。魏晋以五言诗抒情写事，"在当时可谓为文学一大革命，即文学一大进化"②。瞿秋白作为一位杰出的马克思主义者，充分挖掘中国佛教文化精神，"在20世纪20年代以佛教来解释马克思主义与俄国革命"③。毛泽东思想体系实践了"古为今用"之原则，在《实践论》中，以"不入虎穴，焉得虎子"阐明实践与认识论的真理，"离开实践的认识是不可能的"。④ 他的《矛盾论》强调以全面总体克服片面之弊端，引述孙子之语"知彼知己，百战不殆"与魏徵之说"兼听则明，偏信则暗"，认为："《水浒传》上有很多唯物辩证法的事例，这个三打祝家庄，算是最好的一个。"⑤ 毛泽东还以"相反相成"的中国智慧阐明马克思主义辩证法。⑥ 在实践层

---

① 陈独秀：《文学革命论》，《新青年》1917年第2卷。
② 陈独秀：《文学革命论》，《新青年》1917年第2卷。
③ Paul G. Pickowicz. *Marxist Literary Thought in China: The Influence of Ch'ü Ch'iu-pai*. Berkeley: University of California Press, 1981, p.245.
④ 《毛泽东选集》第一卷，人民出版社，1991年，第707—708页。
⑤ 《毛泽东选集》第一卷，人民出版社，1991年，第313页。
⑥ 《毛泽东选集》第一卷，人民出版社，1991年，第333页。

面，毛泽东把中华优秀文化与中国革命结合起来，以独特的古典诗词写作激发中国革命的崇高精神，创造性地开创了把马克思主义同中国革命与建设、中华美学精神相结合的典范。毛泽东的诗《长征》以经典的律诗文体抒写红军长征的伟大精神，体现出中国马克思主义中革命崇高精神与传统审美文化的有机结合："红军不怕远征难，万水千山只等闲。五岭逶迤腾细浪，乌蒙磅礴走泥丸。金沙水拍云崖暖，大渡桥横铁索寒。更喜岷山千里雪，三军过后尽开颜。"在1940年的《新民主主义论》中，毛泽东提出"民族的科学的大众的文化"理论，认为不能全盘西化，要批判地吸收一切优秀的文化，要建设具有民族性的新文化。他指出："中国文化应有自己的形式，这就是民族形式。民族的形式，新民主主义的内容——这就是我们今天的新文化。……中国的长期封建社会中，创造了灿烂的古代文化。清理古代文化的发展过程，剔除其封建性的糟粕，吸收其民主性的精华，是发展民族新文化提高民族自信心的必要条件；但是决不能无批判地兼收并蓄。必须将古代封建统治阶级的一切腐朽的东西和古代优秀的人民文化即多少带有民主性和革命性的东西区别开来。中国现时的新政治新经济是从古代的旧政治旧经济发展而来的，中国现时的新文化也是从古代的旧文化发展而来，因此，我们必须尊重自己的历史，决不能割断历史。"[①] 百年党史蕴含着丰富而深刻的中华文化基因，需要进行深入的史料整理与研究阐释，这无疑能够为马克思主义与中华文化相结合提供重要的历史经验，蕴含着未来理论创新的可能性。

二是中华文化蕴含着丰富的马克思主义思想因素。虽然马克思主义兴盛于西方社会文化语境，有着西方思想传统，批判地吸收了德国古典哲学、英国古典政治经济学、法国空想社会主义等精粹，但是作为具有普遍真理性的理论，马克思主义又与人类文明的辉煌成就是相通的。中华文化源远流长，是一代又一代中华儿女实践创造的产物，甚至如马克思所说"他们没有意识到这一点，但是他们这样做了"[②]。博大精深的物质文化、精神文化和制度文化是中华民族智慧的历史积淀，对人类文明做出了卓越的贡献，其中蕴含丰富的、复杂的、深刻的马克思主义因素，在理论思想、概念范畴、话语体系与实践活动、生活方式等方面皆可以寻觅，在一定程度上彼此相适应。不少学者耕耘于此命题，著述颇多。中国传统文学理论某些范畴已经很早就具备了唯物主义因素，《乐记》与《毛诗序》中所提出的"诗言志"的情志根

---

① 《毛泽东选集》第二卷，人民出版社，1991年，第707—708页。
② 马克思：《资本论》第一卷，见《马克思恩格斯文集》，人民出版社，2009年，第91页。

源在于"物",在于"世",在于"事",刘勰与钟嵘所阐释的"诗言志"说,"肯定了文学是思想感情的表现,并且进一步指出作家的思想感情是由客观事物(自然景物与社会现实)的感发所引起的,从而对文学与现实的关系作出了朴素的唯物主义的解释"①。杨明照指出:"我们按照列宁的教导来衡量刘勰,那他在《文心雕龙》中的确比他的前辈提供了不少新的东西,不愧是我国最优秀的古代文学理论遗产之一,值得我们深入学习和探讨。"② 儒家思想与马克思主义的关系是复杂的,譬如新儒家与马克思主义的立场存在着对抗、对峙和对话的多重关系,有学者指出:"现代新儒家与马克思主义几乎同时(五四时期)登上中国历史舞台,其间的关系呈现一种错综复杂的局面。其中,随着马克思主义与新儒家的阶段性演变,马克思主义与新儒家的关系也呈现不同的特征。大体而言,在前三代新儒家那里,与马克思主义之间呈现出的是一种对抗(1949年以前)、对峙(新中国成立到20世纪80年代初)到对话(20世纪80年代以后)的关系。"③ 尽管如此,儒家思想对出世的强调,对社会伦理的和谐关心的憧憬,以及修身的自我治理与主体性、主体间性的构建,"己所不欲,勿施于人"(《论语》),在一定程度上触及马克思主义的政治伦理选择与个体解放。《周易》中的"易",一易三名,即"易简""变易""不易",是古人长期"仰观""俯察"的经验总结,蕴含深刻的实践辩证法思想。中华文化对宇宙和历史运动、"不息""维新"的洞察,包含了对历史规律与创新精神的肯定。又譬如"人民"概念在汉代就得到彰显,在后汉时译为汉语的佛教经典《平等觉经》中,"人民"一词频出,诸如"佛如好华树,莫不爱乐者,处处人民见,一切皆欢喜"④。"人民"一词的普遍使用与传播既体现了孟子民本思想的传统,又表达了中国佛教思想的大众平等观,虽然与马克思主义的"人民"概念存在差异,但是其内涵的一致性昭然可见。在新时代,随着马克思主义不断发展,中华优秀传统文化的马克思主义因素得到进一步挖掘与阐释,不断被赋予现实性与时代性。这一命题的深入展开,无疑会增强马克思主义中国化的思想文化内涵,使其更能彰显中国精神、中国特色与中国风格。

三是马克思主义方法论与中华文化的阐释。中华文化内蕴丰厚、灿烂卓

---

① 以群:《文学的基本原理》,上海文艺出版社,1963年,第6页。
② 杨明照:《我和〈文心雕龙〉》,《中外文化与文论》2001年专辑。
③ 张世保:《"大陆新儒家"与马克思主义关系探论》,《马克思主义研究》2008年第6期。
④ 《佛说无量清净平等觉经》,支娄迦谶译,上海佛学书局,1935年,第6页。

著、韧性有力，是人类文化体系的核心组成部分之一。阐释中华文化，汲取精华，去其糟粕，需要科学的方法论。否则，中华文化的内涵和价值难以有效凸显。马克思主义是科学的、先进的方法论，其核心是辩证唯物主义和历史唯物主义，这是审视宇宙自然和人类社会发展的基本的方法论原则。坚持马克思主义与中华文化相结合，就要以马克思主义方法论阐释中华优秀传统文化，辩证地、历史地审视中华文化，激发中华文化在新时代的精神魅力与理论思想活力。具体来说，包括历史、辩证、总体三个重要维度：一是需要以马克思主义的历史唯物主义具体地、历史地梳理中华文化的起源与发展轨迹，把中华文化置于历史视域之中，不断探索中华文明的起源，确立中华文化的历史性基础。这既需要进一步搜集历史文献，形成文献数据库，又需要深化考古探源，以马克思主义的历史观观照中华文明与中华文化的历史脉络，还要从历史的视角对中华文化的历史性与历史精神进行阐释，把握中华文化内在发展的动力与不断创新的特性。二是以马克思主义的辩证法审视中华文化的价值。马克思主义辩证法是发展地、动态地审视事物与人类实践，批判地吸收人类一切优秀文化。因此，用马克思主义辩证法阐释中华文化，可以充分认识中华文化的复杂性和动态发展的规律，辩证地判断中华文化的价值内涵，把握文化价值的肯定性与否定性，准确认识中华文化的主导力量。三是以马克思主义的整体系统的逻辑思维方法审视中华文化的整体性与结构关系。一方面，中华文化不是由单一元素构成的文化统一体，而是以儒释道作为三个主导文化、由各民族文化凝聚而成的文化系统。这个文化系统具有从哲学思想、文化典籍到制度文化再到实践文化的层次结构，具有南方文化、北方文化等多样性的文化亚系统，历时结构与共时结构相互叠加，纷繁复杂，和而不同，其中既蕴含着矛盾性的张力，也彼此融合，相映成趣。马克思主义总体方法论可以深刻地阐释中华文化的复杂结构，凝练中国精神，把握共识性关键概念，凸显中华民族共同体意识。另一方面，用马克思主义方法论研究单一的经典文本，可以深入准确地把握经典文本的历史地位、社会基础、文本形式、影响效果之间的关系。譬如蒋和森的《红楼梦论稿》，从作者、社会语境、文学作品以及遍及社会文化各界的影响力，从世界文学的高度总体上认识到该古典小说的重要价值："一个世纪又一个世纪过去了，历史的洪流不知淘尽了多少风流人物，然而，曹雪芹用'十年'血泪写成的《红楼梦》，不但没有被岁月的尘埃淹没，反而更有生命力地活在一代又一代中国人的心里。时间——这位最公正的批评家向人们指出：《红楼梦》不仅是中国古典小说发展的高峰，而且在世界文学史上也是罕与伦比的杰作。它对全人类艺术的发展，作出了辉煌而又富有我们民族特色的贡献。"① 虽然西方形式主义方法、结构主义叙述学和精神心理分析方法可以有效地揭示《红楼梦》的某些重要特征与内在的深层意义，但是马克思主义的总体性方法论可以更全面系统地把握该作品的重要价值，更能够洞悉其社会历史、意识形态与文本形式结构的复杂关系。

　　四是推进当代马克思主义与中华文化的深度结合。当代马克思主义是在经典马克思主义基础上，批判地吸收现代国外马克思主义并结合中国实践而形成的。在新时代，当代马克思主义是习近平新时代中国特色社会主义思想。推进习近平新时代中国特色社会主义思想与中华优秀传统文化的结合成为重大的理论命题。这个命题的展开可从三个维度进行：第一，深入阐释习近平新时代中国特色社会主义思想中的中华文化基因。2012年以来，习近平发表的一系列重要报告、讲话，蕴含着丰富而多元的中华文化基因，充分汲取了中华优秀文化的精神内蕴、话语表达、核心概念，在一定程度上可以说是中华优秀传统文化的时代化与大众化的重要体现。这既是马克思主义中国化的当代理论形态，也是中华文化的赓续与创造性转化、创新性发展。譬如习近平的十九大报告处处蕴含着汉语的表达力量与逻辑力量，大会的主题"不忘初心，牢记使命，高举中国特色社会主义伟大旗帜，决胜全面建成小康社会，夺取新时代中国特色社会主义伟大胜利，为实现中华民族伟大复兴的中国梦不懈奋斗"② 有着深厚的中华文化传统，传承了中华文化的奋斗不息、自强不息的动力与精神，回荡着"天行健，君子以自强不息"的精神力量，这是马克思主义理论与中华文化相结合的典范。第二，推进新时代马克思主义中国化理论与中华优秀传统文化思想的结合。党的十八大以来，中国马克思主义理论家提出了诸多具有中国特色的理论命题、话语范畴，诸如"四个自信""人类命运共同体""文明互鉴""新发展理念""脱贫攻坚""全面从严治党""人民日益增长的美好生活需要和不平衡不充分的发展之间的矛盾""绿水青山就是金山银山""总体国家安全观"，等等，不一而足。这些范畴具有鲜明的马克思主义特征，是当代马克思主义理论的重要元素。新时代理论界还需要进一步挖掘这些元素蕴含的中华优秀传统文化精

---

　　① 蒋和森：《红楼梦论稿》，人民文学出版社，1959年，第1—2页。
　　② 习近平：《决胜全面建成小康社会 夺取新时代中国特色社会主义伟大胜利——在中国共产党第十九次全国代表大会上的报告》，人民出版社，2017年，第1页。

神与思想资源，结合中华优秀传统文化继续深入阐释这些马克思主义思想范畴，增强马克思主义对中华文化的阐释力与催化力。同时，立足于这些思想范畴，深化传统文化的挖掘阐释，使中华文化绽放出更为旺盛的生机。正如习近平所指出的，"要加强对中华优秀传统文化的挖掘和阐发，使中华民族最基本的文化基因与当代文化相适应、与现代社会相协调，把跨越时空、超越国界、富有永恒魅力、具有当代价值的文化精神弘扬起来。要推动中华文明创造性转化、创新性发展，激活其生命力，让中华文明同各国人民创造的多彩文明一道，为人类提供正确精神指引"①。第三，推动新时代的马克思主义理论与中华优秀传统文化在实践中的有机融合。理论创新最大的生命力是融入实践，没有实践性的理论虽然有可能流行一时，但最终会因其乃无源之水、无本之木而枯竭式微。马克思主义不同于传统哲学之处，在于它本身是实践的，体现了理论与实践的统一，实践本身具有理论的高度与深刻性。习近平新时代中国特色社会主义扎根于中国社会主义实践之中，是历史性、时代性、开放性实践的理论凝聚。这种富有实践性的理论属性与中华优秀传统文化相结合，构建起中华民族伟大复兴的伟大梦想。这种结合具体融入伟大的工程、伟大的事业和伟大的战斗之中。也就是说，它最终成为全面建设社会主义现代化强国的伟大历史实践，成为人民的美好生活。在这种意义上，新时代的实践既是马克思主义中国化的现实体现，也是中华优秀传统文化的传承发展，实践构成了两者相结合的本体论基础。两者结合既是实践的，也是文化的，实践本身就是中华文化。当代马克思主义者作为实践的主体，不论是具体个人还是集体，都是两者结合的现实载体。它以巨大的物质力量和精神力量，推动实践过程，产出伟大的实践成果，实现中华民族伟大复兴。因此，当代马克思主义与中华文化的深度结合不仅具有重大的理论原创性，能增强马克思主义的理论合法性，而且有助于传承发展中华优秀传统文化，形成民族复兴的巨大的实践力量。

在19世纪，马克思主义与中华文化各自处于不同的历史空间之中，似乎各行其道，彼此几乎没有进行深入对话，尽管马克思、恩格斯也关注到中国的社会、政治、经济等问题，涉及茶叶、丝绸等国际贸易研究。随着1921年中国共产党的成立，马克思主义在中国广泛传播，与中华文化相互碰撞，彼此交锋、对话与融合，逐步深入具有中华文化基因的中国人民的思

---

① 习近平：《在哲学社会科学工作座谈会上的讲话》，人民出版社，2016年，第17页。

想文化体系与社会实践、日常生活之中，通过革命、建设与改革的历史进程成为中国特色社会主义的指导思想与先进文化。党的十八大以来，习近平新时代中国特色社会主义思想在新的历史阶段与新的历史高度凝聚中华优秀传统文化，赓续绵绵悠远的中华文明，创造了21世纪的马克思主义。习近平指出："不忘历史才能开辟未来，善于继承才能善于创新。优秀传统文化是一个国家、一个民族传承和发展的根本，如果丢掉了，就割断了精神命脉。"[①] 在某种意义上，倘若没有与中华优秀传统文化的结合，中国马克思主义不可能实现如此显著的理论创新。推进马克思主义与中华优秀文化的深度结合，不仅为马克思主义带来新的理论突破，而且能够激活中华文化基因，从而在张力之对话中创造中华文化的新辉煌。

基于四大命题，本书精选了从改革开放以来有关马克思主义与中华文化研究的论文，少部分论文刊发于20世纪80年代、90年代与21世纪初12年，绝大部分论文发表于近十年。在党的十八大以来的新时代，特别是从2021年以来，相关论文激增，推动了马克思主义基本原理与中国实际相结合，与中华优秀传统文化相结合的研究。这些选文作者，有资深的著名哲学家、思想家和文化名家，也有青年才俊、博士后，他们从不同角度深化马克思主义与中华文化融合创新研究。从学科方面来看，这些论文的作者有专门研究中国哲学的，也有专门研究马克思主义理论的，也有专门研究文学与文化的，形成了跨学科的研究群体。

本论文选得到四川大学一流学科群"马克思主义与当代中国"的资助和大力支持，也是其中一个方向"马克思主义与中国文化"的阶段性成果。本论文选能够出版，得到了作者与原刊授权，在此对作者和各刊物表示诚挚的感谢。我们已经给部分作者支付稿酬，还有一部分作者尚未联系上，请联系出版社，我们一定表达谢意并致以稿酬。最后对四川大学出版社及其编辑表达感谢，没有编辑们的细致而富有责任心的工作，该文选是不可能面世的。

2023年7月31日于成都

作者简介： 傅其林（1973— ），文学博士，博士生导师，四川大学文学与新闻学院教授，教育部长江学者特聘教授，研究方向为马克思主义文艺理论与美学。

[①] 习近平：《习近平谈治国理政》第二卷，外文出版社，2018年，第313页。

把中华文化的精华融入马克思主义

叶书宗

一、实现中华民族伟大复兴的需要

中国共产党在以马克思主义为指导，改造和建设中国社会的过程中，既取得了辉煌的成就，也曾付出昂贵的代价。中国共产党在成为国家的执政党以后，大致从1957年开始，逐渐受"左"的思想影响，直至"文化大革命"。长达20年的"左"的思想影响，原因当然是多方面的，从思想根源上说，重要原因是教条式地理解马克思、恩格斯在《共产党宣言》中说的："共产主义革命就是同传统的所有制关系实行最彻底的决裂；毫不奇怪，它在自己的发展进程中要同传统的观念实行最彻底的决裂。"[①] 由于教条式地对待和运用两个"实行最彻底的决裂"，新中国成立以后的一段时期不能科学地对待中华文化，对传承了五千年的中华文化基本上持否定态度。到"文革"时，演变成在"扫四旧"的名义下，予以毁灭性的扫除。试想，在中华大地上建设社会主义，却把中华民族的先祖们历经五千余年的创造、积累、总结、汇聚而成的灿烂文化，统统当作糟粕，与之"实行最彻底的决裂"，这种所谓的马克思主义，还能称为真正的马克思主义吗？

马克思主义从创立到现在，还不到160年，传入中国还不到90年。新中国成立之后，运用行政权力，通过舆论宣传工具，通过文化教育系统，全方位地宣传、推广马克思主义。这样的宣传，一方面能使马克思主义迅速普及，但同时也容易产生教条式的理解和"生吞活剥"等问题。在新的历史时期，要全面建设小康社会，实现中华民族的伟大复兴，宣传、推广、普及马克思主义，就要在原有的基础上，切切实实地进行深化工作，使马克思主义"润物细无声"地渗透到中国人的心田里去。这样，马克思主义就能在中

---

① 《马克思恩格斯选集》第一卷，人民出版社，1995年，第293、294页。

国社会牢牢地扎根，社会主义事业也就夯实了思想基础。做好、做细、做实这项工作的重要途径，是把中华文化的精华融入马克思主义，使马克思主义在吸纳中华文化精华的过程中创新、发展，实现马克思主义的中国化。

马克思主义本身是开放的、发展的。那么，为什么在马克思主义里没有中华文化的内容呢？这不能不说是马克思、恩格斯的时代局限。

19世纪40年代，人类社会的第一次工业革命虽然已接近完成，可是世界性的商业市场尚在营建之中，世界正开始向整体性演变。"丝绸之路"的开通尽管差不多有2000年了，可是直到19世纪40年代，东西方文化的交流还只有一些零星的传递。中国刚刚被英国用枪炮打开闭关自守的大门；中国基本上不了解世界，世界也同样对中国感到神奇和神秘。马克思、恩格斯都是德国人，他们从革命民主主义者转变为共产主义者，从黑格尔哲学信仰者转变为辩证唯物主义者，都是在西欧的德国、法国和英国等地区从事学术研究和社会实践活动而完成的。因此，毫不奇怪，他们接受、继承的基本上是拉丁文化；他们所认识和了解的社会，也基本上就是当时的西欧社会。

马克思、恩格斯什么时候认识中国，以及怎样认识中国的呢？在马克思的著作中，最早论及中国的是1853年5月底、6月初，为《纽约每日论坛报》写的有关中国问题的评论《中国革命和欧洲革命》。此后，马克思、恩格斯还连续写了《俄国的对华贸易》《英人在华的残暴行为》《波斯和中国》《鸦片贸易史》《英中条约》《中国和英国的条约》《俄国在远东的成功》《新的对华战争》等8篇评论。这些评论，基本上都是揭露西方资本主义国家对中国的侵略，歌颂中国人民不畏强暴、奋起进行反侵略斗争的英勇气概。由于时代的局限，马克思、恩格斯对中国社会，尤其是对博大精深的中华文化，几乎是陌生的。马克思、恩格斯晚年，也没有接触、研究、论述过中华文化。因此，就本源的马克思主义来说，其吸纳和反映的基本上是拉丁文化；马克思、恩格斯所认识的社会，基本上是西欧社会。

19世纪中期，西欧先进国家的第一次工业革命已基本完成，或者接近完成。西欧社会由于商品经济的统治而充斥着金钱拜物教，人的尊严却被变成了交换价值：人和人之间只有赤裸裸的利益关系，只有冷酷无情的现金交易。马克思、恩格斯饱含无产阶级的感情，对之深恶痛绝，提出要实现两个"最彻底的决裂"，是可以理解的，无可非议的。

21世纪的中国，中国共产党要领导中国人民全面建设小康社会，实现中华民族的伟大复兴，其基础是复兴中华文化。中华文化是中华民族的精神支柱、道德规范、生活准则，是五千年来历朝历代治国理政的思想依据，是中华民族精神的体现。中华文化又是凝聚全球中华儿女的精神纽带，它渗透所有中华儿女的血脉。中华民族五千年的文明史表明，中华文化具有特殊的亲和力、凝聚力和超稳定性。

当然，在复兴中华文化的同时也应当看到，中华传统文化中也包含不适应时代发展的糟粕。早在五四运动中，先进的中国人就看到中华传统文化中的落后面，喊过"打倒孔家店"的口号。所以，复兴中华文化是继承、弘扬中华文化的优秀内容。实际上，复兴不是复旧，更不是复古。复兴是一种伟大的创造，是在新时代下的新发展，是把小生产时代的中华文化的精华，融入面向未来的马克思主义科学体系，赋予中华文化以全新的科学内容。

中华文化曾经对推进人类文明的发展作出突出的贡献。实现中华民族的伟大复兴，并不是简单地定位在使中华民族自立于世界民族之林，而是要对当代世界文明的发展再作新贡献。因此，复兴中华文化并不是再版式地树立中华文化，而是把中华文化的精华融入马克思主义，使中华文化成为中华民族伟大复兴的新的精神支柱。

二、建设中国特色社会主义的需要

建设中国特色社会主义，说到底就是在中国共产党的领导下，以马克思主义为指导，从中国的具体国情出发，坚持社会主义方向，实现中国的"四个现代化"和人的现代化。这几个方面，是互相紧密联系、有机统一的整体。20世纪，世界各社会主义国家进行社会主义建设的历史实践表明，建设中的大多数问题都是出在对"具体国情"的认识和结合上。

俄国十月革命胜利后，1918年秋季开始，逐渐实行"军事共产主义"，在农村实行"粮食征收制"。经过"军事共产主义"阶段的曲折，列宁认识到在俄国建设社会主义，必须面对俄国社会的实际。于是，实现了从"军事共产主义"到新经济政策的历史性转变。但新经济政策只实行了8年就结束了。

第二次世界大战后，东欧各国的社会主义实践之所以发生那么严重的曲折，其中的重要原因是照搬斯大林模式。1968年，捷克斯洛伐克共产党认识到这一严重问题，制定了改革方案，决心根据捷克的国情，复兴社会主义，建设捷克式社会主义。这一改革刚刚启动，就遭到重挫，苏联以华沙条约组织的名义，带领波兰、匈牙利、民主德国、保加利亚等国的军队，武装占领捷克，镇压了这场有探索意义的改革。

中国的革命和建设中发生的艰难曲折，大多也是因为对"具体国情"的认识和把握出了偏差。中国有十多亿人口，80%是农民，人均耕地少，有56个大小民族，"一穷二白"，这些都是中国的具体国情。但中国还有一个具体的国情，就是拥有中华文化。中华文化是传承中国五千年文明的中坚，是凝聚全球中华儿女的精神支柱。它虽有需要摈弃的糟粕，但是它的核心、它的精华、它的基本内容，完全可以而且应当予以发扬光大。高擎中华文化这面旗帜，可以再铸中华文明的辉煌，构建当代中国社会主义的伦理道德规范，并且有利于解决许多难题。

邓小平在中国共产党第十二次全国代表大会的开幕词中正式提出："走自己的路，建设有中国特色的社会主义。"在21世纪，以中华文化的精华来塑造社会主义中国的民族精神，乃是建设中国特色社会主义的要求。随着改革开放的深入和中国日益融入国际社会，信息网络世界也全面展现，过去那种封闭式的单一思想灌输的教育，已经难以为继了。面对社会经济成分、就业渠道、分配方式，以及价值观、道德观的多元化，在建设中国特色社会主义的过程中，只有坚守中华文化，把中华文化的精华融入马克思主义，才能为实现中华民族的伟大复兴树根立魂。

三、构建和谐社会的现实需要

构建和谐社会既是实现中华民族伟大复兴的必要前提，又是实现中华民族伟大复兴的重要标志。而建设和谐社会，也要求把中华文化的精华融入马克思主义。

马克思、恩格斯曾说，未来的共产主义社会"将是这样的一个联合体，在那里，每个人的自由发展是一切人的自由发展的条件"[①]。马克思、恩格斯还认为，在达到这样的一个联合体之前，还存在着被他们称作"共产主义社会第一阶段"的社会主义社会。他们指出：由于社会主义社会刚刚从旧社会脱胎出来，还不可避免地存在着"三大差别"，保留着资产阶级法权，在物质财富分配方面只能实行"按劳取酬"的原则。但是不管怎样，

---

① 《马克思恩格斯选集》第一卷，人民出版社，1995年，第293、294页。

马克思、恩格斯认为社会主义社会是更加合乎理性的，每个人的生活是各得其所的，是个和谐的社会。

20世纪现实存在的社会主义社会，与马克思、恩格斯设想的"共产主义社会第一阶段"，存在很大差距。

回顾苏联8任领袖、74年历史，一方面是作为20世纪崛起的大国，急速地提升国力，成为雄踞世界的一霸；另一方面作为建立了社会主义制度的苏联社会，却是经济危机常态化，极权统治制度化，意识形态宗教化，国际生活霸权化，党内、国内生活几乎没有平静过，连正常的学术、科学研究都要遭到行政命令的干预和禁止，社会更谈不上和谐。20世纪社会主义在苏联的现实，不仅和马克思、恩格斯的设想根本难以合拍，即使和世界历史的总进程也是相背离的。像苏联这样始终矛盾尖锐、动荡不宁，不要说是在现代社会，即使是在古代社会，也是难以持久的。

中华人民共和国成立以后，特别在完成"三大改造"以后，也曾经连续不断地开展"反右派斗争""反右倾斗争""反修防修学习运动""小四清""大四清"（农村社会主义教育运动），直至"文革"等运动。全国都围绕这些运动，不停地忙碌、动荡。1978年底，党的十一届三中全会拨乱反正，全国方始安定下来，出现繁荣祥和的景象。

苏联也好，党的十一届三中全会前的中国也好，已经发生了剧变的东欧原社会主义国家也好，在建立了社会主义制度以后，之所以都经历了如此曲折，原因当然是多方面的，也不排除各国还有不同的特殊情况。但是我认为其中一个重要的原因是，用作指导思想的马克思主义的社会主义理论中，欠缺关于社会主义社会伦理道德的内容，连原则性的论述也没有涉及。

从一个多世纪以来的国际共产主义运动的历史中可以看到，世界上所有社会主义国家建立以后，经历曲折与不宁，和马克思列宁主义关于科学社会主义的学说中，基本上是关于无产阶级革命、打碎旧国家机器、建立无产阶级专政的理论，而没有关于社会主义社会建立以后，必须很快实现安定、安宁，以及构建社会主义社会的伦理道德体系的内容密切相关。在赫鲁晓夫和勃列日涅夫当政的二三十年中，也只是空喊"一切为了人的幸福"之类的口号，而关于社会主义社会的伦理道德，关于社会主义怎样协调、和谐，无论在理论上或实践上，都一无所成。

中华文化博大精深，尤其是关于伦理道德、建设和谐社会的内容，非常丰富。中华民族的先祖曾说：大道其行也，天下为公；当政者都要讲信修睦；每个公民都应不独亲其亲，不独子其子；全社会要构建一种劳动、保障体系，使老有所养，壮有所用。这样的社会，就能逐渐接近道不拾遗、夜不闭户的理想境地。把中华文化的精华融入马克思主义，构建具有东方文明特色的社会主义伦理道德体系，建设和谐社会，就能使中华文化在推进人类文明发展中再创新辉煌。

将中华文化的精华融入马克思主义的工作，老一辈无产阶级革命家早就做过。1939年，刘少奇在《论共产党员的修养》一书里，要求共产党员"慎独"，既要有"先天下之忧而忧，后天下之乐而乐"的奉献精神，也要有"己所不欲，勿施于人"的推己及人之心。毛泽东在他的著作里，也是一再以中华民族先辈们的格言，教育共产党人应当怎样做人、治国、理政。当今，需要把中华文化融入马克思主义这一工作，当作发展马克思主义，建设中国特色社会主义，实现中华民族伟大复兴的重要工作，特别是当作意识形态树根立魂的重要工作，抓实、抓细。

原载《浙江社会科学》2006年第1期

作者简介： 叶书宗，上海师范大学教授、博士生导师。

从建设性批判到创新性转化[*]

——中国共产党人的百年传统文化观

党圣元

中华优秀传统文化是中华民族的精神命脉，是涵养社会主义核心价值观的重要源泉，也是我们在世界文化激荡中站稳脚跟的坚实根基。它既是先人留给中国共产党人的一笔弥足珍贵的文化财富、思想智慧和精神遗产，也是中国共产党登上中国社会历史舞台以来，领导中国现代革命和社会主义建设取得一个又一个胜利、中国化马克思主义思想体系不断发展取得一个又一个阶段的理论成就的文化土壤与传统资源。习近平总书记在庆祝中国共产党成立 100 周年大会上的重要讲话中指出："中华民族是世界上伟大的民族，有着 5000 多年源远流长的文明历史，为人类文明进步作出了不可磨灭的贡献。"还指出："以史为鉴、开创未来，必须继续推进马克思主义中国化。"中国共产党一百年的历史展现了马克思主义中国化的发展演化及思想创生的历程，而马克思主义中国化又始终脱离不开如何科学、辩证地认识评价和借鉴传承中华传统文化这一至关重要的问题。回望百年，回读百年，我们认为，如何正确认识并充分借鉴和创新转化中华优秀传统文化资源，始终是中国共产党人所面临、所思考与实践的一个重要问题，同时也是中国现当代文化发展、建设中的一个核心问题。自中国共产党创建以来，每一代优秀的中国共产党人，都以马克思主义辩证唯物主义和历史唯物主义为科学方法论，从当时的历史条件和社会现实出发，紧密结合中国新民主主义革命、社会主义初级阶段建设每一个阶段的具体实践，与时俱进，因时利用，坚持对中华传统文化在进行反思批判、区分精华与糟粕之基础上扬弃而为用，从而为一

---

[*] 本文受到中国社会科学院创新工程重大专题项目"中华优秀传统文化创新转化与新时代中国特色社会主义文化建设研究"（项目号：2017YCXZD010）资助。

代一代的中国共产党人提供了文化智慧和精神滋养,更为重要的是,形成了中国共产党人从建设性批判到创新性转化之传统文化观。中国共产党人的传统文化观与中国共产党的百年奋斗业绩是在同一历史发展轨迹中产生、形成、演进、成熟的,其思想谱系与中国化马克思主义之产生、发展、成熟的历史和逻辑是同一化的。

一、建设性批判:中国共产党创建之初共产党人的传统文化观

1917年,俄国十月革命一声炮响,给中国送来了马克思列宁主义。随之,中国出现了一批赞成十月革命道路、具有初步共产主义思想的知识分子。1921年7月,中国共产党第一次全国代表大会在上海召开,一个以马克思列宁主义为行动指南的、完全新式的无产阶级政党诞生了。以李大钊、陈独秀、毛泽东、瞿秋白等为代表的中国早期共产党人,大多接受过中国传统文化教育,又都经历过五四新文化运动激烈的反传统洗礼,对中国传统文化在思想和态度上呈现出时代赋予的复杂性和特殊性。大体来说,早期中国共产党人都能对传统文化采取具体分析和反思批判的态度,在批判中进行反思,在反思中开展批判,这种反思与批判的价值诉求,主要是破旧立新、救亡图存,以马列主义为思想信仰和革命武器,以推翻帝国主义、封建主义、国民党反动统治政权为实践载体,以改造半殖民地半封建旧中国、创建一个民族独立自强的新中国为目的,因此,我们将早期中国共产党人对中国传统文化的这种反思批判定义为建设性的、革命性的。

李大钊是在中国举起十月革命旗帜的第一人,是中国最早的马克思主义传播者,是中国共产党的重要创始人。他所处的时代,正是来自欧美的思想学说、来自俄国的马克思列宁主义学说与中国传统思想文化激烈碰撞、交会的时期。在对诸种文化进行比较和深入思考后,李大钊以对中国传统文化之"建设性批判"的思路,展示了早期中国共产党人对待传统文化的基本态度。在批判的层面,他深刻认识到封建专制文化带给国民的思想禁锢,提出了反对思想禁锢、要求人人平等的先进口号,并对以孔子学说为中心的封建传统文化进行了猛烈抨击。他指出:"吾民族思想之固执,终以沿承因袭,踏故习常,不识不知,安之若命。言必称尧、舜、禹、汤、文、武、周、孔,义

必取于《诗》《礼》《春秋》。"① 其中，孔子学说"确足以代表专制社会之道德，亦确足为专制君主所利用资以为护符也"②。据此，李大钊将孔子视作"数千年前之残骸枯骨"，认为他是"历代君主所雕塑之偶像的权威"，并表示自己将"冒毁圣非法之名"，对孔子学说进行批判和抨击。当然，批判和抨击不是目的，目的在于唤醒民众的民主意识，促进新政治、新文化的建立。在激烈批判孔子学说的同时，李大钊认为，对待孔子学说不能取历史虚无主义态度，而应以是否合乎"真理"而定取舍，他表示："孔子之道有几分合此真理者，我则取之；否者，斥之"，对传统文化的吸取不能"贡奉偶像威灵"，而要"以为发育自我性灵之资养"。③ 传统文化中的积极因素，要"但学其有我，遵其自重之精神"④。那么，怎么建立、发展中国的新文化呢？通过对中西文化进行比较和辩证分析，李大钊认为，发展中国文化不能只学西方、全盘西化，而要走中西文化融合之道。因为"东洋文明与西洋文明，实为世界进步之二大机轴，正如车之两轮、鸟之双翼，缺一不可。而此二大精神之自身，又必须时时调和、时时融会，以创造新生命，而演进于无疆"⑤，因此，要"吸收西洋文明之长，以济吾东洋文明之穷"。当然，中西融合不是二者的简单叠加，而是一方面使西方文化"变形易质"，使之达到"济"东方文明之目的；另一方面"惟以彻底之觉悟，将从来之静止的观念、怠惰的态度，根本扫荡，期与彼西洋之动的世界观相接近，与物质的生活相适应"。⑥ 这是一条文化发展的综合创新之路。

陈独秀是中国共产党的主要创始人之一和早期主要领导人，因对传统文化的猛烈抨击而被称作"新文化运动的旗手""五四运动时期的总司令"。陈独秀对传统文化的批判，直指其缺点和弊端。在他看来，要推翻和打倒封建统治，必须对作为其官方意识形态的儒学给予猛烈批判和抨击。基于此，他认为必须来一次打倒偶像、破除迷信的思想革命，使笼罩两千余年的孔子学说根本动摇，才能真正巩固共和制度。陈独秀说过："对于与此新社会、新国家、新信仰不可相容之孔教，不可不有彻底之觉悟，猛勇之决心。否则，

---

① 《李大钊文集》第1卷，人民出版社，2006年，第152页。
② 《李大钊文集》第1卷，人民出版社，2006年，第247页。
③ 《李大钊文集》第1卷，人民出版社，2006年，第245页。
④ 《李大钊文集》第1卷，人民出版社，2006年，第152页。
⑤ 《李大钊文集》第2卷，人民出版社，2006年，第124页。
⑥ 《李大钊文集》第2卷，人民出版社，2006年，第217页。

不塞不流，不止不行。"① 除对封建统治的官方意识形态儒学予以激烈批判外，陈独秀还对阴阳家思想、佛教思想、以老庄为代表的道家思想进行了批判。他要说明的是：中国的固有文化中，不仅仅是儒家思想，老庄等道家思想也有其本身缺陷和可批判处，这戳破了保守主义者所持的道家文化这张"挡箭牌"。他认为，中国呈"衰亡之现象"是因为"抵抗力之薄弱"，而其产生的重要原因之一即"学说之为害也。老尚雌退，儒崇礼让，佛说空无。义侠伟人，称以大盗；贞直之士，谓为粗横。充塞吾民精神界者，无一强梁敢进之思。惟抵抗之力，从根断矣"。② 在与保守派的各种讨论中，陈独秀的若干观点值得重视：第一，认为儒家只是中华文化的一部分，百家皆有优于儒家之处，以此打破仅以儒家学说为信条的文化专制。"旧教九流，儒居其一耳。阴阳家明历象，法家非人治，名家辨名实，墨家有兼爱节葬非命诸说，制器敢战之风，农家之并耕食力：此皆国粹之优于儒家、孔子者也"③，因此，"无论何种学派，均不能定位一尊，以阻碍思想文化之自由发展"④。第二，赞成以科学的方法研究中国传统文化。"我们若是用研究科学的方法研究经、史、子、集，我们便不能说经、史、子、集这种教材绝对的无价值。"⑤ 第三，批判儒家思想的纲常名教而非全部学说。陈独秀批判儒家学说的态度是激烈的，但并非全盘否定。正如贺麟后来评价新文化运动时所提出的，"新文化运动的最大贡献在于破坏和扫除儒家的僵化部分的躯壳的形式末节，及束缚个性的传统腐化部分。它并没有打倒孔孟的真精神、真思想、真学术"，是"促进儒家思想新发展的一个大转机"。⑥ 可以说，正是陈独秀等人对中国传统文化的大力批判（而非全盘否定），才引发了后人进一步反思传统文化中有哪些精华可以为我所用，哪些糟粕内容需要坚决抛弃，这也是陈独秀对传统文化的批判在当今时代仍有价值的重要原因。

受李大钊影响，中国共产党早期的另一位领导人瞿秋白提出了"人类新文化"概念。瞿秋白也主张中西文明应该相互调和、相互补充，他说："新文化的基础，本当联合历史上相对峙的而现今时代之初又相辅助的两种文

---

① 陈独秀：《宪法与孔教》，《新青年》1916年第2卷第3期。
② 《陈独秀文集》第1卷，人民出版社，2013年，第117页。
③ 《陈独秀文集》第1卷，人民出版社，2013年，第178页。
④ 《陈独秀文集》第1卷，人民出版社，2013年，第201页。
⑤ 《陈独秀文集》第2卷，人民出版社，2013年，第105页。
⑥ 贺麟：《文化与人生》，上海人民出版社，2011年，第12页。

化：东方与西方。"作为中华民族的一分子，当"编入世界的文化运动先锋队里，他将开全人类文化的新道路，亦即此足以光复四千余年文物灿烂的中国文化"①。瞿秋白的同代人、中国共产党早期青年运动的领导者恽代英，也主张贯通中西文明，打造中国文化，他说："居于今日之世界，宜沟通中西文明之优点，以造成吾国之新精神。"② 从李大钊到陈独秀，从瞿秋白到恽代英，中国早期共产党人在批判中国传统文化的同时并没有全盘否定中国传统文化。相反，他们都希望借助西方文化的优长和马克思列宁主义的"第三新文明"，推动中国传统文化的更新和转型，建立完善中国的现代新文化。

二、辩证地吸收：以毛泽东为代表的中国共产党人的传统文化观

毛泽东虽自称是陈独秀、李大钊"他们那一代的学生"③，但作为中国共产党"一大"党代表之一，在党内资历颇深。面对西方文化的大量涌入，青年时代的毛泽东就深刻意识到文化对民族独立、国家富强的重要作用，他不仅积极呼吁要守住中华民族创造的优秀文化，而且跟李大钊等一样，主张中西文化融合，"取外以资内"。他说："观中国史，当注意四裔，后观亚洲史乃有根；观西洋史，当注意中西之比较，取于外乃足以资于内也。"④

总体来说，毛泽东对传统文化持辩证的态度，强调辩证地分析、批判地吸收。1940年1月9日，毛泽东在陕甘宁边区文化协会第一次代表大会上就如何对待民族文化做了系统论述。他指出："中国的长期封建社会中，创造了灿烂的古代文化。清理古代文化的发展过程，剔除其封建性的糟粕，吸收其民主性的精华，是发展民族新文化提高民族自信心的必要条件；但是决不能无批判地兼收并蓄。必须将古代封建统治阶级的一切腐朽的东西和古代优秀的人民文化即多少带有民主性和革命性的东西区别开来。中国现时的新政治新经济是从古代的旧政治旧经济发展而来的，中国现时的新文化也是从古代的旧文化发展而来，因此，我们必须尊重自己的历史，决不能割断历

---

① 瞿秋白：《饿乡纪程·赤都心史·乱弹·多余的话》，岳麓书社，2000年，第149—150页。
② 恽代英：《经验与知识》，《恽代英文集》（上），人民出版社，1984年，第55页。
③ 《毛泽东文集》第3卷，人民出版社，1996年，第294页。
④ 中共中央文献研究室、中共湖南省委《毛泽东早期文稿》编辑组：《毛泽东早期文稿》，湖南人民出版社，2008年，第21页。

史。但是这种尊重,是给历史以一定的科学的地位,是尊重历史的辩证法的发展,而不是颂古非今,不是赞扬任何封建的毒素。"① 1942 年 5 月 23 日,毛泽东发表《在延安文艺座谈会上的讲话》,谈道:"我们必须继承一切优秀的文学艺术遗产,批判地吸收其中一切有益的东西,作为我们从此时此地的人民生活中的文学艺术原料创造作品时候的借鉴。有这个借鉴和没有这个借鉴是不同的,这里有文野之分,粗细之分,高低之分,快慢之分。所以我们决不可拒绝继承和借鉴古人和外国人,哪怕是封建阶级和资产阶级的东西。但是继承和借鉴决不可以变成替代自己的创造,这是决不能替代的。"② 1945 年 4 月 24 日,在中国共产党第七次全国代表大会上所作的政治报告《论联合政府》中,毛泽东强调:"对于中国古代文化,同样,既不是一概排斥,也不是盲目搬用,而是批判地接收它,以利于推进中国的新文化。"③ 1956 年 9 月 27 日,中国共产党第八次全国代表大会通过的《关于政治报告的决议》再次申明:"对于中国过去的和外国的一切有益的文化知识,必须加以继承和吸收,并且必须利用现代的科学文化来整理我国优秀的文化遗产,努力创造社会主义的民族的新文化。"纵观以上说法,可以说,"中国的长期封建社会中,创造了灿烂的古代文化",加之"中国现时的新文化也是从古代的旧文化发展而来",因此,"不能割断历史",而要"尊重"传统。但这种"尊重","不是颂古非今","不是赞扬任何封建的毒素",不是"无批判地兼收并蓄",而要对之进行"清理",区别出"腐朽的东西"和"带有民主性和革命性的东西","剔除其封建性的糟粕,吸收其民主性的精华",在此基础上,"批判地吸收",最终服务于"创造社会主义的民族的新文化"。对待中国传统文化,毛泽东始终强调要坚持辩证地分析、批判地接受,既反对全盘照搬的文化复古主义,又反对全盘否定的文化虚无主义,而要摒弃其糟粕,吸收其精华,以利于推进中国的新文化。

从 1957 年中国社会主义建设进入"艰辛探索"时段开始,尤其是在十年"文革"社会主义建设处于更加艰难的曲折发展期间,毛泽东的传统文化观发生了显著变化,就是批判和超越传统、做历史翻案文章的意识日益高涨,并且与他独有的思想文化个性伴生在一起,形成了特殊时期里他的极意

---

① 毛泽东:《新民主主义论》,《毛泽东选集》第 2 卷,人民出版社,1991 年,第 707—708 页。
② 毛泽东:《在延安文艺座谈会上的讲话》,《毛泽东选集》第 3 卷,人民出版社,1991 年,第 860 页。
③ 毛泽东:《论联合政府》,《毛泽东选集》第 3 卷,人民出版社,1991 年,第 1083 页。

求新求异、敢于打破平衡、拒斥平庸的文化激进主义思想，极度彰显出了他的文化胆识与勇力。这一时期的毛泽东在关于传统文化、孔子、儒家等问题上，改变了他长期以来的传统文化观，这一变化有其特殊的历史原因，与其时国际时局和国内形势在他思想和精神世界的投射所产生的思想认知和文化意志密切相关。因此，与整个时代发展前行的节奏一样，中国共产党人的传统文化观在这个历史时期也经历了一个"艰辛探索""曲折中发展"的阶段。毛泽东晚年对传统文化的看法与他曾经强调"批判地继承""吸取精华，剔除糟粕""古今中外法"等对待中国传统文化的方法是有所偏移甚至相悖的。究其原因，与他对党内外的阶级斗争形势和对意识形态领域中阶级斗争的严重性估计过高关系密切。"文革"中毛泽东所发动的"批林批孔"和"评法批儒"运动，其实是借文化解决当时的现实问题。因此，不能把毛泽东晚年的反孔言论看成纯粹的文化问题。必须明确的是：不能以毛泽东晚年对传统文化的评判来否定他所阐发的代表先进中国共产党人的对待中国传统文化的正确主张。

三、矫枉"反正"中评估：改革开放初期中国共产党人的传统文化观

"文革"结束后，经过"拨乱反正"，中国共产党恢复了党的正确的文化路线和方针政策。党中央通过决议庄严宣布："文化是民族的血脉，是人民的精神家园。在我国五千多年文明发展历程中，各族人民紧密团结、自强不息，共同创造出源远流长、博大精深的中华文化，为中华民族发展壮大提供了强大精神力量，为人类文明进步作出了不可磨灭的重大贡献。"[①] 以邓小平为代表的中国共产党人，对思想文化领域的封建主义遗毒进行了反思与批判，对马克思主义指导下继承和发展了传统文化的中国革命文化进行了系统梳理和重新评估，体现出了巨大的理论勇气和魄力，表现出了高度的文化自信，推动了社会主义文化事业的发展，中国化马克思主义的发展也迈入了又一个新的历史发展阶段。

[①]《中共中央关于深化文化体制改革　推动社会主义文化大发展大繁荣若干重大问题的决定》，《人民日报》2011年10月26日。

（一）对思想文化领域封建主义遗毒的肃清

1976年10月，"中央政治局执行党和人民的意志，毅然粉碎了江青反革命集团，结束了'文化大革命'这场灾难"①，但思想文化领域的封建主义残余影响依然存在，并在一定范围内严重地禁锢着人们的思想。这些封建主义残余包括"社会关系中残余的宗法观念、等级观念；上下级关系和干群关系中在身份上的某些不平等现象；……文化领域中的专制主义作风；不承认科学和教育对于社会主义的极大重要性，不承认没有科学和教育就不可能建设社会主义；对外关系中的闭关锁国、夜郎自大；等等"②。对此，邓小平指出，我国新民主主义革命在政治和经济领域的反封建任务，是成功的、彻底的，即推翻了封建主义反动统治和封建土地所有制，但在"肃清思想政治方面的封建主义残余影响这个任务"方面，由于"我们对它的重要性估计不足，以后很快转入社会主义革命，所以没有能够完成"。为此，在《党和国家领导制度的改革》中，邓小平明确提出了"继续肃清思想政治方面的封建主义残余影响的任务"③。他指出，肃清思想政治方面的封建主义残余影响，"要有实事求是的科学态度。要运用马克思列宁主义、毛泽东思想，对于封建主义遗毒的表现，进行具体的准确的如实的分析"。具体来说，就是要划清三个界限：一是"要划清社会主义同封建主义的界限"，绝不允许借反封建主义之名反社会主义，绝不允许用"四人帮"所宣扬的假社会主义来搞封建主义。二是"要划清文化遗产中民主性精华同封建性糟粕的界限"，对于封建性糟粕要坚决摈弃，对民主性精华要提倡、弘扬并自觉实践。④ 三是"要划清封建主义遗毒同我们工作中由于缺乏经验而产生的某些不科学的办法、不健全的制度的界限"⑤。对思想文化领域封建主义残余的

---

① 《中国共产党中央委员会关于建国以来党的若干历史问题的决议》，载中共中央文献研究室《改革开放三十年重要文献选编》上册，中央文献出版社，2008年，第198页。

② 邓小平：《党和国家领导制度的改革》（1980年8月18日），中共中央党校出版社，2008年，第151页。

③ 邓小平：《党和国家领导制度的改革》（1980年8月18日），中共中央党校出版社，2008年，第151—152页。

④ 比如，1980年12月25日在中共中央工作会议上的讲话中，邓小平讲道"必须发扬爱国主义精神，提高民族自尊心和民族自信心"（邓小平：《贯彻调整方针，保证安定团结》，《邓小平文选》第2卷，人民出版社，1994年，第369页）。

⑤ 邓小平：《党和国家领导制度的改革》（1980年8月18日），中共中央党校出版社，2008年，第152页。

肃清，体现了以邓小平同志为核心的第二代中央领导集体对中国传统文化负面影响所持的清醒态度。

（二）对中国革命文化的系统梳理和重新评估

革命文化是对我国传统优秀文化的继承和发展，是中国特色社会主义文化的重要组成部分。革命文化形成于新民主主义革命及社会主义建设时期，是由中国共产党人带领人民群众共同实践并创造的、具有中国特色的先进文化。毛泽东思想是中国革命文化的集中体现和最重要的代表。改革开放初期，以邓小平为代表的中国共产党人对革命文化进行了系统梳理和重新评估，集中表现为对毛泽东思想的认识、恢复、坚持和对毛泽东个人的正确评价。具体体现在三个方面：其一，明确毛泽东思想是中国共产党集体智慧的结晶。1980年8月，邓小平在《答意大利记者奥琳埃娜·法拉奇问》中强调，"毛泽东思想不是毛泽东同志一个人的创造，包括老一辈革命家都参与了毛泽东思想的建立和发展"，"周恩来总理、刘少奇同志、朱德同志等等，还有其他许多人都作了贡献。很多老干部都有创造，有见解"。[①] 1981年6月27日，中国共产党第十一届中央委员会第六次全体会议一致通过的《关于建国以来党的若干历史问题的决议》对此做了进一步总结概括："毛泽东思想……是中国共产党集体智慧的结晶。我党许多卓越领导人对它的形成和发展都作出了重要贡献。"[②] 其二，完整准确地理解和掌握毛泽东思想，重新确立毛泽东思想的指导地位。1977年4月10日，邓小平在致华国锋、叶剑英、党中央的信中讲道："要用准确的完整的毛泽东思想来指导我们全党、全军和全国人民。"[③] 1978年12月13日，在《解放思想，实事求是，团结一致向前看》的著名讲话中，邓小平再次强调："毛泽东思想永远是我们全党、全军、全国各族人民的最宝贵的精神财富。我们要完整地准确地理解和掌握毛泽东思想的科学原理，并在新的历史条件下加以发展。"[④] 十一届六中全会决议重新确立了毛泽东思想的指导地位。其三，实事求是地评价

[①] 《邓小平文选》第2卷，人民出版社，1994年，第345、352页。
[②] 中共中央文献研究室：《改革开放三十年重要文献选编》上册，中央文献出版社，2008年，第204页。
[③] 《邓小平文选》第2卷，人民出版社，1994年，第42页。
[④] 中共中央文献研究室：《改革开放三十年重要文献选编》上册，中央文献出版社，2008年，第7页。

毛泽东在中国革命和建设中的历史地位。邓小平多次强调，"毛泽东思想是毛主席一生中正确的部分"[①]，必须把毛泽东晚年犯的错误同经过长期历史考验形成科学理论的毛泽东思想区别开来。十一届六中全会决议实事求是地评价了毛泽东在中国革命和社会主义建设中的历史地位，指出毛泽东是伟大的马克思主义者，伟大的无产阶级革命家、战略家和理论家。就毛泽东的一生来看，他对中国革命和社会主义建设的功绩远远大于他晚年在激进主义思想理论和文化观念驱动下所出现的个人过失。他的功绩是第一位的，错误是第二位的。毛泽东的马克思主义传统文化观，以其创新性、革命性而极具张力和阐释空间，从而成为中华民族历史上、中华文化发展史上的一笔宝贵的思想遗产。我们只有全面深入地学习和领会毛泽东思想、邓小平理论，并且结合具体的历史情境，把握毛泽东思想和邓小平理论之神髓精义，并且融会贯通，才能深度理解习近平总书记所强调的中国社会主义初级阶段建设时期前后两个三十年不相互割裂、不相互否定之高瞻性远见卓识。历史的经验告诉我们，一个民族的文化传承与发展，传承中必须有发展创新，发展创新是最好的传承，毛泽东和邓小平的传统文化观分别从不同的角度、不同的历史语境揭示了文化传承与发展中的"通变"规律，在逻辑上处于一个统一的辩证关系链中，都为中国共产党人的传统文化观谱系建构贡献了各自的思想结晶。

四、继承中发展：世纪之交中国共产党人的传统文化观

20 世纪的最后十年和进入 21 世纪的第一个十年，以江泽民、胡锦涛为代表的中国共产党人，在继承毛泽东和邓小平等老一辈领导人的传统文化观和文化建设理论的基础上，在改革开放的伟大实践中继续探索，明确提出并逐步完善了"有中国特色社会主义的文化"这一科学概念，创造性提出并深刻阐述了马克思主义中国化的第二次飞跃的理论成果——"中国特色社会主义理论体系"。他们将中国传统文化置于中国特色社会主义文化理论体系这一总体框架之中，对传统文化在社会主义文化中的地位、价值、作用等做出了科学把握和准确定位，为深入理解并充分利用传统文化资源提供了基础前提和科学指导。

---

① 《邓小平文选》第 2 卷，人民出版社，1994 年，第 347 页。

1991年7月1日，在庆祝中国共产党成立七十周年大会上的讲话中，江泽民同志提出了"有中国特色社会主义的文化"这一概念。他指出，"有中国特色社会主义的文化……必须继承和发扬民族优秀文化传统而又充分体现社会主义时代精神，立足本国而又充分吸收世界文化优秀成果，不允许搞民族虚无主义和全盘西化"①。1997年9月，中国共产党第十五次全国代表大会将"建设有中国特色社会主义的文化"列入党在社会主义初级阶段的基本纲领，并着重指明中国特色社会主义文化"渊源于中华民族五千年文明史，又植根于有中国特色社会主义的实践，具有鲜明的时代特点"②。可以看出，建设有中国特色社会主义文化，离不开对中华传统优秀文化的继承和发扬；有中国特色社会主义文化渊源于传统文化、立足于本国文化，并使之与中国当代实践相结合，体现出鲜明的时代特征。江泽民又于1997年11月1日在美国哈佛大学作题为"增进相互了解　加强友好合作"的演讲，集中阐述了这一时期中国共产党人对中国传统文化的看法。在演讲中，江泽民指出，"中国是一个有五千年文明历史的国家，从历史文化来了解和认识中国，是一个重要的视角"，"中国的历史文化始终处于发展进步之中。它是通过各种学科、各种学派的相互砥砺、相互渗透而发展的，也是通过同世界各国的相互交流、相互学习而进步的"，"中国在自己发展的长河中，形成了优良的历史文化传统"，这些"优良的历史文化传统"包括"团结统一的传统""独立自主的传统""爱好和平的传统""自强不息的传统"。"这些传统随着时代变迁和社会进步获得扬弃和发展，对今天中国人的价值观念、生活方式和中国的发展道路，具有深刻的影响。"③ 在此，江泽民不仅梳理了中国传统文化的历史流变，总结了中华优秀传统文化在推动人类文明进步方面的积极贡献，而且着重强调了中华民族在长期发展进程中不断积累、持续沉淀而逐渐形成的许多优良的历史文化传统，以及中国共产党人随着时代变迁和社会进步对它们的"扬弃和发展"。在此意义上，可以说江泽民的这个"哈佛演讲"是中国共产党人有关中国传统文化的一篇重要文献，集中体现了当时以

---

① 江泽民：《当代中国共产党人的庄严使命》（1991年7月1日），《江泽民文选》第1卷，人民出版社，2006年，第158页。
② 江泽民：《高举邓小平理论伟大旗帜，把建设有中国特色社会主义事业全面推向二十一世纪》（1997年9月12日），《江泽民文选》第2卷，人民出版社，2006年，第33页。
③ 江泽民：《增进相互了解　加强友好合作——在美国哈佛大学的演讲》，《中国高教研究》1997年第6期。

江泽民为代表的中国共产党人的传统文化观。

2002年11月,中国共产党第十六次全国代表大会在北京召开。党的十六大在全面总结改革开放以来社会主义文化建设经验的基础上,明确提出:"当今世界,文化与经济和政治相互交融,在综合国力竞争中的地位和作用越来越突出。"对于如何发挥中国传统文化在当代社会中的资源作用和价值意义,党的十六大提出的论断主要为这样三点:第一,要"继承民族文化优秀传统……为现代化建设提供强大的精神动力和智力支持"。第二,要"发扬民族文化的优秀传统,不断增强中国特色社会主义文化的吸引力和感召力"。第三,"在五千多年的发展中,中华民族形成了以爱国主义为核心的团结统一、爱好和平、勤劳勇敢、自强不息的伟大民族精神。……必须把弘扬和培育民族精神作为文化建设极为重要的任务,纳入国民教育全过程,纳入精神文明建设全过程"。[①] 继承和发扬中华民族的优秀文化传统,将之作为社会主义文化建设的重要内容和社会主义现代化建设的精神支撑;不断结合时代和社会的发展要求,把丰富、弘扬五千多年来中华民族形成的伟大民族精神作为文化建设的重要任务——党的十六大的这些论断,不仅有助于更加全面、科学地认识中国传统文化在增强中国特色社会主义文化、推动社会主义现代化建设方面的积极作用,而且使中国优秀传统文化得到了更高的重视、获得了更高的地位。

党的十六大以后,以胡锦涛同志为总书记的党中央领导集体,继续把文化建设作为建设社会主义文化强国和社会主义现代化建设的重要环节和关键方面,尤为注重从中国传统文化这一宝贵的历史遗产中汲取营养、获得启迪。2007年10月,中国共产党第十七次全国代表大会在北京举行。党的十七大第一次明确提出了"弘扬中华文化,建设中华民族共有精神家园"的命题,提出"中华文化是中华民族生生不息、团结奋进的不竭动力。要全面认识祖国传统文化,取其精华,去其糟粕,使之与当代社会相适应、与现代文明相协调,保持民族性,体现时代性";"中华民族伟大复兴必然伴随着中华文化繁荣兴盛"。[②] 这表明中国共产党对中华文化与中华民族伟大复兴之间的关系有了更为清醒的认识。提出并深刻阐述马克思主义中国化第二次飞跃

---

① 江泽民:《全面建设小康社会 开创中国特色社会主义事业新局面——在中国共产党第十六次全国代表大会上的报告》(2002年11月8日),《学习月刊》2002年第12期。
② 胡锦涛:《高举中国特色社会主义伟大旗帜 为夺取全面建设小康社会新胜利而奋斗——在中国共产党第十七次全国代表大会上的报告》(2007年10月15日),《求是》2007年第21期。

的理论成果——"中国特色社会主义理论体系",是中国共产党十七大的重大理论贡献,而将"中华优秀传统文化"纳入"中国特色社会主义理论体系"的总体框架之中,深刻揭示二者之间的继承、发展关系,体现了中国共产党对中国优秀传统文化战略定位的精准把握与深刻理解。中国特色社会主义理论体系植根于中国古代文化传统,中华优秀传统文化是中国特色社会主义理论体系的重要源泉之一;中国特色社会主义理论体系是对中华优秀传统文化的继承、发展和弘扬,它在吸收中华传统文化中的优秀部分和精华所在的基础上,将中华优秀传统文化融汇于中国特色社会主义文化实践之中,实现了中华优秀传统文化、马克思主义理论、中国特色社会主义建设实践的有机结合。2011年10月召开的党的十七届六中全会,再次把"弘扬中华文化"纳入深化文化体制改革的指导思想,提出了"建设优秀传统文化传承体系"的历史任务,标志着我国社会主义文化建设进入新的发展阶段。全会指出,"中国共产党从成立之日起,就既是中华优秀传统文化的忠实传承者和弘扬者,又是中国先进文化的积极倡导者和发展者"①。这一具有历史标志性的论断,不仅深刻揭示了中国共产党与中华优秀传统文化之间的内在联系,体现了中国共产党在对待传统文化方面所持有的理性、辩证、批判继承的态度,并且揭示了中华优秀传统文化的现代意义,为加强中华优秀传统文化思想价值的挖掘和阐发指明了方向。

五、创造性转化:十八大以来中国共产党人的传统文化观

新时代以来,在"四个自信"思想立场的导引下,中国共产党人的传统文化观取得了新的发展和思想成就,进入了一个新的理论创造境界,使得中华优秀传统文化创造性转化和创新性发展成为执政党和国家的文化意志及文化建设的主题之一。2021年7月1日,习近平在庆祝中国共产党成立100周年大会上的讲话中这样讲道:"中华民族拥有5000多年历史演进中形成的灿烂文明,中国共产党拥有百年奋斗实践和70多年执政兴国经验,我们积极学习借鉴人类文明的一切有益成果,欢迎一切有益的建议和善意的批评,但我们绝不接受'教师爷'般颐指气使的说教!中国共产党和中国人民将在

---

① 《中共中央关于深化文化体制改革 推动社会主义文化大发展大繁荣若干重大问题的决定》,《人民日报》2011年10月26日。

自己选择的道路上昂首阔步走下去，把中国发展进步的命运牢牢掌握在自己手中！"为此，习近平在讲话中又强调指出在中华民族伟大复兴的新的历史征程上，中国共产党必须"坚持把马克思主义基本原理同中国具体实际相结合、同中华优秀传统文化相结合"。习近平总书记的这一论析，为新时代中国共产党人的传统文化观之创新性建构和价值定位、路径取向，提供了最为关键的义理内核。

2012年11月，党的十八大实现了中央领导集体的新老交替。自此，包括推动中华优秀传统文化创造性转化与创新性发展在内的一系列理论和实践创新相继展开，中国特色社会主义新时代的大幕徐徐拉开。党的十八大以来，以习近平同志为核心的党中央，不仅将"文化建设"列入"五位一体"的发展战略和总体布局之中，而且将中华优秀传统文化视作"我们最深厚的软实力"，突出强调"要处理好继承和创造性发展的关系，重点做好创造性转化和创新性发展"，"要讲清楚中华文化的独特创造、价值理念、鲜明特色和特殊优势"，以引导人们向往和追求讲道德、尊道德、守道德的生活，增强全国人民的文化自信和价值观自信，对传统文化在社会主义文化建设中的地位和作用做出了精确的估量和定位。

2014年10月13日，习近平在中共中央政治局第十八次集体学习时提出："怎样对待本国历史？怎样对待本国传统文化？这是任何国家在实现现代化过程中都必须解决好的问题。"[①] 在一系列讲话中，习近平总书记深刻阐发了传承弘扬中华优秀传统文化在今天的重要意义，提出创造性转化和创新性发展的重大方针。他说："传承中华文化，绝不是简单复古，也不是盲目排外，而是古为今用、洋为中用，辩证取舍、推陈出新，摒弃消极因素，继承积极思想，'以古人之规矩，开自己之生面'，实现中华文化的创造性转化和创新性发展。"[②] 习近平总书记的讲话，为实现中华优秀传统文化的创造性转化和创新性发展指明了方向，提供了路径。概括而言，习近平在系列讲话中所阐明的新时代中国共产党人的传统文化观主要体现为以下几点：

第一，实现中华文化的创造性转化和创新性发展，要明确中华优秀传统文化的基本内涵和思想精髓。"传统文化"是一个历史性概念，它在历史的

---

① 转引自田学斌：《弘扬优秀传统文化　增强国家软实力》，《求是》2015年第14期。
② 习近平：《在文艺工作座谈会上的讲话》，载中共中央宣传部《习近平总书记在文艺工作座谈会上的重要讲话学习读本》，学习出版社，2015年，第29页。

延续中积淀并随着历史的发展而变迁。没有历史积淀就谈不上传统，没有发展演变也就没有传统。在当代社会，中国传统文化的意义呈现和资源价值利用具有非整体性的特点，亦即不可以原封不动地搬来、不加分析地套用。这是因为数千年积累下来的传统文化，其中既有具普适性的精华成分，又有属糟粕性的东西；既有合时宜的，也有不合时宜的。因此，对于传统文化，要汲取和挖掘哪方面的内容，必须做到目标明确、心中有数。习近平在讲话中多次指出，"中华优秀传统文化，蕴含着丰富的思想道德资源。比如，在坚守道德底线方面，强调'己所不欲，勿施于人'、'与人为善'、'以己度人'、'推己及人'，'君子忧道不忧贫'，要恪守'良知'，做到'俯仰无愧'。再比如，在树立道德理想方面，强调'大道之行也，天下为公'，人要'止于至善'，有社会责任感，追求崇高理想和完美人格，倡导'兼善天下'、'利济苍生'、'修身齐家治国平天下'，'见贤思齐焉，见不贤而内自省也'，做君子、成圣贤"[①]；"中华民族在长期实践中培育和形成了独特的思想理念和道德规范，有崇仁爱、重民本、守诚信、讲辩证、尚和合、求大同等思想，有自强不息、敬业乐群、扶正扬善、扶危济困、见义勇为、孝老爱亲等传统美德"[②]。2014年5月4日，习近平在北京大学师生座谈会上的讲话中指出："中华文化强调'民惟邦本'、'天人合一'、'和而不同'，强调'天行健，君子以自强不息'、'大道之行也，天下为公'；强调'天下兴亡，匹夫有责'，主张以德治国、以文化人；强调'君子喻于义'、'君子坦荡荡'、'君子义以为质'；强调'言必信，行必果'、'人而无信，不知其可也'；强调'德不孤，必有邻'、'仁者爱人'、'与人为善'、'己所不欲，勿施于人'、'出入相友，守望相助'、'老吾老以及人之老，幼吾幼以及人之幼'、'扶贫济困'、'不患寡而患不均'，等等。像这样的思想和理念，不论过去还是现在，都有其鲜明的民族特色，都有其永不褪色的时代价值。"[③] 从习近平总书记的这一系列讲话中可以看出，发掘中华传统文化中的优秀部分，就是要着力挖掘传统文化中所包含的崇礼尚义、忠厚正直、家国情怀、豁达淳朴、勇敢坚

---

① 中共中央文献研究室：《习近平关于社会主义文化建设论述摘编》，中央文献出版社，2017年，第141页。
② 习近平：《在文艺工作座谈会上的讲话》，载中共中央宣传部《习近平总书记在文艺工作座谈会上的重要讲话学习读本》，学习出版社，2015年，第29页。
③ 习近平：《青年要自觉践行社会主义核心价值观——在北京大学师生座谈会上的讲话》，《中国高等教育》2014年第10期。

韧、勤劳智慧等文化理念，着力阐发传统文化在延续民族的精神血脉、维护民族团结、鼓舞民族斗志方面的思想价值。因此，当下我们确实需要把中华传统中的那些跨越时空、超越国度、富有永恒魅力、具有当代价值的文化精神弘扬起来，进一步深入挖掘和阐发中华优秀传统文化讲仁爱、重民本、守诚信、崇正义、尚和合、求大同的时代价值，从而使中华优秀传统文化成为涵养社会主义核心价值观的重要源泉。

第二，实现中华文化的创造性转化和创新性发展，要明确中华优秀传统文化的重要地位。文化是一个国家、一个民族的灵魂，文化兴则国运兴，文化强则民族强。对此，习近平强调，要"讲清楚中华文化积淀着中华民族最深沉的精神追求，是中华民族生生不息、发展壮大的丰厚滋养；讲清楚中华优秀传统文化是中华民族的突出优势，是我们最深厚的文化软实力；讲清楚中国特色社会主义植根于中华文化沃土、反映中国人民意愿、适应中国和时代发展进步要求，有着深厚历史渊源和广泛现实基础。中华民族创造了源远流长的中华文化，中华民族也一定能够创造出中华文化新的辉煌"。习近平还指出："中华文明历史悠久，从先秦子学、两汉经学、魏晋玄学，到隋唐佛学、儒释道合流、宋明理学，经历了数个学术思想繁荣时期。在漫长历史长河中，中华民族产生了儒、释、道、墨、名、法、阴阳、农、杂、兵等各家学说，涌现出了老子、孔子、庄子、孟子、荀子、韩非子、董仲舒、王充、何晏、王弼、韩愈、周敦颐、程颢、程颐、朱熹、陆九渊、王守仁、李贽、黄宗羲、顾炎武、王夫之、康有为、梁启超、孙中山、鲁迅等一大批思想大家，留下了浩如烟海的文化遗产。中国古代大量鸿篇巨制中包含着丰富的哲学社会科学内容、治国理政智慧，为古人认识世界、改造世界提供了重要依据，也为中华文明提供了重要内容，为人类文明作出了重大贡献。"①2013年12月11日，中共中央办公厅印发《关于培育和践行社会主义核心价值观的意见》中指出："中华优秀传统文化积淀着中华民族最深沉的精神追求，包含着中华民族最根本的精神基因，代表着中华民族独特的精神标识，是中华民族生生不息、发展壮大的丰富滋养。"② 2014年10月15日，习近平在文艺工作座谈会上的讲话中再次强调：中华优秀传统文化是中华民

---

① 习近平：《在哲学社会科学工作座谈会上的讲话》，《人民日报》2016年5月19日。
② 《中共中央办公厅印发〈关于培育和践行社会主义核心价值观的意见〉》，《党建》2014年第1期。

族的精神命脉,是涵养社会主义核心价值观的重要源泉,也是我们在世界文化激荡中站稳脚跟的坚实根基。"① 可以看出,中华民族在漫长的历史长河中,留下了丰富的文化遗产,它们中的精华部分——中华优秀传统文化,是中华民族的"精神命脉""坚实根基""重要源泉",是中华民族的"根"和"魂",是我们最深厚的文化软实力,是我们文化发展的母体,积淀着中华民族最深沉的精神追求。

第三,实现中华文化的创造性转化和创新性发展,关键在于做好顶层文化设计。党的十八大以来,习近平在系列讲话中多次强调:中华优秀传统文化是中华民族的突出优势,是我们最深厚的文化软实力;一个国家、一个民族的强盛,总是以文化兴盛为支撑,中华民族伟大复兴需要以中华文化发展繁荣为条件。只要中华民族一代接着一代追求美好崇高的道德境界,我们的民族就永远充满希望。这是从国家的文化意志层面、从政策和决策层面对传承、创新中国优秀传统文化所作的最好诠释与说明。这些论述意味深长、发人深省。它昭示我们,在顶层文化设计中,中华优秀传统文化已成为中国特色社会主义文化的重要思想资源,已被视作国家主流文化意识形态的重要组成部分,反映出中国未来的施政纲领,体现了中国共产党在思想文化建设特别是复兴中华优秀传统文化方面所展示出的前所未有的主动性和能动性,因此,将对国人从当前过分追求物质功利向信仰高尚的文化过渡产生积极的引领作用。习近平的以"双创"原则为思想内核和理论标识的传统文化观,将中国共产党人的传统文化观引领到一个新的境界,具有思想、理论方面的拓展、创新、丰富的功能,给中国化马克思主义理论话语体系增加了新的内涵,并且会在新时代中华民族伟大复兴、两个一百年奋斗目标的实现过程中发挥巨大的作用。

中国共产党创建以来,一代又一代中国共产党人薪火相传、前仆后继、浴血奋斗,带领中国人民创造实现中华民族伟大复兴的壮丽史诗。中国共产党的百年发展史,既是一部中国共产党人的担当史,也是一部中华传统文化在中国共产党领导的现代化进程中,根据各个不同的历史阶段的建设目标和任务,而展开的从批判、反思到辩证地分析和吸收借鉴、继承发展,直至进入创造性转化、创新性发展境界的历史。当前,对中华优秀传统文化的传承

---

① 习近平:《在文艺工作座谈会上的讲话》,载中共中央宣传部《习近平总书记在文艺工作座谈会上的重要讲话学习读本》,学习出版社,2015年,第28页。

与保护、弘扬与发展、转化与创新，方向已经明确，方针已经确定，任务已经部署，只待我们扬帆起航、共同参与，把中华优秀传统文化转化为实现中华民族伟大复兴的强大精神和思想力量，早日实现中华优秀传统文化乃至整个中华民族的伟大复兴。新时代中国共产党人传统文化观之形塑和话语体系建构，以及功能作用之赋予，正在于斯。

原载《江海学刊》2021 年第 5 期

作者简介：党圣元，中国社会科学院大学文学院教授、博士生导师。

弘扬中华民族优秀传统文化与坚持马克思主义

李生林　王远文

老一辈无产阶级革命家在宣传马克思主义、进行思想教育时，十分重视继承和弘扬中华民族优秀传统文化。我们都知道，弘扬中华民族优秀传统文化与当今我国社会主义的现代化建设有着密切联系，是精神文明建设的重要内容。

一、中华民族优秀传统文化的重要内容

中华民族文化源远流长，内容十分丰富，与世界各国的民族文化相比，有着不同的特点。中华民族优秀的传统文化，有的体现在有形的物质方面，有的体现在精神方面，其核心是民族精神，特别是优秀的道德传统。主要内容有：

第一，勤劳勇敢，富于革命精神。中国是世界文明古国之一，是礼仪之邦。正如毛泽东同志所指出的："中华民族不但以刻苦耐劳著称于世，同时又是酷爱自由、富于革命传统的民族。""中华民族又是一个有光荣的革命传统和优秀的历史遗产的民族。"[①]

第二，具有浓厚的爱国主义、集体主义思想。《书经·周官》提出"以公灭私，民其允怀"，《墨子》强调要"举公义"，贾谊《治安策》提出"国耳（而）忘家，公耳（而）忘私"等。宋明理学家们所提倡的"义利之辨"和"理俗之辨"，在剥除其为封建国家服务的消极一面之后，可以看到其中渗透着一种为国家、为民族的公利而应当牺牲个人私欲的强烈要求。也正是

---

① 《毛泽东选集》第 2 卷，中央文献出版社，1991 年，第 623 页。

在这一思想的影响下，出现了"先天下之忧而忧，后天下之乐而乐"的高尚的道德要求。顾炎武提出"天下兴亡，匹夫有责"的思想，林则徐所写的"苟利国家生死以，岂因祸福避趋之"的诗句，都显示了强烈的为国家、为民族、为整体的献身精神。正是从国家利益和整体利益的原则出发，在个人对他人、对社会、对群体的关系上，儒家强调"义以为上""先义后利"，认为要"见得思义""见利思义"，反对"见利忘义"，主张"义然后取"。在这种思想的熏陶下，在历代反侵略斗争中英雄辈出。

第三，注意人际和谐。中国古代思想家认为，人与人之间关系的准则是和谐，简称"和"。周太史史伯说"以他平他之谓和"，"和"即是不同的事物相聚集而达到平衡，可以说是多样性的统一。孔子第一个把"人"同"仁"联系起来，并把"仁"解释为"爱人"，是一种早期的人本主义的思想。"仁"既是一种人我关系的准则，也是实行这一准则的普遍的方法论原则。"己所不欲，勿施于人"，"我不欲人之加诸我也，吾亦欲无加诸人"，都是从"仁"出发的。"仁"既是一种最高的道德原则，又是一种崇高的道德品质。在人和人的关系中，"和为贵"，只有从"爱人"出发，才能达到"人恒爱之"的彼此相爱的和谐关系。

在人伦关系中，儒家特别重视父母同子女的关系，即所谓"父子有亲"和"父慈子孝"。"抚养子女"和"孝顺父母"，是中华民族传统人伦关系中最重要的要求。先秦儒家认为，"孝"就是"善事父母"，就是要对父母报养育之恩。孔子认为，对父母不但要"养"，而且要"敬"。对父母的赡养，只有从深爱出发，才能有和颜悦色和承顺父母之心。

中国传统伦理道德中的这种人本主义道德原则，除了有为统治阶级利益辩护和巩固统治阶级社会秩序的色彩，在长期的历史发展中，也对协调人际关系发挥了极为重要的作用。

第四，从长远考虑，顾全大局。在眼前、局部的利益和长远的、关系到战略全局的根本利益之间，中国传统文化更重视后者。它把前者称作小利，而称后者为大利。孔子强调：不论国家或个人，都不可因只顾小利而妨碍大利。对治理国家，他主张"无欲速，无见小利。欲速则不达，见小利则大事不成"（《论语·子路》）。"无欲速"并不是否定速度问题的重要性，而只是要求速度必须为实现目标服务。"无见小利"也不是拒绝任何小利、近利，而只是要求取得小利必须和实现大利即根本战略利益相一致。在对现实目标有利的情况下，速度自然是快些更好。孔子就赞扬"不舍昼夜"的精神。但是片面追求高速度只会欲速则不达,妨碍战略目标的实现。大利总是由小利积成的,如果根本不要任何小利,也就谈不上什么大利。但是,对无益于实现战略全局利益的小利,则不妨弃置不顾;对于实现战略全局利益有妨碍的小利,则应尽力避免。

第五,努力建立理想王国。中华民族致力于在人世建立一个富裕、公平、文明、和谐的"盛世"。这种重视现世,力求改善现世的特点,使得乌托邦式的社会理想在中国传统文化中较为发达。中国的发展和腾飞,自然是以中华民族摆脱现世的贫困落后、实现富强康乐作为目标的。中国传统文化中重视现世,希望现世能成为一个富裕、公平、和谐、人人各得其所的理想社会的思想,自然要比任何"天国"或"极乐世界"的说教,更有鼓舞和激发人心的作用。当然,对传统文化中的这方面遗产,必须进行科学的改造;吸收其重视现世的精神和对理想社会的憧憬,克服其空想性而代之以立足现世、改造现世的积极精神和科学态度。

第六,追求人的最高精神境界。在物质需求基本满足的情况之下,追求崇高的精神境界,把道德理想的实现看作人生诸种需要中一种最高层次的需要。这种崇高的道德追求,又往往成为实现"杀身成仁"、"舍生取义"、无私奉献、勇于牺牲和爱国爱民的精神支柱。从先秦儒家所强调的孔、颜之乐,到范仲淹所提出的"先天下之忧而忧,后天下之乐而乐",这些精神已经凝聚成中华民族的一种特有的价值追求。"富贵不能淫,贫贱不能移,威武不能屈",就是这种追求在人生价值观中的体现。这种坚韧不拔的对崇高的精神境界的追求,总是同自强不息、刚健有为的人生哲学相互联系,总是同"发愤忘食""乐以忘忧"和"知其不可为而为之"的态度共同发展。这种崇高的"为天地立心,为生民立命,为往圣继绝学,为万世开太平"的理想,虽然很难实现,但人们仍然"心向往之",并执着地追求。正如孟子讲的"天下有道,以道殉身;天下无道,以身殉道"(《孟子·尽心上》),"生我所欲也,义亦我所欲也,二者不可得兼,舍生而取义者也"(《孟子·告子上》)。在世界伦理思想史上,比起其他各国来说,追求精神境界和向往理想人格这一优良道德传统,中国确实是尤为突出的。

第七,注重自我修养。孟子讲"人皆可以为尧舜",这一切都是同正心、诚意、克己、自省的功夫相联系的。"见贤思齐,见不贤而内自省""见善如不及,见不善如探汤",孔子提倡"修己""克己",曾子要求经常"三省吾身",孟子讲"养性""养身",讲"良知""良能",直到宋代理学家们主张

"尊德性"，明代王阳明提倡"知行合一"，都特别强调道德的修养践履功夫，认为这是知善、行善并达到成贤成圣的关键。中国传统伦理思想中的性善、性恶理论，尽管针锋相对，但其最终目的都是为成贤成圣的修养践履提供一个坚实的理论基础。孟子主张性善论，认为"恻隐""羞恶""辞让""是非"之心是人性的"四端"；为了成圣成贤，就必须发扬人的本心，启迪人们的"良知""良能"。荀子主张性恶论，认为要使人们成贤成圣，就必须"化性起伪"，加强礼法的教育和约束。孟子和荀子各执一端，但是，一个提出"人皆可以为尧舜"，一个主张"涂之人可以为禹"，他们从两个对立的极端，走向了同一个目的。一个是"反身而诚"，一个是教化习修，最终所追求的则是一种共同的理想人格。

对于中华民族的传统精神和道德，只要我们能够用历史唯物主义观点，弘扬精华，除去糟粕，就一定能够对我国当前的思想道德建设发挥重要的作用。

二、弘扬中华民族优秀传统文化与坚持马克思主义

有人以为，坚持马克思主义与弘扬中国传统文化，犹如冰炭同炉，因为马克思主义是外来文化，中国传统文化是本土文化。这种认识是失之偏颇的。马克思主义同中国实际相结合，就包含着同中国的经济、政治和文化状况相结合。当然，这种结合不是两种文化简单凑合，而是运用马克思主义的科学理论和方法，对中国传统文化进行分析、扬弃、继承，马克思主义是指导思想，中国传统文化是具体的文化形态。中国革命者接受马克思主义，并不是将其作为一种文化，而是像毛泽东指出的那样，把它作为"科学的宇宙观和社会革命理论"，"作为观察国家命运的工具"，加以接受和运用，从而产生了毛泽东思想——马克思主义与中国实际（包括传统文化）相结合的典范。批判继承或扬弃，就是要用历史唯物主义的态度，对经过选择而吸取的文化遗产，根据当前历史进步的要求和广大人民群众的利益，根据建设中国特色社会主义的需要，根据千百年来人们在思想中所认同的人际关系的一些准则和规范，根据社会主义社会中处理人与人之间关系的道德原则，予以加工和改造，从而抛弃其封建的、落后的、消极的方面，吸收其反映人民利益的、科学的、进步的、积极的方面并加以弘扬。这要注意以下几点：

首先，对那些基本上属于精华的传统道德我们应当进行分析。通过分

析，用历史唯物主义的态度，认识传统美德在新时代条件下的新意义。例如，"先天下之忧而忧，后天下之乐而乐"这句话中的"天下"，在当时，既指宋王朝所统治的范围，又兼指整个中华民族所聚居的广阔地域；这两句话中的"忧""乐"二字，在当时，既有对宋王朝统治兴衰的忧乐，又有对广大人民群众的忧乐。范仲淹在《岳阳楼记》中还提出"居庙堂之高则忧其民，处江湖之远则忧其君"，就是说，在朝廷中身居高位就为人民而忧虑，在山野中隐居为民就要为君王担心。因而，当我们以历史唯物主义的态度，根据今天社会主义时代的特点和广大人民群众的利益来继承这两句话里所体现的精神，"天下"就应当是社会主义新中国以及整个中华民族，这就已经以我们所理解的"天下"，取代了范仲淹所说的"天下"，而我们所应当有的"忧"和"乐"，体现了集体主义精神，自然也就和范仲淹所说的"忧"和"乐"根本不同了。

其次，对于那些较为明显的精华与糟粕相交织甚至融合在一起的传统道德，更需要谨慎地鉴别和认真地消化。以义利关系问题为例。《论语》中提出"见利思义""见得思义""义然后取"等，应当说基本上是属于精华部分，但其中也夹杂着一些维护封建等级制度的思想内容。这就需要正确区分古人所说的义和利与今天所说的义和利的不同含义，这样我们才能够很好地抛弃其糟粕，吸收其精华。这里还有一种情况，例如"君子喻于义，小人喻于利"等道德思想，就可以说精华与糟粕相互交织在一起，今天，我们更应当仔细地加以分析和批判。中国古代社会，"君子"一般是指统治阶级的成员或有道德的人，而"小人"多指居下位的卑贱者，有时也指只顾私利而没有道德的人。"君子喻于义，小人喻于利"，总的来看，包含两个既有联系又有区别的内容，即一方面认为，只有统治者才明白大义，而劳动人民只知道小利；另一方面认为，只有道德高尚的人才明白大义，而没有道德的人只知道私利。对于前一方面的内容，应当彻底地予以批判和抛弃，同时，吸收其后一方面的合理思想，并加以改造，使其在新的时代发挥积极的作用。

再者，我们之所以强调批判地继承，还由于中国传统道德是植根于中国古代以农耕为"本务"、以家庭为"单位"的小农经济的特殊的自然经济土壤之中的，是长期在奴隶阶级和封建阶级所统治的社会中孕育、形成和发展的。因而，一切传统道德，都不同程度地打上了统治阶级的烙印，从本质上来说，是为巩固当时的统治阶级的利益和稳定统治阶级的社会秩序服务的。在中国封建社会中所形成的"三纲五常""忠孝节义"等道德规范，从总体上来说，都是为巩固传统的社会秩序和统治阶级的利益服务的。所以，如果不能以历史唯物主义去批判旧道德，否定旧道德中为统治阶级利益服务的内容，就不可能有正确的继承。

最后，对民族优秀传统文化的批判继承，既是为了用有益思想教育民众，也是为发展马克思主义而吸收宝贵的思想资料。马克思主义的形成曾经汲取了全人类的优秀文化成果，是从全部人类知识中产生出来的典范。列宁指出过：马克思的"学说的产生正是哲学、政治经济学和社会主义的最伟大代表的学说的直接继续"[①]。

总之，中国传统道德是中华民族思想文化传统的重要组成部分，是中国古代思想家对中华民族道德实践经验的总结，对中国传统文化、民族心理有着巨大的影响和作用。所以，从一定意义上说，中国传统道德是中华民族思想文化传统的核心。

弘扬中华民族优秀传统文化和传统道德，根本目的在于振奋我们的民族精神，增强民族自豪感和民族责任感，提高民族自尊心和民族自信心；在于使社会主义道德有更丰富的内容，有更为群众所喜闻乐见的民族形式，更加具有民族特色的凝聚力和向心力；在于能更好地协调社会主义社会的人际关系，促进社会主义市场经济的健康发展；在于使集体主义、爱国主义和社会主义真正成为我们社会在思想上的主旋律，从而有效地促进社会主义精神文明的建设。

原载《探求》1996年第6期

作者单位：李生林，中国工运学院；王远文，天津远洋运输公司。

[①] 《列宁选集》第2卷，人民出版社，1972年，第441页。

坚持把马克思主义基本原理
同中华优秀传统文化相结合

沈湘平

习近平总书记在庆祝中国共产党成立100周年大会上的重要讲话（以下简称"七一"重要讲话）中深刻指出，在新的征程上，必须"坚持把马克思主义基本原理同中国具体实际相结合、同中华优秀传统文化相结合，用马克思主义观察时代、把握时代、引领时代，继续发展当代中国马克思主义、21世纪马克思主义"[①]。这是在党的历史上首次从党的指导思想高度、马克思主义中国化角度明确提出"坚持把马克思主义基本原理同中华优秀传统文化相结合"（以下简称新"相结合"）的命题，并将之放到与"坚持把马克思主义基本原理同中国具体实际相结合"的同等高度。这是习近平新时代中国特色社会主义思想的重要创新，也是新征程中继续发展当代中国马克思主义、21世纪马克思主义的原则要求和必须完成的伟大课题。

一、新"相结合"的基本意蕴

坚持把马克思主义基本原理同中国具体实际相结合，是我们党取得百年辉煌的最基本经验和核心密码所在。所谓同中国具体实际相结合，就是要同中国革命、建设、改革的实践相结合，同中国实践、中国历史、中国文化相结合。在此意义上，"同中华优秀传统文化相结合"可以说本就是"同中国具体实际相结合"的题中应有之义。而将"同中华优秀传统文化相结合"单列，且与"同中国具体实际相结合"并列，则有着特殊的针对性和深刻意蕴。

---

① 习近平：《在庆祝中国共产党成立100周年大会上的讲话》，《人民日报》2021年7月2日。

第一，更加突出中国特色的历史文化根基。当我们说到中国具体实际时，直接指称的是当代、当下的中国现实国情。然而，"一个民族的历史是一个民族安身立命的基础"①，在这一历史中积淀下来的文化则是这个民族、国家的灵魂。事实上，一切当代、当下的实际都是以往历史文化的结果，历史文化是当代、当下实际成为可能的根基。每个国家的历史传统、文化积淀不同，其基本国情就必然不同，其发展道路必然有自己的特色。正如习近平总书记指出的，中国共产党人是马克思主义者，但不是历史虚无主义者，也不是文化虚无主义者。我们深刻认识到，"当代中国是历史中国的延续和发展，当代中国思想文化也是中国传统思想文化的传承和升华，要认识今天的中国、今天的中国人，就要深入了解中国的文化血脉，准确把握滋养中国人的文化土壤"②；"如果没有中华五千年文明，哪里有什么中国特色？如果不是中国特色，哪有我们今天这么成功的中国特色社会主义道路？"③归根到底，"我们开辟了中国特色社会主义道路不是偶然的，是我国历史传承和文化传统决定的"④。而且，"博大精深的中华优秀传统文化是我们在世界文化激荡中站稳脚跟的根基"⑤。因此，坚持把马克思主义基本原理同中华优秀传统文化相结合，就是要旗帜鲜明地反对历史虚无主义、文化虚无主义，更加突出和巩固我们的历史文化根基。

第二，更加彰显党性和民族性、人民性的有机统一。中国共产党是马克思主义政党，马克思主义是人类迄今为止最先进的思想理论体系，是我们立党立国的根本指导思想，是我们党的灵魂和旗帜。正如习近平总书记指出的，"对马克思主义的信仰，对社会主义和共产主义的信念，是共产党人的政治灵魂，是共产党人经受住任何考验的精神支柱"⑥。同时，中华优秀传统文化"植根在中国人内心"，"积淀着中华民族最深沉的精神追求"，是

---

① 习近平：《在纪念毛泽东同志诞辰120周年座谈会上的讲话》，《人民日报》2013年12月27日。
② 习近平：《在纪念孔子诞辰2565周年国际学术研讨会暨国际儒学联合会第五届会员大会开幕会上的讲话》，《人民日报》2014年9月25日。
③ 《习近平考察朱熹园谈文化自信：没有中华五千年文明，哪有我们今天的成功道路》，新华社"新华视点"微博：2021年3月23日，http://www.xinhuant.com/2021-03/23/c_1127243217.htm，访问日期：2021年7月23日。
④ 《习近平在中共中央政治局第十八次集体学习时强调牢记历史经验历史教训历史警示为国家治理能力现代化提供有益借鉴》，《人民日报》2014年10月14日。
⑤ 《习近平在中共中央政治局第十三次集体学习时强调把培育和弘扬社会主义核心价值观作为凝魂聚气强基固本的基础工程》，《人民日报》2014年2月26日。
⑥ 《习近平谈治国理政》，外文出版社，2014年，第15页。

"中华民族的基因""民族文化血脉""中华民族的精神命脉""中华民族的根和魂",是中国人"有别于其他民族的独特标识",是"中华民族生生不息、发展壮大的丰厚滋养","中华优秀传统文化是我们最深厚的文化软实力,也是中国特色社会主义植根的文化沃土"。① 因此,马克思主义基本原理与中华优秀传统文化相结合可以说是思想旗帜与文化基因的结合,思想灵魂与文化根脉的结合,指导思想与文化沃土的结合,是人类最先进的思想与中华民族突出优势、中国最深厚的文化软实力的结合,也是中国人的政治信仰与文化信仰的结合。马克思主义基本原理以理服人,中华优秀传统文化以文化人。如果说"同中国具体实际相结合"突出的是"中国"及其客观物质实际,那么"同中华优秀传统文化相结合"突出的是"中华"及其精神实际、人文实际,更加突出民族性、人民性的方面。因此,坚持把马克思主义基本原理同中华优秀传统文化相结合,事实上更加彰显了党性和民族性、人民性的有机统一。

第三,鲜明标示"基本"与"优秀"的结合。由马克思、恩格斯创立的马克思主义主要由马克思主义哲学、政治经济学和科学社会主义三大部分组成,体系博大精深,内容极其宏富。中华优秀传统文化与之相结合未必要也不可能同马克思主义理论体系的每个具体观点亦步亦趋地结合,而是与马克思主义基本原理相结合。毛泽东当年曾就文学艺术如何学习、贯彻马克思主义有过精彩的论述:"学习马克思主义,是要我们用辩证唯物论和历史唯物论的观点去观察世界,观察社会,观察文学艺术,并不是要我们在文学艺术作品中写哲学讲义。"② 同理,坚持马克思主义基本原理同中华优秀传统文化相结合,也绝不是要在中华优秀传统文化中写马克思主义讲义,一切由马克思主义包办代替。正如恩格斯所说:"马克思的整个世界观不是教义,而是方法。它提供的不是现成的教条,而是进一步研究的出发点和供这种研究使用的方法。"③ 马克思主义基本原理就是马克思主义立场、观点和方法的集中概括,是马克思主义全部理论中具有普遍性、根本性和长远指导意义的部分,是马克思主义理论的核心内容。同样,中华传统文化是中华民族在历史上创造、传承的全部文化的总称,是一个中性的集合概念。毋庸

---

① 《习近平在中共中央政治局第十八次集体学习时强调牢记历史经验历史教训历史警示为国家治理能力现代化提供有益借鉴》,《人民日报》2014年10月14日。
② 《毛泽东选集》第三卷,人民出版社,1991年,第874页。
③ 《马克思恩格斯选集》第4卷,人民出版社,2012年,第664页。

讳言，这其中既有优秀、精华的部分，也有封建、落后、糟粕甚至腐朽的部分。同马克思主义基本原理相结合的一定是中华优秀传统文化，是中华文明中的精华。因此，坚持把马克思主义基本原理同中华优秀传统文化相结合，就意味着要反对关于两者非此即彼、简单二元对立的教条主义态度，实现精髓与精华的强强结合。

第四，深刻蕴含"相结合"的多重含义。自从以马克思主义为武装的中国共产党诞生，中国人在精神上就从被动走向主动。在"相结合"的关系中，马克思主义基本原理始终处于主动的一方。然而，传统文化是先在的力量，植根于中国人内心，形成中国人独特的精神世界和百姓日用而不觉的价值观，潜移默化影响着中国人的思想方式和行为方式。马克思主义在中国能不能站得住脚，能否生根发芽，能否与时俱进地发展，从深层来说要看其能否与中华固有的优秀传统文化相"适应"，这应该是"相结合"的第一层含义。经由历史的千回百折，传统文化已经积淀成中华民族根深蒂固的文化心理和内在基因。这种心理和基因是如此强大，以至于不是人们去选择它，而是它在筛选所有的思想主张、政治力量——谁能继承、发扬这种强大的基因并能实现其现代性的转换，谁就能成为中华民族走向复兴的领导力量。"相结合"的第二层含义就在于"鉴别"，即要运用马克思主义基本原理去科学地、辩证地对待所有传统文化，区分优秀与落后、精华与糟粕，从而能从中华民族世世代代形成和积累的优秀传统文化中汲取营养和智慧，延续文化基因，萃取思想精华，展现精神魅力。"相结合"的第三层含义则在于"激活"，即要在马克思主义指导下，"以时代精神激活中华优秀传统文化的生命力，推进中华优秀传统文化创造性转化和创新性发展"①；"使中华民族最基本的文化基因与当代文化相适应、与现代社会相协调，把跨越时空、超越国界、富有永恒魅力、具有当代价值的文化精神弘扬起来"②。因此，马克思主义基本原理与中华优秀传统文化之间适应、鉴别、激活的关系，并不完全等同于普遍与特殊的关系，而是更为复杂、有机的关系。

第五，明确指示"相结合"的根本目的。习近平总书记在"七一"重要讲话中，系统阐述了以史为鉴、开创未来的"九个必须"。坚持把马克思主

---

① 《习近平在中共中央政治局第二十九次集体学习时强调大力弘扬伟大爱国主义精神为实现中国梦提供精神支柱》，《人民日报》2015年12月31日。

② 习近平：《在哲学社会科学工作座谈会上的讲话》，《人民日报》2016年5月19日。

义基本原理同中华优秀传统文化相结合,就是第三个"必须"——"必须继续推进马克思主义中国化"中的内容。百年历史经验启示我们:"中国共产党为什么能,中国特色社会主义为什么好,归根到底是因为马克思主义行!"① 反过来,马克思主义行,保证了共产党能,保证了中国特色社会主义好。而马克思主义之所以行,不仅因为其基本原理是科学的,还因为其拥有与时俱进的理论创新品质——或者说与时俱进是其科学性的重要体现。中国共产党在坚持马克思主义基本原理的同时,不断推进其实现民族化时代化,收获了毛泽东思想、邓小平理论、"三个代表"重要思想、科学发展观和习近平新时代中国特色社会主义思想等中国化的马克思主义。在新的征程上,必须用马克思主义观察时代、把握时代、引领时代,继续发展当代中国马克思主义、21世纪马克思主义。坚持马克思主义基本原理和中华优秀传统文化相结合,归根到底是为了更好地实现马克思主义中国化,保持马克思主义的生命力,保证马克思主义永远行!如果说,以往我们强调在马克思主义指导下传承和弘扬中华优秀传统文化,更多是一个如何对待中华优秀传统文化的问题,那么新"相结合"就还有一个如何对待马克思主义的问题,传承和弘扬中华优秀传统文化本身也就成为如何继续推进马克思主义中国化的问题。

二、新"相结合"的思想其来有自

坚持把马克思主义基本原理同中华优秀传统文化相结合,是在"七一"重要讲话中正式、自觉、科学地表达出来的,这一思想其来有自,有着深厚的理论渊源,有一个孕育、发展、成熟的过程。

一方面,马克思、恩格斯的经典论述提供了理论的源头活水。马克思、恩格斯以最彻底的态度反对形而上学和教条主义,始终强调在改变世界中认识世界,认为真正的马克思主义是"由历史运动产生并且充分自觉地参与历史运动的科学",即"革命的科学"和"历史科学"。② 在马克思主义诞生的标志性文献《共产党宣言》中,马克思批评当时德国的或"真正的"社会主义:"德国的哲学家、半哲学家和美文学家,贪婪地抓住了这种文献(指法

---

① 习近平:《在庆祝中国共产党成立100周年大会上的讲话》,《人民日报》2021年7月2日。
② 《马克思恩格斯选集》第1卷,人民出版社,2012年,第236、146页。

国的社会主义著作——引者注），不过他们忘记了：在这种著作从法国搬到德国的时候，法国的生活条件却没有同时搬过去。在德国的条件下，法国的文献完全失去了直接实践的意义，而只具有纯粹文献的形式。"① 在1872年为《共产党宣言》写的德文版序言中，马克思、恩格斯写道："这些原理的实际运用，正如《宣言》中所说的，随时随地都要以当时的历史条件为转移。"② 1877年马克思给俄国《祖国纪事》杂志编辑部写信说，一些批评家"一定要把我关于西欧资本主义起源的历史概述彻底变成一般发展道路的历史哲学理论，一切民族，不管它们所处的历史环境如何，都注定要走这条道路……他这样做，会给我过多的荣誉，同时也会给我过多的侮辱"。马克思还举了很多例子说明"极为相似的事变发生在不同历史环境中就引起了完全不同的结果"。如果不进行具体的研究，而依靠"使用一般历史哲学理论这一把万能钥匙"，那是永远达不到真正理解历史现象的目的的。他还一针见血地指出："这种历史哲学理论的最大长处就在于它是超历史的。"③ 1885年恩格斯在给俄国革命家查苏利奇的信中曾说过："在我看来，马克思的历史理论是任何坚定不移和始终一贯的革命策略的基本条件；为了找到这种策略，需要的只是把这一理论应用于本国的经济条件和政治条件。""但是，要做到这一点，就必须了解这些条件。"④ 无论是强调历史运动、生活条件、历史条件、历史环境，还是更为具体的经济条件和政治条件，其实都隐含和折射着一个国家、民族独特而纵深的历史文化背景。甚至马克思在1872年还明确指出，国际工人运动"必须考虑到各国的制度、风俗和传统"⑤。

如果说上述更多是突出马克思主义基本原理必须和具体实际相结合的话，那么恩格斯晚年对美国工人运动的建议则更进了一步。1887年1月，面对当时兴起的美国工人运动，恩格斯在致美国社会主义者弗·凯利-威士涅威茨基夫人的信中写道："我们的理论是发展着的理论，而不是必须背得烂熟并机械地加以重复的教条。越少从外面把这种理论硬灌输给美国人，而越多由他们通过自己亲身的经验（在德国人的帮助下）去检验它，它就越会

---

① 《马克思恩格斯选集》第1卷，人民出版社，2012年，第426页。
② 《马克思恩格斯选集》第1卷，人民出版社，2012年，第376页。
③ 《马克思恩格斯全集》第25卷，人民出版社，2001年，第145、146页。
④ 《马克思恩格斯选集》第4卷，人民出版社，2012年，第574页。
⑤ 《马克思恩格斯全集》第18卷，人民出版社，1964年，第179页。

深入他们的心坎。"① 以自己内在的"亲身的经验"去验证而非外在的"理论硬灌输",才能使理论深入"心坎",这不只是揭示了马克思主义传播、教育的普遍方法,而且具有着眼于美国这个具体国家的特殊针对性。正如恩格斯所自述的,在1888年8、9月游历美国之前,"我们通常都以为"美国人"一切都应该是实际的","对于每一个新的改进方案,会纯粹从它的实际利益出发马上进行试验"②——事实上今天的美国依然如此。因此,恩格斯1887年的上述表述就有着鲜明的针对性,即针对美国根深蒂固的实用主义传统,尽管那时美国还是一个新国家。这也就表明,马克思主义发挥作用不仅需要外在的条件,而且需要切身的体验、内在的体悟,更需要与一个民族、国家的思维习惯、价值观念、文化心理相适应。只有与一个民族的文化传统产生共鸣共振,作为革命运动前提的主体内在条件才能真正成熟。

另一方面,百年党史也是马克思主义与中华优秀传统文化关系的认识史、结合史。

中国共产党在确立马克思主义为指导思想和精神旗帜的同时,就将自己视为"中华优秀传统文化的忠实传承者和弘扬者",就在推进马克思主义中国化过程中将马克思主义基本原理同中华优秀传统文化相结合。历代中国共产党人在这方面做出了光辉的探索。一部百年党史就是马克思主义中国化的历史,也是马克思主义普遍原理同中华优秀传统文化相结合的历史。这个历史有一个从不自觉到自觉的过程,其转折点就是在反思革命失败原因中批判教条主义和形式主义。

1938年10月,毛泽东在中共六届六中全会讲话中首次提出"学习我们的历史遗产"的任务。他指出,"我们这个民族有数千年的历史,有它的特点,有它的许多珍贵品。对于这些,我们还是小学生。今天的中国是历史的中国的一个发展;我们是马克思主义的历史主义者,我们不应当割断历史。从孔夫子到孙中山,我们应当给以总结,承继这一份珍贵的遗产。这对于指导当前的伟大的运动,是有重要的帮助的。共产党员是国际主义的马克思主义者,但是马克思主义必须和我国的具体特点相结合并通过一定的民族形式才能实现……使马克思主义在中国具体化,使之在其每一表现中带着必须有的中国的特性,即是说,按照中国的特点去应用它,成为全党亟待了解并亟

---

① 《马克思恩格斯选集》第4卷,人民出版社,2012年,第588页。
② 《马克思恩格斯全集》第21卷,人民出版社,1965年,第534页。

须解决的问题"①。从大历史观、马克思主义态度和服务现实需要等角度强调了总结、学习、继承历史文化遗产的极端重要性，提出马克思主义与中国具体实践相结合即马克思主义中国化必须通过一定的民族形式才能实现。

1940年1月，毛泽东在《新民主主义论》中第一次全面阐述了新民主主义文化观，其中当然就包括了传统文化观。他说："形式主义地吸收外国的东西，在中国过去是吃过大亏的。中国共产主义者对于马克思主义在中国的应用也是这样，必须将马克思主义的普遍真理和中国革命的具体实践完全地恰当地统一起来，就是说，和民族的特点相结合，经过一定的民族形式，才有用处，决不能主观地公式地应用它。"②再次强调马克思主义与中国具体实践相统一过程中民族特点、民族形式的极端重要性，认为只有和中华民族的民族特点结合起来，经过一定的民族形式，马克思主义和中国具体实际相结合才是"完全""恰当"的。在毛泽东看来，新民主主义文化本质上就是民族的科学的大众的文化，"民族的"居于首位。

为了从思想路线上彻底纠正教条主义错误，中国共产党在1941年开展了整风运动。在作为整风运动开篇的《改造我们的学习》的讲话中，毛泽东批判许多同志"言必称希腊，对于自己的祖宗，则对不住，忘记了"，他们"对于自己的历史一点不懂，或懂得甚少，不以为耻，反以为荣"③，从文风和思想路线的高度强调了学习自己民族的历史文化的极端重要性。

1943年5月，共产国际宣布解散，这一世界共产主义运动中的重大事件促使中国共产党人更加自觉地思考、定位党和中华民族及其文化的关系，进而是马克思主义与中国历史文化的关系。5月26日《中共中央关于共产国际执委主席团提议解散共产国际的决定》指出，"革命不能输出，亦不能输入，而只能由每个民族内部的发展所引起"；"共产国际的解散，将使中国共产党人的自信心与创造性更加加强"；而"中国共产党人是中华民族最优秀的子孙"，"是我们民族一切文化、思想、道德的最优秀传统的继承者，把这一切优秀传统看成和自己血肉相连的东西，而且将继续加以发扬光大……要使得马克思列宁主义这一革命科学更进一步地和中国革命实践、中国历

---

① 《毛泽东选集》第二卷，人民出版社，1991年，第533—534页。
② 《毛泽东选集》第二卷，人民出版社，1991年，第707页。
③ 《毛泽东选集》第三卷，人民出版社，1991年，第797、798页。

史、中国文化深相结合起来"。① 这一文献将毛泽东的相关思想系统化，实现了两个"首次"：首次明确了中国共产党是中华优秀传统文化的继承者和弘扬者，首次明确提到要把马克思主义同中国历史文化结合起来。

新中国成立以后，毛泽东也多次强调马克思主义基本原理与中国传统文化相结合的精神，并身体力行和要求党的领导干部学习历史文化典籍。他曾以律诗和郭沫若曰："劝君少骂秦始皇"，因为"百代犹行秦法政"；② 早在1917年毛泽东就说过："西方思想……应与东方思想同时改造"③，实质上也是将马克思主义基本原理与中华优秀传统文化相结合的一种生动表达。后来，以邓小平、江泽民、胡锦涛为代表的中国共产党人，从不同角度强调继承和弘扬中华优秀传统文化的重要性，都蕴含着要把马克思主义基本原理与中华优秀传统文化相结合的意旨，并在不同层面作出重要贡献，不断推进了马克思主义中国化。

党的十八大以来，习近平总书记从治国理政、民族复兴的高度强调弘扬和传承中华优秀传统文化，相关重要论述既是把马克思主义基本原理同中华优秀传统文化相结合的光辉典范，也为我们进一步推进这一结合提供了思想前提和重要遵循。比如，科学定位，深刻揭示了中华优秀传统文化与中华民族、中国人、中国共产党、中国特色社会主义的本质联系；激发自信，将坚定中华优秀传统文化自信作为坚定文化自信的根基；正本清源，系统阐述了中华优秀传统文化蕴含的思想观念、人文精神、道德规范；激活传扬，着力推进中华优秀传统文化的创造性转化和创新性发展；铸魂育人，强调将中华优秀传统文化传承贯穿国民教育；面向世界，让中华优秀传统文化为人类提供精神指引；等等。习近平总书记直接提出把马克思主义基本原理同中华优秀传统文化相结合这一创新思想，则有三个重要的节点。

第一个节点是，2013年考察山东孔府、视察曲阜孔子研究院，并于2014年以国家主席身份出席孔子诞辰2565周年国际学术研讨会暨国际儒联会员大会——这在共和国历史上尚属首次。其发表的重要讲话明确指出："中国共产党人是马克思主义者，坚持马克思主义的科学学说，坚持和发展

---

① 中共中央文献研究室、中央档案馆：《建党以来重要文献选编（一九二一——一九四九）》第二十册，中央文献出版社，2011年，第318—319页。
② 邸延生：《毛泽东评述诸子百家》，人民出版社，2013年，第7页。
③ 中共中央文献研究室、中共湖南省《毛泽东早期文稿》编辑组：《毛泽东早期文稿（1912.6—1920.11）》，湖南人民出版社，1995年，第86页。

中国特色社会主义，但中国共产党人不是历史虚无主义者，也不是文化虚无主义者。我们从来认为，马克思主义基本原理必须同中国具体实际紧密结合起来，应该科学对待民族传统文化，科学对待世界各国文化，用人类创造的一切优秀思想文化成果武装自己。在带领中国人民进行革命、建设、改革的长期历史实践中，中国共产党人始终是中国优秀传统文化的忠实继承者和弘扬者，从孔夫子到孙中山，我们都注意汲取其中积极的养分。"[1] 这丰富和发展了毛泽东的相关思想，不仅重申了中国共产党人与中华优秀传统文化的关系，还从马克思主义基本原理同中国具体实际相结合的高度，明确了科学对待民族传统文化的问题。

第二个节点是，在考察山东孔府8年后，在建党百年之际考察位于福建武夷山的朱熹园。总书记在讲话中指出，"要推动中华优秀传统文化创造性转化、创新性发展，以时代精神激活中华优秀传统文化的生命力。要把坚持马克思主义同弘扬中华优秀传统文化有机结合起来，坚定不移走中国特色社会主义道路"[2]；"我们要特别重视挖掘中华五千年文明中的精华，弘扬优秀传统文化，把其中的精华同马克思主义立场观点方法结合起来，坚定不移走中国特色社会主义道路"[3]。这不仅明确提出了马克思主义与中华优秀传统文化相结合的问题，而且指出了这里的马克思主义是指"马克思主义的立场观点方法"，这里的优秀传统文化是"中华五千年文明中的精华"，还突出了两者"有机""激活"的关系。"相结合"的思想已经十分成熟。

第三个节点就是，2021年庆祝建党100周年的"七一"重要讲话，从党的指导思想高度作出了最为自觉的高度凝练、科学的表述：坚持把马克思主义基本原理同中华优秀传统文化相结合。

三、新"相结合"澄明了中国特色社会主义与中华文明的关系

中国特色社会主义是马克思主义在中国的伟大实践，五千多年中华文明

---

[1] 习近平：《在纪念孔子诞辰2565周年国际学术研讨会暨国际儒学联合会第五届会员大会开幕会上的讲话》，《人民日报》2014年9月25日。
[2] 《习近平在福建考察时强调在服务和融入新发展格局上展现更大作为奋力谱写全面建设社会主义现代化国家福建篇章》，《人民日报》2021年3月26日。
[3] 《习近平考察朱熹园谈文化自信：没有中华五千年文明，哪有我们今天的成功道路》，新华社"新华视点"微博，http://www.xinhuant.com/2021-03/23/c_1127243217.htm，访问日期：2021年7月23日。

孕育的中华优秀传统文化是中华民族的根和魂。因此，马克思主义基本原理与中华优秀传统文化的关系本质关联中国特色社会主义与中华文明的关系，"坚持把马克思主义基本原理同中华优秀传统文化相结合"为我们澄明中国特色社会主义与中华文明的关系提供了新的启示。结合习近平总书记的相关论述，有两点十分重要。

第一，中国特色社会主义是在对中华文明五千多年的传承发展中得来的。

社会主义不仅有一个从空想到科学的过程，还有一个从理论到实践的过程，更有一个在实践中从摸索到成熟的过程。正如习近平总书记多次指出的，今天的中国特色社会主义不是从天上掉下来的，她根植于具有五千年文明传承的中华大地，赓续科学社会主义的基因血脉，是科学社会主义理论逻辑和中国社会发展历史逻辑的辩证统一。相对于以往的认识，我们更应该突出强调，中国特色社会主义"是在对中华文明5000多年的传承发展中得来的"①。没有五千多年的中华文明，就没有中国特色社会主义。

一方面，中华文明与社会主义具有内在契合的关系。马克思、恩格斯的科学社会主义揭示出，进入社会主义不是一种道德上应该确立的状态，而是人类社会发展的必然规律。也就是说，任何社会例如中国社会，假如没有任何外在因素的影响，假以时日地发展也必将走向社会主义。"凡是那里有无产阶级和工人运动，便会有一天出现工人阶级的政党。假使本来没有共产国际，中国共产党亦必将应运而生，这是历史必然的定律。"② 科学社会主义传入中国则加快了这一进程，用马克思的话来说就是"缩短和减轻分娩的痛苦"③。而之所以如此，正是因为中华文明本就蕴含着丰富的社会主义因素，例如中国古已有之的天下为公、天下大同、均贫富、重民生等思想，在漫长的历史中不断发展、积淀，直至成为稳定的民族文化心理。尽管这还只是形成了马克思所谓的"素朴的人民园地"，但一旦遇到科学社会主义这一彻底的理论，就瞬间被"思想的闪电"所"彻底击中"，一拍即合，产生震撼世界的历史效应。一句话，社会主义与中华文明看起来是一种外在的关系，实际上却有一种内在契合的关系。孟子曾说："仁义礼智，非由外铄我也，我

---

① 《习近平在学习贯彻党的十九大精神研讨班开班式上发表重要讲话强调以时不我待只争朝夕的精神投入工作开创新时代中国特色社会主义事业新局面》，《人民日报》2018年1月6日。
② 《建党以来重要文献选编（一九二一——一九四九）》第二十册，中央文献出版社，2011年，第317页。
③ 《马克思恩格斯选集》第2卷，人民出版社，2012年，第83页。

固有之也。"(《孟子·告子上》)社会主义之于中国,也可作如是观。在此意义上,所谓马克思主义基本原理同中国具体实际、中华优秀传统文化相结合,也意味着中华文明精华、中华优秀传统文化的激活与开显。

另一方面,中华文明不仅塑造了中国特色社会主义,而且赋予了社会主义一些本质性的品质。有人曾从中华文明政治一统思想、社会结构、协商共治传统、经济治理传统、天人合一思想、政教传统、民族治理体系、贤能政治传统等8个方面论述了中华文明对中国特色社会主义道路的塑造。① 我们认为,更重要的是,中华文明赋予了中国特色社会主义与资本主义乃至整个西方文明一种根性上的不同。例如,与西方无机、机械的原子论宇宙观相反,中华文化是一种以"生"为核心范畴的有机整体的生命本体论,崇尚生命,强调万物共生;与西方主客二分、冲突、征服思维相对,对"和"的追求深刻塑造了中华文明的思维方式和价值取向,对和平、和睦、和谐的追求深深溶化在文化的血脉和基因之中;与西方强调理性、理智的传统相对,中国传统文化十分重情。② 纵看历史与未来发展,社会主义是对资本主义的超越;在"一球两制"的当下,社会主义以资本主义作为"他者";在东西方地缘政治格局中,中华文明与西方文明客观上存在于今尤烈的竞争之势;着眼世界社会主义运动形势,中国特色社会主义是21世纪世界社会主义运动的中流砥柱和最重要的组成部分。因此,中华文明崇生、尚和、重情的特质,不仅仅具有文明差别的意义,而且具有和资本主义本质区别的意义。

第二,传承发展中华文明的中国特色社会主义创造了人类文明新形态。

习近平总书记的"七一"重要讲话在回顾党诞生的历史背景时指出,"1840年鸦片战争以后,中国逐步成为半殖民地半封建社会,国家蒙辱、人民蒙难、文明蒙尘,中华民族遭受了前所未有的劫难";而在谈到百年取得的根本成就时说,"我们坚持和发展中国特色社会主义,推动物质文明、政治文明、精神文明、社会文明、生态文明协调发展,创造了中国式现代化新道路,创造了人类文明新形态"③。一百年,从"文明蒙尘"到"创造了人类文明新形态",中国共产党所开创的中国特色社会主义,不仅是中华民族伟大复兴的正确道路,也代表着人类文明的前进方向。

---

① 参见潘岳:《中华文明塑造中国道路》,《环球时报》2019年11月1日。
② 参见沈湘平:《走向"我-他-你":文化认同新模式》,《南国学术》2020年第2期。
③ 习近平:《在庆祝中国共产党成立100周年大会上的讲话》,《人民日报》2021年7月2日。

21世纪第二个十年以来，人类遭遇了严重的自然危机、社会危机和人自身的危机，特别是面临地区热点此起彼伏，恐怖主义、网络安全、重大传染疾病、气候变化等共同挑战。这些危机和挑战各有具体原因，但总的根源其实在于近代以来强势的西方文明。尤其是在处理民族、国家、文明关系上，以美国为代表的西方文明自恃优越，傲慢对待他者，秉持强权政治，以强凌弱，大搞单边主义、保护主义、霸权主义，致使世界冲突不断，危险重重，人类和平发展受到严重威胁，人类的前途命运也蒙上阴影——人类文明蒙尘。种种事实表明，信守西方所谓的"历史的终结"可能意味着人类自身的终结！人类的拯救之途就在于开显出超越西方文明的新文明形态。

正如习近平总书记指出的，"包括儒家思想在内的中国优秀传统文化中蕴藏着解决当代人类面临的难题的重要启示"[1]；"中华优秀传统文化是中华民族的文化根脉，其蕴含的思想观念、人文精神、道德规范，不仅是我们中国人思想和精神的内核，对解决人类问题也有重要价值"[2]。仅以视野、情怀而论，与西方古代的城邦、王国、帝国及近代以来的民族-国家观念相对，中国文化中自古就有超越国家之上的天下观念。自《尚书》以来，中国思想百家争鸣，但都尊崇天下之说，尤其是儒家关于修身、齐家、治国、平天下的次第功夫为人所熟知。尽管中国古人讲的国、天下并非就是今天理解的国家、世界，也非一个实质性的疆域概念，而是一种关于文明、道德秩序的文化想象，但天下观念确实打开了一种可能性，展现了一种超越的、普遍的维度，蕴含着中国特色的世界主义思想。"天下为公""天下大同"直接成为中国人对理想的美好生活的畅想，"以天下为己任"也成为士人的立身传统。

在这种天下意识统摄下，中华文明对于不同生活方式、礼仪习俗乃至其他文明有着恒常的独特态度。首先，确认"物之不齐，物之情也"（《孟子·滕文公上》）；"此上以为政，下以为俗，而未足为异也"（《列子·汤问》）。认为差异是正常的，没什么大不了的，不求一律。其次，认为"道无常名，圣无常体"，不同文化乃至宗教只要"济物利人，宜行天下"，就可以"随方设教，密济群生"（《大秦景教流行中国碑》），完全可以"万物并育而不相害，道并行而不相悖"（《中庸》）。最后，面对差异造成的矛盾，总是希望通过一定努

---

[1] 习近平：《在纪念孔子诞辰2565周年国际学术研讨会暨国际儒学联合会第五届会员大会开幕会上的讲话》，《人民日报》2014年9月25日。

[2] 《习近平在全国宣传思想工作会议上强调举旗帜聚民心育新人兴文化展形象更好完成新形势下宣传思想工作使命任务》，《人民日报》2018年8月23日。

力，最终使他者变成可以和平照面的"你"。其中最重要的是反求诸己，即提升自己的修养、境界，感化对方——"修己以安人"（《论语·宪问》）；"远人不服，则修文德以来之"（《论语·季氏》）——这在西方文化中几乎是不存在的。

中华文明的天下意识以及对待其他文化、文明的情怀，可谓举世无双，与西方文明形成极其鲜明的对照。其独特的文明根底尤其是善待"他者"的恒常态度，使得中华文明超越了民族－国家（nation-state），成为一个文明－国家（civilization-state），也成为人类历史中唯一真实存在的、最接近于各文明相处理想状态的"拟人类文明"。中华文明这种天下意识与情怀，与马克思的世界历史思想、类存在观念和"新唯物主义的立脚点则是人类社会和社会化的人类"[①]的思想高度契合，而又凸显出崇生、尚和、重情、贵德的维度，这些正是当今西方文明所垄断的世界最缺乏和最急需的。中国共产党在处理国际关系时，先后提出和践行了和平共处五项原则、和平与发展的时代主题、构建和谐世界、构建人类命运共同体等主张，宣告和践行着我们所做的一切不仅是"为人民谋幸福、为民族谋复兴"，而且是"为世界谋大同"。特别是在世界面临百年未有之大变局之际，强调尊重文明多样性、平等协商、同舟共济，倡导以对话取代对抗，以交流超越隔阂，以互鉴超越冲突，以共存超越优越，以平等取代霸权，以结伴取代结盟等。这些在马克思、恩格斯经典著作中罕有论及的思想，更多是五千多年中华文明底蕴的现代性彰显和创新性发展，是马克思主义基本原理同中华优秀传统文化相结合在原则高度的典范体现。

总之，从人类前途命运的角度看，中华文明所预示和开显的是一种不同于西方文明的新文明，正如社会主义是超越资本主义的社会新形态。社会主义和中华文明的相互发现、相互成就代表着人类的未来。当代中国人必须有这种人类高度的"天命"意识，要继续坚持马克思主义基本原理与中华优秀传统文化相结合，传承发展中华文明，不断推进理论创新和实践创新，在实现民族伟大复兴过程中构建人类命运共同体，为人类永续发展和美好未来贡献更多中国智慧。

原载《中国高校社会科学》2021年第5期

作者简介：沈湘平，北京师范大学哲学学院教授、北京文化发展研究院执行院长。

[①] 《马克思恩格斯选集》第1卷，人民出版社，2012年，第140页。

论马克思主义基本原理同中华优秀传统文化相结合

刘建军

习近平在庆祝中国共产党成立 100 周年大会上，明确提出了"把马克思主义基本原理同中国具体实际相结合、同中华优秀传统文化相结合"的重要论断和思想，这是重大的理论创新，具有深远的指导意义和长久的研究价值。研究、阐释这"两个结合"的科学内涵和重要意义，既可以着眼于"两个结合"的整体，全面揭示其思想内涵，特别是阐明"两个结合"间的关系，也可以对其中的每个"结合"进行单独研究，特别是对第二个"结合"进行深入的研究。由于第二个"结合"是首次提出，又涉及比较复杂的理论关系，尤其需要从学理上加以阐述和说明，因而本文聚焦于此。自然，对第二个"结合"的研究，必然会涉及第一个"结合"，并需要有对"两个结合"的整体观照。

一、"马克思主义基本原理同中华优秀传统文化相结合"提出的前提语境

马克思主义与中国传统文化的关系是思想文化领域的一对重大关系，长期以来受到国内外学者和社会政治人士的关注。首先，这是由马克思主义和中华传统文化各自的重要性决定的。不论是从马克思主义的世界影响力和对中国的指导意义来说，还是从中华传统文化对中国人特别是中国共产党人的意义以及对现代世界的意义来说，都是如此。其次，这也是由二者相遇相交的必然性所决定的。马克思主义产生于近代欧洲并首先在欧美国家产生影响，而中国传统文化产生于古代中国，其影响力主要在亚洲特别是东亚，因而各自的存在时空特别是思想内容并不相同，但由于近代以来世界历史特别

是中国历史的演进，马克思主义与中国传统文化共存于现代中国的社会时空中并必然发生了实际上的联系，从而向全世界的学者提出了二者的关系问题。

这一关系对于现代中国的历史发展特别是改革开放以来当代中国的历史发展具有特殊重要的意义，并成为新时代推进中国特色社会主义事业发展的关键性课题。中国共产党人在革命、建设和改革的各个时期始终关注着这一问题，并以某种方式在自觉不自觉地处理着这一问题，特别是在中国特色社会主义进入新时代以来，习近平将传承弘扬中华优秀传统文化提升到前所未有的高度，明确提出了"中华优秀传统文化的创造性转化、创新性发展"的文化建设重要原则，最重要的是在庆祝中国共产党成立100周年的重大历史节点上，明确而郑重地提出了"把马克思主义基本原理同中华优秀传统文化相结合"的崭新命题，代表着执政的中国共产党以空前力度将这一重大关系问题摆到人们面前，特别是摆到马克思主义理论工作者和文化研究者面前，这本身是非同寻常的。

从习近平在庆祝建党百年大会上的讲话可以看出，他提出把马克思主义基本原理同中华优秀传统文化相结合，并不是抽象地谈论两个思想文化体系之间的问题，而是基于新时代中国特色社会主义的历史方位，有其明确的基本前提、主要背景和具体语境。

首先，这一命题的提出是以强调坚持马克思主义指导地位为基本前提的。习近平在总结了党的百年历史的成就和经验之后，提出了"以史为鉴、开创未来"的九项基本要求，在论述第三项基本要求即"以史为鉴、开创未来，必须继续推进马克思主义中国化"部分，明确提出了"两个结合"特别是第二个"结合"的命题。在这一部分的开头，习近平重申了马克思主义的指导地位："马克思主义是我们立党立国的根本指导思想，是我们党的灵魂和旗帜。"[①] 他进一步提出："中国共产党为什么能，中国特色社会主义为什么好，归根到底是因为马克思主义行！"[②] 确实，对中国共产党人和社会主义中国来说，马克思主义不仅是一种最初来自域外的思想文化，而且是揭示人类社会发展规律的科学真理，更是立党立国的指导思想，是社会主义制度的理论依据和社会主义建设的思想指导。马克思主义的指导地位是马克思主

---

① 习近平：《在庆祝中国共产党成立100周年大会上的讲话》，人民出版社，2021年，第12页。
② 习近平：《在庆祝中国共产党成立100周年大会上的讲话》，人民出版社，2021年，第13页。

义中国化的前提，也是把马克思主义基本原理同中华优秀传统文化相结合的基本前提。

其次，这一命题的提出是以强调坚持马克思主义中国化方向为主要背景的。习近平在重申了马克思主义指导地位后紧接着指出："中国共产党坚持马克思主义基本原理，坚持实事求是，从中国实际出发，洞察时代大势，把握历史主动，进行艰辛探索，不断推进马克思主义中国化时代化，指导中国人民不断推进伟大社会革命。"① 我们党从创立起就把马克思主义作为指导思想写在了自己的旗帜上，但在领导中国革命事业的过程中怎样实行和实现马克思主义的指导，还需要一个探索的过程。事实证明，以教条主义态度直接照搬马克思主义一般原理和经典作家个别结论来指导中国革命是行不通的，而必须结合中国实际来运用马克思主义，走马克思主义中国化之路。毛泽东早在《反对本本主义》中就明确提出了"相结合"的原则要求，指出："马克思主义的'本本'是要学习的，但是必须同我国的实际情况相结合。"② 后来在延安时期特别是在整风运动中，他进一步明确和强调了马克思主义基本原理和中国具体实际相结合的原则。如果没有"马克思主义中国化"的方向和"马克思主义基本原理同中国具体实际相结合"的原则，我们党就不可能在新时代进一步提出"马克思主义基本原理同中华优秀传统文化相结合"这一新命题。

最后，这一命题的提出是以新时代进一步推进马克思主义中国化为具体语境的。习近平提出："新的征程上，我们必须坚持马克思列宁主义、毛泽东思想、邓小平理论、'三个代表'重要思想、科学发展观，全面贯彻新时代中国特色社会主义思想，坚持把马克思主义基本原理同中国具体实际相结合、同中华优秀传统文化相结合，用马克思主义观察时代、把握时代、引领时代，继续发展当代中国马克思主义、21世纪马克思主义！"③ 可见，这里不是着眼于对马克思主义中国化历史的得失审视，而是着眼于新时代推进马克思主义中国化的实践要求。因此，我们固然可以把"两个结合"作为马克思主义中国化的一般原则，并以此来重新梳理马克思主义中国化的历史过程，但重点还是着眼于未来，着眼于在新时代新征程中更加突出地提出和

---

① 习近平：《在庆祝中国共产党成立100周年大会上的讲话》，人民出版社，2021年，第12—13页。
② 《毛泽东选集》第1卷，人民出版社，1991年，第111—112页。
③ 习近平：《在庆祝中国共产党成立100周年大会上的讲话》，人民出版社，2021年，第13页。

强调第二个"结合"的问题。

二、"马克思主义基本原理同中华优秀传统文化相结合"提出的理论逻辑

习近平并不是孤立地提出"马克思主义基本原理同中华优秀传统文化相结合"这一命题的，而是在"马克思主义基本原理同中国具体实际相结合"的基础上提出来的，或者更具体地说，是从前一个"结合"中引申出后一个"结合"的。这样，就有一个从"一个结合"发展成"两个结合"的问题。这其中的发展逻辑是什么呢？或者更具体地说，"一个结合"与"两个结合"是什么关系？在"两个结合"中，第一个"结合"与第二个"结合"又是什么关系？

我们要注意，"一个结合"与"两个结合"的关系是两个整体之间的关系，是从"一个结合"的整体具体展开为"两个结合"的整体的过程。在习近平提出"两个结合"之前，我们党的原有表述是"一个结合"，即"马克思主义基本原理同中国具体实际相结合"，这一表述当然在具体行文中还有一些多样性呈现，但总体上都是用一句话来表达马克思主义基本原理和中国国情相结合的原则。尽管这一表述与现在"两个结合"中的第一个"结合"表述相同，但它并不是一个不完整的表述。事实上，这一表述所表达的仍然是一个整体性的原则，它内在地包含着马克思主义基本原理与中华优秀传统文化相结合的要求。随着历史的发展，当"一个结合"的表述在新时代条件下具体展开为"两个结合"表述的时候，是从一个抽象性整体走向了一个具体性总体。这是一个从抽象到具体的过程，而不是一个从片面到全面的过程，因而不能简单地认为，原来的"一个结合"只是后来"两个结合"的一半，我们党原来的表述是错误的或不全面的。

其实，理论的具体化和抽象化是一个双向的思维过程。从笼统的"一个结合"变为"两个结合"是一个抽象原则具体化的过程，有其理论上特别是实践上的重要意义，但同时不能排除还有另一个过程，即具体原则抽象化的过程。这同样也有其实践上特别是理论上的意义。当一个原理或原则因为包含着两层意思而需要用两句话来表达的时候，就说明它的概括性和抽象性还没有达到最高的程度。而从理论表述及其发展来说，一个原则如果能用一句话来精确地概括，那就是更经典性的表达。就"两个结合"来讲，虽然它作

为一种简称可以表述为一句话甚至一个短语，但其正式表述还是两句话，因而也可以并应该在理论上做进一步升华，重新用一句话来概括。这样，我们就不必在每次谈到这个问题时都讲两句话了。

在"两个结合"中，第一个"结合"与第二个"结合"之间的关系具有相当的复杂性，可以从逻辑上区分为三个方面的关系，即从属关系、并列关系、递进关系。

首先，二者之间是从属关系。第二个"结合"从属于第一个"结合"，它曾包含于第一个"结合"之中，后来才从中分化出来，并且此后在有的情况下仍可以回归到第一个"结合"中。可以从三个环节来把握这种从属关系：一是包含。第二个"结合"本来是包含于第一个"结合"之中的，是其中的应有之义。"马克思主义基本原理同中国具体实际相结合"本来是一个独立而完整的命题，本身就包含着第二个相结合的内容。因为这里的"具体实际"即指"实际国情"或"国情实际"，而"国情"本身就包含社会现实国情和历史文化国情两个基本方面。只是由于革命斗争时期和建设事业初期的现实需要，我们更多地把注意力放在社会现实国情方面，而未能将历史文化国情独立地加以表述和强调罢了。二是派生。随着中国特色社会主义事业的发展，特别是中国特色社会主义进入新时代，中华民族伟大复兴进入不可逆转的历史进程，迫切的现实任务要求我们把历史文化国情的方面独立出来并加以强调，于是第二个"结合"才从第一个"结合"中分化派生出来，并获得与原有的"结合"相并列的地位。三是归总。尽管第二个"结合"已经具有自身的独立身份，但在两种特定的情况下，仍然有必要把它包含和归总到第一个"结合"之中。一种情况是：当我们回顾马克思主义中国化的历史时，特别是在表述我们党对马克思主义中国化的认识史时，没有必要把原来的"一个结合"表述都置换成"两个结合"表述。比如，毛泽东是马克思主义中国化的开创者，是马克思主义基本原理和中国国情相结合原则的提出者，他的论述中历来都是讲"一个结合"，这在当时已经是充分而精确的表述，我们现在既没有必要、更没有权利更改他的论述，或批评他的论述不够全面。另一种情况是：当我们将目光投向世界社会主义运动，在涉及马克思主义普遍真理必须与各国国情相结合的时候，特别是与某一个其他国家的具体实际相结合的时候，也既没有必要、更没有权利去改动其他国家共产党人的表述，或强行套用我们最新的"两个结合"的表述。

其次，二者之间是并列关系。当第二个"结合"从第一个"结合"中分化独立出来并与原有的"结合"相提并论时,二者之间的从属关系就变成了并列关系。随之,原来的唯一的"结合"就变成了第一个"结合",它与第二个"结合"是并列关系。于是,第一个"结合"在内涵外延上就从广义变成了狭义,单指我国的社会现实国情。而我国的历史文化国情则由第二个"结合"独自表述。那么,这种并列关系是否必要或重要呢?回答应该是肯定的。我们固然可以在"一个结合"的框架内更加突出地强调马克思主义基本原理与我国历史文化国情的结合,但这总不如把它单独提出来更能起到突出强调的作用。"中国具体实际"虽然可以在广义上理解为包括社会现实国情和历史文化国情两个方面,但由于长期以来我们关注的侧重点,已经习惯于在狭义上使用"中国具体实际"的概念特指我国的社会现实国情,在这样的情况下,我们完全可以也应该把历史文化国情独立出来,形成第二个"结合",这样才有利于大家高度重视这个问题。为了更有力地推动弘扬中华优秀传统文化的工作,也需要把第二个"结合"单独提出来并加以强调。当第二个"结合"提出来并与第一个"结合"形成并列关系的时候,也就是形成了一种"两个结合"的新格局,这将是当前和今后需要坚持和强调的一个整体性要求。

最后,二者之间是递进关系。从属关系和并列关系当然不是一回事,反而是两种很不相同的逻辑关系,但它们并不是两种静态的、毫不相关的关系,而是从前者到后者表现为一种演进过程。更具体地说,是一个递进的过程,并进一步凝结为递进关系。这两个并列的"结合"有一种递进的关系,是从第一个"结合"递进到第二个"结合"。在马克思主义中国化的过程中,马克思主义基本原理与中国实际相结合是一个过程。在这个过程中,在不同时期的结合的着重点是不同的。在革命战争年代以及社会主义革命和建设阶段,马克思主义基本原理着重与中国的社会现实国情相结合,而自改革开放以来特别是进入新时代以来,结合的着重点就转向了历史文化国情,表现为同中华优秀传统文化相结合了。这是逐步递进的过程,也是相结合由浅入深的过程。可以说,"马克思主义基本原理同中华优秀传统文化相结合"是在马克思主义基本原理与中国具体实际相结合的一定发展阶段上才提出来的。这并不是说第一个"结合"就不重要了,而是说以往我们在第二个"结合"上做得不够,现在应该更加强调。

另外,在这里的多层次逻辑关系中,除了"一个结合"与"两个结合"的关系、"两个结合"中第一个"结合"与第二个"结合"的关系,还有一层关系是"一个结合"与"第一个结合"的关系。这一关系实际上是"马克思主义基本原理同中国具体实际相结合"的两层含义的关系,当这一表述作为"一个结合"时是广义表述,涵盖马克思主义基本原理与我国社会现实国情、历史文化国情的结合;而当这一表述作为"第一个结合"时则是狭义表述,仅指马克思主义基本原理同我国的社会现实国情相结合。这种同一个命题表述兼具广狭两种不同语义的情况虽然在社会生活中难以避免甚至比较常见,但毕竟易于造成误解和混乱,特别是给马克思主义理论的宣传教育带来表达困难,鉴于此,我们在需要用一句话来概括"结合"原则的情况下,不宜完全重复原来的表述,而可以改为"马克思主义基本原理同中国国情相结合"。这里的"中国国情"当然把我国历史文化国情和社会现实国情都包括在内了。

三、"马克思基本原理同中华优秀传统文化相结合"的语义分析

为了把握这个命题的含义和内容,需要对这个命题进行较详细的语义分析。从这个命题的表述方式和语句顺序可以看出,它并不是抽象地讲对等双方相结合的问题,并不是站在局外看待双方的关系,而是站在局内、站在双方之中的一方来谈论问题的。这里的双方也不是平起平坐的关系,而是有主次之分(通过前后之分表现出来)的。就是说,有一个"谁结合谁"的问题,谁是主动者、谁是被动者的问题。显然,在这个正式表述中是"马克思主义基本原理"在前,是主语,"中华优秀传统文化"在后,是宾语。这表明我们是在站在马克思主义的立场上,去结合中华优秀传统文化,而不是站在中华优秀传统文化的立场上去结合马克思主义。

如果对这一命题进行更具体的分析,可以看到它有四个环节:"马克思主义基本原理"—"同"—"中华优秀传统文化"—"相结合"。这些都需要分别进行考察。

首先,这个命题强调的是马克思主义"基本原理",而不是一般地讲马克思主义或马克思主义理论,也不是强调马克思主义体系。这是值得注意的。无疑,在日常叙述特别是简明叙述中,我们可以省去"基本原理"四个字,径直称"马克思主义"。但这一命题的正式表述中强调的是"基本原理",这是一种更为具体而精准的表述。之所以如此,是有历史传承和现实

性针对性的。从党的历史来看,毛泽东在讲这一问题时通常用的是马克思主义"普遍真理",一是强调马克思主义作为客观真理的普遍适用性,二是为了避免把马克思主义经典作家的个别论断绝对化。这两个方面都有其现实意义:一方面我们必须坚信马克思主义的真理性、坚持马克思主义的指导地位,另一方面又要反对以教条主义态度对待马克思主义。

现在讲的"基本原理",就是相当于以往讲的"普遍真理",都是指马克思主义中最基本、最具有普遍适用性的内容。马克思主义是一个博大精深的思想理论体系,马克思主义经典作家的著述浩如烟海,并不是其中的每一个论述或论断都属于"基本原理"。马克思主义作为一个理论体系包含着不同层次,除了基本原理的层次,还有基本经验、个别结论的层次。马克思、恩格斯创立了马克思主义基本原理,但他们的论述中也有许多是关于某国(比如德国、法国)的经验性论述。列宁的论述中既有属于马克思主义基本原理的内容,也有关于俄国经验的论述。他国经验可以借鉴,但不能当作基本原理起指导作用,至于个别结论及提法就更是如此了。

其次,这个命题中另一个环节或重点项是"中华优秀传统文化"。这种表述也是有讲究的。关于我们的传统文化通常有多种称呼,比如"中国传统文化""中华传统文化""中华文化""中华文明"等,虽然这些表述不尽相同,但大体是等值的,不必刻意区别。而习近平"中华优秀传统文化"的用法,由于突出了"优秀"二字而与上面诸多用法不同。习近平继承了毛泽东关于"精华-糟粕"的分析框架和"取其精华,去其糟粕"的价值取向,并以此来分析和评价中华传统文化。当我们说"中华优秀传统文化"的时候,指的是其中"优秀"的部分即"精华",而不包括"糟粕"。

由此可见,不论是强调马克思主义"基本原理",还是强调中华"优秀"传统文化,都表明我们党不是笼统地、抽象地谈论问题,而是以十分严谨的态度和方式来谈论问题。同时也要注意,这里的"基本"与"优秀"有其特定语义,不能随意调换使用。正如我们在谈到马克思主义吸取了费尔巴哈唯物主义"基本内核"和黑格尔唯心主义辩证法"合理内核"时的区别一样。这两个"内核"是有很大区别的。其实,这里包含两种不同的分析框架:一种是"基本原理-个别结论"的分析框架,另一种是"精华-糟粕"的分析框架。前者是面向指导思想的,后者是面向思想资源的。对于指导思想,我们强调的是"坚持和指导",当然也可以说"坚持和发展";而对于思想资源,强调的则是"吸取与借鉴",至多是"转化和发展"。因此,当我们用前者来分析考察马克思主义时，意味着马克思主义的"基本盘"是正确而不过时的，至于"个别结论"当然可以过时。因而，我们必须始终坚持马克思主义基本原理。当我们用后者来分析考察中国传统文化时，意味着我们所着眼的是吸取其中的"优秀"成分或"精华"部分。

再者，还要考察一下命题中作为连词的"同"的含义与特色。在现代汉语中，用来表达双方并列关系的连词有三个：与、和、同。这三个连词的功能都是一样的，但在感情色彩上有所不同。"与"体现一种纯粹的连接表述功能，它所联系起来的双方通常是疏远的，甚至是相互对立的，比如"战争与和平""雇佣劳动与资本"；"和"也是连接双方，但具有较强的"亲和"色彩，因而通常是用在连接两个有一定亲和关系的事项中，比如"我和你""马克思主义理论研究和建设工程"；而"同"则比"和"又前进一步，体现着前后双方之间的更加亲密的关系，通常是用于具有相当共同性的事物之间。可见，从"与"到"和"再到"同"，是一个亲和色彩逐步加重的过程。当习近平讲"马克思主义基本原理同中华具体实际相结合、同中华优秀传统文化相结合"的时候，体现出中国共产党人的一种情感倾向。

最后，"相结合"。什么是"相结合"呢？这并不是一个简单的问题，应该从党的历史、从我们党在此问题上不断深化的认识中去把握。在党活动的初期，我们强调的是马克思主义对中国革命实际的指导。这当然是没有问题的，但这只是政治立场和基本原则，还需要具体化为操作性原则。毛泽东明确提出并强调了"马克思主义普遍真理和中国革命具体实际相结合"。"相结合"是比"指导"更具体而深入的概念，也更加凸显了中国的主体性，凸显了"中国革命实际"的地位。因为在以往对马克思主义指导地位的认识中，"中国革命具体实际"是没有资格与马克思主义相提并论从而能够相结合的，而马克思主义也没有必要在中国具体化。但是，"相结合"的观念打破了这种思想束缚，体现了马克思主义从实际出发的原则。从哲学上看，这里的"相结合"是双方的统一，但它是有差别的统一，它是有差别的双方间的接合关系，而不是等同的关系；同时，它们又不是作为一种"对立"的关系而存在，也不是停留在双方的差异上，而是求同存异，彼此接近，并逐步融合发展。"相结合"有多种具体方式和路径，是一个开放的过程。

总之，"马克思主义基本原理同中华优秀传统文化相结合"是我们党在推进马克思主义中国化的过程中，经过长期实践和理论积淀而提出来的命题，并采取了郑重而严谨的表达方式以确保这一命题在思想范围上的精准性，它体现着马克思主义中国化在新时代的进一步扩展和深化，揭示出马克思主义基本原理同中国国情相结合的文化文明维度，预示着新时代马克思主义中国化理论进程的目标和任务。

四、"马克思主义基本原理同中华优秀传统文化相结合"的必要性

首先，马克思主义基本原理与中华优秀传统文化相结合，是马克思主义中国化和中国特色社会主义的题中应有之义。马克思主义中国化是我们党提出"马克思主义基本原理同中华优秀传统文化相结合"的前提，这一前提内在地包含着这一新命题的要求。马克思主义基本原理是普遍真理，而把马克思主义普遍真理与各国具体国情相结合也是一个普遍真理。对于中国共产党人来说，就是要把马克思主义基本原理与中国国情相结合，走马克思主义中国化的道路。从一定意义上说，所谓"马克思主义中国化"或"马克思主义在中国具体化"，其实就是把马克思主义基本原理与中国国情相结合。而这里的国情既包括社会现实国情，也包括历史文化国情。所谓"中华优秀传统文化"就是中国历史文化国情的具体表达。只要我们坚持马克思主义中国化的方向，就必然要求把马克思主义基本原理同中华优秀传统文化相结合。

中国特色社会主义是马克思主义中国化在新中国成立以来特别是改革开放以来的集中体现。"中国特色社会主义"之所以具有"中国特色"，非常重要的原因就是它来源于中华文明五千年的历史发展，继承和弘扬了中华优秀传统文化。习近平指出："我们走中国特色社会主义道路，一定要推进马克思主义中国化。如果没有中华五千年文明，哪里有什么中国特色？如果不是中国特色，哪有我们今天这么成功的中国特色社会主义道路？我们要特别重视挖掘中华五千年文明中的精华，把弘扬优秀传统文化同马克思主义立场观点方法结合起来，坚定不移走中国特色社会主义道路。"[1] 因此，"马克思主义基本原理同中华优秀传统文化相结合"也是中国特色社会主义的题中应有之义，特别是新时代中国特色社会主义的迫切要求。

---

[1] 杜尚泽等：《"这里的山山水水、一草一木，我深有感情"——记"十四五"开局之际习近平总书记赴福建考察调研》，载《人民日报》，2021年3月27日。

其次，马克思主义基本原理同中华优秀传统文化相结合，是马克思主义在中国得到广泛传播并深入扎根中华大地的必然要求。理论在一个国家的实现程度，取决于理论满足这个国家的需要的程度，也取决于理论与这个国家的国情相结合的程度。马克思主义基本原理必须与中国国情相结合，而且这种结合必然有一个由浅入深的过程。也就是说，不能仅仅停留于与中国社会现实的结合上，还要进一步深入到与民族文化传统的结合上。从这个意义上说，马克思主义基本原理能否与中华优秀传统文化相结合，关系到马克思主义在中国能否生根、能否得到中国人民的心理认同。如果马克思主义基本原理不能与中华优秀传统文化相结合，脱离了中国人的文化传统和中国人的民族文化心理，马克思主义就不可能扎根于中国文化土壤，也就不可能形成具有中国特色、中国气派的马克思主义。

从马克思主义在中国的传播和接受方式来说，也需要与中华优秀传统文化相结合。马克思主义大众化离不开民族语言这一载体，而中华民族的语言是我们民族历史文化发展的产物。马克思主义产生于欧洲，要想在中国广泛传播并发挥指导作用，就必须让马克思主义说中国话，运用中国人特别是普通群众的语言来表达。要让马克思主义说中国话，就必须研究和熟悉中国传统文化，借鉴传统文化中有生命力的表达方式。中华优秀传统文化是极为浓厚的文化积淀，其中有极为丰富而生动的语言，充满着富有智慧的表达方式。要使马克思主义真正为中国人民所喜闻乐见，中国的马克思主义者就必须认真学习和运用中华民族传统的表达方式。

最后，马克思主义基本原理同中华优秀传统文化相结合，还是中华优秀传统文化实现自身现代化的需要。中华优秀传统文化形成于古代并在近现代传承下来，它是否应该现代化？能否实现和怎样实现自身的现代化？这是摆在现代中国人面前的重大问题。毫无疑问，中华优秀传统文化应该且必须现代化，而不能仅仅停留在古代的发展阶段或作为古董而保存下来。我们传承中华优秀传统文化，并不只是像保护和传承某件历史文物那样原封不动，而是要在时代和实践中激活它，让它焕发新的生机活力。现在中华民族正在逐步实现伟大复兴，而这个过程也可以说是中华文明的复兴，其中就包含着中华优秀传统文化的现代化。习近平揭示了中华优秀传统文化实现现代化的根本途径，即创造性转化和创新性发展。实现中华优秀传统文化的创造性转化和创新性发展是一个系统工程，需要做多方面的工作。其中有一个根本性的工作，就是正确处理中华优秀传统文化与马克思主义基本原理的关系，实现二者的结合。这一结合体现着中华优秀传统文化创造性转化和创新性发展的基本方向。要跳出就传统文化来谈论传统文化的局限,要站在马克思主义理论的制高点上,用科学性、人民性、实践性、发展性的要求去审视中华传统文化,并在新时代中国特色社会主义的创造性新实践中,促成中华优秀传统文化的现代转化和未来发展。离开了马克思主义的思想引领和中国特色社会主义实践发展,传统文化的创造性转化和创新性发展就会失去正确的前进方向。

五、"马克思主义基本原理同中华优秀传统文化相结合"的可能性

不可否认,无论是从思想文化体系来说,还是从其时代性、阶级性及其社会功能来说,马克思主义与中国传统文化都是不相同的。但我们认为,马克思主义基本原理与中华优秀传统文化不仅必须相结合,而且是能够相结合的。这种结合的可能性取决于马克思主义理论与中华优秀传统文化各自的特质以及所处的社会条件。

首先,马克思主义基本原理的科学性和普遍性决定了它能够与中华优秀传统文化相结合。马克思主义是世界性的科学理论,它是在继承和改造人类优秀文化成果的基础上产生的,并服务于全人类解放的使命和目标,是放诸四海而皆准的普遍真理。马克思和恩格斯是德国人,但他们创立的马克思主义却并不仅仅属于德国,甚至也不仅仅属于欧洲,而是属于全世界和全人类的。马克思主义经典作家无疑会使用本民族的语言以及思维方式,但他们所创立和发展的马克思主义理论在内容上则是超越民族界限的。当我们讲"马克思主义基本原理"或"马克思主义普遍真理"的时候,强调的不是马克思主义的表达形式方面,而是它的理论内容方面。马克思主义基本原理具有普遍适用性,因而能够在不同国家和民族的文化土壤中生根并得到认同。也正因为如此,马克思主义在全世界得到了广泛传播。马克思主义基本原理既然可以用德国的或俄国的民族形式来呈现,那么同样也应该可以用中国的民族形式来呈现,只是需要中国马克思主义理论工作者的努力罢了。

其次,中华优秀传统文化的包容性决定了它能够与马克思主义相结合。中华民族之所以能够形成并不断发展壮大,很重要的原因是它具有极大的包

容性。这种包容性在中华优秀传统文化中得到集中的体现,体现为我们民族文化和而不同的理念和海纳百川的气度。中华优秀传统文化从根本上说是人本文化,而不是宗教性文化,不具有宗教排他性的色彩。在中国文化史上,既有东学西渐,也有西学东渐,宗教从来没有在中国文化中处于完全主导和支配地位。作为一种崇尚理性和智慧的道德伦理型文化,中华优秀传统文化具有很大的包容性,从而有助于实现与马克思主义新文化的结合。当然,这里并不是中华优秀传统文化单方面地包容马克思主义,而是一种相互的包容。马克思主义是不断发展的开放的学说,它具有开放性,而开放性就是包容性,它能够包容不同民族在不同时期创造的文化成果,并从中吸取有益的滋养。

再者,马克思主义基本原理与中华优秀传统文化在视域、内容和方法上的契合性,决定了二者能够相结合。马克思主义和中国传统文化都是包罗万象的思想体系,但其思想聚焦领域是相同的,都是聚焦于人类社会历史领域。正因如此,二者在内容和方法上有许多契合之处,比如都关注社会生活和追求社会目标,都反对自我中心和个人主义,都讲求辩证思维等。中国传统文化中的大同思想、民本思想、和谐思想、国家治理思想以及素朴的唯物主义和辩证法等,都与马克思主义有某种程度的兼容性,可以说对马克思主义有亲和力。应该肯定,这些相契合的内容并不是个别的、偶然的,而是丰富多样的。正是由于有这些共性和契合之处,二者各自的差异性方面才能够互补而不是完全排斥。中华优秀传统文化中的许许多多内容都体现着中华民族的独有特色,能够为马克思主义所吸收并起滋养作用。

最后,生机勃勃的中国特色社会主义伟大实践为二者相结合的实现提供了基础和平台。马克思主义基本原理与中华优秀传统文化相结合的可能性,不仅在于这二者自身以及二者的相互关系,还在于它们并存和结合的共同基础。相结合当然是双方的事情,但也不只是双方的事情,因为这种结合需要相应的基础和条件。正是这种现实的条件和平台,再加上人们的共同努力,才能把相结合的可能性变为现实性。在当代中国,生机勃勃的中国特色社会主义伟大实践,为马克思主义基本原理同中华优秀传统文化的结合提供了基础和平台,并推进着二者的结合不断深化。

六、"马克思主义基本原理同中华优秀传统文化相结合"的原则要求

实现马克思主义基本原理同中华优秀传统文化相结合，必须坚持正确的方向和原则，并探索多样化的实施途径。

首先，要自觉坚持马克思主义指导地位和马克思主义中国化方向，特别是坚持习近平新时代中国特色社会主义思想的指导。这是相结合的政治前提和政治方向，如果离开了这个正确方向，相结合就可能走向否定马克思主义、同化马克思主义的邪路。这一政治方向上的要求不是一句可有可无的空话，而是具有实实在在的内容。因为在马克思主义及其中国化的理论成果中，有一套完整的指导文化事业的思想理论和工作方针。马克思主义科学地揭示了文化的生存基础和发展规律，揭示了文化与经济、政治的关系，为无产阶级政党和社会主义国家观察和处理文化问题、发展和繁荣文化事业指明了正确方向。中国共产党以马克思主义文化理论为指导，在领导革命、建设、改革事业的过程中，始终关注文化工作，特别是如何对待中国传统文化问题，形成了党的文化工作方针、政策。特别是习近平新时代中国特色社会主义思想对继承和弘扬中华优秀传统文化做了极为丰富的论述，为实现中华优秀传统文化的创造性转化和创新性发展指明了方向。只要始终处在正确的方向和轨道上，我们就一定能实现最快的前进速度。

其次，反对文化虚无主义和文化复古主义错误倾向。文化虚无主义极力夸大马克思主义与中国传统文化的矛盾，认为它们不可共存，更不能相结合，只要坚持马克思主义就必须彻底否定中国传统文化。这是一种幼稚而错误的思想。在推进中国特色社会主义文化建设过程中，我们必须时时注意不能犯否定传统、与传统彻底决裂的错误。与此同时，也要防止文化复古主义，不能把弘扬中华优秀民族文化与尊孔读经简单等同起来。中国传统文化内容丰富多彩，虽然儒家学说在中国传统文化中长期处于主导地位，但其他各家各有所长、各有贡献；同时，我国传统文化不限于汉族主体和中原中心的文化，还包括各少数民族在其历史发展中形成和发展起来的优秀文化，这些还有待我们去广泛深入地发掘。我们应全面研究中国传统文化，特别是重视研究儒家学说，因为它是重要的文化遗产，其中包含许多宝贵的思想财富，但不能把重视中国传统文化变为复兴儒家的文化复古。中国传统文化是

建立在农业生产方式基础上的以血缘为纽带、以宗法制度为依托的文化,具有历史和时代的局限性。我们应当立足当代,以马克思主义的立场、观点、方法重新诠释传统文化,对优秀传统文化进行合理吸收,实现创造性转化和创新性发展。

再者,以时代问题为中心,围绕中国特色社会主义实践不断推进相结合的进程。马克思主义基本原理同中华优秀传统文化相结合的工作,并不是拼接和组合两种思想体系的理论游戏,而是在新时代坚持和发展中国特色社会主义的实践中,以实践为导向,以问题为中心,在分析和解决中国特色社会主义面临的新课题过程中,发挥马克思主义的指导作用,发挥中华优秀传统文化的借鉴和滋养作用,并使二者相互促进和彼此结合。因此,真正体现二者结合的,并不是各种可能的理论嫁接方案或拼图,而是从中国特色社会主义事业中产生出来的马克思主义中国化理论成果。从毛泽东思想到中国特色社会主义理论体系,这些理论成果本身既是马克思主义基本原理同中国具体实际相结合的产物,也是马克思主义基本原理同中华优秀传统文化相结合的产物。特别是习近平新时代中国特色社会主义思想,它作为当代中国马克思主义、21世纪马克思主义,更鲜明、更充分地体现了中华优秀传统文化的精华和风采。这就深刻启示我们,不能离开在中国特色社会主义道路上实现中华民族伟大复兴的历史进程,来抽象地讨论马克思主义基本原理同中华优秀传统文化相结合的问题。

最后,马克思主义理论工作者和传统文化研究者共同努力。马克思主义基本原理同中华优秀传统的结合不是自发实现的,而应该是人们积极努力和创造性工作的结果。这其中既有实践工作又有理论工作,既有经济、政治方向的工作,也有文化方面的工作。从文化理论研究角度来说,涉及两个学术共同体,一是致力马克思主义理论研究和宣传的马克思主义理论工作者群体,二是致力中华传统文化研究和弘扬的文化研究者群体。这两个群体虽然在许多方面有所不同,但应该携起手来,共同促进马克思主义基本原理同中华优秀传统文化相结合的事业。马克思主义理论工作者要认识到,马克思主义不会也不能取代中国传统文化,而应发挥自身特有的世界观和方法论的指导作用,推进中国传统文化与当代社会相适应、与现代文明相协调,使其既保持民族性又体现时代性。而中国传统文化的研究者应该重视对马克思主义理论的学习,掌握马克思主义的基本理论和方法,并运用于对传统文化的研究。这样,马克思主义与中国传统文化都可以在相结合中得到丰富和发展。

中华优秀传统文化由于马克思主义的指导而实现符合时代需要的现代性转化,马克思主义则由于中华优秀传统文化的滋养而更具中国特色。

原载《中国人民大学学报》2021年第6期

作者简介：刘建军,中国人民大学马克思主义学院教授,博士生导师。

论马克思主义与中国儒学

唐昌黎

马克思主义是全党全国人民的指导思想的理论基础，儒学是中国两千多年占主导地位的传统文化，如何处理好二者的关系是一个跨世纪的战略问题。

十月革命以后，马克思主义传入中国。在当时，马克思主义是新学，儒学是旧学，二者的对立是不可避免的。《共产党宣言》提出："共产主义革命就是同传统的所有制关系实行最彻底的决裂，毫不奇怪，它在自己的发展进程中要同传统的观念实行最彻底的决裂。"[①] 按照上述论点，共产主义革命要最坚决地打破传统文化。在东德，马克思主义未能消灭或取代基督教文化；在苏联，列宁主义也未能消灭或取代东正教文化。40年到70年的实践证明，用马克思主义消灭或取代传统文化，可说收效甚微。

传统文化的形成要经历几百年时间，现今世界的传统文化都存在千年以上，成为民众信奉的意识形态。指导思想形成得快，是政治集团和当政者信奉的意识形态。在革命时期，共产党人领导的革命队伍，是觉悟较高的先进分子组成的，是靠相同的政治信仰聚集在一起的，是依靠马克思主义为指导团结起来的，当时传统文化的作用往往不很显著。共产党人取得政权后，领导的是全国民众。在全国民众中，仍然需要用马克思主义作为指导思想，这是毫无疑义的，但如果忽视传统文化的作用就会导致文化虚无主义的错误，必然会给社会主义事业造成危害。

在古代和中世纪，指导思想与传统文化是统一的，到了近现代，二者分离了，但都能相容互补。当政者为了得到民众支持，一般是尊重传统文化，至少是不反传统文化。苏联和东欧地区的当政者曾采取的反传统文化政策，可说史无先例。其原因是，这一地区的传统文化是西教文化（包括天主教、

[①]《马克思恩格斯选集》第1卷，人民出版社，1972年，第271–272页。

基督教、东正教），而马克思主义是彻底的无神论。由于存在无神论与有神论的对立，指导思想与传统文化难以相容，更难以互补。中国传统文化儒学占主导地位，儒学并非有神论，指导思想与传统文化可以相容。在马克思主义指导下，吸收传统文化之精华而弃其糟粕，使马克思主义与传统文化相结合是中国社会主义的一大特色。

一、揭开马克思主义与儒学对立之迷雾

马克思主义传入中国以后，在反传统文化这一点上，与自由主义思潮是一致的。当时马克思主义的先驱陈独秀同自由主义的代表人物胡适，都是反儒名将，这就出现了马西联合反儒的局面。国民党执政时期，奉行尊孔扬儒，当时儒学大师也能容纳西学，出现了儒西联合局面。马克思主义同儒学在很长时期内是对立的，原因有二：一是时代背景，二是理论迷雾。

从19世纪中叶到20世纪中叶，世界处于战争与革命时代。这期间发生了多次帝国主义侵华战争和两次世界大战。发生的革命和战争有英国大宪章运动、巴黎公社运动、俄国十月革命，中国的太平天国运动与义和团运动、辛亥革命、北伐战争、土地革命战争、解放战争等。儒学倡导和为贵、仁义诚信，重视教育文化事业，与战争不合拍。儒家的宗旨是保持社会稳定，倡导中庸之道，有利于维护现制度、现政权的稳定。共产党人以马克思主义为指导思想，根本任务是革命，这就同主张维持现有秩序的儒学根本对立。因此，在战争与革命时代，马克思主义与儒学的对立是有其时代背景的。

在进入和平发展时代以后，引起马克思主义与儒学对立的客观条件已基本消失。但人们的观念一时转不过弯，以至于在相当长的时间内，人们仍然是用战争与革命时代的观点来处理二者的关系，从阶级分析观点出发，把儒学归结为封建主义，使二者处于对立状态。问题的焦点在于：儒学可否等同于封建主义？马克思主义是否可以归结为阶级斗争学说？为此，有必要正本清源。

众所周知，唯物史观是马克思所独创的，是马克思的一大发现，是科学史上的伟大成果。唯物史观是把生产力看作历史长河的源泉、社会结构的基础、实践活动的中心。生产力在人类社会历史上处于首位。生产力首位是马克思主义的本源，是马克思主义最高层次的原理，最深层次的理论基础。马克思以生产力首位作为基础，指明阶级的产生和消灭同一定的生产力发展

阶段相适应，由此建立了阶级理论，在阶级理论的基础上又建立了无产阶级革命和无产阶级专政学说。

生产力首位论适用于全部人类历史。阶级理论原则上只适用于阶级社会。在资本主义社会，无产阶级的根本任务是夺取政权，阶级理论特别是阶级斗争学说最具有现实意义。20世纪上半叶，俄国十月革命就是运用的阶级斗争理论、无产阶级革命学说。中国人民民主革命也运用了阶级斗争学说。有的人由此形成了一种理论观点，即把马克思主义归结为阶级斗争学说。于是人们把阶级斗争学说看作马克思主义的基本线索，并用阶级观点来观察一切，从而就产生了唯阶级论。唯阶级论在革命时代也是不正确的，导致了"左"倾冒险主义、关门主义。毛泽东同志在抗日战争前夕，就摒弃了唯阶级论，创立了矛盾论学说，认为阶级矛盾不是唯一矛盾，而是存在多种矛盾。当日本帝国主义大举侵华时，民族矛盾上升为主要矛盾。由此可见，唯阶级论是一层理论迷雾，揭开了这一迷雾，也就扫除了马克思主义与儒学实现相通互补的障碍。

"儒"这个词，在古汉语中含义是知识、柔顺。西周时代，把传授六艺知识的人称作儒。孔子首创私人办学、传授知识、编著书籍，创立了儒家学说。儒家是个职业集团。阶级是指在生产资料占有制中所处地位相同的集团，儒家不占有生产资料，不应看作阶级集团。有人说儒学为封建阶级服务，因而儒学是封建意识。这也是站不住脚的。儒学的基本特点是保持社会稳定，任何社会的执政集团都力求社会稳定，从而就可以利用儒学。由于中国社会长期是封建阶级执政，利用儒学为其服务，这就出现了儒学为封建阶级服务的假象。诚然传统儒学中有一些封建主义糟粕，如三纲五常、男尊女卑等思想，需要批判地清除，但把儒家学说整个看成封建主义是一种文化虚无主义的思想。儒家的民贵君轻，先天下之忧而忧、后天下之乐而乐等，不失为我国古代文化之精华，焉能都归之于封建主义？共产党人在革命时期无法利用儒学，但在成为执政党后，完全可以利用儒学中的合理的东西。给儒学贴上阶级标签，把儒学等同于封建主义是根本错误的。

二、马克思主义与儒学的相通性

马克思主义产生于西欧，为什么能被中国人接受，并指导中国革命取得胜利呢？其重要原因之一：马克思主义与中国的传统儒学文化能够相容，二者有相通之处。

第一，终级目标相通。

马克思主义的最终目标是实现共产主义，儒学的最终目标是实现世界大同。孔子在《礼运》篇中阐明其终极目标是"大道之行也，天下为公"，就是实现一个没有私有制、消灭剥削压迫的大同世界。这个大同世界的崇高理想，鼓舞着千百万志士仁人为之奋斗，近代史上的洪秀全、康有为和孙中山，都是以大同世界为终极目标。马克思讲的共产主义同孔子讲的大同世界，实现的途径与手段不同，而终级目标是相通的，共产主义就是天下为公，世界大同。毛泽东同志在《论人民民主专政》中说，"由新民主主义社会进到社会主义社会和共产主义社会，消灭阶级和实现大同"，这就说明共产主义与大同世界相通。

第二，价值观念相通。

儒学倡导的个人行为准则、道德准则，即今人讲的价值观念，集中体现在仁义二字上，孟子说："仁，人之安宅也；义，人之正路也。"（《孟子·离娄上》）用今人的话说，仁是指爱人之心，义指正确的行为。个人进行活动时，首先考虑行为是否正确，而后考虑是否对个人有利，这就是儒家倡导的先义后利，见利思义。用不正当手段谋取个人利益，就是见利忘义。到了宋朝时，儒家又把义利归结为公私。程颐指出："义利云者，公与私之异也。"（《粹言》卷一），认为公代表义，私体现利，要求人做到"至公无私，大同无我"。这一论点是天下为公思想的继承。儒家这套先义后利，至公无私的价值观念，同马克思主义讲的集体主义精神、共产主义精神是相通的。马克思主义讲的为革命英勇牺牲精神，与孔孟讲的"杀身成仁""舍生取义"是相通的。

第三，实践观与力行说相通。

马克思最注重实践，称自己的哲学为实践的唯物主义。马克思生活在19世纪，当时正是资本主义危机重重，革命风暴席卷欧州之际，马克思研究革命学说，并直接参加革命实践活动。儒学也很注重实践活动。孔子视仁为最高道德标准，只有身体力行，才能做到仁，故说"力行近乎仁"（《中庸》）。明儒王阳明提出知行合一学说。孔子周游列国，席不暇暖，推行其政治主张。孔子要变"天下无道"为"天下有道"，同马克思的改造旧世界、建立新世界的思想有某些近似之处。

第四，民主与民本相通。

马克思主张民主，反对专制。民主思想是马克思主义的一项重要内容。儒家则有民本主义。孟子有"民贵君轻"的论断。民本与民主有差别，民本的目的在于巩固剥削统治，民主则是实现人民真正当家作主。但二者也有相通之处，民本是民主的基础，先要以民为本，才能实现民主。孟子说："得天下有道：得其民，斯得天下矣；得其民有道：得其心，斯得民矣；得其心有道：所欲与之聚之，所恶勿施尔也。"《孟子·离娄上》这说明，得天下的根本在于得民心，得民心的根本在于符合民众的利益和愿望。按照民本主义来实行民主，就能推选出符合民众利益和愿望的官员，官员以得民心为根本，这样的民主才有牢固的基础。背离民本主义来推行民主，推选的官员不符合民众愿望，官员行政事不顾民心向背，则民主就走入岐途。由此可见，不但民本与民主相通，而且民本主义正是民主政治的基础。

不少人把封建专制归咎于儒学，这是一种误解。先秦儒家倡导民本主义，反对专制。原因在于儒家是个知识集团，以传授知识为主要职业，开创私人办学，不受命于王公大臣，具有独立思考的品质，注重社会长治久安，提出长期的战略性对策，不被诸侯采用，孔子常叹息说"道不行"。法家是个官僚集团，著名法家人物都是长期担任官职，如申不害任韩国相，李悝任魏国相，商鞅任秦国左庶长，韩非原是韩国贵族公子，出使秦国，受秦始皇赏识。由于法家是个官僚集团，注重短期行为，提出适合当时国君需要的政治主张，故反对儒家的民本主义，力主君主专制。

儒家主张以民为本，对君就有所选择，认为只有贤者可以做君主，故孔孟推崇尧舜禅让制。法家是以君为本，认为臣应绝对服从君，君应实行独裁，为此，韩非著文专门批判儒家民本主义，指出："臣事君，子事父，妻事夫，三者顺则天下治，三者逆则天下乱，此天下之常道也。明君贤臣而弗易也，则人主虽不肖，臣不敢侵也。"《韩子·忠孝篇》韩非上述的臣绝对服从君的论点与孔孟思想大相径庭。孔子讲："君君，臣臣，父父，子子。"（《论语·颜渊》）孟子说："父子有亲，君臣有义，夫妇有别。"（《孟子·滕文公上》）这就是说，君臣、父子、夫妇之间，有对等的义务，不存在绝对服从关系。

到了汉朝，封建制经济基础已确立，君主专制这种上层建筑适合经济基础。汉儒董仲舒说："王道之三纲，可求于天。"（《春秋繁露·基义》）这就是完全继承了韩非学说，与孔孟儒学背道而驰。因此，中国的封建专制思想，主要来自法家，同先秦儒学背道而驰。儒学的民本主义，就是民主的基础，民本完全可以衍生出民主，故民本与民主是相通的。

三、马克思主义与儒学互补

马克思主义是我们国家指导思想的理论基础，而马克思主义不是离开人类文明的历史而产生的；恰恰相反，它是集中人类文明优秀成果的产物，也要吸引各国优秀文化来补充和发展自己。

儒学产生于春秋末年，是百家中的一家，当时百家争鸣，老子、庄子、墨子都批判儒学，但儒学能革新发展，成为显学，即最著名的学派。秦始皇焚书坑儒，阻止不了儒学的传播；汉武帝独尊儒术，儒学逐渐衍化成教条；到宋朝以后，儒学教条达到顶峰，谁也不能对孔子与儒学提出疑问，儒学停滞封闭。到了18世纪，欧州发生工业革命，中国在经济上与欧州拉开距离。到了19世纪中叶以后，列强屡次侵略中国。中国的衰落，不能全归因于儒学，但同儒学本身忽视生产劳动、忽视科学技术等也不无关系。

马克思主义的产生与经历，与儒学有相似之处。在19世纪中叶，马克思主义产生于西欧，本是诸多学派中的一派，遭到其他学派的攻击围剿，但马克思主义却能愈战愈强。俄国十月革命后，马克思主义取得辉煌胜利，有的人却把马克思主义当作教条，照本宣科，注解经典，只要某一理论、某一观点被看作不合乎马克思主义，就加以口诛笔伐。摩尔根遗传学被看作资产阶级科学而禁止研究，爱因斯坦相对论也曾被认为是反马克思主义的而被批判，社会科学更是万马齐喑。由于不能吸取各门科学中的优秀成果，马克思主义陷于停滞封闭。在马克思主义教条化70年之后问题出来了，苏联先是经济停滞，继而思想混乱，出现政治危机，最后解体。

苏联解体与马克思主义教条化颇有关系。如马克思、恩格斯讲过，商品经济是一种资本主义生产关系，社会主义只能实行计划经济。在20世纪20—50年代，计划经济正适合当时的生产力状况，推动了苏联经济科学技术的加速发展。到60年代以后，由于技术发生了大的变革，计划经济已不适应生产力发展要求，市场经济的活力日益显著，但教条化倾向阻止了改革的进行，造成了经济停滞，由此引发出思想混乱与政治危机。苏联解体，东欧剧变，与把马克思主义当作教条不无关系。马克思、恩格斯、列宁、毛泽东、邓小平多次强调马克思主义不是教条而是行动的指南，马克思主义的活的灵魂、马克思主义的精髓是实事求是、具体问题具体分析，马克思主义是随着实践发展而发展的，马克思主义的普遍原理必须与具体实践相结合。把马克思主义当作教条，名义上是维护了马克思主义的神圣性，实际结果会害党害国害民，可说是图虚名而受实害。马克思主义要发展，既要吸收实践的新经验，又要吸收各国传统文化，发挥优势，相互补充，利党利国利民。马克思主义与儒学在以下四个方面可以互补。

第一，生产力首位论与重精神文明互补。

儒学特别重视人的道德完善，人际关系和谐，以及教育和文化事业。儒家这方面的思想有其积极意义，不能认为是糟粕。儒学的一大弱点，是轻视物质生产和技术，视技术为雕虫小技。在古代和中世纪，由于生产力与科学技术发展缓慢，儒学尚未显示出弱点。到18世纪，欧州开始了工业革命，生产力与科学技术加速发展，世界正由农业社会向工业社会过渡，社会正面临着大的变革。中国正处于康雍乾盛世，忙于编著《康熙字典》和四库全书，三代皇帝还算是英明，但皇帝与王公大臣都对欧洲发生的变化漠然视之，这不能不说同儒学轻视物质生产与科学技术的传统观念有关，由此出现了中国在经济上落后于西方的局面。

马克思主义产生于西欧，正值欧洲各国工业革命已经完成或正在进行之中，生产力迅猛发展。正如《共产党宣言》所说，资产阶级在它的不到一百年的阶级统治中所创造的生产力，比过去一切世代创造的全部生产力还要多。生产力在社会变革中的作用已明朗化，马克思发现了唯物史观，并以生产力首位论为理论基础。按照生产力首位论原理，在革命之后，首要任务就是发展生产力，以经济建设为中心，我们过去偏重于搞意识形态和上层建筑领域的革命，忽视了发展生产力，这同儒学重精神、轻物质的观念有密切关系。为今之计，就是坚持和发展马克思主义生产力首位论，以补充儒学的不足。

马克思揭示了生产力在社会变革中的决定作用，但他并非要为资本家出谋献策以发展生产力，而是阐明生产力的发展必然导致资本主义的灭亡。至于为何发展生产力，生产力发展了又会怎样，属于生产力环境问题，都在马克思的视野之外。儒家的社会政治学说，提供了一个有利于生产力发展的社会环境。首先，儒学的政治主张是保持社会稳定有序，这就能为发展生产力创造良好的政治环境。孔子提出"富而后教"，即民众富了后，要进行教育，以提高人的道德和知识水平。孔子还倡导"富而好仁""见利思义"，反对"为富不仁""见利忘义"。儒家崇尚诚信、人际关系和谐，反对欺诈和损人利己行为。儒家还崇尚勤俭，反对浪费懒惰。尤其重要的是，儒家重视教育、知识和人才。这一套传统观念、传统美德，对于从事生产经营活动，有很大的、持久的意义，有助于纠正现代物质文明和市场经济产生的偏差。1989年世界华人企业家聚会新加坡，新加坡资政李光耀把华人成功的经验归因于中华文化，可谓真知灼见。因此，运用儒学文化的优势，加强精神文明建设，可补充物质文明建设之不足。

第二，解放全人类的思想与爱国主义思想互补。

马克思主义与儒学都是一种精神力量，但功能有所不同。马克思主义是体现社会主义的精神力量，儒学则是体现爱国主义的精神力量。

马克思主义最初产生时，根本任务是革命，主张全世界无产者联合起来，并在《共产党宣言》中表明："工人没有祖国。"[1] 认为："联合的行动，至少是各文明国家的联合的行动，是无产阶级获得解放的首要条件之一。"[2] 在社会主义建立之后，马克思主义是体现社会主义的精神力量，马克思主义具有解放全人类的伟大胸怀。马克思主义者是国际主义者也是爱国主义者。要解放全人类，要在全世界实现共产主义的远大理想，必须把马克思主义的普遍真理与本国具体革命实践相结合，把各国自己的事情办好。所以，马克思主义者也是爱国主义者，热爱祖国，热爱人民，为人民谋幸福，是马克思主义的基本要求。

中国的传统文化中的儒学文化倡导"孝亲敬祖"，已形成一种牢固的传统习惯，亲和祖都在故土，故孝亲敬祖观念和传统自然而然地衍生出爱国主义，成为民族凝聚的精神力量。对外开放以后，大量海外华人回乡祭亲祭祖，祭黄炎，祭孔子，这说明孝亲敬祖观念有巨大的感召力。儒家倡导崇古，崇拜古代圣人、圣王、贤臣。这样一来，中国人都认为古代有过光辉历史，有过圣王、圣人，为有个圣祖而自豪。例如，南北朝时，诸民族进入华夏地区，很多民族都宣称自己是黄帝、舜帝、禹帝的后代，与汉族有共同的祖先，这就便于实现民族融合。可见，儒家的崇古敬祖观，对于促进民族融合，加强民族凝聚力，提高爱国主义思想，起到了无可估量的作用。在中国古代，儒家文化哺育出无数的爱国志士、民族英雄。直到今天，儒学文化仍

---

[1] 《马克思恩格斯选集》第1卷，人民出版社，1972年，第270页。
[2] 《马克思恩格斯选集》第1卷，人民出版社，1972年，第270页。

然是衍生爱国主义的母体，仍然是增强民族凝聚力的精神力量。

进入 90 年代，马克思主义在世界范围内陷入低潮，其在各国的感召力有所减弱，某些地区、某些人群出现精神空虚状态，西方文化乘虚而入。西方文化有许多值得我们借鉴之处，但也确实包含有害成分，如鼓吹个人主义、拜金主义等，西方某些敌对势力还力图对我国进行和平演变。我们对此绝不可丧失警惕。而要抵制西方文化中消极东西的影响，很重要的就是要弘扬爱国主义精神，树立为国争光意识，而儒家文化重道德、人格对于激励人民的爱国主义思想有重要作用。

第三，以工人阶级为领导和重视知识分子的作用互补。

有了人以后，就逐步形成了诸多社会集团。所谓社会集团，就是据某一共同特征而结合成的群体。职业相同的人群结合成职业集团，经济地位相同的人群结合成阶级集团。此外，还有民族集团、宗教集团、政治集团，等等。

儒家是有知识的人结合而成的群体，是个知识集团。这些人从事传授知识、创造知识、保存知识的职业，因而是个职业集团，并非阶级集团。儒家就是古代人说的士，现代人称的知识分子、知识阶层。儒家是个知识集团，其对社会结构的基本观点就是重视士的作用，用现代的话说就是，重视知识分子的作用，尊重知识，尊重人才。

农民种地，工人做工，二者也都是劳动阶级的职业集团。到 19 世纪上半叶，在欧洲，工人阶级的人数占多数。这个阶级无生产资料，以出卖劳动力为生，故称为无产阶级。无产阶级受剥削受压迫最深，因而是最革命的阶级。同时，工人群体作为职业集团，是工业部门的产业大军，代表先进的生产力。马克思从 19 世纪的历史条件出发，认为工人阶级革命最彻底，代表先进的生产力，进行革命以及革命后发展生产力，都依靠工人阶级，在社会主义社会，要坚持以工人阶级为领导。

进入 20 世纪，发达国家处于工业社会阶段，不发达国家正从农业社会向工业社会过渡。到了 60 年代，发达国家的知识劳动者在就业人口中占的比例达到了一半；现在已达六成到七成，而且还在增多，人们把未来社会称为后工业社会或信息社会，笔者认为称为知识社会较贴切。

生产力发展阶段，决定着社会发展阶段：农业是主导产业，农民占的比重最大，是为农业社会；工业是主导产业，工人占的比重最大，是为工业社会；高新技术业成为主导产业，高新技术知识含量高，知识劳动者占的比重最大，是为知识社会。我们即将跨进的21世纪的世界，同18世纪的欧洲甚为相似。18世纪欧洲处于以农业社会向工业社会过渡时期，农民人数日益减少，工人人数日益增多，到了20世纪末，工人取代农民成为生产的主力军。21世纪的世界，处于从工业社会向知识社会过渡的时期，工人人数将日益减少，知识劳动者将日益增多，到21世纪末，知识劳动者将取代工人成为生产的主力军。我国在20世纪末所面临的世界，同17世纪末康熙所面临的世界有相似性。康熙皇帝没有看出世界上出现了从农业社会向工业社会过渡的潮流，没有选择适应潮流的对策，使得中国落伍了。在20世纪末，世界上又出现了从工业社会向知识社会过渡的潮流，我们应有跨世纪的目光，看清世界变化的潮流，以免再一次落伍。

生产关系的性质，决定着社会经济制度的性质。公有制占主导地位，为社会主义；私有制占主导地位，是为私有制社会（包括奴隶社会、封建主义和资本主义）。工人与知识劳动者是两个不同的职业集团，但其在经济关系中的地位相同，同属于工人阶级。工人职业集团的人数大为减少，工人阶级队伍缩小，但仍然占人口的大多数。无论是工业社会或是知识社会，只要私有制没有全部消灭，就存在资本主义与社会主义以及无产阶级与资产阶级的对立。

在世界范围内，无产阶级是革命的主力军。在社会主义国家，工人阶级居于主导地位，知识分子是工人阶级的一部分。但知识分子与作为体力劳动者的传统产业工人不同，它们与现代科学技术紧密联系。而科学技术是第一生产力，所以，我们要坚持工人阶级为领导，又要重视知识分子的作用，要"尊重知识，尊重人才"，尊重科学技术，依靠科技振兴中华。而儒家文化重视知识分子的作用，正是我们制定跨世纪战略所需要的。

第四，矛盾说与和为贵互补。

马克思主义产生于西欧，正值社会大动乱、社会矛盾尖锐时期，代表无产阶级，要与旧制度进行最坚决的斗争。所以重视矛盾，主张揭露矛盾，与旧制度进行坚决的斗争。在哲学上重视矛盾学说，即对立统一学说。这种矛盾学说，对于破坏旧世界，消灭不合理的制度起到巨大推动作用。当代世界，比19世纪时进步多了，但压迫人、剥削人的资本主义制度仍然存在，阶级压迫、民族压迫、种族歧视以及不公平现象仍然存在，反剥削、反压迫的斗争不会结束，矛盾学说仍有其现实意义，马克思主义不会长期陷于低潮，新的高潮仍会到来。

儒学也产生于社会大动乱时期，即孔子说的天下无道、礼崩乐坏。儒学主张人与人之间、国家之间、集团之间相互协调，避免冲突与斗争，孔子提出"和为贵"，孟子讲"天时、地利、人和"，对于社会上的不公平问题，主张通过协同的方式解决，以形成和谐的人际关系，为推进各项工作制造和谐的社会环境。马克思主义强调正视矛盾，主张通过革命手段，实现激进式变革；儒学崇尚协同，主张协调人际关系，通过温和手段，实现渐进式变革，即古人讲的维新、变法、改制，现代人讲的改革。二者各适用于不同的条件，各有所长，是互补的。

儒学从19世纪中叶开始衰落，20世纪中叶进入低谷。两千多年的历史证明，儒学在战争与革命时代不适用，而在和平与发展时代颇为适用。由于儒学就是知识之学，其基本特征是重视教育，尊重知识，尊重人才，尊重道德、人格，在未来的知识社会完全适用，因此儒学能够适应21世纪的世界潮流。当前物质文明发达，精神文明相对削弱。有识之士在呼唤道德重建。以人伦道德为主的儒学不失为一种救世良方，在世界范围内日益显示出生命力。

目前马克思主义陷入低潮。世界上只要存在剥削压迫，反剥削、反压迫的斗争就不会停止，马克思主义还会进入高潮，社会主义最终必然会取代资本主义。这是不以人们的意志为转移的历史必然规律。十月革命一声炮响，给中国带来了马克思主义。苏联解体影响深远，使得马克思主义的影响减弱。在坚持马克思主义为指导的前提下，实现马克思主义与儒学相融互补，可加强精神支柱，我们就能立于不败之地。

原载《人文杂志》1995年第2期

作者简介：唐昌黎，山西省社会科学院研究员。

论毛泽东创新马克思主义的中国文化基础

程美东

马克思主义中国化无论作为理论命题还是实践问题，都是近代以来西学东渐大背景下围绕如何实现中国现代化而发生的，是近代以来中国人从对自己文化的过度推崇、自信到一度失落、自卑、盲目推崇西方文化，再到理性反思、注重中西文化结合、实现中国文化重生的过程，这个过程从根本上来看，就是如何逐步地实现对于外来文化、主要是西方文化"中国化"的过程。

马克思主义，就其外在形式来看，毫无疑问属于西方文化，它的传入和被接受，和其他西方文化思潮一样，但其在内容上与其他思潮有根本的差异。马克思主义在中国传播和被接受，要想实现在理论上的创造性再生和实践中的创造性转换，就必须要走"中国化"的道路；马克思主义要中国化，就必须要正确地处理好与中国文化的关系。毛泽东在对中国文化深入系统的研究中汲取了很多积极的因素，并将之完美地与马克思主义结合起来，他深厚的中国文化素养和独到的体悟，使他能够在漫长的政治生涯中，尤其是在民主革命的实践中，总是在理论和实践层次高于中共党内一般领导人，从而完成了理论上把马克思主义中国化和实践上把中国共产主义运动的经验教训马克思主义化的双重使命。

一、中国文化在毛泽东的知识结构中占据重要位置

关于毛泽东的知识结构，他自己曾做过这样的评价："经济建设工作中间的许多问题，还不懂得。工业、商业，我就不大懂。别人比我懂，少奇同志比我懂，恩来同志比我懂，小平同志比我懂。陈云同志，特别是他，懂得较多。……对于农业，我懂得一点。但是也只是比较的懂得，还是懂得不

多。……我注意得较多的是制度方面的问题,生产关系方面的问题,至于生产力方面,我的知识很少。"① 毛泽东之所以会在其晚年形成这样的知识结构,与其早年受教育的内容有关,与其长期革命实践的需要有关,更与其自身的兴趣爱好有关。

毛泽东自小生长在中国传统文化浓郁的农村环境,无论是言谈举止、衣食住行,还是礼仪道德、价值观念,都深刻地受到了中国传统文化的影响。从1902年春天到1906年,毛泽东入私塾读书,先后在南岸、关公桥、韶山桥头湾、钟家湾、韶山井湾里就读,学习过《三字经》《幼学琼林》《论语》《孟子》《中庸》《大学》。1909年秋到1910年春,他又在韶山乌龟井、东茅塘私塾读书,阅读过《纲鉴类纂》《史记》《汉书》等书籍。在这期间,他对中国古典文学名著《三国演义》《水浒传》《精忠传》《隋唐演义》等也曾涉猎②,甚至很感兴趣。毛泽东对这六年的读书生活有过这样的概括:"我过去读过孔夫子,五经四书,读了六年。背得,可是不懂。那时候很相信孔夫子,还写过文章。"③ 可以说,毛泽东在家乡所受的这些教育,不仅使得他受到了中国文化的熏陶,关键是在知识上打下了良好的中国文化的根基。后来,毛泽东上了新式学校,但无论是在东山小学堂,还是在湖南省立第一中学、湖南第一师范学校,他对中国文化的兴趣和学习都没有减少或放松。在一师学习期间,他对自然科学不感兴趣,曾坦言:"我反对自然科学列为必修课。我想专修社会科学。我对自然科学并不特别感兴趣,我没有好好地去学,所以大多数这些课程我得到的分数很差。"④ 从1913年到1918年,毛泽东在湖南一师学习期间,广泛涉猎中西人文社会科学著作,"凡先秦诸子、楚辞、汉赋、《史记》、《汉书》、唐宋古文、宋明理学、明末清初的思想家和文章家顾炎武、颜习斋、王船山、侯朝宗、吴伟业、宁都三魏、汪尧峰等,及桐城派、阳湖派诸家,以及曾国藩等,都曾涉及"⑤。在此期间,毛泽东把学习中国历史文化作为自己的第一位任务,这一点在他于1916年2月29日写给萧子升的信中得到明确的展示:"右经之类十三种,史之类十

---

① 薄一波:《若干重大决策与事件的回顾》(下),中共中央党校出版社,1993年,第1030—1031页。
② 中共中央文献研究室:《毛泽东年谱》(1893~1949),人民出版社、中央文献出版社,1993年,第2—8页。
③ 转引自龚育之:《听毛泽东谈哲学》,《湖南科技大学学报(社会科学版)》2007年第4期。
④ 埃德加·斯诺:《西行漫记》,董乐山译,生活·读书·新知三联书店,1979年,第121页。
⑤ 陈晋:《毛泽东读书笔记解析》上册,广东人民出版社,1996年,第65—66页。

六种，子之类二十二种，集之类二十六种，合七十有七种。据现在眼光观之，以为中国应读之书止乎此。苟有志于学问，此实为必读而不可缺。……惟此种根本问题，不可以不研究。故书之以质左右，冀教其所未明，而削其所不当，则幸甚也。"① 他所列的 77 本书都是中国传统文化的集中体现，是中国古代文人学士学习的首选，毛泽东将其突出为自己的学习内容就深刻地反映了他当时对中国传统文化迫切学习、了解的态度。参加革命后，毛泽东读马列的书逐渐增多。在 20 世纪 20 年代，毛泽东读的马列著作我们目前所知主要是马恩的《共产党宣言》、考茨基的《阶级斗争》、柯卡普的《社会主义史》，十年内战时期主要有恩格斯的《反杜林论》、列宁的《两个策略》、列宁的《"左派"幼稚病》；延安时期主要有马克思的《资本论》、马恩的《社会主义从空想到科学的发展》、列宁的《列宁选集》（多卷本）和《国家与革命》、斯大林的《论列宁主义基础》和《论列宁主义的几个问题》以及《联共（布）党史简明教程》，同时还读过一些教科书性质的马列研究著作，如西洛可夫、爱森堡等合著的《辩证唯物论教程》，米丁等著的《辩证唯物论与历史唯物论》《新哲学大纲》，李达的《社会学大纲》，艾思奇的《大众哲学》《思想方法论》和《哲学与生活》。解放战争时期，毛泽东忙于急迫而繁重的事务，从现有的资料看不出他系统而集中地阅读过多少马列著作。有关专家研究认为："解放战争时期，经毛泽东批阅的马列著作，我们现在掌握的有两本，一本是《国家与革命》，一本是《"左派"幼稚病》。"② 新中国成立后，马列著作出版翻译越来越多，毛泽东读马列著作的条件有了很大的改善。1954 年，毛泽东又一次阅读《资本论》，以后又多次读《政治经济学批判》《列宁有关政治经济学论文十三篇》等经济学经典著作，1958 年他又下功夫研究了斯大林的《苏联社会主义经济问题》。但从现有的资料来看，毛泽东在新中国成立后所读中国文化书籍，并不比阅读马列著作少。新中国成立后，他买了一套大字本的《二十四史》，约有 4000 万字，他硬是通读完了，有些部分还读了不止一遍。《资治通鉴》他读了 17 遍。此外，还读了中国历代《通鉴纪事本末》及《十六国春秋》、王夫之的《读通鉴论》等史书。他还喜欢看省志和县志等地方性史书。新中国成立后他对中国文学书籍阅读

---

① 中共中央文献研究室、中共湖南省委《毛泽东早期文稿》编辑组：《毛泽东早期文稿》，湖南人民出版社，2008 年，第 32 页。

② 龚育之、逄先知、石仲泉：《毛泽东的读书生活》，生活·读书·新知三联书店，2009 年，第 24 页。

的数量和范围既大又广，他这方面的阅读大体分为四类：第一类为古代诗词；第二类为古文和古典小说，他最爱读六朝的骈文和唐宋八大家的散文，最喜欢看明清小说；第三类为现代文学，主要爱读鲁迅的著作；第四类为笔记小说和其他杂书，如《智囊》《笑林广记》《官场现形记》《聊斋志异》《容斋随笔》等。

有人统计，在毛选四卷中成语典故源自中国古籍的非常多，引用30条以上者有《左传》，20条至30条者有《论语》《孟子》《史记》《汉书》《朱子语类》，10条左右者有《大学》《中庸》《战国策》《后汉书》《三国志》《孙子兵法》《诗经》《晋书》《尚书》《老子》《易经》《国语》等。[①]

毛泽东也读过一些自然科学的书籍，尤其是在新中国成立后，但从总体上来看，自然科学类知识在他整个读书的内容中只占很小的部分。同样，对于西方哲学社会科学的阅读也不是太多。

通过上述对于毛泽东一生读书情况的大致梳理，我们可以看出，中国文化在毛泽东的整个知识结构中占有极大的比重。这个事实无可辩驳地说明，中国文化对于毛泽东一生的思想和实践具有重大的影响。这样的说法并不是否认马克思主义对于毛泽东的影响，而是说明毛泽东在学习马列主义的过程中，没有脱离中国的实际，没有脱离过中国的文化背景。

二、中国文化决定了毛泽东信仰马克思主义的初衷和取向

近代以来的中国文人，在救国救民理想的驱使下更加注重经世致用。他们用以拯救中国、复兴中国的直接动机和具体方案是多种多样的，但从本质上看都是对中国未来命运的关注，都是中国传统士大夫文化中的家国天下责任意识的体现。钱穆先生如此评价了近代以来中国有为之士的这种共识："盖凡此数十年来之以为变者，一言以蔽之，曰'求救国保种'而已。……其明昧得失有不同，而其归宿于救国保种之意则一也。"[②]

毛泽东出生于晚清，国家危难的现实使之很早就有了一定的民族国家的危机感。据他自己回忆，他在韶山就看过《盛世危言》《列强瓜分之危险》之类议论时局的书籍，并受到了深深的震撼。尤其是后一本书介绍了日本占

[①] 李锐：《恰同学少年——毛泽东早年读书生活》，万卷出版公司，2005年，第234页。
[②] 钱穆：《国学概论》，商务印书馆，1997年，第354页。

领朝鲜的经过，以及越南、缅甸沦为殖民地的历史。多年后他还记得："这本小册子的开头一句：'呜呼，中国其将亡矣！'……我读了以后，对国家的前途感到沮丧，开始认识到，国家兴亡，匹夫有责。"① 在韶山，毛泽东还阅读过梁启超主编的《新民丛报》，该报对于当时中国和世界的大事经常做理论和实际的分析，鼓吹变法，毛泽东从这份报纸中也了解到中国危亡困苦的现实，这无疑增加了其忧患意识和对国家命运的思考。1911年春他来到长沙求学，有了睁眼看世界、看中国的越来越宽广的舞台，其关注国家民族命运的思想深度日益精进。他在1912年于省立一中学习时撰写的《商鞅徙木立信论》，就充分展现了他对于中国历史和现状的不满情绪，变革中国现实、改造中国文化的政治欲望已跃然纸上。"吾读史至商鞅徙木立信一事，而叹吾国国民之愚也，而叹执政者之煞费苦心也，而叹数千年来民智之不开，国几蹈于沦亡之惨也。"毛泽东这样的思想，虽然在今天看来对于解释近代中国的落后不具有根本性的意义，但其对国家民族命运不幸之忧心如焚的心情，却是不争的事实。青年毛泽东的这种思想的形成与其独立审视中国历史和现实的体悟有关，但更多的与当时中下层知识界普遍的爱国、救国、救世的宣传有关，更直接地说与接受梁启超的新民说的影响有关。梁启超从中西国民对比的角度对当时中国现实国民的文化、知识、体能、组织等都表示了严重的不满，他和很多维新人士一样认为要开民智、新民德、鼓民力、倡民权，认定国民素质是一个国家兴旺发达的根本，非此一途，兴国无望。晚清一些旧文人放弃仕途，主动改行从事维新或者从事革命等社会事业，其实质就是看透了中国国民素质的羸弱，认为必须要有先进的社会分子加以开导，使国民能逐渐达到智识完备、体格健全、人格独立，方能担负起建设新国家、新民族、新社会的重任。毛泽东和当时的先进士大夫文人一样，随着自己生活和知识、思想视野的开阔，不断自觉不自觉地把自己的命运与国家、民族的命运联系起来。这种意识贯穿了毛泽东的一生，尤其是在其离开家乡韶山走向中国和世界之后。毛泽东对于马克思主义的选择，就是在这样一种背景下做出的，他毕生对于马克思主义的认识、运用、发展都建立在这样的前提之上。也就是说毛泽东对于马克思主义的信仰，从最初的动因来看是救国救民、拯救中华于危难之际，在对当时的各种思潮、学说进行了不同程度的学习了解之后，他感觉到马克思主义的一些原理、思想颇能切合当时

---

① 埃德加·斯诺：《西行漫记》，第111页。

改造中国的实际,更重要的是,十月革命的直接的样板,给了很多在苦闷中寻找社会公平公正,超越当时资本主义两极分化、阶级对立严重、民族压迫严重的人士一个朦胧的希望:既要避免西方经典资本主义发展模式的弊端,又不可能不学习西方。而马克思主义则在理论和在彼时的实践中,都符合当时中国有为之士探索中国未来的心理。其实,孙中山的三民主义就是这种心理的产物:一方面希望学习西方民主法治、科学技术,另一方面不愿看到当时资本主义国家所普遍具有的社会分化严重、公正缺失、社会问题严重等弊端在中国重演,还有就是为了获得国内民众的支持、获得实际的效果,而必须具有中国文化因子等内容和形式。

余英时对于俄国为何在 20 世纪初选择了马克思主义作为自己国家现代化的理论形态有过这样的分析:第一是俄国西化虽一再受挫,其民族认同却仍在西方,而马克思主义则恰好是西方文化的产物;第二,马克思主义彻底否定了英、法所代表的西方,满足了俄国人的憎恨情绪;第三,马克思主义号称代表着更完美的西方未来,这又契合了他们羡慕西方的心理。总之,马克思主义是以"反西方的西方主义"(anti-Western Westernism)这一特殊性质而为俄国人所接受的。[①]

余英时的这个论断,虽然说的是俄国选择马克思主义的内在心理因素,但在某些方面对于中国也很适用,至少在既不得不学习西方,又不愿重走英美老路的心理上,很合乎当时中国中下层知识分子的思想实际。毛泽东自然也不例外。毛泽东在新中国成立前夕所发表的那篇著名讲话《论人民民主专政》一文中,已经讲得很清楚:马克思主义是中国先进分子用来考察、解决中国命运的工具!

纵观毛泽东一生对马克思主义的学习、信仰、实践、发展的历程,我们可以从历时的角度来观察,基本可以将其分为三个阶段,而无论这三个阶段毛泽东对马克思主义的具体义理的理解如何,有一点是肯定的,那就是始终围绕改造中国这个主题。

第一个阶段,在新文化运动的大潮中选择马克思主义作为实践的理性工具和思想信仰。

1915 年《二十一条》签订时,毛泽东愤怒地写下:"5 月 7 日,民国奇

---

① 余英时:《民主与民族主义之间》,http://history.sina.com.cn/his/zl/2013-08-08/113051184.shtml.

耻；何以报仇？在我学子！"整个求学期间，他对国家民族的忧患意识非常强烈，无论是同师友的通信，还是课堂笔记，都能体现出他强烈的忧国忧民的中国传统文人士大夫的情怀，并把立志、励学、强身，视为其在当下培养报国技能的基础。"思之思之，日人诚我国劲敌！……愚意吾侪无他事可做，欲完自身以保子孙，止有磨砺以待日本"，"国力恭弱，武风不振，民族之体质日趋轻细，此甚可忧之现象也。"①

第二个阶段，运用马克思主义旗号进行苏俄式革命，扫除民族压迫和阶级压迫。

五四前后，他曾接触过种种改造中国的方案，其基本的途径是非暴力的改良，但无论从当时的现实可能性还是部分的实验效果来看，作为全国性的改造方案明显缺乏全面实践的条件。马克思主义阶级斗争理论的新颖性及其与中国现状的严密切合，给了毛泽东以极大的震动；马列主义提倡暴力革命的理由极大地增强了毛泽东对这种革命模式正义性的理解，俄国革命由此所产生的翻天覆地的变化更给了毛泽东极大的冲击和启示。在1919年12月1日的《学生之工作》一文中，毛泽东就表示出进行彻底社会革命的倾向和对俄罗斯革命的尊重："社会制度之大端为经济制度。家庭制度之大端为婚姻制度。如此造端宏大之制度改革，岂区区'改良其旧'云云所能奏效乎？""夫论政治革命之著明者，称法兰西；论社会革命之著明者，称俄罗斯"②，"俄式系诸路皆走不通了新发明的一条路。只此方法较之别的改造方法所含可能的性质为多……社会政策，是补苴罅漏的政策，不成办法。社会民主主义，借议会为改造工具，但事实上议会的立法总是保护有产阶级的。无政府主义否认权力，这种主义恐怕永世都做不到。温和方法的共产主义，如罗素所主张极端的自由，放任资本家，亦是永世做不到的。激烈方法的共产主义，即所谓劳农主义，用阶级专政的方法，是可以预计效果的，故最宜采用"③。上述言论清晰地表明毛泽东选择马克思主义，是要以之为指导来改造中国，在中国建设新社会制度，最终实现中国的振兴。所以，无论是在大革命时期，还是在十年内战时期、抗日战争时期、解放战争时期，毛泽东对马克思主义理论具体知识的了解程度虽有差异，马克思主义在中国革命实践

---

① 《毛泽东早期文稿》，第10、45、56页。
② 《毛泽东早期文稿》，第410页。
③ 《毛泽东文集》第一卷，人民出版社，1993年，第1—2页。

中具体实施的成效也有差异，但无论在哪个阶段他都没有放弃对马克思主义的信仰，其根本原因就在于他希望用马克思主义的基本理想、观点、方法来改造中国。如果改造中国的目的没有达到，只能说明共产党人在具体运用马克思主义的问题上有失误。所以，他对如何运用和发展马克思主义这个问题关注得比较多，而对于中国革命的具体细节的设计是否可以从马克思主义的"本本"找出直接的依据来，他是不太关注的，他所关注的就是在大的方向性、原则性问题上，是否符合我们所接受的马克思主义的基本原理。从整个民主革命时期的历史来看，毛泽东都是提倡活的马克思主义，其根本目的就是改造中国，而不是玩弄马克思主义辞藻，不是搞一般的学术思想竞赛，而是把实现中华民族的振兴和中国人民的解放视为首要任务。

第三阶段，以马克思主义作为最高理论指导，推动中国超越西方现代化发展模式。

新中国成立后，中国共产党和毛泽东想依靠马克思主义来建设一个现代化的中国——与西方资本主义国家和苏联都不同的现代化社会。毛泽东对于马克思主义的实践理性的认识，在新中国成立后表现得非常充分。在1961年的中央工作会议上，他还这样讲道："要把马克思主义当作工具看待，没有什么神秘，因为它合用，别的工具不合用。资产阶级的唯物主义不合用，只有马克思的唯物主义，就是辩证唯物主义，运用到社会问题上成为历史唯物主义，才合用。马克思创立了许多学说，如党的学说、民族学说、阶级斗争学说、无产阶级专政学说、文学艺术理论等等，也都应当当作合用的工具来看待。"[①] 这里他所说的工具，主要是就世界观、方法论角度而言，其针对的是教条主义、经院哲学的学习方法，内在的逻辑就是实现马克思主义中国化。

正是按照这样的认识、理解、实践马克思主义的思路，毛泽东开展了独具特色的社会主义建设。他在社会主义建设中致力马克思主义中国化，主要体现在两个方面：其一是在经济建设的方式、道路上走自己的路——既避免资本主义又避免苏联的教训；其二是在意识形态上坚持马克思主义思想的纯洁性——既防止西方的和平演变又防止赫鲁晓夫式修正主义。毛泽东从来不空讲马克思主义的词句，国家民族利益至上的原则是他一生对待马克思主义的态度，他从来没有在这个问题上产生过动摇。正是有了这样的对待马克思

---

① 《毛泽东文集》第八卷，人民出版社，1999年，第263—264页。

主义的取向，我们才能理解他何以能在晚年放弃新中国成立初期的一边倒的外交政策，转而实行联美抗苏的外交政策。在毛泽东看来，无论是联苏，还是联美，根本目的都是实现其早年选择马克思主义时就已经确立的目的——救国救民，强国富民！

纵观毛泽东一生思想和实践的历程，他选择马克思主义就是要将其运用到中国现代化实践当中，这个思想取向的直接源头，乃是中国士大夫文人的家国担当意识，也就是直接来自中国传统文化。

三、中国文化与马克思主义的契合促成了毛泽东实现马克思主义的中国化

如果马克思主义的基本世界观、方法论、社会理想等与中国传统文化格格不入，与中国人的心理需求截然相反，那么很难让人理解其为何在传入中国不久，就能得到不少人尤其是知识分子的赞许，并能在此后的岁月里成功地充当中国革命的理论旗帜，而把千千万万中国中下层民众集合到这个旗帜之下。具体说来，马克思主义与中国文化的契合，至少可从以下几个方面来认识。

首先是中国传统的大同社会理想与社会主义理想的契合。大同社会理想是很多古代中国文人的至高社会追求，它的基本政治诉求，就是没有阶级、没有剥削、没有压迫、生活富足、没有国家机器、社会和谐，这种社会极有可能是中国古代原始社会末期的社会图景，自夏商周之后，这种落后生产力条件下的共产制从没有整体再现过。但古代中国长期战乱，阶级分化、经济分化、社会分化愈演愈烈，处于或乱世或弱势状态的人们通过大同社会的思想来寄托对未来生活的向往，也可以说大同社会在某种程度上是他们无奈的精神寄托。近代以来，中国人在外来势力的侵略和本国传统皇权的压制下，在巨大的生存压力的重负下，普遍地产生了一种变革现实社会秩序的思想。但他们基本上都缺乏明确的社会制度设计，不了解系统地变革社会的制度安排。在对西方思想了解有限而对自己的历史文化还有无限眷念的背景下，从既有的文化中寻找变革中国的答案，是不少人的梦想，大同社会就是在这种背景下最容易被人们找出来的本土思想资源。但在吸收近代西方社会变革思想的基础上，对中国的大同社会理想进行再创造式的设计，就很少有人能够做到了。康有为和孙中山是少有的能在这方面进行尝试的人物。康有为所写

的《大同书》明确指出要"破国界","初设公议政府为大同之始","立公政府以统各国为大同之中";并系统地论述了人类大同的整体设计,即"去级界平民族,去种界同人类,去形界保独立,去家界为天民,去产界公生业,去乱界治太平,去类界爱众生,去苦界至极乐"①。他的这种大同思想已经不同于古代中国的大同思想了,而掺杂了很多其他思想,可以说古今中外的内容都糅合了一些,不仅包含传统中国的儒释道思想,还有妇女平等、民族自由、经济全球化等观念,包含了西方民主、自由、平等政治思想和古典自由主义经济思想,可以说是一个人类美好理想的大杂烩,用今天的话来讲,他的视野关乎全人类的共同利益。相对于康有为,孙中山的"天下大同"思想不仅在现代化的理论意义上更加浓厚,而且在具体的制度设计和实践路径上有更清晰的思路。孙中山的大同思想集中体现在民生主义中,这个民生主义可以说是在吸收19世纪中后期逐渐兴起的欧美社会主义思潮的基础上形成的,孙中山有时用中国人都能理解的大同思想来形容和表述之,不仅是为了在实践中使其因通俗、本土化而容易被理解接受,也有使之更加合法化的考量。

总体来说,中国传统的大同思想和西方空想社会主义者的社会理想,具有惊人的相似之处,与马克思、恩格斯在《共产党宣言》中所描绘的"各尽其能、按需分配"、生产力极大丰富的共产主义社会,也很相似。所以,当马克思主义传入中国时,尤其是其关于社会理想的内容,重新唤起了中国人对这种美好社会理想的向往,使其对马克思主义产生了美好的印象,一下子就拉近了其与中国人的距离。郭沫若在1925年所撰《马克斯进文庙》一文中有一段诗一般超越时空的想象,生动展现了当时中国人对于马克思主义与大同理想之间契合性的理解:孔子在听完马克思关于共产主义社会的具体图景的解释之后,"不禁拍起手来叫绝了。——你这个理想社会和我的大同世界竟是不谋而合"②。正是因为社会主义的社会理想与中国古代的大同思想有如此契合之处,马克思主义(在很多中国人心目中社会主义在一定意义上与马克思主义是同义词)才能在传入中国后很快生根发芽。

自幼就接受传统文化教育的毛泽东对于中国古代大同思想非但熟知,且与许多中国人一样有一种本能的向往。所以当他接触到马克思主义的共产主义社会理想时,自然地产生一种亲切感、认同感,这极大地推动了他对

---

① 康有为:《大同书》,辽宁人民出版社,1994年。
② 郭沫若:《郭沫若全集》第十卷(文学编),人民文学出版社,1985年,第165页。

马克思主义的服膺和信仰。他对共产主义和大同社会某种契合的认识，还直接影响到后来他在社会主义建设上的具体实践。

其次是以善于通变为重要特征的中国古代辩证思维方式，与中国人所传播的以矛盾、运动为主要内容的马克思主义辩证法的契合。张岱年先生认为：通变是中国传统哲学重要的内容，"《易传》的辩证思维可以用'通变'二字来概括"，"把中国哲学中的辩证法思想称为'通变法'，是很恰当的"。[①] 我觉得张岱年先生的上述论断，对于中国哲学之重要特征的概括是很准确的，它从总体上描绘出了传统中国的思维特征。通变，从积极的方面来看，具有应时而变的内在前进、进取的潜力，不会逆势而动，不会自甘落后、堕落；从消极的角度看，有被动无奈地去"变"的倾向，缺乏"创势而动"的积极主动性。不管怎样，中国人具有通变的思维特质，就表明中国人不会排斥马克思主义辩证法的重要思想：世界是变化发展的！而且，中国传统中与通变思想相关联的对立统一、矛盾体的相互转化的观念也很突出，如阴阳互补、有无相生、难易相成、长短相形、高下相倾、音声相和、前后相随等，这些思想在中国古代很多典籍中都有，如《易经》《老子》《庄子》《淮南子》等。所以，当马克思主义辩证法思想传到中国时，中国知识分子没有觉得生疏、隔膜，反而充分地认同，因为他们已有的中国传统朴素辩证法思想，被这种内容和形式都更复杂的马克思主义辩证法激活了，他们内在的想超越已有的自我认识局限性的冲动，在某种程度上得到了实现。

毛泽东是人所周知的辩证法大家，但是很难说这是毛泽东在系统地阅读了马克思主义的理论著作的基础上形成的——无论是在理论上还是实践上。毛泽东在指挥红军反击国民党的围剿时所采取的战略战术，可以说是辩证法实践运用的典范，尤其是四渡赤水战役，简直将辩证法运用到了出神入化的地步。但在那时，毛泽东到底读过多少马克思主义辩证法的著作？至少目前的史料还不能加以充分肯定。至于抗战前后写的《中国革命战争的战略问题》《实践论》《矛盾论》《论持久战》《抗日游击战争的战略问题》《战争和战略问题》，更是充满了辩证法的智慧，这个时期毛泽东的确读了一些马克思主义的教科书和著作，但是就其辩证法思想的系统、复杂、运用之娴熟来说，主要还是来自他所长期浸染的中国传统文化中的辩证法思想，是其自觉不自觉地将中国传统文化与马克思主义辩证法结合起来，并运用到具体

---

① 张岱年：《文化与哲学》，教育科学出版社，1988年，第27页。

的理论和实际分析中的结果。

毛泽东在实际中所自觉不自觉地运用的中国辩证法，与中国人所传播的马克思主义辩证法在基本内容上具有一致性，具有明显的契合之处。我们经常所阐述、理解的马克思主义辩证法的基本观点，就是运动变化发展、矛盾对立统一、世界普遍联系，这些观点与中国传统的认识论，在不少地方是有共通性的，尤其是对于事物多面性和内在本质性的关系的认识、对于事物确定性与不确定性的把握，中国传统的认知体系与马克思主义辩证法具有一拍即合的默契。当然，我这样讲不是说马克思主义辩证法与中国传统的认识论、思维方式之间没有差异，而是强调两者之间实现互补、结合的可能性因素之所在。

最后是中国固有的经世致用的学风与马克思主义实践性的契合。中国儒家传统中基本的价值追求，就是内圣和外王的统一。内圣强调的是修身，包括知识、道德，而外王就是服务社会、经世致用；内圣、外王的统一，是无数儒者的梦想，但能将其统一者，少之又少。自宋明理学出现，中国文人士大夫过于讲求心性之学，疏忽了其经邦济世的实学。但明朝中后期的阳明心学提出的知行合一，又强调了经世致用的思想，虽然这个思想在当时并没有影响到整个社会风气的改变，但对后人的启发意义很大。明朝的灭亡使得一批中国传统士大夫文人痛定思痛，对于空谈心性之学进行了批判，黄宗羲、顾炎武、王夫之就是突出的代表。明末清初这些主张经世致用的思想，虽然在清王朝严酷的政治统治下无法实现其现代性的转换，但毕竟给广大文人沉浸功名利禄、心性功德的状态以一定的冲击，尤其是在鸦片战争后，这些实学思想在龚自珍、魏源、林则徐、曾国藩等的倡导下，获得越来越高的声望，及至甲午前后成为中国政、学、商各界有识之士的共识。毛泽东青少年时期都生长于湖南，晚清这些主张经世致用的人很多都是湖南人，他们的思想、行为通过口耳相传和老师讲授，成为毛泽东青少年时期重要的学习内容。毛泽东最为佩服的老师之一杨昌济，就是一个极力主张经世致用的学者，他主张学习外国的科技文化必须要运用到中国的实际，强调要关心国家民族的命运。正是受到很多像杨昌济这样的思想取向的老师的影响，毛泽东在湖南一师的那几年，对于经世致用思想可以说是佩服之至。在《讲堂录》中他抄录了有关顾炎武的文字："昆山顾宁人先生，生长世族，少负绝异之资，潜心古学，九经诸史，略能背诵。尤留心当世之故，实录奏报，手自钞节，经世要务，一一讲求。当明末年，奋欲有所自树，而迄不得试，穷约以老。然忧天悯人之志,未尝少衰。事关民生国民者,必穷源溯本,讨论其所以然,足迹半天下,所至交其贤豪长者,考其山川风俗,疾苦利病,如指诸掌。"① 毛泽东还认认真真地手抄过《曾文正公家书》。上述行为不正是表明他从青年时起,就崇敬那些开经世致用一代风气之人的思想吗?他对曾国藩的"不说大话,不好虚名,不行架空之事,不谈过高之理"极其赞同。他在青年时期关注时事,成立新民学会,主办勤工俭学,参与驱张运动,奔波建立湖南自治共和国,一直到信仰马克思主义参加共产党,可以说都是这个强烈的经世致用、改造中国和世界的思想在起作用。若无这个中国文化的思想基础,毛泽东不可能那么踊跃地四处寻找中国未来的出路。

更重要的是,如果没有这个经世致用的文化传统,毛泽东就不可能在后来用"实事求是"来表达马克思主义的精髓。而实事求是就是近代经世致用思想最简便的表达,尤其是在湖湘文化当中。经世致用思想,不仅对毛泽东这些后来走上马克思主义道路的人来说很熟悉,其他不同政治立场、社会思潮中的人士,也都不同程度地受到了影响,否则怎么可能在晚清出现了那么多不同观点的志士仁人呢?就是"实事求是"这个词,也有很多人使用。就笔者接触的材料,蒋介石曾数次使用,章太炎也曾使用过,当然他们使用的语境和含义与毛泽东使用"实事求是"的语境和含义差别很大。他们主要是从微观的层次,强调要对具体的学习、工作持一种认真的态度,而毛泽东则把其上升到了马克思主义世界观和方法论的高度,把马克思主义唯物主义和辩证法的基本实践要求都浓缩在这四个字当中了,这样的旧瓶子装新酒,毫无疑问是马克思主义中国化的成果了。

另外,中国传统文化中的民本观念、自强不息的生命精神、天人合一的实践取向、重视"气"本论的唯物主义,都与马克思主义相吻合,都可以从马克思主义那里得到自我融通的合理解释。所以,对于急需新的思想资源来更新我们民族文化的中国先进分子来说,马克思主义既是对中国文化中不合理内容的批判武器,又是中国人实现民族自信和自救的精神仓库,它让中国人不仅敢于破坏旧世界,也自信地看到了新的发展方向。

原载《北京大学学报》2013年第6期

作者简介:程美东,北京大学马克思主义学院副院长,教授。

---

① 《毛泽东早期文稿(1912.6—1920.11)》,第539页。

马克思主义和中华传统文化关系的三种主要阐释范式

李元旭　平章起

自马克思主义传入中国以来，如何理解和认识马克思主义与中华传统文化的关系问题，始终是我国思想文化领域的一个重要议题。梳理近代以来阐释马克思主义和中华传统文化关系的几种理论范式，科学认识每种阐释范式的优势和不足，对于全面把握马克思主义和中华传统文化之关系，对于今天的思想文化建设，有着重要的理论价值和实践意义。

一、意识形态范式：两种不同的阶级意识

"意识形态"在不同的语境下有不同的涵义。"意识形态"（Ideology）最早由法国哲学家特拉西作为"观念学"创立。但特拉西等"意识形态家"遭到拿破仑的激烈批判，意识形态被视为虚幻的、无益于现实的形而上学。马克思、恩格斯在当时的语境下，于《德意志意识形态》中认为青年黑格尔派的哲学思想就是"意识形态"，这种意识形态无视与社会现实的内在联系，是代表统治阶级利益的"虚假的观念体系"。马克思、恩格斯对意识形态虚假性的本质论断，对当代西方学者有着广泛的影响。例如曼海姆从知识社会学视角，认为乌托邦和意识形态都是与现存秩序不相适应的"超越或不真实"的思想。其中，意识形态"构思和思想"的主体，要么"沉浸于历史与社会条件所决定的思想的一整套公理"而不自知，要么对他人有意或无意地欺骗。[①]

[①] 卡尔·曼海姆：《意识形态与乌托邦》，姚仁权译，中国社会科学出版社，2009 年，第 184—185 页。

马克思和恩格斯通过对德意志意识形态虚假性的揭示，克服了用纯粹的思想批判来实现社会变革的幻想；同时，通过揭示社会历史发展的一般规律，为工人阶级的斗争提供了科学的指导理论。不过，马克恩和恩格斯在对特殊性的意识形态研究过程中，已经内在地抽象出意识形态的一般特征，"他们已经把观念的产生与扩散同阶级间关系联系起来"，"把意识形态视为取决于和来自于经济条件和阶级生产关系"①。这种把意识形态作为阶级意识的做法，被列宁、卢卡奇等革命家承继。在列宁看来，资产阶级有自己的意识形态，无产阶级也有自己的意识形态，即社会主义和共产主义的意识形态。无产阶级的意识形态既具有鲜明的阶级性即代表无产阶级的根本利益，又具有严格的科学性，是阶级性和科学性的辩证统一。② 列宁的意识形态理论，又被中国的马克思主义者接受和发展。在中国马克思主义者看来，"意识形态是用一定的话语系统表达和宣扬，用来指引一定阶级取得革命胜利和维护一定阶级利益和统治，自觉反映社会经济制度和政治制度的系统化、理论化的思想体系"③。

这里所说的"意识形态范式"，指中国马克思主义者以马列主义的阶级分析学说看待马克思主义和中华传统文化，并视之为代表两种不同阶级思想体系的思维模式。在认同马克思主义是无产阶级理论学说的前提下，早期中国马克思主义者坚信马克思主义是唯一能够改变中国命运的思想体系。而对于中华传统文化，他们尽管深受其浸染，有较高的传统文化素养，对其价值和积极作用也不无肯定，但对其本质和弊端的认识也是深刻的。当时他们认为，在根本上中华传统文化是和封建制度结合在一起的地主阶级的意识形态，是一种落后的思想体系。例如，陈独秀评价孔子说："孔子生长封建时代，所提倡之道德，封建时代之道德也；所垂示之礼教，即生活状态，封建时代之礼教，封建时代之生活状态也；所主张之政治，封建时代之政治也。封建时代之道德，礼教，生活，政治，所心营目注，其范围不越少数君主贵族之权利与名誉，于多数国民之幸福无与焉。"④ 李大钊对中华传统文化也有类似的看法。李大钊受杜亚泉的影响，认为东方文化是"静"的文化，西方文化是"动"的文化，东西文化各有长短。但李大钊又认为，东方文化总

---

① 约翰·B. 汤普森：《意识形态与现代文化》，高铦等译，译林出版社，2012年，第41页。
② 俞吾金：《意识形态论》，人民出版社，2009年，第203页。
③ 侯惠勤等：《马克思主义意识形态论》，南京大学出版社，2011年，第122页。
④ 陈独秀：《独秀文存（1）》，外文出版社，2013年，第121页。

的说来还是一个相对落后的文化,因为"东方想望英雄,其结果为专制政治,有世袭之天子,有忠顺之百姓,政治现象毫无生机,几于死体,依一人之意思,遏制众人之愿望,使之顺从"①,把中华传统文化和专制文化等同起来。

从意识形态视角看待马克思主义和中华传统文化,是革命语境的文化表现。革命语境下,高扬马克思主义的先进性和阶级性,把传统文化等同于封建文化,是革命斗争的需要,也是社会历史发展的必然结果。改革开放后,由于社会和政治环境的变化,文化思想总体上抛弃了革命"激进主义"的话语表达方式,意识形态的思维方式往往被视为具有教条主义的倾向,一些学者开始把文化和意识形态区别开来,对马克思主义和中华传统文化的关系,也逐渐出现了更深入、更多样化的认识。尤其是马克思主义和中华传统文化的契合性、融和性和互动性等方面,得到了更多的关注和肯定。但仍有学者对马克思主义和中华传统文化的关系坚持意识形态的阐释范式。如对作为中华传统文化主干的儒家文化,仍有学者继续以阶级分析的原则和方法,把儒家思想视为封建统治阶级服务的"王权主义"文化,认为其与马克思主义的无产阶级文化是根本对立的,从而对当前的儒学复兴运动持根本的否定态度;或者认为儒家思想根本上是腐朽、没落的前现代文化,与现代性格格不入,根本不具有文化现代化的前景和可能,从而再次提出了"灭儒"的文化主张。

概括说来,用意识形态范式去阐释马克思主义和中华传统文化的关系,就是把二者分别视为无产阶级和地主阶级两种不同的阶级意识。这种理论范式坚持唯物史观的基本立场,不把文化视为独立存在的精神因素,不把文化视为社会发展的决定力量;相反,认为文化主要是社会经济政治的精神反映,并不断实现着与社会经济政治的实时互动;最主要的,这种理论范式把文化的本质归因于经济基础,尤其是阶级关系和阶级结构。这种理论范式,不单纯从文化内部因素认知文化,更关注文化与外部因素的复杂关系,因此其阐释力、深刻性是其他理论范式所不能比拟的。但这种理论范式的不足之处也十分明显:一方面,它忽视了意识形态的独立性和文化的继承性,在实践中会导致割裂现代文化和传统文化的内在联系,否认现代文化对传统文化的继承性,否认马克思主义对中国优秀传统文化的包容性;另一方面,这种

---

① 李大钊:《李大钊文集(上)》,人民出版社,1984年,第559页。

理论范式看到了文化的意识形态本质,看到了文化和意识形态之间的内在联系,但没有看到意识形态和文化是两个不同的范畴,没有看到文化更丰富的内涵和更宽泛的外延,在实践中也会简单地把中华传统文化视为落后的意识形态,从而在根本上加以拒绝。

二、文明范式:两种不同性质的文明

无论是雅斯贝尔斯对文明起源的思考,还是汤因比对人类文明发展的探究,都是用文明理论思考人类文化的范例。而当代影响最深远的文明理论莫过于亨廷顿的"文明冲突论"。"文明冲突论"产生于对当代世界图景阐释范式的反思。亨廷顿认为,关于如何认识"冷战"后的当今世界,存在着以福山"历史终结论"为代表的"和谐范式",把世界分为"东方和西方、南方和北方、中心和外围"的"两个世界"范式,推行"现实主义"的"国家主义的范式",以及以布热津斯基《大失控》和丹尼尔《大混乱》为代表的"混乱范式"。但这几种理论范式,都不能有效说明和描述战后的现实世界,预测世界的未来发展趋势。他提出,相比这些理论范式,在当今世界"更能说明更关键的事件和提供对趋势的更深入的理解的范式"是"文明范式"。"文明范式"就是从文明视角看待当今世界的紧张和冲突,看待当今世界国家之间的关系,认为当今世界分属于西方文明、伊斯兰文明、中华文明、印度文明、东正教、拉美文明等七八种文明,认为民族国家尽管还是国际事务中的主体,但民族国家的关系日益受到文化和文明因素的影响;提出影响当今世界稳定的最大危险,是来自不同文明之间的国家和集团之间的冲突,也就是不同文明之间的冲突。[1]

用文明范式阐释马克思主义和中华传统文化的关系,就是因二者产生的地域不同,从而视之为两种异质文明。19世纪末20世纪初,中西文明在我国激烈碰撞,我国思想文化领域中主流思潮和基本趋势是把包括马克思主义在内的西方文化作为先进文化,而把中华传统文化视为落后文化。但也有不少学者在不否定西方文化进步性的同时,强调中华传统文化的特殊价值和不可替代性。从梁启超的"新民说",到"东方文化派"的中西调和论、"学

---

[1] 塞缪尔·亨廷顿:《文明的冲突与世界秩序的重建》,周琪译,新华出版社,2010年,第9—15页。

衡"派的中西文化融合论，再到"现代新儒家"对儒家文化的捍卫，本质上都看到了中西文化的不同性质，都具有用文明范式看待中西文化的倾向。其中，最具代表性的是20世纪30年代"中国本位文化派"。1935年王新命、何炳松等10名教授发布了《中国本位的文化建设宣言》，提出"从文化领域去展望，现代世界里面固然已经没有了中国，中国的领土里面也几乎已经没有了中国人"，因此"要使中国能在文化领域中抬头，使中国的政治、社会和思想都具有中国的特征，必须从事于中国本位的文化建设"①。"本位文化派"的言论，在政治层面被认为是对马克思主义的一种变相攻击，是"对国民党统治集团文化路线和文化战略的一个积极回应"②；在文化层面上，则被认为是对中国文化建设的主体性和民族性的强调，即用文明理论来思考中国的文化建设。

当今用文明范式阐释马克思主义和传统文化关系的典型，当属以蒋庆为代表、以接续儒家"道统"为己任、以推动儒学复兴运动为旨归的当代"大陆新儒家"。蒋庆高度评价亨廷顿及其"文明冲突论"："亨氏所得出的结论不是抽象的推演，而是客观的事实"；"文明的冲突是永恒的冲突"，而"文明的冲突在本质上只意味着不同的文明在相互激荡中自我定位，在互动互融中重新获得其规定性，在多元世界中保存与发展其特殊性。"③ 蒋庆等当代"大陆新儒家"认为，在近代以来的现代化进程中，儒学被视为落后的文化，在社会运动中多次被批判、抛弃和消解，但"中国的现代化必须是中国式的现代化，或者说中国特色的现代化"，而"儒家文化作为中国文化的主流，是中国文化区别于西方文化的最大的中国特色"，所以中国的现代化必须以儒家文化为基础，或体现儒家文化根本精神，儒家文化是中国现代化的"精神特质与文化方向"。以文明范式阐释马克思主义和中华传统文化的关系，为理解中华传统文化在现代社会的重要性提供了一个新的视角。马克思主义作为涉及哲学、政治、经济、文化、历史等各个领域宏大的思想体系，是其他任何思想理论都不能比拟和代替的，中国的革命和建设离不开马克思主义的指导。但中华传统文化作为中华民族的"根"和"魂"，关涉的领域更宽

---

① 马芳若：《中国文化建设讨论集》，经纬书局，1936年，第1—2页。
② 李毅：《中国马克思主义与当代文化保守主义思潮研究》，天津社会科学院出版社，1998年，第64页。
③ 蒋庆：《政治儒学：当代儒学的转向、特质与发展》，福建教育出版社，2014年，第320—325页。

广，关注的内容更具体，观照的对象更广泛。对于治理现代化过程中的种种社会问题，有效实现个人身心安顿和国家政治认同，中华优秀传统文化具有不可替代的作用。坚持马克思主义指导的同时，必须大力弘扬中华优秀传统文化。而文明范式视角中的中华传统文化，就是中华民族的主体文化，具有历史延续性和不可代替性。因此，这种理论范式在实践中可以有效克服忽视或否定传统文化的种种错误认识，有助于在文化建设中形成对中华优秀传统文化的高度自信和自觉。

但文明范式把马克思主义简单归为西方文化，看不到马克思主义对西方文化的超越性，也看不到马克思主义和中华传统文化的融合性和一致性，容易把二者作为不同的文明对立起来。在实践中，这种文明范式容易得出"崇儒反马"的结论。20世纪本位文化派强调文化建设坚持中国本位，即强调基于具有民族性和时代性的现实中国的需要，检讨古代中国的思想和制度，"存其所当存，去其所当去"，弘扬、实现"大同理想"；而对于欧美文化，则不能全盘接收，只能"吸收所当吸收"。至于马克思主义，本位文化派无视其实践本质，错误地视之为轻视中国空间和时间特殊性的"错误主张"。在当代新儒家蒋庆眼中，儒学是"天道的体现"，"是中国两千年来一脉相承的正统文化"；而马列主义对于中国来说，只是"一种外来的异族文化"，而且由于马列主义"是个别思想家用理性构想出来的概念系统"，并不属于源于希伯来传统的基督教文化或源于希腊传统的"纯正理性哲学"，因而也不是"正统"的西方文化，只是西方文明的"歧出"。[①]

三、体用范式：中体西用、西体中用或马魂中体西用

体用关系是中国哲学史上的一个重要议题。《说文》："体，总十二属也"，段玉裁注为人身体十二个部分；"用"，"可施行也"，引申为效用、作用、功用之意。"体""用"概念在先秦典籍中就已出现，《周易》《老子》都有论及。但"体""用"作为一对哲学范畴，始于魏晋。王弼把"体""用"的概念和当时玄学盛行的有无之辩、本末之辩联系起来，提出了以无为本、贵无轻有的玄学思想。此后，中国古代思想家从"体用不二"的立场出发，

---

① 蒋庆：《中国大陆复兴儒学的现实意义及其面临的问题（上）》，《鹅湖》，1989年第2期，第31—32页。

用体用关系来讨论理气、道器、有无等哲学辩题,形成了中国古代哲学的一个重要特色。在形而上意义上,体用关系实质上是"本与末、实体和功用、内在根据和外在显现的关系"。而这种关系,又内在地包括两层意蕴:一是"体用不二",即体用的不可分割性,体用之间存在不可否定的关联和互动;二是"主从之维",体主用从,用源于体,体高于用,体重于用。①

以体用之辩来讨论不同种类文化之间的关系,始于晚清。在马克思主义传入中国之前,文化的争议主要集中于中西文化之间的关系上。源于对中国经济社会相对落后的认知,当时的思想家们一般都认同中国必须学习、接收相对进步的西方文化。但对于学习的是西方的技术、制度还是价值体系,是部分学习还是全盘接受,以及如何实现中西文化的有机结合,思想家们观点并不一致。冯桂芬、孙家鼐、张之洞等从坚持传统的伦理纲常出发,提出了"中体西用",主张以中国的传统价值体系为本,西方的科学技术知识为用。以梁启超、樊锥为代表的维新派则反对"中体西用"的提法,强调全面学习西方文化。严复则认为不同的文化有不同的体和用,"体用者,即一物而言之也。有牛之体,则有负重之用;有马之体,则有致远之用。未闻以牛为体,以马为用者也"。因此,严复提出"中学有中学之体用,西学有西学之体用"。② 当然,严复的目的还是希望人们从根本上肯定并接受西方文化。

新文化运动前后,马克思主义作为一种西方思潮传入中国并逐步得到广泛传播。在马克思主义中国化形成和发展的过程中,一方面存在与主张走西方资本主义道路的自由主义思想的斗争,另一方面也存在与排斥外来文化的文化保守主义的斗争。早期,中国马克思主义者一般不使用中华传统文化体用之辩的表达方式,而以经典马克思主义的逻辑体系和概念表达来阐述对中华传统文化的认知,论述马克思主义和中西文明的关系。文化保守主义者则不同,他们往往以体用之辩的话语逻辑充当排斥、否定马克思主义的重要工具,他们沿着"中体西用"的基本思路,用不同的话语形式试图维护或恢复中华传统文化的主导权。20世纪40年代,贺麟把"文化"和"精神"区别开来,认为儒家思想才是代表中国文化的"真精神",根据"精神为文化之体"的原则,"儒家文化是否复兴的问题,亦即儒化西洋文化是否可能,以儒家思想为体、以西洋文化是否为用是否可能的问题",从而提出了"儒体

---

① 杨国荣:《体用之辩与古今中西之争》,《哲学研究》2014年第2期,第42页。
② 王栻:《严复集》第3册,中华书局,1986年,第559页。

西用"的文化观。① 在贺麟等新儒家看来，马克思主义作为一种外来文化，不可能也不应该代替儒家文化的主导性地位。当代学者韩星认为在全球化背景下，产生了文化帝国主义、文化认同危机以及不同文化的冲突等问题，中国文化的现代化必须树立文化主体意识，而能够成为中国文化主体的非儒家思想莫属。②

文化保守主义者形形色色的"中体西用"论，遭到当代中国马克思主义者或认同马克思主义的学者的反对。李泽厚曾承认自己为"新儒家"③，却不同意新儒家"中体西用"主张，而是提出了形式上与之正好相反的"西体中用"论。不过，李泽厚受唯物史观的影响，把"体"阐释为社会本体、社会存在，包括社会生产方式和日常生活，认为现代化就是社会存在的现代化，即经济基础、生产方式和生活方式的现代化。他得出结论说，在西方近现代大工业基础上产生的理论形态，即"西学"应该"为主""为体""为本"。而这里的西学，李泽厚认为包括马克思主义，因为"马克思主义是近代大工业基础上产生出来的革命理论和建设理论"，而所谓"中用"，就是为中国社会本体的现代化所用。④

在与文化保守主义的论辩中，如果说李泽厚的"西体中用"有自由主义倾向的话，张岱年、程恩富的"马体西用"论在维护马克思主义主导性上，立场则十分明确。"马体西用"论坚持马克思主义为根本、为指导，主张积极借鉴西方文化，用中国话语方式形象地阐释了马克思主义和西方文化的关系。但"马体西用"论的最大问题在于没有顾及中华传统文化。从20世纪初直至当代，马克思主义、西方自由主义和文化保守主义成为在中国最有影响力的三大社会思潮。如何处理中、西、马三者之间的关系，成为自20世纪初至今文化建设不能回避的一个重要问题。在这种情况下，方克立等沿用了中国哲学的体用论，扬弃了过去的"体""用"二元模式，使用"魂""体""用"三元模式，阐发了"马魂中体西用"的观点。"马魂中体西用"最早由经济学家杨承训提出。针对改革开放后中国经济学界中存在的是坚持西方经济学还是坚持马克思主义经济学发展方向的争论，杨承训提出了中国

---

① 贺麟：《文化与人生》，商务印书馆，1988年，第6页。
② 韩星：《全球化背景下的儒学与中国文化整合》，《青岛大学学报》2006年第1期。
③ 陈明：《李泽厚答问》，《原道》第1辑，中国社会科学出版社，1994年，第3页。
④ 李泽厚：《漫说"西体中用"》，《孔子研究》1987年第1期，第15-28页。

经济学发展方向就是"'马学'为魂,'中学'为体,'西学'为用"①。方克立按照这种理论思路,将"马魂中体西用"的阐释范式应用扩大到整个思想文化领域。他提出:"马学为魂"就是以马克思主义的科学世界观和方法论为指导,坚持中国新文化建设的社会主义方向;"中学为体"就是以中国文化为"运作主体、生命主体、创造主体和接受主体","坚持民族文化主体性";"西学为用"就是以西方文化和其他民族文化中一切积极内容为我所用。②"马魂中体西用"阐释范式既坚持了马克思主义的指导地位,又肯定了中华传统文化的主体性和西方文化的不可或缺性,比较周到地回应了多种思潮的正当诉求,比较妥当地理顺了当今几种主要文化种类之间的关系,得到了不少学者的认同。

体用范式是关于马克思主义和中华传统文化之间关系的最具中国特色的阐释范式,因此,得到的响应最多,所引起的争论也最激烈。这种范式沿用了中国哲学史上长期使用的"体用之辩",凝聚了中华民族独特的价值理念,展示了独有的中国智慧。中国传统哲学中"体用不二"的基本理念,使得论者在论及不同种类文化关系时,均会肯定各自的价值和功用,避免了极端化的绝对主义做法,只是不同的论者基于不同的立场和视角,会得出不同的结论。

"体""用"作为中国传统哲学的一对形而上概念,给论者留置了不同的想象空间,使得论者有宽广的发挥余地,沿着不同的路线阐发自己的理论思路,产生体、用之辩丰富的关涉内容和多样的表述形式。但也正因如此,论者往往不顾论辩时的话语情景,赋予体、用以各自不同的内涵意义,使用形式多样的表达形式,使辩论显得十分复杂,论者之间很难达成应有的共识。另外,针对体用之辩中"体主用从"的逻辑思路,文化相对主义认为必然会导致文化独断主义而加以反对;体用之辩中"体"作为"主体"的基本内涵,也与马克思主义的本质和内涵要求有一定距离,不利于阐发和维护马克思主义的指导性地位。因此,有学者直接提出,体用之辩在今天已不能应用于不同文化种类之间的关系,应该终结。③

---

① 杨承训:《中国经济学的发展方向》,《人民日报》,2004年11月25日。
② 方克立:《"马魂、中体、西用":中国文化发展的现实道路》,《北京大学学报(哲学社会科学版)》2010年第4期,第18页。
③ 李欣复:《评李泽厚、黄仁宇不同的"西体中用"论》,《齐鲁学刊》,2000年第2期,第98页。

四、结语

　　马克思主义和中华传统文化的关系，已成为我国现代化过程中要处理的最突出的文化关系问题。这个问题，中国共产党在革命和建设实践中已经找到了答案。无论是新民主主义还是社会主义初级阶段的文化纲领，都是中国共产党对这一问题的积极回答，也都得到了历史和现实的检验。在理论上，无论是毛泽东思想，还是中国特色社会主义，中国马克思主义已经妥善地解决了包括马克思主义和中华传统文化关系在内的各种文化关系。当代中国重新涌起各种社会思潮，马克思主义和中华传统文化的关系再次成为学术和思想领域的热点，客观上是由于社会结构的转型，新的利益关系的出现，必然会有不同的文化表达；主观上则是因为马克思主义和中华传统文化的关系涉及意识形态和文化、文化和文明、东方文明和西方文明、马克思主义和非马克思主义、文化的主导性和主体性、文化的前现代性和现代性等一系列复杂的文化关系，现有的阐释范式尽管都有其独到性，但也都有这样或那样的局限和不足。因此，在思想文化建设领域，一方面，要坚持对中国马克思主义的文化自信和文化自觉，用中国特色社会主义引领各种文化思潮；另一方面，在学术上还需要更多地探索和努力，寻找更具阐释力和适应性，能够积极促进文化交流、形成广泛共识的阐释范式，以推动当今中国文化建设实践不断发展。

原载《深圳大学学报》2016 年第 7 期

作者简介：李元旭，南开大学马克思主义学院博士生，阜阳师范学院教师。

马克思主义基本原理同中华优秀传统文化相结合的历史与逻辑

郑 飞

党的十九届六中全会审议通过《中共中央关于党的百年奋斗重大成就和历史经验的决议》(以下简称《决议》),站在时代和历史的制高点,强调"坚持把马克思主义基本原理同中国具体实际相结合、同中华优秀传统文化相结合"。在"两个结合"中继续推进马克思主义中国化,这在马克思主义发展史、社会主义发展史和中华文明史上是重大的理论创新。深刻理解和准确把握中国特色社会主义的思想内涵,离不开马克思主义、中华优秀传统文化和国外哲学社会科学三大学术资源。其中,马克思主义始终是当代中国思想文化的旗帜和灵魂,构成中国特色社会主义的本质规定性;自西学东渐、新文化运动以来,国外哲学社会科学成为我国从传统到现代转型的外在推动因素。然而,作为"本来"和"本源"的中华优秀传统文化却长期没有得到应有的重视。中华优秀传统文化是中国特色社会主义不可或缺的历史文化来源,探索中国特色社会主义与中华五千年文明的内在逻辑,对新时代推动中华优秀传统文化创造性转化、创新性发展具有重要的理论和现实意义。

一、马克思主义基本原理同中华优秀传统文化相结合的学术自觉

中、西、马对话体现出马克思主义基本原理同中华优秀传统文化相结合的学术自觉。在当代哲学界,如何处理中、西、马之间的思想关系是一个不得不面对的学术难题。在很长一个时期内,中、西、马的融合并没有上升为一种学术自觉。在 2007 年中国社会科学杂志社举办的"第一届中哲、西哲、马哲专家论坛"上,有学者表示,"目前中国哲学中形成的中、西、马三足

鼎立、以邻为壑的状况是不正常的","必须充分认识到马克思主义与中国哲学结合的重要性，要总结、概括中国哲学，继承、弘扬中国哲学的基本精神"。① 至今，"中哲、西哲、马哲专家论坛"已经连续举办五届，中、西、马的融合会通已经成为一种学术共识，这在很大程度上反映出中国学术界把马克思主义基本原理同中华优秀传统文化相结合的学术自觉。

中华文明是世界上唯一没有中断、延续至今的文明，蕴含着丰富的哲学思想、人文精神和道德理念。近代以来，我国哲学界开启了向西方学习的历程，特别是五四运动促进了马克思主义在中国的传播，成为继绝地天通、佛教东传以来五千年中国思想史上开天辟地的大事，中国学术的面貌从此焕然一新。回顾100多年来的中国学术史，学习研究西方哲学的过程固然是必要的，然而，译介西方哲学的著作、注释西方哲学的经典、引入西方哲学的命题、分析西方哲学的概念并不能完全解决当代中国哲学的问题，任何西方哲学的理论都无法代替中国哲学界的思考。高清海认为，"中华民族的生命历程、生存命运和生存境遇具有我们的特殊性，我们的苦难和希望、伤痛和追求、挫折和梦想只有我们自己体会得最深"，"我们以马克思的哲学为指导，对于这类具体问题也仍然需要有我们自己的理论去回答和解决"。② 随着综合国力的增强，中国正在走向世界舞台的中央，当代中国学术、思想、文化如何走上人类精神的最高殿堂，而不至成为中华民族伟大复兴的"短板"，是哲学界不得不深入思考的问题。

推动哲学中国化的学术努力有助于马克思主义基本原理同中华优秀传统文化相结合。当代中国学术对人类思想宝库的贡献，一定是奠基于中国特色社会主义基础上的民族的、时代的文化。作为当代中国学术表征的哲学，不再是二级学科中的技艺之学，而是把握思想时代的精神反思。我们留给后人的一定是不分畛域的时代哲学，而不是森严的学科壁垒。长期以来，哲学界存在一种以邻为壑的现象。随着现代学术分工的固化，哲学研究中常常会出现"鸡犬之声相闻、老死不相往来"的局面。在中、西、马学科分立的条件下，我们的许多学者给西方人讲的是中国哲学，给中国人讲的是西方哲学，像陈康那样能够给西方人讲希腊哲学的可谓凤毛麟角。如陈康所言，"往雅

---

① 陈椰：《对话、融通与当代中国哲学的新开展——中哲、西哲、马哲专家论坛综述》，载《哲学动态》2008年第2期。

② 高清海：《探索当代中国哲学的道路学术笔谈——中华民族的未来发展需要有自己的哲学理论》，《吉林大学社会科学学报》2004年第2期。

典去表现武艺，往斯巴达去表现悲剧"①，如若出入无人之境，但并不能代表真正的学术水平。无论是"双一流"建设中竞相延揽西方汉学界、海外中国学界培养的博士生作为所谓的"高层次人才"，还是印度洋、太平洋上蕞尔小国的地区国别研究类A&HCI、SSCI刊物被奉为圭臬，很大程度上反映出学术自信的普遍性缺乏，这和中国近代以来学术总体上的"学徒状态"相一致。② 郑永年指出，当代中国学术最大的问题是不能走出西方近代以来的知识体系，处于思想的"被殖民"状态。③

从某种意义上讲，中华优秀传统文化的学术自觉是创造性转化和创新性发展的前提。21世纪以来，德里达一句"中国没有哲学"④惊醒了中国学术界的西方中心主义迷梦，"中国哲学合法性"⑤讨论如火如荼，哪怕是治西学、翻译西方经典的宿儒也莫不以中华优秀传统文化为皈依。今天，即便是西方哲学中非常专门之现象学也出现了中国化的趋势，心性现象学就是一种推动现象学中国化的学术努力。哲学界的"中国哲学分析化""分析哲学的中国化"更是试图实现中国传统思想的当代化。"无论是'中国哲学分析化'还是'分析哲学的中国化'，它们都反映了中国哲学家们用分析的方法讨论中国哲学问题的努力方向——前者是用分析路径解释中国传统哲学问题，后者则是试图在分析哲学讨论中引入中国哲学的问题意识和思想资源"，二者都是"以中国哲学为主体，用分析的方法去'化'中国哲学的问题"。⑥

哲学中国化的趋势不仅有助于在吸收借鉴人类文明优秀成果的基础上更好地构筑中国精神、中国价值、中国力量，而且有助于向世界阐释推介更多具有中国特色、体现中国精神、蕴藏中国智慧的优秀文化。可以说，哲学中国化的趋势体现了马克思主义基本原理同中华优秀传统文化相结合的学术自觉。

---

① 柏拉图：《巴曼尼得斯篇》，陈康译注，商务印书馆，1982年，第10页。
② 参见吴晓明：《"小康中国"的历史方位与历史意义》，《中国社会科学》2020年第12期。
③ 参见郑永年、杨丽君：《中国文明的复兴和知识重建》，《文史哲》2019年第1期。
④ 参见陆扬：《追思德里达》，《博览群书》2004年第12期。
⑤ 魏长宝：《中国哲学的"合法性"叙事及其超越》，《哲学动态》2004年第6期。
⑥ 江怡：《"中国哲学分析化"何以可能？——一种哲学方法论的考察》，《哲学分析》2021年第5期。

二、马克思主义基本原理同中华优秀传统文化相结合的历史

深化马克思主义中国化的研究必须坚持历史与逻辑的统一。回顾和总结马克思主义基本原理同中华优秀传统文化相结合的历史,是把握其内在逻辑的前提和基础。早在20世纪40年代,《中共中央关于共产国际执委主席团提议解散共产国际的决定》就明确提出,"要使得马克思列宁主义这一革命科学更进一步地和中国革命实践、中国历史、中国文化深相结合起来"[1]。毛泽东开创了把马克思主义基本原理同中华优秀传统文化相结合的历史。在建党之初,把马克思主义教条化、把苏俄经验神圣化曾给中国革命带来过巨大危害。这些形形色色的错误在本质上都是因为脱离了中国的具体实际,割裂了马克思主义基本原理同中华优秀传统文化之间的联系。当然,这种教条主义理解与新文化运动以来的全盘西化论、疑古思潮有着千丝万缕的联系。毛泽东在1930年提出马克思主义同中国实际相结合,在1938年提出马克思主义中国化,开辟马克思主义基本原理同中华优秀传统文化相结合之路,标志着中国共产党人在思想上逐步走向成熟。

毛泽东之所以能够实现马克思主义基本原理同中华优秀传统文化相结合绝非巧合,他在青年时期就深受中华文化特别是湖湘文化的熏陶,喜读曾国藩家书和王船山的哲学著作,经常前往船山学社听讲。他的古典文献功底深厚,古典诗词、狂草书法为一代之冠,晚年更是对《二十四史》手不释卷。毛泽东在党的六届六中全会的政治报告《论新阶段》中强调:"马克思主义必须和我国的具体特点相结合并通过一定的民族形式才能实现。马克思列宁主义的伟大力量,就在于它是和各个国家具体的革命实践相联系的。对于中国共产党说来,就是要学会把马克思列宁主义的理论应用于中国的具体的环境。成为伟大中华民族的一部分而和这个民族血肉相联的共产党员,离开中国特点来谈马克思主义,只是抽象的空洞的马克思主义"。[2]《实践论》《矛盾论》堪称马克思主义基本原理同中华优秀传统文化相结合的典范之作,继承了中国传统哲学中"阴阳互补""相反相成""福祸相倚""天人合一""一

---

[1] 《建党以来重要文献选编(一九二一——一九四九)》第20册,中央文献出版社,2011年,第318—319页。

[2] 《毛泽东选集》第2卷,人民出版社,1991年,第534页。

物两体"等辩证思维方式。《矛盾论》对矛盾转化的强调，体现了中国传统文化重同一、贵和合的思想，是对中国传统哲学的创造性转化和创新性发展，与苏联马克思主义哲学教科书迥异。

毛泽东在思想表达方式上也彰显了中华优秀传统文化魅力，"将这一结合所形成的思想用民族化的因而是中国老百姓所喜闻乐见的语言加以表述"[①]。例如，在整风运动中用"实事求是"表述马克思主义的思想路线，在党的七大闭幕词中用"愚公移山"表述将革命进行到底的决心，在追念张思德时用司马迁的"人固有一死"表述为人民服务的根本宗旨，在《实践论》中用《三国演义》"眉头一皱计上心来"表述马克思主义的认识论，这类例子比比皆是。无独有偶，刘少奇把马克思主义基本原理同中华优秀传统文化的修身之学相结合，完成了《论共产党员的修养》。

中国特色社会主义与中华五千年文明的结合深化了马克思主义基本原理同中华优秀传统文化的结合。1956年，随着三大改造的完成，社会主义基本制度确立，毛泽东提出马克思主义与中国实际第二次结合的任务，并进行了艰辛和曲折的探索。改革开放和社会主义现代化建设时期，邓小平重新确立了实事求是的思想路线，开创和坚持了中国特色社会主义。在中国特色社会主义理论体系中，很多观点与中华五千年文明具有深刻的思想渊源。例如，小康来自《礼记·礼运》，和谐社会吸收了和合思想，以人为本吸取了民本思想，共同富裕借鉴了大同理想，理论联系实际吸纳了知行合一学说，以德治国与儒家传统紧密联系，依法治国与法家思想密不可分，"一国两制"汲取了《周易》的智慧，这些创造性思想成果的提出都有赖于马克思主义基本原理同中华优秀传统文化相结合。

党的十八大以来，习近平总书记明确提出坚持把马克思主义基本原理同中国具体实际相结合、同中华优秀传统文化相结合。"习近平用典"体现了总书记对中华优秀传统文化的深刻理解和准确把握，"讲仁爱、重民本、守诚信、崇正义、尚和合、求大同"可谓切中传统文化之肯綮。《习近平谈治国理政》大量引用古代治理思想。以《论语》为例，第一卷引用18次，第二卷引用11次，第三卷引用5次。此外，老庄、孟荀、程朱、陆王也多次被谈到，可谓儒释道融合，经史子集会通。从"我将无我，不负人民""打

[①] 王南湜：《中国哲学精神重建之路：马克思主义哲学中国化探讨》，北京师范大学出版社，2012年，第4页。

江山，守江山，守的是人民的心"，可以体会到老子的"以百姓心为心"；从人类命运共同体，可以感悟出孔子的"大道之行也，与三代之英，丘未之逮也，而有志焉"。习近平总书记关于中华优秀传统文化的重要论述，不仅坚持了马克思主义的立场观点方法，还生动结合了中国具体实际的"地气"，更体现了中华优秀传统文化的底色。

习近平总书记在庆祝中国共产党成立 100 周年大会上的讲话中，明确提出必须继续推进马克思主义中国化，强调要"坚持把马克思主义基本原理同中国具体实际相结合、同中华优秀传统文化相结合"。这是在党百年奋斗的历史上，第一次提出马克思主义基本原理同中华优秀传统文化相结合。《决议》指出，"以习近平同志为主要代表的中国共产党人，坚持把马克思主义基本原理同中国具体实际相结合、同中华优秀传统文化相结合"，"深刻总结并充分运用党成立以来的历史经验，从新的实际出发，创立了习近平新时代中国特色社会主义思想"，并对习近平新时代中国特色社会主义思想作出"是中华文化和中国精神的时代精华"的新论断。从 1945 年的《关于若干历史问题的决议》，到 1981 年的《关于建国以来党的若干历史问题的决议》，到 2021 年的《决议》，百年党史上三大历史决议，在凸显马克思主义基本原理同中国具体实际相结合上体现出一脉相承，在强调马克思主义基本原理同中华优秀传统文化相结合上彰显了与时俱进，为我们认识和理解马克思主义中国化的历史逻辑、理论逻辑、实践逻辑提供了一把钥匙。

习近平总书记指出："什么都用马克思主义经典作家的语录来说话，马克思主义经典作家没有说过的就不能说，这不是马克思主义的态度。同时，根据需要找一大堆语录，什么事都说成是马克思、恩格斯当年说过了，生硬'裁剪'活生生的实践发展和创新，这也不是马克思主义的态度。"[①] 经典文本的解读、国外马克思主义的译介、为现实问题作注脚等研究进路，远远不能满足当代中国马克思主义、21 世纪马克思主义的发展需要。中国特色社会主义文化自信根植于中华优秀传统文化的沃土，"是更基础、更广泛、更深厚的自信，是一个国家、一个民族发展中最基本、最深沉、最持久的力量"。与李大钊、陈独秀、瞿秋白、蔡和森、李达、艾思奇等从不同角度对马克思主义中国化、时代化进行的思想探索、学术探索相比，当代哲学界似乎缺乏实现马克思主义基本原理同中华优秀传统文化相结合的理论勇

---

① 习近平：《在哲学社会科学工作座谈会上的讲话》，《人民日报》2016 年 5 月 19 日第 2 版。

气，没有认识到对中华优秀传统文化的理论自觉是建立文化自信必不可缺的思想基础和理论前提。当然，马克思主义基本原理同中华优秀传统文化的结合不能单凭马克思主义哲学或是中国哲学一己之力，需要中、西、马各学科，整个哲学界，整个哲学社会科学界的共同努力。

三、马克思主义基本原理同中华优秀传统文化相结合的前提

把握马克思主义基本原理同中华优秀传统文化相结合的内在逻辑，首先要反思二者为什么能够结合，回答其可能性问题。马克思主义基本原理同中华优秀传统文化相结合并不是韦伯所言"选择的亲和性"，不同于新教伦理与资本主义在特定历史条件下发生的特殊结合，而是一种历史发展的必然选择。姜辉认为，"马克思主义基本原理同中华优秀传统文化和中华文明之所以能够结合，是因为它们之间有着内在的契合性，都具有开放性、辩证性和与时俱进特征，与中华优秀传统文化有契合融合的内在基因"[①]。马克思的哲学革命是对西方形而上学传统的彻底翻转，开辟了一条不同于以往的哲学道路，从根本上改变了人类社会的发展方向。马克思主义哲学最讲究一切从实际出发，而研究中国的实际离不开五千年的历史文化。中国古代朴素的唯物主义、变易思想、知行观、义利观、大同理想、民本主义等都和马克思主义的基本理念具有一致性，不仅使马克思主义在中国历史文化土壤中长出实践上的参天大树，而且为马克思主义基本原理同中华优秀传统文化在理论上的结合创造了条件。中国共产党带领中国人民突破近代以来制约中华文明发展的一系列瓶颈，实事求是、小康、大一统、民胞物与等蕴藏在中华优秀传统文化中的基因通过新陈代谢，获得了新的时代表达。而且，这种思想契合，在思维方式上体现出二者的类同性。"由于两种哲学在原本的思维范式上的类同性，便有可能由之而达成一种真正的融合，即一方面将中国哲学的真精神融贯于马克思主义哲学之中，使之深度中国化，另一方面则使传统中国哲学真正现代化。"[②] 下面，就马克思主义基本原理同中华优秀传统文化为什么能够结合分述之。

[①] 姜辉：《"两个结合"是马克思主义中国化的必然途径》，《当代中国史研究》2021年第5期。
[②] 王南湜：《中国哲学精神重建之路：马克思主义哲学中国化探讨》，北京师范大学出版社，2012年，第320页。

一是马克思主义与时俱进的理论品格。恩格斯指出："马克思的整个世界观不是教义，而是方法。它提供的不是现成的教条，而是进一步研究的出发点和供这种研究使用的方法"①。马克思主义开辟了通向真理之路，是开放的思想体系，随着时代的进步而不断地丰富发展。马克思在《资本论》中，阐发并运用了从抽象上升为具体的方法。与中国共产党领导中国人民百年奋斗的历史实践建立起本质规定性和内在关联性的，不是抽象的马克思主义，而是中国化的马克思主义。在马克思主义基本原理同中华优秀传统文化相结合的过程中，普遍性的马克思主义原理的抽象规定性，上升为中国化马克思主义的具体，产生了马克思主义中国化的飞跃。毛泽东指出："必须将马克思主义的普遍真理和中国革命的具体实践完全地恰当地统一起来，就是说，和民族的特点相结合，经过一定的民族形式，才有用处，决不能主观地公式地应用它。公式的马克思主义者，只是对于马克思主义和中国革命开玩笑，在中国革命队伍中是没有他们的位置的。"② 从历史经验看，恪守教条、墨守成规只会阻碍马克思主义中国化的发展，只有解放思想、与时俱进、守正创新才能在坚持马克思主义中不断发展马克思主义。习近平总书记的重要论述——"不是简单延续我国历史文化的母版，不是简单套用马克思主义经典作家设想的模板，不是其他国家社会主义实践的再版，也不是国外现代化发展的翻版"③，深刻阐明了马克思主义基本原理同中华优秀传统文化相结合的科学规定性和学理规范性。

二是中国革命、建设、改革的实践需求。在马克思主义中国化的进程中，不但需要"解释世界的理论智慧"，更需要"改变世界的实践智慧"。毛泽东把马克思主义基本原理同中华优秀传统文化相结合的过程，"通过对于中国传统哲学辩证法之改造提升，创建了一套实践辩证法理论体系"④。在冯契看来，"毛泽东提出的马克思主义的普遍真理与中国革命的具体实践相结合的方针越来越深入人心，而为要实现这种结合，那就必须研究理论、研究现状、研究历史、包括研究民族的历史遗产"⑤。邓小平指出："一个

---

① 《马克思恩格斯选集》第4卷，人民出版社，1995年，第742—743页。
② 《毛泽东选集》第2卷，人民出版社，1991年，第707页。
③ 习近平：《在纪念马克思诞辰200周年大会上的讲话》，《人民日报》2018年5月5日第2版。
④ 王南湜：《中国哲学精神重建之路：马克思主义哲学中国化探讨》，北京师范大学出版社，2012年。
⑤ 《冯契文集》（增订版）第7卷，华东师范大学出版社，2016年，第562页。

党，一个国家，一个民族，如果一切从本本出发，思想僵化，迷信盛行，那它就不能前进，它的生机就停止了，就要亡党亡国。"[1] 如果不顾中国具体实际，无视中国传统的历史与文化，那么即使不是像王明那样葬送中国革命的前途，也会随着苏东剧变的"多米诺骨牌"终结社会主义建设之路。习近平总书记强调："如果没有中华五千年文明，哪里有什么中国特色？如果不是中国特色，哪有我们今天这么成功的中国特色社会主义道路？"中国特色社会主义根植于中国历史和文化的土壤，中华优秀传统文化是中华民族的根与魂，悠久绵长的中华文化为中国革命、建设、改革的伟大实践提供了深厚的文化根脉。

三是中国共产党人的责任与担当。中国共产党人在百年奋斗中，创造性地把中华五千年历史文化传统继承和接续起来，成为马克思主义基本原理同中华优秀传统文化相结合的主体和承担者。毛泽东指出："我们是马克思主义的历史主义者，我们不应当割断历史。从孔夫子到孙中山，我们应当给以总结，承继这一份珍贵的遗产。"[2] 习近平总书记强调，"中国共产党人不是历史虚无主义者，也不是文化虚无主义者"；"中国共产党人始终是中国优秀传统文化的忠实继承者和弘扬者，从孔夫子到孙中山，我们都注意汲取其中积极的养分"。[3] 从孔夫子到孙中山，既有革命传统，也有历史文化传统，不理解传统就无法把握当代的中国，就会陷入虚无主义的泥沼。历史研究从来不是纯粹的学术问题，不仅与国家治理息息相关，也与中国特色社会主义文化自信紧密联系。西方学界始终不愿意承认夏文化，不乏否定中华文明的早期起源之因素，试图从根本上否认中国特色社会主义文化自信。党中央高度重视考古工作，近年来大力支持仰韶、良渚、二里头、陶寺、石峁等中华文明的早期遗址研究，充分发挥了考古学在中国特色社会主义事业中的战略价值，为弘扬中华优秀传统文化、增强文化自信提供坚强支撑。

四、马克思主义基本原理同中华优秀传统文化相结合的原则

把握马克思主义基本原理同中华优秀传统文化相结合的内在逻辑，重点

---

[1] 《邓小平文选》第2卷，人民出版社，1994年，第143页。
[2] 《毛泽东选集》第2卷，人民出版社，1991年，第534页。
[3] 习近平：《在纪念孔子诞辰2565周年国际学术研讨会暨国际儒学联合会第五届会员大会开幕会上的讲话》，《人民日报》2014年9月25日第2版。

是反思二者怎样实现结合。在当代哲学家中，张岱年、冯契、高清海、方克立等曾对马克思主义基本原理同中华优秀传统文化的结合进行探索，提出了"综合创新"论、"智慧"说、"类哲学"、"马魂中体西用"等标识性概念。如高清海就认为，"'当代中国哲学'就是这样一种由中国哲学家探索、创造的主要反映我们自身的境域和问题的'民族性'、'时代性'和'人类性'内在统一的哲学样式"①。这里，就如何实现马克思主义基本原理同中华优秀传统文化相结合论述四点基本原则。

一是坚持马克思主义的立场观点方法。习近平总书记强调，"在我国，不坚持以马克思主义为指导，哲学社会科学就会失去灵魂、迷失方向，最终也不能发挥应有作用"②。张岱年、冯契、高清海、方克立等对当代中国哲学新形态的探索，无不强调坚持马克思主义的立场观点方法。马克思主义的科学真理激活了五千年的中华文明，没有马克思主义的指导，传统文化研究就会偏离正确的政治方向、学术导向和价值取向，往往会陷入保守主义、复古主义。

中国现代学科体系、学术体系、话语体系的建立是以马克思主义进入我国为理论原点和思想地平线的，马克思主义是中国现代学术转型的理论和思想标识。冯契认为，"必须正确解决古今中西的关系问题，只有在这个问题上克服各种错误倾向，才能实现马克思主义与中国革命实践结合，回答'中国向何处去'的问题"③。无论是实现马克思主义基本原理同中华优秀传统文化相结合，还是建构中国特色哲学社会科学学科体系、学术体系、话语体系，抑或是探索当代中国哲学新形态，首要原则就是坚持马克思主义的立场观点方法。

二是实现中华优秀传统文化创造性转化和创新性发展。毛泽东指出："对于中国古代文化，同样，既不是一概排斥，也不是盲目搬用，而是批判地接收它，以利于推进中国的新文化。"④ 在佛教东传、西学东渐、新文化运动等一次次文明的交流和碰撞中，中华民族一直善于学习各大文明的优秀成果，在吸纳基础上再创造以补自身之粗疏，不是亦步亦趋，不是剪除异

---

① 高清海：《探索当代中国哲学的道路学术笔谈——中华民族的未来发展需要有自己的哲学理论》，《吉林大学社会科学学报》2004年第2期。
② 习近平：《在哲学社会科学工作座谈会上的讲话》，《人民日报》2016年5月19日第2版。
③ 《冯契文集》（增订版）第7卷，华东师范大学出版社，2016年，第578—579页。
④ 《毛泽东选集》第3卷，人民出版社，1991年，第1083页。

己，之所以亘古亘今乃是源自海纳百川的文化气度。

纵观上下五千年，但凡是中国历史上的强盛之世，无不体现出文化的开放性和创新性，传统文化的优秀元素在民族复兴、国家崛起过程中都发挥过重要作用。汉之开疆拓土，显示出刚健有为；唐之兼收并蓄，体现着天下大同；宋之文化繁盛，开显出极高明而道中庸。德治、仁义、变易、无为、法治、民本、经世、和合等一系列思想，无不彰显中华优秀传统文化的智慧。"中国优秀传统文化中蕴藏着解决当代人类面临的难题的重要启示。"[①] 中国传统文化的隐忍、平和、大同与西方文化的优胜劣汰、丛林法则成为治理模式分野的重要文化根源。然而，中国传统文化中的消极因素也不容忽视，近代中国衰落与这些传统文化中的积弊密切相关。政治上的专制主义、经济上的闭关锁国、文化上的复古保守、社会上的一己之私等糟粕在封建王朝的末世沉渣泛起，以致"国家蒙辱、人民蒙难、文明蒙尘"。因此，传统文化必须经过创造性转化和创新性发展，才能发挥当代价值。

佛教中国化的过程堪称黑格尔意义上"文化结合"的典范，既广泛地学习外来文化，又深入地适应中国传统，在儒家心性论和佛教宇宙论融合的基础上产生了禅宗。从汉明帝时期佛教入东土，历经魏晋"三玄"大盛，到隋唐佛学之繁盛，直到北宋五子，士人精神生活转向内省，中华思想文化体系日臻圆融，才形成儒释道融合的宋明理学，前后跨越千载的历史长河。作为成熟文化形态的宋明理学，"不仅是11世纪以后主导中国的思想体系，而且是前近代东亚各国（朝鲜、越南、日本）占主导地位或有重要影响的思想体系"，"理学是近世东亚文明的共同体现"。[②] 从周濂溪到王阳明的宋明理学诸家，皆出入佛老，归于六经，对佛学不乏充分的了解。

今天，我们会通中西同样需要对国外哲学社会科学全面准确地把握。如同食物只有经过消化才能被吸收，外来的思想文化只有经过扬弃，才能成为构建中国特色哲学社会科学学科体系、学术体系、话语体系的原料。扬弃是实现中华优秀传统文化创造性转化和创新性发展的不二法门。儒释道融合历经千年才得以完成，中西会通也将经历一个漫长的历史过程。马克思主义基本原理同中华优秀传统文化深度融合是中国特色社会主义重要的哲学依据，

---

① 习近平：《在纪念孔子诞辰2565周年国际学术研讨会暨国际儒学联合会第五届会员大会开幕会上的讲话》，《人民日报》2014年9月25日。

② 陈来：《宋明理学》，北京大学出版社，2020年，第477页。

中国特色社会主义与中华五千年文明结合是"文化结合"基础上产生新思想的破题。但继承中华优秀传统文化并不意味着单纯地复兴儒学,我们今天要建立更广泛意义上的中华优秀传统文化道统。正如吴晓明所指出的,"新文明类型的可能性不仅把占有现代文明的成果理解为自身的基础,而且将中国文化传统的重建自觉地把握为本己的任务。这个任务意味着：经历文化结合的锻炼,中国的文化传统将在继续现代化的进程中得到复活与重建,从而迎来这一文化传统的再度青春化"[①]。中华优秀传统文化只有经过创造性转化和创新性发展才能实现文明的新陈代谢,才会成为当代中国在国际上最重要的文化符号,才能在纷繁变化的世界舞台保持中国特色、中国风格、中国气派的文化底色。

三是围绕国之大者把握历史发展大势。习近平总书记强调,"只有聆听时代的声音,回应时代的呼唤,认真研究解决重大而紧迫的问题,才能真正把握住历史脉络、找到发展规律,推动理论创新"[②]。习近平新时代中国特色社会主义思想观照现实,把握时代,启迪未来。其中,辩证思维、战略思维、历史思维、创新思维、系统思维、底线思维深化了唯物辩证法的研究,新时代我国社会主要矛盾的变化为唯物史观作出了贡献,创新、协调、绿色、开放、共享五大发展理念推动了社会发展理论的进步,绿水青山就是金山银山发展了生态文明观,社会主义核心价值观丰富了马克思主义价值论,人类命运共同体、中国式现代化、人类文明新形态把世界历史思想从理论转化为现实……这些新思想、新理念、新战略新举措,把坚持马克思主义和发展马克思主义统一起来,把马克思主义基本原理同中国具体实际相结合、同中华优秀传统文化相结合,是中华文化和中国精神的时代精华。

实现马克思主义基本原理同中华优秀传统文化相结合必须聚焦国之大者,深入国之大局、国之大要、国之大事、国之大计,集中古今智慧,采撷中外优长,观大势、谋大局、出大策、著大作,不断提升哲学思想的学术力、思想力、影响力。构建中国特色哲学社会科学不能食古不化、食洋不化,拼凑一些陈词滥调来剪裁中国共产党百年奋斗的伟大实践。公羊三世说、黑格尔的"绝对精神"看似高深莫测,但从未同中国特色社会主义打过照面,不过是思想空转的概念游戏。实现马克思主义基本原理同中华优秀传

[①] 吴晓明：《"小康中国"的历史方位与历史意义》,《中国社会科学》2020年第12期。
[②] 习近平：《在哲学社会科学工作座谈会上的讲话》,《人民日报》2016年5月19日第2版。

统文化相结合,有助于中国哲学界推出一批既能够反映中国立场又能为国际哲学界所理解和接受的哲学命题、哲学范畴和标识性概念,用中国理论阐释中国实践,用中国实践升华中国理论。

四是探索人类文明新形态。高清海在判断马克思主义与中华民族内在"性格"相一致的基础上认为,当今中国"内在地要求人们从理性的高度来判断中国社会的历史方位,澄明社会发展的价值前提,反思未来发展的可能道路"[1]。中国特色社会主义进入新时代,这是中国社会的历史方位,中国式现代化是中国发展的必由之路。中国共产党带领中国人民"以中国式现代化推进中华民族伟大复兴","创造了人类文明新形态,拓展了发展中国家走向现代化的途径"。如果说西方现代化的内在支配性逻辑是资本逻辑,那么中国式现代化的内在逻辑是马克思主义中国化,中国特色社会主义道路是这一内在逻辑的外化和具象化。中国式现代化是一条不同于西方现代性的发展道路,既体现世界各大文明现代化高度发展的一般规律和普遍特点,又包含中华五千年历史文化的深厚底蕴,实现了马克思主义基本原理同中华优秀传统文化相结合,是一种超越资本主义模式的人类文明新形态。中国式现代化从根本上改变了西方现代化以资本为中心、两极分化、物质主义膨胀、对外扩张掠夺的老路,破除了西方中心主义的神话,彻底否定了历史终结论、文明冲突论,克服了消费主义、虚无主义,丰富了人类文明的宝库。人类文明新形态吸收了五千年中华文明史的文化滋养,继承了五百年世界社会主义史的有益成果,打破了"威斯特伐利亚体系"以降世界体系中的丛林法则,回答了中国向何处去、社会主义向何处去、世界向何处去等一系列重大理论和现实问题,改变了中国人民和世界人民的前途命运。人类文明新形态为我国哲学社会科学界破解以帕森斯为代表的美国现代社会科学知识体系的迷思,为当代中国学术界走出西方近代以来的话语体系,从而摆脱思想的"被殖民"状态,提供了重要的研究路径和思想参照。

结 语

马克思主义基本原理同中华优秀传统文化相结合具有重大的理论和现实

---

[1] 高清海:《探索当代中国哲学的道路学术笔谈——中华民族的未来发展需要有自己的哲学理论》,《吉林大学社会科学学报》2004 年第 2 期。

意义。中国共产党带领中国人民百年奋斗,"中华民族迎来了从站起来、富起来到强起来的伟大飞跃,实现中华民族伟大复兴进入了不可逆转的历史进程"①。马克思主义基本原理同中国具体实际相结合、同中华优秀传统文化相结合为中华民族真正从思想上站立起来创造了条件,马克思主义中国化让中国人民真正掌握了自己的前途命运。在革命与战争的时代主题下,在新民主主义革命、社会主义革命和建设的伟大实践中,马克思主义基本原理同中国具体实际相结合,产生了毛泽东思想,实现了马克思主义中国化的第一次历史性飞跃;在和平与发展的时代主题下,在改革开放和社会主义现代化建设的伟大实践中,马克思主义基本原理同中国具体实际进一步结合,产生了中国特色社会主义理论体系,实现了马克思主义中国化新的飞跃。从抽象上升到具体的程度和水平,是决定马克思主义中国化能否实现飞跃的本质规定性。中国特色社会主义进入新时代,马克思主义基本原理同中华优秀传统文化相结合从根本上深化和拓展了从抽象上升到具体的程度和水平,为实现马克思主义中国化新的飞跃创造了条件。习近平新时代中国特色社会主义思想是马克思主义基本原理同中国具体实际相结合、同中华优秀传统文化相结合的最新成果,实现了马克思主义中国化新的飞跃。

原载《哲学研究》2021 年第 12 期

作者简介:郑飞,中国社会科学院大学政府管理学院教授、硕士生导师。

---

① 习近平:《在庆祝中国共产党成立 100 周年大会上的讲话》,《人民日报》2021 年 7 月 2 日第 2 版。

马克思主义如何同中华优秀传统文化相结合[①]

郝立新

一百多年来，中国文化的发展受到马克思主义在中国传播及发展的深刻影响，同时，马克思主义在中国也受到中国传统文化土壤的滋养。在马克思主义中国化进程中，马克思主义与中国传统文化的结合经历了由不自觉到自觉、由不深入到深入的过程。这一过程大致呈现两种状态：一是马克思主义从国外传入并在中国传播后，逐渐在中国实现本土化，马克思主义中国化进程中与中国传统文化的最初结合，主要是形式上的民族化，使"西装革履"或戴"礼帽"的马克思主义变为穿"中国粗布短袄"或"中国风衣裳"的马克思主义；二是中国化的马克思主义已经深深扎根中国土地，融入现代中国文化，作为中国文化的内在组成部分，进一步同中华优秀传统文化相结合，不仅是"形"的结合，更是"神"的融合，达到"形神兼备"或形式与内容的高度统一。习近平总书记在庆祝中国共产党成立100周年大会上的讲话和党的十九届六中全会通过的《中共中央关于党的百年奋斗重大成就和历史经验的决议》中关于马克思主义基本原理同中华优秀传统文化的结合的重要论断，充分表达了中国共产党人的理论自觉和文化自信，表明对马克思主义与中华优秀传统文化关系认识达到一个新的高度。我们应把马克思主义同中华优秀传统文化相结合的问题，放在马克思主义中国化的进程中来认识，放在文明整体性与多样性的进程中来认识，放在传统与现代、中国与世界的关系中来认识。在中国特色社会主义进入新时期，我们迈向现代化新征程的背景下，如何理解和践行马克思主义基本原理同中华优秀传统文化相结合，是一个重大课题。

[①] 本文系中国人民大学科学研究基金项目"学习贯彻习近平总书记'七一'重要讲话精神专项项目"成果。

一、马克思主义中国化内在地包含了与中华优秀传统文化相结合的文化价值取向

汤因比（Arnold J. Toynbee）在《历史研究》中对世界上各种文明或文化的发展规律做过概括，认为每一种文明都是在"挑战"与"应对"的模式中生存和演进的。[①] 这个判断是有道理的。中华文明或文化在近代的发展也经历了这样的过程。西方资本主义文明对中国近代的影响产生了双重结果。在近代中国发展落伍的情况下，一批中国的仁人志士转向西方学习先进的思想，在对各种西方思想的比较中，终于找到了救国救民的真理即马克思主义。马克思主义理论在世界范围的扩展是与在特定民族国家的本土化同时发生的。马克思主义在中国的传播和发展，具有一定的历史必然性。中国选择了马克思主义，是适应中国社会发展的一种文明进步的表现；马克思主义融入中国文化的发展过程，既是与中华优秀传统文化的结合过程，也是对中国封建文化糟粕的否定的过程。中国在选择马克思主义的同时，也不放弃自己的优秀文化传统。这是一种自觉的文化"应对"。罗素（Bertrand Russell）在20世纪20年代《中西文化比较》一文中指出："今日之中国，我们西方的文化同中国本土文化之间产生了密切的联系……历史上，不同文化之间的联系曾被证明是人类进步的里程碑……在多数情况下，做学生的往往是青出于蓝而胜于蓝。就中国而论，如果我们把中国视为学生，那他很可能会超过先生；事实上，我们能向他们学习的东西很可能和他们能向我们学习的东西一样多，但是我们向他们学习的可能性却小得多。"[②] 这段话耐人寻味。事实上，历史上不同民族和地域之间文化的碰撞与交流是经常发生的，谁为先生谁为学生的角色定位也是因具体历史时期和具体情况而异的。对于一开始作为舶来品的马克思主义，中国人无疑是学生。但在学习的过程中，掌握马克思主义的中国人越来越自觉，不是盲从照搬，而是自觉地把马克思主义与中国具体实际和历史文化有机结合起来，形成中国化的马克思主义。在马克思主义与中国传统文化的关系上，引人深思的问题是，中国文化的生命力和超越性何在？中国本土文化如何与来自西方的最先进的思想

[①] 汤因比：《历史研究》，曹未风等译，上海人民出版社，1986年。
[②] 伯特兰·罗素：《罗素自选文集》，戴玉庆译，商务印书馆，2006年，第169页。

马克思主义相遇甚或融合？或马克思主义在其中国化进程中为什么需要和如何进一步同中华优秀传统文化相结合？

马克思主义是一个开放发展的思想体系，它需要吸收优秀传统文化。马克思主义具有科学性、实践性、人民性等特点，而作为一种文化，它还具有开放性、历史性、具体性等特点。马克思主义从其诞生之日起，就是一种世界性的学说或文化。马克思和恩格斯在批判地吸收德国古典哲学、英国古典政治经济学和英国与法国的空想社会主义基础上创立了马克思主义。他们非常重视马克思主义原理与各国具体实际包括各国历史文化的结合。马克思和恩格斯在《共产党宣言》1872年德文版序言中强调了理论运用的"历史性""条件性"。马克思主义的"这些原理的实际运用，正如《宣言》中所说的，随时随地都要以当时的历史条件为转移"[1]。列宁也认为，对于马克思主义政党来说，"尤其需要探讨马克思的理论，因为它所提供的只是总的指导原则，而这些原理的运用具体地说，在英国不同于法国，在法国不同于德国，在德国又不同于俄国"[2]。他还指出："在分析任何一个社会问题时，马克思主义理论的绝对要求，就是要把问题提到一定的历史范围之内；此外，如果谈到某一国家……那就要估计到在同一历史时代这个国家不同于其他各国的具体特点。"[3] 虽然这些论述中未直接提到"文化"，但毫无疑问，上面提到的各国的"历史条件""历史范围""历史时代""具体特点"，都应该包括各个国家的历史文化。

马克思主义与中华优秀传统文化有着高度的契合性。换言之，二者相结合的重要基础就在于马克思主义辩证方法和价值诉求与中国传统文化中所包含的优秀特质之间具有很大的契合性。中国传统文化独特的精神气质、深厚的人文底蕴、强大的内聚力量和海纳百川的包容性，使它在世界文明中独树一帜且意蕴无穷，而绝非像黑格尔所说中国的历史与文化是缺乏哲学思维和发展活力的历史与文化。它具有崇德尚义的人文传统，主张亲民敬民、人际和谐；它具有反映天人、知行、人际联系的深刻而丰富的辩证思维，主张天人合一、知行合一；它具有崇高的理想境界、担当精神、家国情怀和民族气节，主张修齐治平；它具有"民惟邦本、本固邦宁"（《尚书·五子之歌》）的

---

[1] 《马克思恩格斯文集》第2卷，人民出版社，2009年，第5页。
[2] 《列宁专题文集·论马克思主义》，人民出版社，2009年，第96页。
[3] 《列宁选集》第2卷，人民出版社，1995年，第375页。

贵民思想和政治智慧，提倡"言必信，行必果"（《论语·子路》）、"天行健，君子以自强不息；地势坤，君子以厚德载物"（《周易》）等积极向上的价值观念。

罗素曾对中国文化的特点做过评价，他说："我认为，我们西方文化最显著的长处是讲求科学的方法；而中国文化最突出的优点只是对人生目的具有洞见。我们希望看到的，正是二者的结合。"[1] 这一看法虽然有片面性，但也在一定意义上指出了中国古代文化与西方文化之间存在的一些差别，以及二者之间的互补性。而他以下看法却是很中肯的："中国生来就有着友善和宽容的态度，他们对别人有礼貌，也希望对方还之以礼。假如中国人愿意，他们就可以成为世界上最强大的民族。但是他们只想自由自在，而不愿统治别人。"[2] 正是由于具有包括上述的许多优秀特质，中华文明具有数千年绵延不断的强大生命力。

马克思主义与中华优秀传统文化的有机结合，符合中国社会发展的实际和中华民族发展的需要，也符合马克思主义中国化的规律。正如毛泽东所指出的那样，马克思主义理论必须通过一定的民族形式才能实现。而中华优秀传统文化正是中华民族形式的重要方面。无论是中国的革命年代还是建设年代，无论是改革开放新时期还是中国特色社会主义新时代，马克思主义的发展都必须与中国传统文化蕴含的优秀特质相契合，只有这样，才能不断从中吸收滋养自己的养料，不断发展，才能更好地实现中国化。同时，只有与中华优秀传统文化相融合的马克思主义，才能真正地融入中国人的精神世界，才能更好地发挥其指导中国实践的作用。

二、吸收中国传统文化精华以丰富发展马克思主义的典范

在马克思主义中国化的百年历史中，注重马克思主义同中华优秀传统文化相结合，注重吸收中国传统文化精华，已成为一条重要的历史经验。毛泽东思想、中国特色社会主义理论体系，特别是习近平新时代中国特色社会主义思想，不仅是马克思主义同中国具体实际相结合的理论成果，而且是马克思主义同中华优秀传统文化相结合的思想结晶。

---

[1] 伯特兰·罗素：《罗素自选文集》，戴玉庆译，第176页。
[2] 《罗素自选文集》，第177页。

毛泽东思想是马克思主义与优秀传统文化相结合的典范。毛泽东非常重视中国传统文化，他在对待中国传统文化上主要有如下观点。其一，中国共产党坚持马克思主义的历史观，珍视历史文化遗产。早在1938年毛泽东就指出："今天的中国是历史的中国的一个发展；我们是马克思主义的历史主义者，我们不应当割断历史。从孔夫子到孙中山，我们应当给以总结，承继这一份珍贵的遗产。"①"我们信奉马克思主义是正确的思想方法，这并不意味着我们忽视中国文化遗产。"② 其二，要区分中国传统文化中的精华与糟粕、封建因素和反封建因素。文化具有历史条件性和社会制度属性，同时又具有对历史的超越性和某种跨越社会形态的共同价值。"中国几千年的文化，主要是封建时代的文化，但不完全是封建主义的东西，有人民的东西，有反封建的东西。"③ 其三，要坚持文化的民族性。中国文化要坚持自己的民族形式。新文化"是反对帝国主义压迫，主张中华民族的尊严和独立的。它是我们这个民族的，带有我们民族的特性"④。其四，马克思主义中国化必须体现"中国作风和中国气派"。在1938年9月召开的中共六届六中全会上，毛泽东第一次提出了"使马克思主义在中国具体化"的科学论断，并主张："洋八股必须废止，空洞抽象的调头必须少唱，教条主义必须休息，而代之以新鲜活泼的、为中国老百姓所喜闻乐见的中国作风和中国气派。"⑤

毛泽东熟读四书五经、二十四史、《资治通鉴》和《孙子兵法》等古籍，重视吸纳中国古代先贤的思想智慧。大家所熟知的毛泽东思想的活的灵魂即"实事求是、群众路线、独立自主"，便凝结了中国传统文化的精华，蕴含了中华民族的智慧和人文底蕴。其中"实事求是"出自东汉班固所著《汉书·河间献王传》，书中用"修学好古，实事求是"来称赞汉景帝的儿子刘德的治学态度。毛泽东在《改造我们的学习》一文中，从哲学高度赋予"实事求是"以新意，将"实事"解释为客观事实，把"求"解释为研究，把"是"解释为规律性。⑥ 而"群众路线"中的"群众"最初出自《荀子》，荀况的历史观中包含了贵民重民的合理思想，如《荀子·王制》中提出了"君者，

---

① 《毛泽东选集》第2卷，人民出版社，1991年，第534页。
② 《毛泽东文集》第3卷，人民出版社，1996年，第191页。
③ 《毛泽东文集》第8卷，人民出版社，1999年，第225页。
④ 《毛泽东选集》第2卷，第706页。
⑤ 《毛泽东选集》第2卷，第534页。
⑥ 《毛泽东选集》第3卷，第801页。

舟也；庶人者，水也；水者载舟，水者覆舟"的观点。毛泽东也非常强调"自力更生"。"自力更生"源自《史记·平津侯主父列传》中的记载，西汉人严安以秦王朝兴衰的教训来谏阻汉武帝穷兵黩武，他说："及至秦王，蚕食天下，并吞战国，称号曰皇帝，主海内之政，坏诸侯之城，销其兵，铸以为钟虡，示不复用，元元黎民得免于战国，逢明天子，人人自以为更生。""自力更生"便从此谏书中"自以为更生"演变而来。"实事求是""群众路线""独立自主"，成为马克思主义世界观和方法论的生动表达、通俗解释，并在中国广为人知、深入人心。毛泽东还借用中国哲学的"知"与"行"的范畴来阐释马克思主义认识论中的认识和实践关系的原理，用"一分为二"等中国古代辩证法命题来表达唯物辩证法的矛盾观，用中国古代兵法与战例来阐释马克思主义军事辩证法。

习近平新时代中国特色社会主义思想在推进马克思主义中国化，同中华优秀传统文化相结合方面做出了新的贡献。

首先，坚持理论自信和文化自信，站在新的历史高度阐明中华优秀传统文化的重要意义，以及马克思主义对待中国传统文化的基本态度和结合方式。习近平总书记高度认同中华文明的价值，强调中国的优势在于，中华民族具有深厚的文化传统和富有特色的思想体系，它们体现了数千年积累的知识智慧和理性思辨。中华文明延续着我们国家和民族的精神血脉，需要守正创新，即既要薪火相传、代代守护，又要与时俱进、推陈出新。要坚持马克思主义基本观点和中国立场，加强对中华优秀传统文化的挖掘和阐发，使中华民族最基本的文化基因与当代文化相适应，与现代社会相协调，通过创造性转化和创新性发展，来弘扬跨越时空、超越国界、富有永恒魅力、具有当代价值的文化精神。

其次，重视从中华优秀传统文化中挖掘资源，涵养社会主义核心价值观。"求木之长者，必固其根本；欲流之远者，必浚其泉源"（《谏太宗十思疏》）。习近平总书记把中华优秀传统文化看作是"中华民族的精神命脉"，是"涵养社会主义核心价值观的重要源泉"，是我们"在世界文化激荡中站稳脚跟的坚实根基"。[①] 他引用管仲名言"国有四维……一曰礼、二曰义、三曰廉、四曰耻……四维不张，国乃灭亡"（《管子·牧民》）来说明个人修为

[①] 《习近平主持召开文艺工作座谈会强调 坚持以人民为中心的创作导向 创作更多无愧于时代的优秀作品》，《人民日报》2014年10月16日。

与国家存亡之间的重大关系；倡导崇仁爱、重民本、守诚信、讲辩证、尚和合、求大同等思想，以及自强不息、敬业乐群、扶正扬善、扶危济困、见义勇为、孝老爱亲等传统美德；用格物、致知、诚意、正心、修身、齐家、治国、平天下的价值观与青年学生共勉；以"政之所兴在顺民心，政之所废在逆民心"（《管子·牧民》），莫忘"治国有常，而利民为本"（《淮南子·氾论训》）等古训告诫党员干部。

再者，重视借鉴中国传统文化中治国理政的智慧，并运用于指导党的建设与国家治理体系和治理能力的建设。习近平总书记多次引用古语古训，涉及范围十分广泛。他多次谈及"大道之行也，天下为公"（《礼记·礼运》），倡导天下为公、心系民众的博大情怀。他把党性教育这门共产党人的必修课比喻为共产党人的"心学"。从要求共产党员和干部要"不忘初心，方得始终"，到嘱咐领导干部牢记"民惟邦本，本固邦宁"（《尚书·五子之歌》）、"政得其民"；从强调国家"为政之要莫先于用人"（《资治通鉴·魏纪五》）、礼法合治、德主刑辅、治国先治吏，到要求领导干部"为政以德"（《论语·为政》），正己修身、居安思危等，充分体现了习近平治国理政思想中厚重的历史意识和文化底蕴。

最后，彰显中国传统哲学智慧，诠释社会发展和人类文明发展的规律。习近平总书记强调，中华民族历来讲求人与自然和谐发展，中华文明积累了丰富的生态文明思想，他的"金山银山、绿水青山"的思想体现了中国传统文化中天人合一的理念。他还用"物之不齐，物之情也"（《孟子·滕文公上》）来说明人类文明的多样性，用"和而不同"来说明文明发展的规律性，认为每一个国家和民族的文明都扎根于本国本民族的土壤之中，都有自己的本色、长处、优点，应该维护各国各民族文明的多样性。

三、继续推进马克思主义基本原理同中华优秀传统文化相结合的原则和路径

在马克思主义中国化百年历史进程的基础上，如何进一步推进马克思主义基本原理同中华优秀传统文化相结合？习近平总书记在庆祝中国共产党成立100周年大会上的讲话中指明了这种结合的方向、原则和基本路径，这就是：围绕中华民族伟大复兴的主题，立足中国现代化新征程的实践，总结马克思主义中国化的历史经验和发展规律，进一步挖掘中华优秀传统文化的

宝贵资源，结合时代进步、文化发展和实践深入的需要，吸收世界文明发展成果，开辟马克思主义基本原理同中华优秀传统文化相结合的新境界。据此，有几点值得注意。

首先，要正确把握马克思主义基本原理，全面理解中华优秀传统文化，努力寻求二者的契合点和结合点。我们通常说的马克思主义基本原理，广义上是指马克思主义的基本立场、观点和方法，狭义上是指马克思主义的基本观点，主要包括马克思主义哲学、政治经济学和科学社会主义的基本原理。

习近平总书记在纪念马克思200周年诞辰大会上的讲话中概括了马克思主义九个方面的观点。[①] 同中华优秀传统文化相结合，是马克思主义中国化的一个重要维度。这里讲的中华优秀传统文化，其内涵是很丰富的，既包括中国古代的优秀传统文化，也包括近代以来的革命文化。我认为，二者结合的点主要在两个方面：一是文化的核心即价值观，包括古代先贤和仁人志士所表达的深邃的具有积极意义的为人之道、家国情怀、人伦价值、生活意义、社会理想；二是探究天人之际、古今之变的智慧或辩证法思想。贯穿这两个方面的精髓，或者说最重要内容，就是中华民族的主体精神，包括民族思维、民族气节和民族风格。马克思主义同中华优秀传统文化相结合，就是要深入中国人的精神世界，同中国人的文化生活结合起来，融化到中国文化中。

其次，要在结合过程中实现创新，在创新过程中实现结合。无论是马克思主义基本原理还是中华优秀传统文化，都不是凝固不变的思想，而是在中国文明发展进程中，在中国现代化实践中，在历史与未来、民族与世界的联系中不断丰富和发展的。马克思主义要通过吸收中华优秀传统文化的养料实现内容和形式的创新，中国传统文化要在马克思主义理论指导或影响下进行创造性转化和创新性发展。这一过程应该是理论自觉和文化自觉结合的过程，也是马克思主义与中国传统文化双向互动、结合的过程。这些创新发展，应该是面向中国问题、解决中国问题并推动中国实践发展和文明进步的过程。这种结合和创新，有助于更好地发挥中国思想文化感国运之变化、立时代之潮头、发时代之先声的重要作用。

最后，要把垂直式（纵向式）的文化吸收继承和平面式（水平式）的文

---

① 习近平：《在纪念马克思诞辰200周年大会上的讲话（2018年5月4日）》，《人民日报》2018年5月5日。

化交流互鉴两种方式结合起来，实现马克思主义与中华优秀传统文化之间的深度融合。文化发展往往是在对历史文化成果的继承与对同时代的文化成就的吸收的双重过程中实现的。就中国马克思主义而言，既要吸收中国古代文化和近代文化的精华，又要吸收现代文化乃至当代中国文化发展的成果；既要继承中华优秀传统文化，又要借鉴世界文明成果包括当代世界文明发展的新成果。同中华优秀传统文化相结合，既要有历史眼光，又要有当代视野；既要有民族情怀，又要有世界眼光；既不能简单复古，也不能盲目排外；既要体现历史的文脉，又要把握时代的脉搏。

马克思主义同中华优秀传统文化相结合，不是抽象的，而是具体的；不能仅仅停留在理论观点上，而是要同我们的实际工作、实际生活结合起来；不仅要体现在形式的结合上，更重要的是要体现在内容的融通上。在这方面，我们任重道远。

原载《孔学堂》2021 年第 4 期

作者简介：郝立新，中国人民大学明德书院院长、教授、博士生导师。

马克思主义同中华优秀传统文化相结合的百年实践

欧阳军喜

习近平总书记在庆祝中国共产党成立 100 周年大会上的重要讲话中指出，中国共产党必须坚持两个"相结合"，即"把马克思主义基本原理同中国具体实际相结合、同中华优秀传统文化相结合"。[①] 坚持马克思主义同中华优秀传统文化相结合，既是对中国共产党百年历史经验的总结，也是当下和未来处理马克思主义与优秀传统文化关系的基本原则。从历史的角度看，中国共产党把马克思主义同中华优秀传统文化相结合，有一个从自发到自觉、从应用至创造的过程。不同时期中国共产党面临的主要任务和现实问题，党情、国情和世情的变化，推动中国共产党对这一问题的认识不断深化。

一、马克思主义同中华优秀传统文化相结合的初步实践

1848 年马克思、恩格斯发表《共产党宣言》之时，中国正值鸦片战争结束不久。在之后的半个世纪中，中国人对马克思主义并未加以特别关注。

[①] 在中国共产党历史上，关于这一原则的相近表述还有多种。毛泽东有"马克思主义必须和我国的具体特点相结合"（《毛泽东选集》第 2 卷，人民出版社，1991 年，第 534 页）、"马克思列宁主义的理论和中国革命的实践相结合"（《毛泽东选集》第 2 卷，第 611 页）、"马克思主义的普遍真理与中国革命的具体实践的统一"（《毛泽东文集》第 5 卷，人民出版社，1996 年，第 259 页）、"马列主义的普遍真理与中国革命具体实际相结合"（《毛泽东文集》第 7 卷，人民出版社，1999 年，第 366 页）等。邓小平有"马克思列宁主义的普遍真理同中国革命的具体实践结合"（《邓小平文选》第 2 卷，人民出版社，1994 年，第 313 页）、"马克思主义同中国实际相结合"（《邓小平文选》第 3 卷，人民出版社，1993 年，第 62 页）、"马克思主义基本原理同中国实际相结合"（《邓小平文选》第 3 卷，第 173 页）等。本文为行文方便，统一用"马克思主义"指称马克思主义基本原理和马克思主义理论。

马克思主义在中国真正得到广泛传播，是在第一次世界大战和俄国十月革命之后。第一次世界大战"使欧洲文明之权威大生疑念。欧人自己亦对于其文明之真价不得不加以反省"①。此外，鸦片战争以后中国在历次对外战争中的失败，似乎证明了中国传统文化无力应对西方的挑战，中国迫切需要寻找一种"新文化"来抵抗西方侵略，马克思主义就在新文化运动的大潮中传入中国。早期马克思主义者延续了新文化运动对中国传统文化的批判。1923年，已经成为中国共产党理论刊物的《新青年》宣布，中国无产阶级将"继续旧时《新青年》之中国'思想革命'的事业，行彻底的坚决斗争，以颠覆一切旧思想，引导实际行动，帮助实际行动，以解放中国，解放全人类"②。这一态度显然符合马克思主义关于共产主义革命的设想。马克思、恩格斯指出，共产主义革命"在自己的发展进程中要同传统的观念实行最彻底的决裂"③。早期中国共产党人同样是从"革命"的角度看待传统文化的。在张太雷看来，"凡成为一个革命运动，必是能脱离一切旧的因袭的社会观念"，"只有把青年的一切旧思想和迷信打破了，才能把我们的主义灌注给他们，使他们到革命的旗子下来"。因此，任何试图保守传统文化，阻止传统文化进步的趋向，都是"反革命的"。④

早期中国共产党人虽然强调要"解放全人类""颠覆一切旧思想"，但绝不是要"打破国家""推翻本国文化"。中国共产党自成立之日起，就致力实现中华民族的独立、自由和解放，具有鲜明的民族性。党所反对的，只是落后的、反科学的旧文化。文化并不是凭空产生的，而是"由社会生活而产生"⑤。中西社会生活不同，因此中西文化也互异。"欧美文化是工业资本主义社会的文化，中国文化是农业封建社会的文化"，正因如此，中国既要反对帝国主义的文化侵略，同时也要学习西方的先进文化；中国既要固守自己的民族性，也不能盲目地赞美中国的固有文化。⑥ 中国共产党强调，中国文

---

① 李大钊：《东西文明根本之异点》，中国李大钊研究会，《李大钊全集》第2卷，人民出版社，2013年，第316页。
② 《〈新青年〉之新宣言》，中共中央文献研究室、中央档案馆，《建党以来重要文献选编（一九二一——一九四九）》第一册，中央文献出版社，2011年，第241页。
③ 《马克思恩格斯选集》第1卷，人民出版社，2012年，第421页。
④ 张太雷：《中国革命运动和中国的学生》，《张太雷文集》，人民出版社，2013年，第147、148页。
⑤ 杨明斋：《评中西文化观》，黄山书社，2008年，"序"第1页。
⑥ 恽代英：《反对帝国主义的文化侵略》，《恽代英全集》第8卷，人民出版社，2014年，第91页。

化有其存在的价值,针对国家主义派的攻击,肖楚女指出:"我们共产党除了叫劳动者反抗掠夺自己的资本家,除了反对男人压迫女人,反对寡妇守节,我们何尝推翻本国文化——又何尝有些什么本国文化让我们推翻过?"①

可见,中国共产党在反对封建旧文化的同时,也高度重视中国传统文化的价值。事实上,早期中国共产党人大多受过良好的传统文化教育,具有较为深厚的旧学功底,体现出明显的双重文化特征。在接受马克思主义过程中,他们一方面用中国传统思想理解马克思主义,另一方面又用马克思主义阐释中国传统思想。1925年底郭沫若发表的《马克斯进文庙》一文,就体现了早期马克思主义者对马克思主义与中国传统文化关系的认知。② 郭沫若借孔子之口,表示儒家思想乃至中国的传统思想与马克思主义"不谋而合";同时又借马克思之口,表示两者"终竟是两样"。③ 这表明,马克思主义与中国传统文化有相通互契之处,这是两者相结合的前提和基础。

中国共产党在成立之初,就提出马克思主义同中国具体实际相结合的思想。1921年6月,张太雷在给共产国际的报告中表示,"无产阶级运动的国际主义任务,过去和将来都只有在把国际无产阶级政党的纲领和方法正确地运用于各国具体特点的基础之上才能实现"④。1923年李达在文章中指出,中国共产党究竟应该怎样来进行政治运动,"这一点马克思在《共产党宣言》上并未为中国共产党筹划",因此要"按照目前中国国情","定出一个政策来"。⑤ 1926年,蔡和森在给中山大学旅莫支部所作的党史报告中也指出,"马克思主义列宁主义在世界各国共产党是一致的,但当应用到各国去,应用到实际上去才行的。要在自己的争斗中把列宁主义形成自己的理论武器,即以马克思主义列宁主义的精神来定出适合客观情形的策略和组织才行"⑥。

早期中国共产党人这种将马克思主义与中国具体实际相结合的意识是相当宝贵的。随着革命实践的推进,马克思主义同中华优秀传统文化相结合的

---

① 肖楚女:《显微镜下之醒狮派》,中共中央文献研究室、中央档案馆,《建党以来重要文献选编(一九二一——一九四九)》第二册,第576页。
② 郭沫若写作此文时尚未入党,但自称已是一个"彻底的马克思主义的信徒了"。参见龚济民:《郭沫若年谱》上卷,天津人民出版社,1982年,第133页。
③ 郭沫若:《马克斯进文庙》,《洪水》第1卷第7期,1925年12月16日,第19页。
④ 张太雷:《关于殖民地问题致共产国际"三大"的提纲(草案)》,《张太雷文集》,第33页。
⑤ 李达:《马克思学说与中国》,汪信砚,《李达全集》第3卷,人民出版社,2016年,第115页。
⑥ 蔡和森:《中国共产党史的发展(提纲)——中国共产党的发展及其使命》,中央档案馆编,《中共党史报告选编》,中共中央党校出版社,1982年,第24页。

进程也开始了。但是，在大革命和土地革命期间，党内出现把马克思主义教条化，把共产国际经验神圣化的倾向。1930 年，毛泽东提出"反对本本主义"，强调"中国革命斗争的胜利要靠中国同志了解中国情况"①。这是党第一次自觉地提出必须反对把马克思主义教条化的倾向。总体来看，这一时期党对于中国的历史状况和社会状况、中国革命的特点、中国革命的规律了解得还不够，对于马克思列宁主义的理论和中国革命的实践还没有完整的、统一的认识。② 同时，对于把马克思主义同中华优秀传统文化相结合的关注还不够充分，这种情况到抗战全面爆发后有了较大改变。

二、马克思主义同中华优秀传统文化相结合的理论自觉

随着抗日战争的爆发和抗日民族统一战线的建立，中国共产党重新思考民族矛盾与阶级矛盾、爱国主义与国际主义之间的关系，并对自身的民族特性有了更为深刻的认识，对马克思主义理论与中国革命实际均有了更加深入的理解，对继承优秀传统文化的重要性也有了更深一步的体认。这推动着党在继续强调马克思主义同中国革命具体实际相结合的同时，形成了马克思主义同中华优秀传统文化相结合的理论自觉。

面对日本侵略的步步深入，中国共产党自觉承担起领导抗日战争的历史重任，倡导并促成抗日民族统一战线的建立。1938 年 10 月，毛泽东在六届六中全会上分析了党在民族解放战争中的地位，强调中国共产党人既是国际主义者，也是爱国主义者。中国共产党人必须将爱国主义和国际主义结合起来，爱国主义就是国际主义在民族解放战争中的实施。③ 同样在这次会议上，毛泽东首次正式提出马克思主义中国化的命题。毛泽东指出，"共产党员是国际主义的马克思主义者，但马克思主义必须通过民族形式才能实现"；要"把马克思主义应用到中国具体环境的具体斗争中去，而不是抽象地应用它"；"离开中国特点来谈马克思主义，只是抽象的空洞的马克思主义。因此，马克思主义的中国化，使之在其每一表现中带着中国的特性，即是说，

---

① 《毛泽东选集》第 1 卷，人民出版社，1991 年，第 115 页。
② 《毛泽东选集》第 2 卷，第 610 页。
③ 《毛泽东选集》第 2 卷，第 520—521 页。

按照中国的特点去应用它,成为全党亟待了解并亟须解决的问题"。[①] 这表明,中国共产党在把马克思主义同中国具体实际相结合的问题上有了新的认识,这就是必须重视"民族形式"和"中国特点",进而必然要求把马克思主义同中华优秀传统文化结合起来。

马克思主义中国化命题的提出,在当时具有很强的针对性。一方面是要纠正党内存在的主观主义和教条主义的错误倾向;另一方面是为了回应当时反共势力把中国共产党与中华民族对立起来,而提出的中国共产党是"共产党至上"而非"中国至上"的荒谬论调。中国共产党是马克思主义政党,也是民族化的政党。1943年5月,共产国际宣布解散。中国共产党认为,这一事件"使我们可以更正确地认识中国共产党,而切实消除过去一切关于它的误解和妄说。今天再没有人能够抹煞事实,不承认中国共产党是中国最民族化的政党了"[②]。党明确宣布:"中国共产党人是我们民族一切文化、思想、道德的最优秀传统的继承者,把这一切优秀传统看成和自己血肉相连的东西,而且将继续加以发扬光大。中国共产党近年来所进行的反主观主义、反宗派主义、反党八股的整风运动就是要使得马克思列宁主义这一革命科学更进一步地和中国革命实践、中国历史、中国文化深相结合起来。"[③] 这是党内文件中首次出现马克思主义同中国文化相结合的表述,表明把马克思主义同中华优秀传统文化相结合已经成为党内共识。

中国文化是一个内容丰富的复合体。唯物史观强调,社会存在决定社会意识,一定的文化是一定社会的政治和经济在观念形态上的反映。要把马克思主义同中华优秀传统文化结合起来,就必须对中国文化加以具体分析。张闻天认为,中国存在"买办性的封建主义的文化","也有反抗统治者、压迫者、剥削者,拥护被统治者、被压迫者、被剥削者,拥护真理与进步的、民族的、民主的、科学的、大众的文化因素"。对于前者,"必须用全力扫除";对于后者,"我们有从旧文化的仓库中发掘出来,加以接受、改造

[①] 毛泽东:《论新阶段》,中共中央文献研究室、中央档案馆,《建党以来重要文献选编(一九二一——一九四九)》第十五册,中央文献出版社,2011年,第651页。

[②] 《再论共产国际的解散》,中共中央文献研究室、中央档案馆,《建党以来重要文献选编(一九二一——一九四九)》第二十册,第353页。

[③] 《中共中央关于共产国际执委主席团提议解散共产国际的决定》,中共中央文献研究室、中央档案馆编,《建党以来重要文献选编(一九二一——一九四九)》第二十册,第318-319页。

与发展的责任"。① 毛泽东则把当时的文化分为帝国主义文化、半封建文化和人民大众反帝反封建文化。他指出，帝国主义文化和半封建文化是替帝国主义和封建阶级服务的，是应该被打倒的东西。"不把这种东西打倒，什么新文化都是建立不起来的。"② 对文化的具体分析，为马克思主义同中华优秀传统文化相结合提供了依据。

总体而言，抗战时期党初步形成了把马克思主义同中华优秀传统文化相结合的思想。这种结合既是"民族形式"的利用，也是马克思主义的应用和发展。毛泽东指出："中国共产主义者对于马克思主义在中国的应用也是这样，必须将马克思主义的普遍真理和中国革命的具体实践完全地恰当地统一起来，就是说，和民族的特点相结合，经过一定的民族形式，才有用处，决不能主观地公式地应用它。……中国文化应有自己的形式，这就是民族形式。民族的形式，新民主主义的内容——这就是我们今天的新文化。"③

马克思主义同中华优秀传统文化相结合的理论探索意义重大，它既为抗日战争和随后的人民解放战争的胜利提供了精神动力，也为中华文化的复兴创造了思想条件。正如毛泽东所指出的："自从中国人学会了马克思列宁主义以后，中国人在精神上就由被动转入主动。从这时起，近代世界历史上那种看不起中国人，看不起中国文化的时代应当完结了。伟大的胜利的中国人民解放战争和人民大革命，已经复兴了并正在复兴着伟大的中国人民的文化。"④

新中国成立后，中国共产党一如既往地强调马克思主义必须与中国具体实际相结合。特别是苏共二十大以后，中国共产党认识到，不能简单照搬苏联经验和马克思列宁主义的个别词句，而要把马克思主义与中国具体实际相结合。毛泽东指出，搞社会主义建设，必须遵守马克思主义基本原理，但"单靠老祖宗是不行的"，还要"创造新的理论"。⑤ 邓小平强调，"要按照中国的情况写中国的文章"⑥。再次强调马克思主义同中华优秀传统文化相结合问题的，是在党的十二大后。邓小平在十二大开幕词中指出："把马克思

---

① 张闻天：《抗战以来中华民族的新文化运动与今后任务》，《张闻天文集》第3卷，中共党史出版社，1994年，第41页。
② 《毛泽东选集》第2卷，第695页。
③ 《毛泽东选集》第2卷，第707页。
④ 《毛泽东选集》第4卷，人民出版社，1991年，第1516页。
⑤ 《毛泽东文集》第8卷，人民出版社，1999年，第109页。
⑥ 《邓小平文集（一九四九～一九七四年）》中卷，人民出版社，2014年，第391页。

主义的普遍真理同我国的具体实际结合起来，走自己的道路，建设有中国特色的社会主义，这就是我们总结长期历史经验得出的基本结论。"[1] 之后，邓小平多次重申，"马克思主义必须是同中国实际相结合的马克思主义，社会主义必须是切合中国实际的有中国特色的社会主义"[2]。"中国特色社会主义"把"社会主义"与"中国特色"结合起来，强调普遍规律和民族特点的有机统一，从而为马克思主义与中华优秀传统文化相结合提供了新的理论依据。正是在这一背景下，在20世纪80年代的"文化热"中，包括冯友兰、张岱年、汤一介等在内的一批学者撰文讨论马克思主义与中华优秀传统文化相结合的必要性和可能性。[3] 不过，当时的讨论只限于学界内部，在党的正式文件中并未出现相关表述。直至2001年7月1日，江泽民在庆祝中国共产党成立80周年大会上的讲话中，强调毛泽东思想和邓小平理论这两大理论成果"是中国化了的马克思主义，既体现了马克思列宁主义的基本原理，又包含了中华民族的优秀思想和中国共产党人的实践经验"[4]。这实际上肯定了毛泽东思想和邓小平理论既是马克思主义同中国具体实际相结合的产物，也是马克思主义同中华优秀传统文化相结合的产物。2011年，党的十七届六中全会进一步提出了"坚持中国特色社会主义文化发展道路"，强调"中国共产党从成立之日起，就既是中华优秀传统文化的忠实传承者和弘扬者，又是中国先进文化的积极倡导者和发展者"[5]。中华优秀传统文化是发展社会主义先进文化的深厚基础，没有马克思主义同中华优秀传统文化相结合，就没有中国特色社会主义文化。

三、马克思主义同中华优秀传统文化相结合的新境界

党的十八大以来，中国特色社会主义进入新时代。中国共产党从中华民族伟大复兴战略全局和世界百年未有之大变局的高度，更加全面、深入地认识中华优秀传统文化的价值，把马克思主义同中华优秀传统文化相结合推向

---

[1] 《邓小平文选》第3卷，第3页。
[2] 《邓小平文选》第3卷，第63页。
[3] 参见张秉楠：《80年代以来关于马克思主义与中国民族传统文化的关系的讨论》，《社会科学战线》1992年第4期。
[4] 《江泽民文选》第3卷，人民出版社，2006年，第270页。
[5] 《中共十七届六中全会在京举行》，《人民日报》2011年10月19日。

一个新高度、新境界。

习近平总书记反复强调，"中华文化积淀着中华民族最深沉的精神追求，是中华民族生生不息、发展壮大的丰厚滋养"①。"没有高度的文化自信，没有文化的繁荣兴盛，就没有中华民族伟大复兴"②，正因如此，习近平总书记特别重视对优秀传统文化的继承和弘扬。习近平总书记指出："中国共产党人不是历史虚无主义者，也不是文化虚无主义者。我们从来认为，马克思主义基本原理必须同中国具体实际紧密结合起来，应该科学对待民族传统文化，科学对待世界各国文化，用人类创造的一切优秀思想文化成果武装自己。在带领中国人民进行革命、建设、改革的长期历史实践中，中国共产党人始终是中国优秀传统文化的忠实继承者和弘扬者，从孔夫子到孙中山，我们都注意汲取其中积极的养分。"③ 2018 年，习近平总书记在纪念马克思诞辰 200 周年大会上的重要讲话中指出，科学社会主义基本原则不能丢，丢了就不是社会主义。同时，科学社会主义也绝不是一成不变的教条。"只有把科学社会主义基本原则同本国具体实际、历史文化传统、时代要求紧密结合起来，在实践中不断探索总结，才能把蓝图变为美好现实。"④ 在这里，"历史文化传统"被单独提出，与"本国具体实际"并列，使马克思主义同中华优秀传统文化相结合的重要性得以凸显。习近平总书记在"七一"重要讲话中正式把这一原则表述为"把马克思主义基本原理同中国具体实际相结合、同中华优秀传统文化相结合"⑤。这标志着马克思主义与中华优秀传统文化相结合达到新高度。

"马克思主义同中华优秀传统文化相结合"这一重要论断，具有两个方面的含义。一方面的含义是用马克思主义激活中华优秀传统文化，推动中华优秀传统文化创造性转化、创新性发展。中华传统文化在形成和发展过程中，不可避免会受到当时人们的认识水平、时代条件、社会制度的制约和影响，因而也不可避免地存在陈旧过时或已成为糟粕的内容。这就需要运用马克思主义的立场、观点和方法区分和对待传统文化，坚持古为今用、推陈

---

① 《习近平谈治国理政》第 1 卷，外文出版社，2018 年，第 155 页。
② 《习近平谈治国理政》第 3 卷，外文出版社，2020 年，第 32 页。
③ 习近平：《在纪念孔子诞辰 2565 周年国际学术研讨会暨国际儒学联合会第五届会员大会开幕会上的讲话》，《人民日报》2014 年 9 月 25 日，第 2 版。
④ 习近平：《在纪念马克思诞辰 200 周年大会上的讲话》，《人民日报》2018 年 5 月 5 日。
⑤ 习近平：《在庆祝中国共产党成立 100 周年大会上的讲话》，《人民日报》2021 年 7 月 2 日。

出新的原则，实现马克思主义与优秀传统文化相融相通。在几千年的历史演进中，中华民族创造了灿烂的古代文明，形成了关于国家制度和国家治理的丰富思想，包括大同理想、大一统传统、民本思想、平等观念等，这些思想中的精华是中华优秀传统文化的重要组成部分，也是中华民族精神的重要内容。习近平总书记指出："马克思主义传入中国后，科学社会主义的主张受到中国人民热烈欢迎，并最终扎根中国大地、开花结果，决不是偶然的，而是同我国传承了几千年的优秀历史文化和广大人民日用而不觉的价值观念融通的。"[1]

"马克思主义同中华优秀传统文化相结合"另一方面的含义是充分吸收中华优秀传统文化的丰厚滋养，发展当代中国马克思主义、21世纪马克思主义。马克思主义同中华优秀传统文化相结合的过程，既是中国共产党在革命实践中继承弘扬中华优秀传统文化的过程，也是中国共产党运用马克思主义原理解决中国实际问题、更加自觉引领时代变革、开展理论探索创新的过程，其最终目的，不是传统文化"民族形式"的利用，而是"民族内容"的马克思主义化和马克思主义"民族内容"的创造，也就是为发展马克思主义作出中国的原创性贡献。这是新时代中国共产党人的文化自信和理论自觉，也是新时代中国共产党人的历史担当。

原载《历史研究》2021年第6期

作者简介：欧阳军喜，清华大学马克思主义学院教授。

---

[1] 《习近平谈治国理政》第3卷，第120页。

马克思主义同中华优秀传统文化相结合的时代价值

王炳林　李盖启

在庆祝中国共产党成立100周年大会上，习近平总书记明确提出："坚持把马克思主义基本原理同中国具体实际相结合、同中华优秀传统文化相结合，用马克思主义观察时代、把握时代、引领时代，继续发展当代中国马克思主义、21世纪马克思主义！"①"两个相结合"的重要论断是推进马克思主义中国化的最新理论成果，在继续坚持把马克思主义基本原理同中国具体实际相结合的同时，提出要把马克思主义同中华优秀传统文化相结合，彰显了中华优秀传统文化在发展马克思主义中的独特作用，对坚持和发展中国特色社会主义，实现中华民族伟大复兴具有十分重要的理论价值和实践意义。

一、坚持和发展马克思主义的必然要求

马克思主义是科学的理论，是我们立党立国的根本指导思想。马克思主义不是封闭的学说，而是开放发展的伟大思想。习近平总书记深刻指出："一部马克思主义发展史就是马克思、恩格斯以及他们的后继者们不断根据时代、实践、认识发展而发展的历史，是不断吸收人类历史上一切优秀思想文化成果丰富自己的历史。"②辩证唯物主义批判性、革命性的内在特质决定了马克思主义必然是开放和发展的。马克思明确指出："辩证法在对现存事物的肯定的理解中同时包含对现存事物的否定的理解，即对现存事物的必

---

① 习近平：《在庆祝中国共产党成立100周年大会上的讲话》，《人民日报》2021年7月2日。
② 习近平：《在纪念马克思诞辰200周年大会上的讲话》，人民出版社，2018年，第9页。

然灭亡的理解；辩证法对每一种既成的形式都是从不断的运动中，因而也是从它的暂时性方面去理解；辩证法不崇拜任何东西，按其本质来说，它是批判的和革命的。"① 自然界和社会是作为过程向前发展的，人类的实践活动是在限制与超越的矛盾不断产生和解决过程中持续向前发展的。受主客观条件限制，人类的理论认识不可能一步到位。客观事物不断变化，实践活动不断发展，人类的认识也不断深化，由此，实践、认识、再实践、再认识，循环往复以至无穷。总之，"马克思主义是随着时代、实践、科学发展而不断发展的开放的理论体系，它并没有结束真理，而是开辟了通向真理的道路"②。

在100年的奋斗历程中，中国共产党坚持把马克思主义基本原理同中国具体实际相结合，吸收中华优秀传统文化精华，取得伟大成就，不断开辟马克思主义中国化新境界。中国共产党正是因为坚持和发展马克思主义，形成了马克思主义中国化理论成果，才指引中国革命、建设和改革事业不断取得新胜利。党的十八大以来，以习近平为代表的中国共产党人坚持把马克思主义基本原理、当代中国鲜活丰富的实践经验、中华优秀传统文化精华等资源相结合，创立了习近平新时代中国特色社会主义思想，指引中国改革开放和社会主义现代化建设取得历史性伟大成就。习近平新时代中国特色社会主义思想为发展马克思主义做出了原创性贡献，是马克思主义中国化最新成果，是当代中国马克思主义、21世纪马克思主义。

习近平总书记在"七一"重要讲话中庄严宣告："经过全党全国各族人民持续奋斗，我们实现了第一个百年奋斗目标，在中华大地上全面建成了小康社会，历史性地解决了绝对贫困问题，正在意气风发向着全面建成社会主义现代化强国的第二个百年奋斗目标迈进。"③ 新征程上，世界百年未有之大变局加速演进，中华民族伟大复兴进入关键时期，我们必须继续坚持和发展马克思主义，这是时代的呼唤、实践的要求。我国社会主要矛盾变化带来新特征新要求，错综复杂的国际环境带来新矛盾新挑战。社会发展、实践深化、历史前进决定了未来马克思主义发展研究的主题、方向和前景。当代中国马克思主义应以我们正在做的事情为中心回答和解决好中国的现实问题，

---

① 《马克思恩格斯选集》第2卷，人民出版社，2012年，第94页。
② 习近平：《在哲学社会科学工作座谈会上的讲话》，人民出版社，2016年，第13页。
③ 习近平：《在庆祝中国共产党成立100周年大会上的讲话》，《人民日报》2021年7月2日。

同时，其理论视野也应扩大到回答解决21世纪世界面临的重大问题上，通过解决重大现实问题推动当代中国马克思主义创新发展。应当看到，新时代中国已成为21世纪世界马克思主义创新发展的理论高地，当代中国马克思主义的发展也将极大丰富并引领21世纪世界马克思主义发展。研究主题、研究对象的鲜明变化要求我们既要坚持已有马克思主义研究方法，又要放宽视野，吸收人类文明一切有益成果，提出新的研究视角和研究方法，这就凸显了中华优秀传统文化作为一种思想资源的价值。

马克思主义是在广泛吸收借鉴人类思想文化成果基础上形成的具有世界历史意义的理论武器。中华民族深厚文化传统中蕴藏着丰富独特的哲学思想、人文精神、价值理念、道德规范，这些文化精华跨越时空、超越国界、富有永恒魅力、具有当代价值，是延续我们国家和民族的精神命脉，是发展中国特色哲学社会科学、发展马克思主义十分宝贵的资源。围绕中国和世界发展面临的重大问题，深入挖掘中国悠久历史和文化中的思想资源，把其融入马克思主义的理论体系、逻辑体系，能更好地丰富发展当代中国马克思主义、21世纪马克思主义，不断开辟马克思主义发展新境界。

习近平总书记深刻指出："解决好民族性问题，就有更强能力去解决世界性问题；把中国实践总结好，就有更强能力为解决世界性问题提供思路和办法。"[1] 把我国改革发展过程中的丰富实践经验和规律系统总结为具有普遍性意义的概念、范畴、表述，在概念基础上完成对认识对象的判断，进而通过逻辑推理形成完整知识体系，能更好推动当代中国马克思主义发展，能够为发展21世纪马克思主义做出中国的原创性贡献。

二、坚持和发展中国特色社会主义的必然要求

中国特色社会主义是中国共产党团结带领全国各族人民坚持把马克思主义基本原理同中国具体实际相结合取得的根本成就，也是中国独特历史传承、文化传统、历史命运、基本国情共同作用的结果。"中国特色社会主义植根于中华文化沃土、反映中国人民意愿、适应中国和时代发展进步要求，有着深厚历史渊源和广泛现实基础。"[2] 现实客观条件是国家建立制度、制

---

[1] 习近平：《在哲学社会科学工作座谈会上的讲话》，人民出版社，2016年，第18页。
[2] 《习近平谈治国理政》第1卷，外文出版社，2018年，第156页。

定战略路线和方针政策的基本依据,但执政党政治立场、价值目标的选择和排序不同,其制度安排、使命任务确立、战略规划、政策选择就必定不同,在实践中就表现为不同的发展道路样式。

立场决定态度。人民立场、人民利益是马克思主义的根本价值取向和鲜明理论品格,中国共产党始终代表最广大人民根本利益,紧紧依靠人民创造历史。"中华文明5000多年绵延不断、经久不衰,在长期演进过程中,形成了中国人看待世界、看待社会、看待人生的独特价值体系、文化内涵和精神品质,这是我们区别于其他国家和民族的根本特征,也铸就了中华民族博采众长的文化自信。"[①] 这些悠久绵长的历史文化传统对中国发展道路的选择产生了深远影响。习近平总书记深刻指出,如果没有中华五千年文明,哪里有什么中国特色?如果不是中国特色,哪有我们今天这么成功的中国特色社会主义道路?马克思主义、中华优秀传统文化虽然产生于完全不同的历史文化背景,但它们之间有内在契合性。中国共产党把马克思主义立场观点、科学社会主义基本原则同中华优秀传统文化中延续数千年的价值取向相结合,使中国特色社会主义的价值追求、历史使命、发展目标具有鲜明中国特色、民族特色。党把马克思主义世界观方法论同中华优秀传统文化中的方法智慧相结合,形成了马克思主义的有鲜明中国特色的思想方法、工作方法、领导方法、战略策略,为实现党坚守的价值、信仰、使命任务提供了科学清晰的路径、步骤指南。

道路决定命运。中国共产党坚持独立自主与学习借鉴相结合,坚持经济政治文化社会生态全面协调发展,坚持先富带动后富、对口支援帮扶、全国"一盘棋"、集中力量办大事,坚持全面深化改革不断扩大对外开放,提倡"不争论不折腾"等;坚持以经济建设为中心,高度重视解决乡村问题,统筹城乡发展,推进共同富裕,维护公平正义,实现人人平等,在发展中保障和改善民生,协同推进人民富裕、国家强盛、中国美丽,坚持依法治国和以德治国相结合,注重加强党风廉政建设,等等;坚持国家间平等互信、包容互鉴、合作共赢,坚持推动构建人类命运共同体。这些战略策略、目标任务契合中国客观实际和历史文化特点,发展维护实现了人民利益,赢得了民心民意,深化巩固了人们对中国特色社会主义道路的认同。中国特色社会主义道路既坚持马克思主义指导,又有中华优秀传统文化滋养,是党在百年奋斗

---

① 习近平:《在敦煌研究院座谈时的讲话》,《求是》2020年第3期。

历程中探索形成的，又在新的实践中不断开拓发展，是建设社会主义现代化强国、满足人民美好生活需要、实现中华民族伟大复兴的正确道路。

新的征程上，社会主要矛盾变化，人民对美好生活强烈期盼，中国与世界共同面临大量深刻复杂的现实问题，解决这些矛盾风险挑战要求我们在理论、实践、制度上都与时俱进，不断创新。习近平强调："我们要在迅速变化的时代中赢得主动，要在新的伟大斗争中赢得胜利，就要在坚持马克思主义基本原理的基础上，以更宽广的视野、更长远的眼光来思考和把握国家未来发展面临的一系列重大战略问题，在理论上不断拓展新视野、作出新概括。"[①] 正是解决这些重大理论问题和实践问题的需要凸显了坚持马克思主义基本原理同中华优秀传统文化相结合的价值。"中国优秀传统文化的丰富哲学思想、人文精神、教化思想、道德理念等，可以为人们认识和改造世界提供有益启迪，可以为治国理政提供有益启示，也可以为道德建设提供有益启发。"[②] 研究中国的历史文化，深入挖掘中华优秀传统文化中蕴含的丰富的具有时代价值的理念和方法智慧，能为新时代坚持和发展中国特色社会主义提供精神支撑，提供更加丰富的思想文化支持，这是中国建设发展社会主义的内在要求也是特殊优势，理论创新是一切创新的先导。坚持和发展中国特色社会主义，必须继续推进马克思主义中国化。中国化马克思主义理论成果是坚持把马克思主义基本原理同中国具体实际相结合、吸收中华优秀传统文化精华而产生的。马克思、恩格斯始终强调他们的理论既要同一个国家、民族的经济条件、政治条件相结合，也要同一个国家、民族的历史条件、思维习惯、价值观念、文化心理相适应。新的征程上，继续推进马克思主义中国化既要始终坚持马克思主义、中国化马克思主义指导地位不动摇，又要把马克思主义基本原理厚植于中华优秀传统文化沃土。这是马克思主义中国化理论成果成为真正具有中国特色、中国风格、中国气派理论的前提，也是实现马克思主义中国化、时代化、大众化的必然要求。

中华优秀传统文化特有的概念、范畴、话语、知识元素及其背后所包含的深厚内涵已为中国人所熟知和理解。这些知识精华、话语精华能在构建本土化的、中国特色的话语体系方面发挥不可替代的作用，能更好诠释马克思

---

① 《习近平谈治国理政》第2卷，外文出版社，2017年，第62—63页。
② 习近平：《在纪念孔子诞辰2565周年国际学术研讨会暨国际儒学联合会第五届会员大会开幕上的讲话》，人民出版社，2014年，第7页。

主义，推动马克思主义中国化、大众化。源自中国古代的概念和话语能诠释和丰富马克思主义的概念、范畴，并使这些概念范畴获得新的内涵和生命力。比如，实事求是，是毛泽东用中国成语对马克思主义世界观和方法论所作的高度概括。类似的例子还有很多，比如，惩前毖后、治病救人，批评与自我批评，与时俱进，德才兼备，任人唯贤，以人民为中心、全过程民主，人类命运共同体，等等。马克思主义基本原理同中华优秀传统文化相结合所产生的新概念、新话语，为中国与世界的对话互动提供合适的话语体系，使其既具有中国风格又为世界所理解，准确展示中国形象。制度是带有根本性的问题。中国特色社会主义制度和国家治理体系是中国共产党创造性运用马克思主义国家学说，植根中华大地，吸收借鉴人类制度文明有益成果，同中国人的精神特质、具体环境条件相结合，在实践中长期发展、渐进演进、内生性演化形成的。中华民族5000多年文明史所积淀的深厚历史文化传统是中国特色社会主义制度的生长土壤，现实条件是这些制度建立的具体依据。中国特色社会主义根本制度、基本制度、重要制度是立党立国的根本，是实现党和国家政治立场、价值追求、人民意志的坚强保障。这套制度和国家治理体系具有显著优越性和强大生命力，为中国革命、建设、改革提供了强大制度保障。坚定制度自信，毫不动摇坚持和巩固中国特色社会主义制度，必须坚持马克思主义指导地位不动摇，同时注重吸收中华优秀传统文化。每一个宏大制度背后都有具体的体制机制支撑和操作细节设计，它们的设计不可能一蹴而就、一劳永逸，完善发展这些具体体制机制、细节设计，推动国家治理体系和治理能力现代化，要求我们继续坚持马克思主义基本原理同中华优秀传统文化相结合。一方面，应坚持以人民为中心，用发展着的马克思主义指导国家制度和国家治理体系建设。另一方面，应注重把握中国历史文化塑造的中国人的精神特质，深入挖掘中华优秀传统文化中蕴藏的关于国家制度和国家治理的丰富思想。"在漫长的历史进程中，中华民族创造了独树一帜的灿烂文化，积累了丰富的治国理政经验，其中既包括升平之世社会发展进步的成功经验，也有衰乱之世社会动荡的深刻教训。"[①] 中华优秀传统文化中蕴含的这些价值共识、精神追求、治国理政智慧经马克思主义立场观点方法改造后，可以为完善发展中国特色社会主义制度提供思想资

[①] 习近平：《牢记历史经验历史教训历史警示为国家治理能力现代化提供有益借鉴》，《人民日报》2014年10月14日。

源，为制度高效运转提供精神支撑。

中国特色解决民族问题的理论道路制度就是马克思主义民族理论与中华优秀传统文化相结合的典范。在中华民族5000多年历史中，六合同风、四海一家，各民族多元一体组成了中华民族大家庭。建立大一统国家的思想传统在中华传统文化中是"天道"。中国共产党从中国的具体实际、历史发展必然性出发，发展了马克思主义国家学说、民族理论，形成了中国特色的民族区域自治制度，走出了一条中国特色解决民族问题的正确道路。中国历史上郡县制度、科举制度、监察制度等设计有独特之处，分析这些制度的产生、演化、消亡、机构设置、人员产生及配置、制度背后的精神理念，可从中吸取成功的经验和失败的教训。这些经验教训对发展完善中国特色社会主义制度有重要启示作用。

三、推动社会主义文化繁荣兴盛的必然要求

中华民族伟大复兴需要物质力量强大，同时，社会主义文化繁荣兴盛，人民精神世界极大丰富也是重要条件和衡量指标。历史唯物主义认为，社会存在决定社会意识、社会意识反作用于社会存在，社会物质生活和社会精神生活之间是相互作用、相互促进、辩证统一的关系。因此，坚持和发展中国特色社会主义，建设社会主义现代化强国，实现中华民族伟大复兴，必须统筹推进"五位一体"总体布局，坚持物质文明和精神文明均衡发展，不断推进社会主义精神文明建设。

中国悠久历史所创造的中华优秀传统文化是中华民族思想智慧和理性思辨的结晶，是中华民族的精神命脉和支柱。习近平总书记指出："历史和现实都表明，一个抛弃了或者背叛了自己历史文化的民族，不仅不可能发展起来，而且很可能上演一场历史悲剧。"[1] 他强调："中国特色社会主义文化，源自于中华民族五千多年文明历史所孕育的中华优秀传统文化，熔铸于党领导人民在革命、建设、改革中创造的革命文化和社会主义先进文化，植根于中国特色社会主义伟大实践。"[2] 中华优秀传统文化与当代中国社会主义文化之间这种密不可分的关系决定了推动社会主义文化繁荣兴盛，加强社会主

---

[1] 习近平：《在哲学社会科学工作座谈会上的讲话》，人民出版社，2016年，第17页。
[2] 《习近平谈治国理政》第3卷，外文出版社，2020年，第32页。

义精神文明建设，必须坚持马克思主义基本原理同中华优秀传统文化相结合，用马克思主义的立场观点方法对中华优秀传统文化进行改造，使其成为推动社会主义文化繁荣兴盛取之不尽、用之不竭的丰厚滋养。同时，中华优秀传统文化创造性转化和创新性发展也需要马克思主义赋予其新的生命力。加强公民道德建设，夯实社会主义思想道德基础要求坚持马克思主义同中华优秀传统文化相结合。夯实文化建设根基需要加强思想道德建设，加强当代中国的思想道德建设应坚持马克思主义道德观、社会主义道德观、中华优秀传统美德相结合，对中华传统美德进行创造性转化和创新性发展。"中华传统美德是中华文化精髓，是道德建设的不竭源泉。"[1] 中华优秀传统文化中的文化经典、历史遗存、文物古迹承载的丰厚道德资源，古圣先贤、民族英雄、志士仁人的嘉言懿行，对当代中国人树立正确的世界观、人生观、价值观，提高人们的思想觉悟、道德水平、文明素养具有重要价值。例如，"位卑未敢忘忧国""苟利国家生死以，岂因祸福避趋之""为天地立心，为生民立命，为往圣继绝学，为万世开太平""富贵不能淫，贫贱不能移，威武不能屈""自强不息""厚德载物"，等等，这些极其宝贵的精神品格、价值理念、理想抱负绵延几千年，已成为中华民族性格的鲜明特质。

新时代公民道德建设应充分挖掘吸收中华优秀传统文化中具有时代价值的丰厚道德资源，结合新的时代条件和实践要求，用马克思主义立场观点方法对这些丰厚道德资源加以创新转化，使它们与现代文化、现实生活相融通，成为新时代中国人精神生活、道德实践的鲜明标识。这些新的公民道德能更好地指引、规范、约束人们的行为，为实现人的解放和全面发展，实现人的本质的真正回归，促进社会全面进步做出更多贡献。中国人有自己独特而悠久的精神世界，其中蕴藏的巨大精神力量，能激励全国人民为建设中国特色社会主义、推进中华民族伟大复兴不懈奋斗。

价值观是人们基于自己生存和发展需要形成的是非、好坏、善恶观念，一个国家、一个民族的核心价值观是全体成员共同认可和遵循的评判是非曲直的价值标准。"牢固的核心价值观，都有其固有的根本。抛弃传统、丢掉根本，就等于割断了自己的精神命脉。"[2] 中华优秀传统文化中蕴含的丰富独特价值观念是涵养社会主义核心价值观的重要源泉，为社会主义核心价值

---

[1] 《新时代公民道德建设纲要》，《人民日报》2019年10月28日。
[2] 《习近平谈治国理政》第1卷，外文出版社，2018年，第164页。

观提供了重要价值资源支持。中国共产党坚持马克思主义指导,坚持古为今用、吸收外来、面向未来、推陈出新,融合中华优秀传统文化中的独特价值观和全人类共同价值观,提炼出了社会主义核心价值观。社会主义核心价值观因融合了三方面要素而站在人类价值制高点上,具有强大生命力、凝聚力和感召力,对整合社会意识,维持社会正常运转,维护社会和谐稳定,实现国家长治久安发挥着重要作用。社会主义核心价值观是决定社会主义文化性质和方向的最深层要素,同时,社会主义文化也是它潜移默化传递给每一个社会成员的重要途径。只有被社会成员共同理解、接受、认同和内化,社会主义核心价值观才能充分发挥凝聚共识、汇聚力量的作用。文化、道德、核心价值观三个范畴不是相互独立而是相互交织在一起的,坚持马克思主义基本原理同中华优秀传统文化相结合,是坚持以社会主义核心价值观引领文化建设的必然要求,也为培育和践行社会主义核心价值观提供了深厚丰富的文化营养和理论支持,使社会主义核心价值观获得了更强的生命力和影响力。

四、实现中华民族伟大复兴的必然要求

经过百年奋斗,中国共产党开辟了伟大道路、创造了伟大事业、取得了伟大成就,中华民族迎来了从站起来、富起来到强起来的伟大飞跃,中华民族伟大复兴进入不可逆转的历史进程。中国发生的伟大社会变革已经证明,中国共产党为什么能,中国特色社会主义为什么好,归根到底是因为马克思主义行。1840年鸦片战争以后,为拯救民族危亡,各种主义思潮、救国方案轮番登场,但都没能解决中国的前途命运问题。马克思列宁主义传入中国后,中国共产党应运而生,科学社会主义的主张因为同我国传承了几千年的优秀历史文化和广大人民日用而不觉的价值观念融通而受到中国人民热烈欢迎,并最终扎根中国大地、开花、结果。百年来,党始终坚持马克思主义指导,走中国特色社会主义道路,注重学习总结历史,借鉴运用历史经验,创造性继承弘扬中华优秀传统文化,吸收借鉴人类文明有益成果,创造了中国式现代化新道路,创造了人类文明新形态。中华民族伟大复兴必然是中华文明的复兴,但这种复兴不是复古,是中华优秀传统文化的创造性转化和创新性发展。迎接前进道路上的风险挑战,解决不断出现的复杂矛盾,必须用发展着的马克思主义认识世界、改造世界,充分运用、总结发扬中华民族5000多年来积累的伟大智慧,注重从中国大地上探寻解决自己问题的道路

和办法。

首先，中国传统文化是中国国情的题中应有之义。今人不见古时月，今月曾经照古人。在当代，中国悠久的历史和文化有两个承载主体，一是典籍及各类文化遗产，二是由每个具体中国人构成的中华民族。中华民族承载中国历史和文化的主要方式是历史和文化塑造的精神特质、思维方式、行为模式。因此，要认识今天的中国人，"要了解今天的中国、预测明天的中国，必须了解中国的过去，了解中国的文化。当代中国人的思维，中国政府的治国方略，浸透着中国传统文化的基因"[①]。应当看到，中国的悠久历史文化既有精华又有糟粕，并且它们是相互交织在一起的，文化精华在实现中华民族伟大复兴中发挥了重要推动作用，消极落后的因素仍然存在并成为前进道路上的无形阻力。例如，特权思想、"家长制"、人治思维、官僚主义、裙带关系等仍然不同程度存在于社会生活的各个领域，这也是国情的具体内容。只有从包括消极因素在内的国情出发，才能提出有针对性的解决方案和行动路线。

其次，中华优秀传统文化凝聚了中华民族最深沉、最深厚的精神追求。"中国人民的理想和奋斗，中国人民的价值观和精神世界，是始终深深植根于中国优秀传统文化沃土之中的，同时又是随着历史和时代前进而不断与日俱新、与时俱进的。"[②] 把这些理想、深厚精神追求同马克思主义立场观点方法、科学社会主义基本原则相结合，能深化我们对中国人民意愿和中华民族伟大复兴使命任务的认识把握，转化融入不同历史时期的工作任务，更能实现好、维护好、发展好人民利益。这些深厚的精神追求既包括那些在中国历史上已融入中华民族精神血脉的价值观念，也包括那些中国古人向往已久却未能实现的美好愿景。例如，"重集体""中和""老有所终，壮有所用，幼有所长，鳏寡孤独废疾者，皆有所养""不患寡而患不均""大同社会""国家大一统"，等等。

最后，发展人类文明新形态必须弘扬中华优秀传统文化。习近平总书记指出："我们坚持和发展中国特色社会主义，推动物质文明、政治文明、精神文明、社会文明、生态文明协调发展，创造了中国式现代化新道路，创造

[①] 《习近平关于总体国家安全观论述摘编》，中央文献出版社，2018年，第264页。

[②] 习近平：《在纪念孔子诞辰2565周年国际学术研讨会暨国际儒学联合会第五届会员大会开幕会上的讲话》，人民出版社，2014年，第13页。

了人类文明新形态。"① 党创造的人类文明新形态深刻揭示了各国应立足自己的历史文化，根据自己的客观条件选择符合自己国情的发展道路，西方现代化道路不是人类社会唯一选择，人类社会不会终结于西方的资本主义制度。人类文明新形态为其他希望既加快发展又能保持自身独立性的发展中国家提供了中国方案中国智慧，也为破解人类面临的共同难题提供了全新选择，它深刻改变了世界发展趋势和格局，具有鲜明的世界历史意义。面向未来面向世界，推进人类文明新形态发展进步必须坚持马克思主义同中华优秀传统文化相结合。一是中华优秀传统文化精华具有当代价值和世界意义，能为推进人类文明新形态发展进步贡献更多与西方完全不同的理念方法。"中华优秀传统文化是中华民族的文化根脉，其蕴含的思想观念、人文精神、道德规范，不仅是我们中国人思想和精神的内核，对解决人类问题也有重要价值。"② 例如，全面协调、统筹兼顾，统则强、分必乱，兼爱非攻，天下为公，世界大同，协和万邦，美美与共，多元包容，万物并育而不相害、道并行而不相悖，等等。二是博大精深的中华优秀传统文化是我们在世界文化激荡中站稳脚跟的根基。延续中华民族精神命脉，实现中华民族伟大复兴，应毫不动摇用马克思主义的世界观方法论鉴别中国传统文化中的精华和糟粕，坚持革故鼎新、推陈出新，推动中华优秀传统文化创造性转化和创新性发展，推动中华文明获得新的生命力。三是只有坚持马克思主义指导，辨别吸收中华优秀传统文化的精髓，与时俱进借鉴时代思想精华，才能塑造更具包容性、更具韧性和活力、更有优势的人类文明新形态。

"理论在一个国家实现的程度，总是取决于理论满足这个国家的需要的程度。"③ 马克思主义是立党立国的根本指导思想，中华优秀传统文化精华是中华民族的精神命脉和丰厚滋养，仍然潜移默化地影响着中国人的思想方式和行为方式，坚持马克思主义基本原理同中华优秀传统文化相结合，能直接推动当代中国马克思主义创新发展，进而引领21世纪世界马克思主义发展。但是，中国特色社会主义道路、理论体系、制度、文化是一个有机联系不可分割的整体，理论创新发展必然为拓展中国特色社会主义道路、坚持完善发展中国特色社会主义制度、推动社会主义文化繁荣兴盛提供更多指引。

---

① 习近平：《在庆祝中国共产党成立100周年大会上的讲话》，《人民日报》2021年7月2日。
② 《习近平谈治国理政》第3卷，外文出版社，2020年，第314页。
③ 《马克思恩格斯选集》第1卷，人民出版社，2012年，第11页。

实现二者结合,推动中华优秀传统文化创造性转化、创新性发展是一个长期探索过程,不是简单的"尊孔读经",更不是"文化复古",而是要特别重视挖掘五千年中华文明精华,弘扬中华优秀传统文化,并同马克思主义立场观点方法结合起来,为我们认识世界改造世界做出更多贡献。

原载《教学与研究》2021 年第 11 期

作者简介:王炳林,北京师范大学马克思主义学院教授、中国人民大学中共党史党建研究院特约研究员;李盖启,云南艺术学院马克思主义学院讲师、北京师范大学马克思主义学院博士研究生。

马克思主义与中国文化的传承与发展[①]

蒋桂芳

意识形态作为文化的核心,规定了文化的阶级属性,关系着文化的命运和发展前途。文化的兴衰优劣、软实力的强弱取决于意识形态的先进或落后。先进的意识形态是国家富强、民族振兴、文化发展的源泉。中国传统文化的传承接续、现代转型,中国特色社会主义文化的产生与发展,与马克思主义这一先进的意识形态息息相关。可以说,没有马克思主义,就没有中国特色的社会主义文化;没有马克思主义中国化最新成果的指引,也就不会有中国特色社会主义文化的未来发展。

一、马克思主义在拯救中国的同时也挽救了中国文化

"文化是一个国家、一个民族的灵魂。文化兴国运兴,文化强民族强。"[②] 不同的国家、不同的民族因文化的不同而展现出不同的精神风貌。国家和民族的繁荣发展离不开文化的繁荣和发展;同样,文化的繁荣和发展也要以国家和民族作为依托。国家和民族之于文化是形与神或体与魂的关系。任何文化都不是无根的浮萍,而是具体的国家和民族的文化,其存在和发展都需要以国家和民族的硬实力为基础。有了强大的国家和民族,文化才有繁荣发展的基础;没有国家和民族,文化就像一个无处安身的浮萍,甚至可能因此而断流。古埃及文明有自创的象形文字(圣书字)和独特文化,但是后来异族入侵,古埃及语言完全消亡,古埃及人也基本消失。古巴比伦文

[①] 本文系国家社科基金重点项目"意识形态安全视阈下马克思主义'失语、失踪、失声'问题研究"(17AKS020)的阶段性成果。

[②] 习近平:《决胜全面建成小康社会夺取新时代中国特色社会主义伟大胜利——在中国共产党第十九次全国代表大会上的报告》,人民出版社,2017年,第40—41页。

明是世界上最早出现的文明，拥有最早的楔形文字，但是公元前17世纪以后，古巴比伦王国因外族入侵而灭亡，文明中断。印度河流域的古印度文明也有自己的原创文字，发展水平很高，但是公元前18世纪后开始衰落，并随着雅利安人的入侵而彻底毁灭。中国文化成为四大文明古国中唯一源远流长而没有断流的文化。

从甲骨文、钟鼎文到金文，从大篆、小篆、隶书、楷书到行书、草书等的文字传承，从文言文、白话文到网络用语的语言创新，从古代四大发明到今天的新四大发明，从唐诗、宋词、元曲到当今的散文、诗歌、小说等，中国文化薪火相传，推陈出新，创造了灿烂的中华文明，为人类文明做出了卓越贡献。但是，近代以来，中国因落后而挨打，中国人民在苦难中挣扎，曾尝试通过种种思想、学说、主义拯救中国，都无果而终。"在一个很长的时期内，即从一八四〇年的鸦片战争到一九一九年的五四运动的前夜，共计七十多年中，中国人没有什么思想武器可以抗御帝国主义。旧的顽固的封建主义的思想武器打了败仗，抵不住，宣告破产了。不得已，中国人被迫从帝国主义的老家即西方资产阶级革命时代的武器库中学来了进化论、天赋人权论和资产阶级共和国等思想武器和政治方案，组织过政党，举行过革命，以为可以外御列强，内建民国。但是这些东西也和封建主义的思想武器一样，软弱得很，又是抵不住，败下阵来，宣告破产了。"[①] 传承了几千年的中国传统文化也因国家民族的危亡面临魂无体附、几近断流的危险。

十月革命一声炮响，给中国送来了马克思列宁主义。毛泽东领导中国共产党和中国人民研究它、宣传它、应用它、发展它，把马克思主义理论植根于中国实际，和中国国情相结合，找到了解决中国问题的方案。"从马克思列宁主义的科学真理中看到了解决中国问题的出路。"[②] 在马克思主义指导下，中国人民进行了彻底的不妥协的新民主主义革命，推翻了帝国主义、封建主义、官僚主义三座大山，建立了新中国。

在血与火的革命过程中，马克思主义激发了千千万万的中国人投身革命，发扬坚忍不拔、勇往直前，不畏牺牲、无私奉献的革命精神，诞生了中国革命文化。从而，中国优秀传统文化不仅没有断流，而且因革命文化的诞

---

① 《毛泽东选集》第4卷，人民出版社，1991年，第1513—1514页。
② 习近平：《决胜全面建成小康社会夺取新时代中国特色社会主义伟大胜利——在中国共产党第十九次全国代表大会上的报告》，人民出版社，2017年，第13页。

生得到传承和升华，社会主义先进文化底蕴得到积淀，中国文化展现出新的面貌。"在'五四'以前，中国的新文化，是旧民主主义性质的文化，属于世界资产阶级的资本主义的文化革命的一部分。在'五四'以后，中国的新文化，却是新民主主义性质的文化，属于世界无产阶级的社会主义的文化革命的一部分。"[①] 因此，马克思主义通过拯救中国拯救了中国文化，使中国文化成为世界上唯一源远流长而没有断流的文化。

二、马克思主义哲学以科学的世界观、规律观和历史观为中国文化发展指明了新方向

由于各种局限，中国传统文化对于世界的本原、自然界运动变化的规律以及王朝兴衰更替的历史根源等问题，大都没能给出科学的答案，这限制了中国传统文化的进一步发展。马克思主义哲学以科学的世界观、规律观和历史观，科学地回答了中国传统文化的这些哲学问题，为中国文化的发展指明了方向，推动了中国传统文化的现代转型。

1. 马克思主义哲学坚持"世界的物质统一性"，为中国文化树立了科学的世界观

追本溯源、探究真相是中国文化的一贯传统。早在殷周时代，我国就出现了关于宇宙万物本原"阴阳五行说"的朴素唯物论思想文化。老子、韩非子、管子则认为万物起源于"道"，"道"是宇宙的总根源、总法则。"道生一，一生二，二生三，三生万物。"庄子、王充、张载、朱熹等主张"气"是万物之源，是生命之本。[②] 万物起源于某种具体的自然物质，这奠定了中国传统文化唯物主义一元论学说的基础，一定程度上使当时神秘的宗教信仰转化为对自然的尊重和敬畏，彰显了中国传统文化求本求真的文化旨归。但是，在中国传统文化中，世界的本原这个哲学问题始终没有一个令人满意的答案，甚至被认为缺乏本体论意义上的世界观。马克思主义哲学用世界的物质统一性原理科学地回答了这个问题。马克思主义哲学坚持辩证唯物主义一

---

① 《毛泽东选集》第 2 卷，人民出版社，1991 年，第 698 页。
② 参见华中工学院化学教研组自然辩证法学习小组：《从〈论衡〉看王充的自然观》，《化学通报》1975 年第 2 期。

元论，从形形色色的个别事物中抽象出一般，认为世界统一于物质，物质是世界万事万物的本原。一切现象，无论自然的、社会的，还是精神的，归根到底都是由物质运动引起的，都可以从中获得最终的解释和说明。这一观点有力地批判了一切唯心主义、宗教迷信和歪理邪说，为中国文化树立了真正科学的世界观。

2. 马克思主义哲学坚持"规律的客观性和可知性"，为中国文化树立了科学的规律观

揭示事物运动变化发展的规律是中国传统文化的哲学意趣。道家、儒家、法家等都认为自然界具有不以人的意志为转移的客观规律，人必须遵循和顺应自然规律，不可胡作非为。道家称这个规律为"自然"。老子在《道德经·第二十五章》中曰："人法地，地法天，天法道，道法自然。"儒家称这个规律为"天"。孔子在《论语·阳货》中曰："天何言哉？四时行焉，百物生焉，天何言哉！"荀子在《天论》中曰："天行有常，不为尧存，不为桀亡，应之以治则吉，应之以乱则凶"，因此人们要"物蓄而制之""制天命而用之""应时而使之""骋能而化之""理物而勿失之"[1]。法家称这个规律为"常"。韩非子曰："唯夫与天地之剖判也俱生，至天地之消散也不死不衰者谓常。"[2] 客观规律是自然界阴阳二气的运动变化。《荀子·礼论》中有"天地合而万物生，阴阳接而变化起"，《周易·系辞上》中有"一阴一阳之谓道""形而上者谓之道，形而下者谓之器"。其中，《周易》明确指出："是故，易有太极，是生两仪，两仪生四象，四象生八卦。"[3] "道"包含阴和阳两个方面，阴阳是不断运动变化的关系，通过变化生生万物。

尽管中国传统文化揭示了自然规律的客观性，强调人要尊重和顺应自然规律，但是由于认识的局限性，大多把自然界的变化及其规律看成是无所不能的德性之天的旨意，把人的生老病死、人伦纲常、生活、经历等看成是神秘不可违的天意，强调"死生有命、富贵在天"，不懂得人可以掌握和利用规律为自身服务，最终走向了宿命论。

马克思主义哲学不仅承认自然界和人类社会有不以人的意志为转移的客

---

[1] 章诗同：《荀子简注》，上海人民出版社，1974年，第183—184页。
[2] 王先慎：《韩非子集解》，中华书局，2006年，第109页。
[3] 《周易》，中华书局，1982年，第33页。

观规律，强调规律的客观性、重复性、必然性、可知性，更强调规律的可知性，认为人在规律面前不是无能为力的，人可以认识和掌握规律，并且可以在尊重和顺应规律的基础上，发挥主观能动性，掌握规律的特点，巧妙地利用规律为自身的生产生活服务。因此，马克思主义哲学为中国文化树立了科学的规律观。

3. 马克思主义哲学坚持"社会历史发展是客观规律性和主观能动性的统一"，为中国文化树立了科学的历史观

王朝兴衰更替的根源是传统文化关注的大问题。在中国传统文化中，影响比较大的历史观有天意史观、君王史观、道德史观、循环史观等。例如，司马迁等坚持天意史观，认为历史的盛衰交替、波澜起伏的过程是天意或气数。钱钟书评价《史记》："盖析理固疑天道之为无，而慰情宁信阴骘之可有，东食西宿，取熊兼鱼，殆人心两歧之常欤。"[1] 贾谊、刘向、董仲舒等坚持君王史观，董仲舒在《春秋繁露·立元神》中曰："君人者，国之元，发言动作，万物之枢机，枢机之发，荣辱之端也。"孔子主张道德史观，《论语·为政》中有"道之以政，齐之以刑，民免而无耻；道之以德，齐之以礼，有耻且格"。邹衍则主张循环史观，"在五德终始学说中，王朝兴衰被视为在天意主宰下，金、木、水、火、土五种德运周而复始的更迭"[2]。然而，由于中国传统文化不了解生产力与生产关系之间的矛盾运动，没有认识到人类社会和自然界一样也有自身运动变化发展的客观规律，不知道人类社会历史是人遵循社会发展规律并发挥主观能动性的结果，最终大都归于唯心史观。因此，在传统文化的影响下，我国封建社会始终没有摆脱兴衰更替的历史循环。

马克思主义哲学揭示了自然界和人类社会运动变化发展的客观规律以及人类社会发展的根本动力，而且指出人类社会的发展是一个自然历史过程，是客观规律性和主观能动性的统一。人类社会的发展进步，不仅需要人了解和尊重人类社会运动变化发展的规律，顺应人类文明发展趋势，而且需要发挥人的主观能动性，积极创造条件，推动和促进其发展和进步，社会才有可

---

[1] 胡河清：《钱钟书的天命批判》，《贵州大学学报（社会科学版）》1993年第2期。
[2] 许哲娜：《从五色文化的视角看传统"天人合一"政治思维》，《天津社会科学》2015年第5期。

能按照人的愿望和意志发展。至此，中国文化开始有了科学的历史观。在马克思主义科学世界观、规律观和历史观的指导下，文化发展有了新的方向，中国传统文化开始向现代文化转型。在马克思主义世界观、规律观和历史观影响下的中国人，不仅能够正确认识自己的生老病死、正确认识自然界、正确认识人类社会及其历史，而且还认识到，在尊重社会历史客观规律的基础上发挥主观能动性，人就能够主宰自己的命运，成为推动社会历史发展的主人。正如毛泽东所说："自从中国人学会了马克思列宁主义以后，中国人在精神上就由被动转入主动，从这时起，近代世界历史上那种看不起中国人、看不起中国文化的时代应当完结了。"[①] 从此，中国人开始从只具有道德意义的自强不息里走出来，从难以挣脱的外力掌控中解放出来，从历史宿命论的迷雾中清醒过来，在认识和利用自然界与人类社会各种规律的基础上，真正掌握自己的命运，去开创未来。

三、马克思主义的扬弃观使中国人科学地看待中国传统文化

马克思主义不仅是科学的世界观、历史观，而且是科学的方法论。马克思主义来到中国，不仅使中国传统文化向现代转型，而且教会中国人科学辩证地对待中国传统文化。中国共产党人秉持马克思主义扬弃观，对中国传统文化既没有简单地否定也没有简单地肯定，而是既克服又保留，既批判又继承，使中国传统文化的糟粕得以清除，文化精华得以弘扬。

1. 文化糟粕不断清除，文化精华得以弘扬

根据马克思主义扬弃观，对中国传统文化中优秀的与腐朽的、人民的与反人民的、封建的与反封建的内容进行科学的划分，即"对传统文化进行科学分析，对有益的东西、好的东西予以继承和发扬，对负面的、不好的东西加以抵御和克服，取其精华、去其糟粕，而不能采取全盘接受或者全盘抛弃的绝对主义态度"[②]。一方面，传统文化中落后的、腐朽的东西得到清除，例如，重集权，轻民主；重人治，轻法制；重人文，轻科技，以及封建迷信

---

① 《毛泽东选集》第 4 卷，人民出版社，1991 年，第 1516 页。
② 习近平：《牢记历史经验历史教训历史警示为国家治理能力现代化提供有益借鉴》，《人民日报》2014 年 10 月 14 日。

思想、君权神授观念、愚忠愚孝行为、封建等级身份、小国寡民心态、小富即安追求、不良的民俗风俗等。正如习近平所说："传统文化在其形成和发展过程中，不可避免会受到当时人们的认识水平、时代条件、社会制度的局限性的制约和影响，因而也不可避免会存在陈旧过时或已成为糟粕性的东西。"① 另一方面，中国传统文化中的优良品德、民族精神、道德规范、优秀思想和价值观念等得到继承和弘扬，例如，爱国主义精神、小康大同的理想、和合中庸的理念、积极进取的态度、勤劳勇敢的精神、尊天应道的观念等。习近平强调："大力弘扬以爱国主义为核心的民族精神和以改革创新为核心的时代精神，深入挖掘和阐发中华优秀传统文化讲仁爱、重民本、守诚信、崇正义、尚和合、求大同的时代价值，使中华优秀传统文化成为涵养社会主义核心价值观的重要源泉。"②

由于自身的局限性，中国传统文化无法解决近代以来中国社会的发展问题。当16世纪至19世纪初西方资本主义萌芽、产生、发展并向外扩张时，中国传统文化无法发挥凝聚力和引领力成为外御列强的精神武器，满足不了中国人民救亡图存的愿望，也满足不了中国社会发展的需要。但是，作为中华儿女的精神基因，源远流长的中国传统文化积淀着中华民族最深层的精神追求，是我们民族的"根"和"魂"，不仅为中华民族生生不息、发展壮大提供了丰厚的精神滋养，而且涵养着丰厚的优秀传统文化。因此，"对我国传统文化……要坚持古为今用……去粗取精、去伪存真，经过科学的扬弃后使之为我所用"③。

2. 人文理念得到创造性转化和创新性发展

"不忘历史才能开辟未来，善于继承才能善于创新。"④ 中华民族五千年来创造和传承下来的优秀文化具有跨越时空、超越国度的永恒魅力，不会随着时间的推移而变成落后的东西，必须肯定和大力弘扬。因此，我们"要处理好继承和创造性发展的关系，重点做好创造性转化和创新性发展"⑤。中

---

① 习近平：《在纪念孔子诞辰2565周年国际学术研讨会暨国际儒学联合会第五届会员大会开幕会上的讲话》，《人民日报》2014年9月25日。
② 《习近平谈治国理政》，外文出版社，2014年，第164页。
③ 《习近平谈治国理政》，外文出版社，2014年，第156页。
④ 习近平：《在纪念孔子诞辰2565周年国际学术研讨会暨国际儒学联合会第五届会员大会开幕会上的讲话》，《人民日报》2014年9月25日。
⑤ 《习近平谈治国理政》，外文出版社，2014年，第164页。

国共产党人一直秉承这种理念：毛泽东用辩证唯物主义和历史唯物主义原理把"实事求是"创造性发展为依据实际情况决定工作方法的党的实事求是思想路线，邓小平把《礼记·礼运》中的"小康社会"创新发展成介于温饱和富裕之间的有中国特色的社会主义小康社会，习近平坚持以马克思主义为指导，对中国优秀传统文化进行创造性转化和创新性发展，如把"民贵君轻"的民本思想创新发展为"以人民为中心"的发展理念，等等。

3. 封建糟粕的内容不断剔除，文化的民族表现形式得到保留

中国传统文化的表现形式很多，不仅有风雅颂、诗词曲等雅文化，而且有各民族、各地区的音乐、舞蹈、戏曲、杂技、快板、秧歌等俗文化。这些老百姓喜闻乐见的文化表现形式是民族的标识，也是优秀文化，因此我们将它们传承并保留下来。正如毛泽东所指出的："一种是老秧歌，反映的是旧政治、旧经济，一种是新秧歌，反映的是新政治、新经济。"① 中国传统文化中还有很多优秀文化资源等待我们去挖掘、去传承。正如毛泽东所说："我们这个民族有数千年的历史，有它的特点，有它的许多珍贵品。对于这些，我们还是小学生。今天的中国是历史的中国的一个发展；我们是马克思主义的历史主义者，我们不应当割断历史。从孔夫子到孙中山，我们应当给以总结，承继这一份珍贵的遗产。"②

当前各国文化的交流、交融、交锋异常激烈，文化霸权主义横行，在这种形势下，我们应顺应时代发展，挖掘和传承传统文化的优秀部分与世界共享，既使中国传统优秀文化焕发新的生机和活力，也使中国传统优秀文化的传承和发展有了很好的前景。

四、马克思主义给中国传统文化注入新的意识形态

真正的社会革命都是意识形态革命。文化的异质性，从根本上来说，主要是意识形态的异质性。马克思主义来到中国，"中国人民谋求民族独立、人民解放和国家富强、人民幸福的斗争有了主心骨，中国人民就从精神上由

---

① 《毛泽东文集》第3卷，人民出版社，1996年，第110页。
② 《毛泽东选集》第2卷，人民出版社，1991年，第533—534页。

被动转为主动了"①。马克思主义不仅是世界观、历史观、方法论，更是意识形态。正是马克思主义给中国文化注入新的观念和意识形态，改变了中国文化的价值观念、社会结构和发展向度，使中国人不再局限于以往小国寡民的人文情怀和道德视域，有了社会主义的远大理想和共产主义的最高理想，中国文化有了新气象，中国特色社会主义文化得以产生和发展。

第一，马克思主义使"民主""科学"观念深入人心。中国近代社会发展最大的障碍是中国传统文化中的等级观念、宗教迷信思想和封闭保守传统，"民主""科学"意识孱弱，即使到了鸦片战争爆发、民族危机日益严重之时，中国思想界还拘泥于"夷夏之辨"和"体用之争"。1919年五四新文化运动以后，"民主""科学"观念成为文化的核心观念或价值追求。五四新文化运动标志着中国无产阶级登上了世界历史的舞台，是中国新、旧民主主义运动的分界线；五四新文化运动后，社会主义成为最时髦、最流行的词汇，马克思主义得到迅速和广泛的传播。五四运动的"民主"与"科学"，是对封建专制主义、迷信愚昧思想以及旧伦理、旧道德乃至整个传统文化的批判与反思的结果，因而它极大地促进了人们的思想解放，推动了思想文化的变革。尽管它不是最早的批判与反思，也不是最早提出民主与科学的运动，但由于这种批判与反思是马克思主义影响下意义最为深远的批判与反思，因此，可以说马克思主义使"民主""科学"观念深入人心。

第二，马克思主义给中国文化注入阶级观念。中国传统文化只有封建等级观念，没有阶级观念。自从有了马克思主义，中国文化有了阶级观念，广大人民群众明白了阶级差别以及阶级差别的根源，明白了无产阶级劳苦大众苦难的根源，明白了只有推翻剥削和压迫才能改变自身的政治经济地位和生活条件。"正是他第一次使现代无产阶级意识到自身的地位和需要，意识到自身解放的条件。"②

第三，马克思主义给中国文化注入人民主体的思想。中国传统文化认为，主宰历史、社会、人类命运的是上天、是神仙，皇帝是玉皇大帝的化身，其统治权力是"奉天承运"。虽然中国传统文化中也有"民为贵，社稷次之，君为轻"的"民本"思想，但是这种民本思想是统治阶级基于统治需

---

① 习近平：《决胜全面建成小康社会夺取新时代中国特色社会主义伟大胜利——在中国共产党第十九次全国代表大会上的报告》，人民出版社，2017年，第13页。
② 《马克思恩格斯选集》第3卷，人民出版社，1995年，第777页。

要安抚民众的说辞，并没有真正兑现。马克思主义的人民主体思想认为，人类社会历史是规律性和目的性的统一，是人民群众遵循人类社会发展规律、发挥主观能动性积极追求的结果。社会发展的力量不是来源于神仙、皇帝，而是来源于人民大众。马克思主义人民主体思想和中国国情相结合，产生了毛泽东的群众史观，具体包括：历史是人民创造的，人民是真正的历史主体；历史和社会的发展要依靠人民、为了人民，要听取人民的心声，解决人民的问题，才能推动社会发展和历史进步。因此，中国共产党要走群众路线，从群众中来，到群众中去，"全心全意为人民服务"。习近平提出"以人民为中心"的执政理念，强调"人民是历史的创造者，是决定党和国家前途命运的根本力量。必须坚持人民主体地位，坚持立党为公、执政为民，践行全心全意为人民服务的根本宗旨，把党的群众路线贯彻到治国理政全部活动之中，把人民对美好生活的向往作为奋斗目标，依靠人民创造历史伟业"[①]。他超越了中国传统文化的民本思想，创新发展了中国传统文化。

第四，马克思主义给中国文化注入无产阶级革命的理念。中国传统文化把反抗君权、皇权看成大逆不道，认为只有逆来顺受才是受统治者认可的良民。所以，以往的农民起义很少取得成功，即使成功了，也把皇帝招安作为最好的出路。清末的资产阶级最多只是宣传改良主义运动，而不是主张彻底革命，辛亥革命最终因袁世凯复辟帝制而宣告失败。马克思主义使中国共产党人明白一个道理：只有彻底打碎旧世界，才能建立新世界。只有把马克思主义和中国国情结合，进行彻底的、不妥协的新民主主义革命和无产阶级社会主义革命，才能使人民群众真正翻身做主人。马克思主义激发起广大无产阶级艰苦奋斗、不怕牺牲的精神，他们以饱满的革命热情投身于中国共产党领导的新民主主义革命伟大事业，使中国革命取得了最后的胜利。

第五，马克思主义给中国文化注入社会主义思想和共产主义信念。中国传统文化中没有社会主义思想，更没有共产主义信念。马克思主义的五大社会形态理论使中国人有了社会主义思想和共产主义信念。中国人开始明白，人类社会历史的发展是一个螺旋式上升的过程，是先进的社会形态代替落后的社会形态的过程。没落的封建社会和落后的资本主义社会终究要被更高级的社会形态即社会主义和共产主义社会替代，共产主义社会最终一定能够

[①] 习近平：《决胜全面建成小康社会夺取新时代中国特色社会主义伟大胜利——在中国共产党第十九次全国代表大会上的报告》，人民出版社，2017年，第21页。

实现。

第六，马克思主义给中国文化注入共同体思想。中国传统文化很少涉及人类共同命运的内容。作为始终关注人类命运的思想家，马克思从青年时代开始就已经清醒地意识到"共同体"之于人的自由、人的个性、人类解放的重大意义。马克思主义认为，人是类存在物，共同体是人类得以生存和发展的基本方式。习近平把马克思主义理论和当今中国以及世界面临的共同问题相结合，提出"人类命运共同体"理念，为全球化背景下人类的存在和发展提供了一种新思路。随着经济一体化、交往网络化，各个国家、各个地区、各个民族之间的全球性问题或难题比以往任何时代都更加明显，例如环境、资源、气候、人口、文化冲突等，世界各国越来越成为一个利益相关、休戚与共的命运共同体、经济共同体和责任共同体，"人类命运共同体"思想体现了中国共产党人的历史担当和世界情怀。

马克思主义作为先进的意识形态，自诞生以来就始终"占据着真理和道义的制高点"[①]。但是，马克思主义经典作家没有也不可能为中国革命、建设和改革进程中的各种具体问题提供现成的答案。马克思主义必须同中国实际相结合，才能转化为推动中国革命、建设和改革走向成功的强大精神动力。马克思主义在和中国传统文化、中国国情相结合的过程中，形成了马克思主义中国化的一系列理论成果，先后产生了毛泽东思想、邓小平理论、"三个代表"重要思想、科学发展观和习近平新时代中国特色社会主义思想。这些理论成果在指导中国人民进行社会主义革命、建设和改革的过程中，激发了中国人的革命精神、牺牲奉献精神、团结奋斗精神、改革创新精神等，孕育出具有中国特色、中国风格、中国气派的革命文化和社会主义先进文化。中国革命文化是以共产主义理想信念为最高境界，以艰苦奋斗、不怕牺牲为主要内容，以共产主义道德情操为基本要求，反映中国共产党人和广大群众独特的革命思想和精神风貌的文化；社会主义先进文化是以新民主主义文化为基础，植根于中华优秀传统文化，立足于中国实际，吸收国内外文化的有益成果，符合先进生产力发展要求，代表历史发展方向，具有民族性、科学性、大众性、开放性和包容性的文化。至此，中国文化成为包含中国优秀传统文化、革命文化和社会主义先进文化三个组成部分的中国特色社会主义文化。

---

① 习近平：《在哲学社会科学工作座谈会上的讲话》，人民出版社，2016年，第9—10页。

党的十九大报告指出："中国特色社会主义文化，源自于中华民族五千多年文明历史所孕育的中华优秀传统文化，熔铸于党领导人民在革命、建设、改革中创造的革命文化和社会主义先进文化，植根于中国特色社会主义伟大实践。"① 这深刻地阐明了中国特色社会主义文化的三个层面："其一，'源流形态'，即中华民族的优秀传统文化；其二，'现实形态'，即党领导人民创立的革命文化和社会主义先进文化；其三，'发展形态'，植根于伟大实践的民族的科学的大众的文化。"②

经济基础决定上层建筑，有什么样的经济基础，就有什么样的上层建筑。经济基础强大了，作为上层建筑的文化才会引人注目，文化才有自信。文化自信折射的是国家硬实力的自信。文化自信的底气不仅要从文化的价值中寻找，更要从文化的经济基础中寻找。国家一流，学术才能一流；国家一流，文化才能一流。从世界范围来看，经济实力弱的国家，文化再发达也不会被尊重、被理解、被关注，甚至可能被耻笑。经济实力强的国家，文化自然会引起关注和认同，甚至被奉为文明圭臬。自近代以来到新中国成立之前，中国传统文化之所以失去昔日的光芒，是因为当时的中国综合国力日渐衰落，不仅没有在经济、政治、科技、军事等方面引领世界，反而远远落后于别的国家，文化自然会随之黯然失色。

马克思主义来到中国，不仅拯救了中国，使中国站起来，而且指导中国在一穷二白的基础上建立和发展起独立的、比较完整的工业体系和国民经济体系，使中国文化有了经济基础的支撑。改革开放以来，党中央领导中国人民，继续坚持马克思主义的指导，用辩证唯物主义和历史唯物主义分析、研究中国的问题，开启了以改革开放为动力的中国特色社会主义建设道路，带领中国富起来，中国文化的经济基础不断增强，文化自信逐渐有了底气。

党的十八大以来，以习近平同志为核心的党中央继续领导中国人民坚持马克思主义的指导，在努力全面建成小康社会、全面深化改革、全面从严治党、全面依法治国的过程中，提倡以联系的、发展的、互动的、共享的思维方式和实践策略寻找治国理政的答案，中国综合国力不断增强，并在不断解决中国问题的过程中促进国际问题的解决，在促进中国发展的过程中为世界

---

① 习近平：《决胜全面建成小康社会夺取新时代中国特色社会主义伟大胜利——在中国共产党第十九次全国代表大会上的报告》，人民出版社，2017年，第41页。
② 《坚定文化自信的理论自觉——访中国社会科学院大学特聘教授侯惠勤》，《马克思主义研究》2017年第11期。

上其他社会主义国家提供中国智慧和中国方案。当前，我国国民生产总值已稳居世界第二位，成为仅次于美国的经济大国，国际声誉和地位日益提升，中国实现了由站起来、富起来到强起来的伟大飞跃。中国文化因为有了强大而坚实的经济基础，文化自信更添底气。

五、推动中国特色社会主义文化繁荣兴盛必须坚持马克思主义指导

意识形态是文化的内核和灵魂，有什么样的意识形态，就会有什么样的文化。先进的意识形态对应的是先进文化，落后的意识形态对应的是落后文化。先进的意识形态反映社会发展规律，明确社会发展目标，构造社会发展蓝图，激励并召唤人们为实现理想而奋斗，有着强大的凝聚力、感召力。发展中国特色社会主义文化，推动中国特色社会主义文化繁荣兴盛，必须继续坚持马克思主义这一最为先进的意识形态的指导。就实质而言，先进的意识形态具有以下几个特性：第一，广泛的群众性。先进的意识形态反映广大人民群众的利益和要求，受到群众的广泛支持和认可，有着深厚的群众基础。第二，持续的科学性。先进的意识形态必须始终以客观事实为依据，正确反映客观世界，揭示发展规律，并随着实践的发展而不断发展，有着严谨的科学内涵、科学精神、科学方法。第三，生产力属性。意识形态作为上层建筑，其先进性取决于能否推动生产力的发展。先进的意识形态必须始终代表先进生产力的发展方向和发展要求，始终能推动生产力的发展而不是阻碍生产力的发展。第四，前瞻性。前瞻性是先进的意识形态的重要标志。意识形态是否先进，取决于它能否超越现在把握和洞察未来，引领现实社会不走封闭僵化的老路，不走改旗易帜的邪路，不断向真、向善、向美、向上、向好，走向光明的未来。

之所以说马克思主义是最先进的意识形态，就在于马克思主义不仅具有广泛的群众性，代表和维护最广大人民群众的根本利益，而且具有科学性、前瞻性和生产力属性。"马克思主义的命运早已同中国共产党的命运、中国人民的命运、中华民族的命运紧紧连在一起，它的科学性和真理性在中国得到了充分检验，它的人民性和实践性在中国得到了充分贯彻，它的开放性和

时代性在中国得到了充分彰显！"① 历史已经证明，没有马克思主义，就没有社会主义中国；没有马克思主义，就没有今天的中国特色社会主义文化。

坚持马克思主义的指导是中国特色社会主义文化的鲜亮底色，也是中国特色社会主义文化的最大特色。"坚持以马克思主义为指导，是当代中国哲学社会科学区别于其他哲学社会科学的根本标志，必须旗帜鲜明加以坚持。"② 意识形态领域没有真空，马克思主义不去占领，各种非马克思主义、假马克思主义、反马克思主义就会去占领。没有马克思主义的指导，中国文化就会失去灵魂，迷失方向，最终不能发挥应有的作用。只有牢牢掌握意识形态工作领导权，巩固马克思主义在思想文化领域的指导地位，才能在继续推进马克思主义中国化、时代化、大众化的过程中"建设具有强大凝聚力和引领力的社会主义意识形态，使全体人民在理想信念、价值理念、道德观念上紧紧团结在一起"③，才能巩固全党全国各族人民团结奋斗的共同思想基础，永葆中国特色社会主义文化正确的前进方向和发展道路。

只有坚持马克思主义的指导，牢牢掌握意识形态工作领导权，才能"坚守中华文化立场，立足当代中国现实，结合当今时代条件，发展面向现代化、面向世界、面向未来的，民族的科学的大众的社会主义文化，推动社会主义精神文明和物质文明协调发展"④。只有坚持马克思主义的指导，才能以科学的扬弃观"深入挖掘中华优秀传统文化蕴含的思想观念、人文精神、道德规范，结合时代要求进行创新，让中华文化展现出永久魅力和时代风采"⑤。

只有坚持马克思主义的指导，牢牢掌握意识形态工作领导权，加强爱国主义、集体主义、社会主义教育，弘扬主旋律、传递正能量、塑造正形象、展现新风貌，引导人们树立正确的历史观、民族观、国家观、文化观，才能使全体人民"牢固树立共产主义远大理想和中国特色社会主义共同理想，培

---

① 习近平：《在纪念马克思诞辰200周年大会上的讲话》，《人民日报》2018年5月5日。
② 习近平：《在哲学社会科学工作座谈会上的讲话》，人民出版社，2016年，第8页。
③ 习近平：《决胜全面建成小康社会夺取新时代中国特色社会主义伟大胜利——在中国共产党第十九次全国代表大会上的报告》，人民出版社，2017年，第41页。
④ 习近平：《决胜全面建成小康社会夺取新时代中国特色社会主义伟大胜利——在中国共产党第十九次全国代表大会上的报告》，人民出版社，2017年，第41页。
⑤ 习近平：《决胜全面建成小康社会夺取新时代中国特色社会主义伟大胜利——在中国共产党第十九次全国代表大会上的报告》，人民出版社，2017年，第42页。

育和践行社会主义核心价值观"[1]。只有坚持马克思主义的指导,牢牢掌握意识形态工作领导权,不断弘扬以爱国主义为核心的民族精神和以改革创新为核心的时代精神,"推动中华优秀文化创造性转化、创新性发展,继承革命文化,发展社会主义先进文化,不忘本来、吸收外来、面向未来,更好构筑中国精神、中国价值、中国力量,为人民提供精神引领"[2],才能使全体人民坚定文化自信,自觉抵御不利于社会主义建设的负面能量,在不断提高思想觉悟、道德水平、文明素养的过程中,推动中国特色社会主义文化繁荣兴盛,铸就中华文化新辉煌。

原载《马克思主义研究》2018年第10期

作者简介:蒋桂芳,郑州大学马克思主义学院教授、博士生导师。

---

[1] 习近平:《决胜全面建成小康社会夺取新时代中国特色社会主义伟大胜利——在中国共产党第十九次全国代表大会上的报告》,人民出版社,2017年,第23页。

[2] 习近平:《决胜全面建成小康社会夺取新时代中国特色社会主义伟大胜利——在中国共产党第十九次全国代表大会上的报告》,人民出版社,2017年,第23页。

马克思主义与中国文化关系演变的反思与展望

金民卿

马克思主义和中国传统文化的融合是马克思主义中国化的重要向度。两种文化从接触、碰撞到融合发展经历了长期的历史过程，在双向融入的同时也在不同阶段上经历了矛盾性体验，这些历史性经验对于中国化马克思主义和中国文化的当代性发展，以及当今中国思想政治界的生态状况，都产生了不可忽视的影响。站在马克思主义中国化角度，对马克思主义与中国文化关系的历史演变的回顾与反思以及对未来发展的展望，是研究马克思主义中国化问题的一个重要内容。

一、五四运动前中国人对马克思主义的解读与传播

马克思主义在形成和发展进程中已经把中国文化纳入自身的视野，给予多重性评价：站在激进民主主义和共产主义立场上，批判中国社会的不足，尤其是重集体轻个人、重统一轻自由、政权专制等；站在对人类文明贡献的角度，肯定了中国文化在世界文化系统中的地位和贡献，对其优秀内容给予较高的评价；站在无产阶级革命和人类解放的高度，赞扬了中国人民反抗西方殖民主义的斗争，并认为中国反封建的民主革命将成为世界无产阶级革命的组成部分，成为欧洲革命的导火索，中国社会将会出现一个光明的前景，创建一个崭新的自由、平等、博爱的"中华共和国"。这就是说，中国文化并没有外在于马克思主义。作为迄今为止最先进的科学理论，马克思主义最大限度地吸收了包括中国文化合理要素在内的人类文明发展的优秀成果，马克思主义理论中的中国文化因子成为其同中国文化融合的一个重要基础。

马克思主义在19世纪70年代就逐步传入中国，直到五四时期被中国人

自觉接受为改造中国的指导思想,这一阶段是马克思主义在中国的早期译介时期,是马克思主义中国化的思想前史。在这个阶段中,中国人力图用传统文化解读和融化马克思主义,力图把马克思主义作为改造中国的一种理论借鉴,但是都没有取得成功。

(一) 中国思想文化界力图用传统文化解读和融化马克思主义

中国思想文化界从接触到马克思主义之时起,就尝试把马克思主义融入中国文化体系当中,用中国文化既有的理论框架和概念系统,如均贫富、安民养民、大同社会、井田制、三民主义、社会改良主义、诸子百家思想等解读马克思主义。这些解读没有意识到两种文化在本质上的区别,没有理解马克思主义是科学社会主义,是全世界无产阶级和全人类解放的世界观方法论,简单地把传统文化的概念、思想套用在马克思主义上,难以得出正确的理解。

中国早期的外交家李凤苞等人把一些同马克思主义相关的概念翻译到中国,把共产主义翻译为"廓密尼士",将社会民主党翻译为"莎舍尔德玛噶里",将共产党翻译为"康密尼党"等。这种硬译方式难以实现文化传播的目的。洋务派主编的《西国近事汇编》介绍了欧美工人运动及社会民主党的思想,用中国传统文化来解读社会主义理论,把社会主义译为"主欧罗巴大同""贫富适均""贫富均财之说"等,这种翻译显然曲解了社会主义的本义。

维新变法前后,一些学者在翻译欧洲学者著作时,或提到马克思恩格斯的生平,或简单介绍马克思主义的某些观点,用中国传统文化的"大同社会""均贫富""安民养民"等观念来译述马克思主义,在语言转换之时就已经曲解了马克思主义的原意,不仅不能准确翻译马克思主义,而且也容易给后来人理解马克思主义造成一些先在的思想障碍。例如,蔡尔康根据李提摩太节译著作而写成的《大同学》一书,称马克思是"百工领袖",讲求"安民新学":"德国讲求养民学者,有名人焉,一曰马克思。一曰恩格思。……若辈立言大旨,非欲助世人更得新法,高于历代之法也,亦非借民力以教民新法也,惟欲除贫富相争之法。"①

20世纪初,一些在日本的中国留学生翻译马克思主义时,也用"均贫

---

① 林代昭、潘国华:《马克思主义在中国(上册)》,清华大学出版社,1983年,第50页。

富"解释马克思主义，把社会主义与中国古代的井田制等同，曲解了马克思主义。例如，1901年1月《译书汇编》刊载了日本人有贺长雄的《近世政治史》中文译本，讲道：西方学者看到了社会上贫富不均，广大的劳动者深受资本家的压迫，"遂有倡均贫富、制恒产之说，谓之社会主义……中国古世有井田之法，即所谓社会主义"；"麦克司与拉司来（即马克思和拉萨尔——引者），均以一千八百四十八年倡自由之说而两党之势以炽，然其主义各不相同。麦克司始在可伦（即科伦）开设报馆，倡均富之说"。①

戊戌变法失败后，梁启超流亡海外，接触了马克思主义，多次撰文介绍马克思的生平和学说，把社会主义同井田制混为一谈，严重曲解了马克思主义和社会主义理论。他在《中国之社会主义》中讲道："社会主义者……曰土地归公，资本归公，专以劳力为百物价值之原泉。麦喀士曰：现今之经济社会，实少数人掠夺多数人之土地而组成之者也。……虽然，吾中国固凤有之"，中国历史上王莽的"分田劫假"、宋朝苏洵关于井田制的论述，"与千八百六十六年万国劳力党同盟之宣言书，何其口吻之逼肖耶"，"中国古代井田制度，正与近世之社会主义同一立脚点"。②在《新大陆游记》中，他多次谈到中国不能实行社会主义，拒绝欧美社会主义者的游说，"余以其太不达于中国之内情"，"余以中国人现在之程度未足语于是，婉谢之"；在分析马克思的科学社会主义之后明确提出，"大抵极端之社会主义（即科学社会主义——引者），微特今日之中国不可行，即欧美亦不可行，行之则其流弊不可胜言"；他甚至把社会主义思想视为宗教，把马克思主义者视为宗教徒："吾所见社会主义党员……其于麦克士（德国人，社会主义之泰斗）之著书，崇拜之、信奉之，如耶稣教人之崇拜新旧约然。其汲汲所以播殖其主义，亦与彼传教者相类。盖社会主义者，一种之迷信也"。③

资产阶级革命家孙中山等人，虽然对社会主义、马克思主义极力称赞，但把社会主义同民生主义混为一谈，从社会改良主义角度理解马克思主义，认为它只是一种社会福利政策而不是一种科学理论体系，更不是无产阶级革命的学说，"至若社会主义，一言以蔽之，曰社会生计而已矣"④。中国社会

---

① 高军、王桧林、杨树标：《五四运动前马克思主义在中国的介绍与传播》，湖南人民出版社，1986年，第40—41页。
② 葛懋春、蒋俊：《梁启超哲学思想论文选》，北京大学出版社，1984年，第207页。
③ 梁启超：《梁启超游记：欧游心影录新大陆游记》，东方出版社，2006年，第300—301页。
④ 林代昭、潘国华：《马克思主义在中国（上册）》，清华大学出版社，1983年，第368—381页。

党人江亢虎等也把马克思主义、社会主义同社会改良主义混同，与井田制和诸子百家学说相提并论，认为"孔孟之序言，周秦诸子之著作，其吻合社会主义者，随在而是"①。

（二）中国先进知识分子和资产阶级革命家力图把马克思主义作为改造中国的一种理论借鉴

一些先进的中国知识分子和资产阶级革命家，在探索改造中国之路时，从西方寻找思想理论资源，把马克思主义作为一种可供选择的思想资源加以倡导、传播、信仰、运用，也没有取得成功。

国民党人孙中山、朱执信等，谋求用社会主义来改造中国，使中国避开资本主义的灾难，朱执信还比较明确地提出要宣传和实行马克思主义。1905年5月，孙中山同第二国际社会党执行局主席王德维尔德、书记胡斯曼会面时提出，中国同盟会"驱逐鞑虏、恢复中华、平均地权、平均资本"的纲领就是社会主义性质的，中国一方面要采取欧洲的生产方式，同时要防止欧洲资本主义的弊端，可以直接过渡到社会主义，使中国人不必经受资本家剥削的痛苦，并说中国一定比欧洲更先进入社会主义。②辛亥革命后，他说自己对社会主义"竭力赞成之"，希望对社会主义学说"广为鼓吹"，"使其理论普及全国人心目中"，并说"余实完全社会主义家也"。③朱执信在《马尔克》中，对马克思、恩格斯的生平和理论做了较准确的介绍，提出要把马克思等人的思想"介绍于吾同胞"，"所期者数子之学说行略，溥遍于吾国人士脑中，则庶几于社会革命犹有所资也"④。就是说，要把马克思主义传播到中国人的头脑当中，使之成为中国革命的参考和借鉴。

中国社会党人王缁尘比较自觉地传播马克思主义，并渴望用马克思主义来改造中国。民国初年，他撰写了《社会主义大家马尔克》等文，对马克思的人格和思想大加赞扬，认为马克思是"丁兹困穷放逐之生涯，百折其身而不变其志"的"豪杰之士"，人们应该"崇拜之""景仰之"；"马尔克者，不啻全世界之造时势者，而万国社会党之《共产党宣言》又不啻二十世纪社会革命之引导线，大同太平新世界之原动力也。马尔克所草之万国社会党《共

---

① 林代昭、潘国华：《马克思主义在中国（上册）》，清华大学出版社，1983年，第285页。
② 林代昭、潘国华：《马克思主义在中国（上册）》，清华大学出版社，1983年，第124-125页。
③ 林代昭、潘国华：《马克思主义在中国（上册）》，清华大学出版社，1983年，第308页。
④ 林代昭、潘国华：《马克思主义在中国（上册）》，清华大学出版社，1983年，第126-135页。

产党宣言》，具如许之势力，占如许之效绩，又乌可以不使我中华社会党闻之而共见之乎？"表示要"将马尔克之行义、之学说绍介于吾同党、吾同胞，知所信从而知所则效焉"①，就是说要把马克思主义学说介绍给中国人，使中国人能够信从而实行。他还明确表示要积极扶持和捍卫马克思的科学社会主义，努力推动社会主义在中国实行："今日社会主义方始萌芽，苟有人欲摧折之，吾必竭吾力以扶植之。且社会主义为医群之圣药。二十世纪之世界期在必行。中国同处此潮流之中，势不能独异，且欲救民生之疾苦者，舍此又更无余道也。"② 这种态度和主张同五四运动后李大钊等中国先进知识分子的主张非常接近了。

无政府主义者比较正确地叙述了马克思主义核心观点，并用唯物史观来批评中国历史研究中的错误。刘师培为《共产党宣言》节译本所写的"序"认为："欲明欧洲资本制之发达，不可不研究斯编；复以古今社会变更均由阶级之相竞，则对于史学发明之功甚巨，讨论史编，亦不得不奉为圭臬。"③ 海因德曼的《社会主义经济论》一书的"译者识语"，肯定了阶级斗争理论和唯物史观，"近世言社会主义者，必推阐历史事实，研究经济界之变迁，以证资本制度所从生。自马尔克斯以为古今各社会均援产业制度而迁，凡一切历史之事实，均因经营组织而殊，惟阶级斗争，则古今一轨。自此谊发明，然后言社会主义者始得所根据"；并以此来批评中国史学界的唯心史观，"今中国言史学者鲜注意经济变迁，不知经济变迁实一切历史之枢纽"。④

上述两方面尝试都没有成功，有着多方面的原因。一是文本的不完整系统。当时马克思主义著作没有得到系统翻译，人们或者只是从国外著作中看到了一些零星介绍，或根据自己的需要节译了部分内容，缺乏对马克思主义的完整把握。二是理论理解上的不准确。人们或者受到国外作者的影响，或者把马克思主义同中国文化既有的概念和理论混同，曲解马克思主义的原意，还有人把马克思主义同西方的无政府主义、改良主义、空想社会主义等混同。三是理论接受上的不自觉。大多数人都只是在无意中摘译了马克思主义的部分内容，而不是要自觉地把马克思主义引入中国的思想文化和社会实

---

① 高军等：《五四运动前马克思主义在中国的介绍与传播》，湖南人民出版社，1986年，第40—41页。
② 林代昭、潘国华：《马克思主义在中国（上册）》，清华大学出版社，1983年，第50页。
③ 林代昭、潘国华：《马克思主义在中国（上册）》，清华大学出版社，1983年，第50页。
④ 林代昭、潘国华：《马克思主义在中国（上册）》，清华大学出版社，1983年，第50页。

践，不能算是真正自觉地传播马克思主义。四是运用上的非指导思想性。一些人根本就是反对马克思主义的社会革命思想的；一些人虽然把马克思主义作为一种参考借鉴，但并没有真正信仰马克思主义，没有把它作为改造中国的行动指南。五是对具体国情分析上的不准确。没有真正认识到中国的社会性质即半殖民地半封建社会，没有抓住中国社会的基本矛盾及其关系，当然也没有真正解决中国革命的对象、任务和发展前途等问题。六是缺乏阶级基础和社会条件。当时中国工人阶级不发达，尚未登上政治舞台，马克思主义在中国的传播和运用缺乏应有的阶级和社会基础。尽管如此，这两个方面的尝试都为后来的马克思主义中国化提供了经验借鉴。

二、马克思主义中国化进程中的两个向度及其发展不均衡

（一）马克思主义中国化在政治和文化两个向度的展开

从理论逻辑上讲，马克思主义中国化在政治和文化两个向度上展开。一是同中国革命建设改革的具体实践相结合，形成再生形态的即中国化了的马克思主义；二是同中国文化相结合，形成现代形态的即马克思主义化了的中国文化。马克思主义中国化之所以在两个向度上同时展开，既有马克思主义自身的理论可能性，也有着中国历史发展的客观必然性。从马克思主义理论自身来看，它内在地包含两重性特质，即意识形态性和科学真理性：意识形态性就是指，它作为无产阶级的世界观、方法论和全人类解放的行动指南，具有强烈的实践性、阶级性、政治性；科学真理性就是指，它是在吸收人类文明发展成果基础上产生的，充分吸收了那个时代的自然科学、社会科学和一切人类优秀文明，有着内在的逻辑架构、概念系统、话语体系，具有真理学术性特征，是科学真理体系和文化知识体系。这种两重性特质在现实展开中表现为政治性实践和文化性融合：意识形态性特质决定了马克思主义在其现实展开中，必然走向革命和建设的政治性实践，成为无产阶级政党的指导思想和社会主义国家的意识形态；科学真理性特质决定了马克思主义在其展开的过程中，必然具有文化传承性功能，与不同国家和民族的本土文化传统相融合，指导这个国家或民族的文化创新，形成新的文化形态。马克思主义中国化就是中国的马克思主义者在政治和文化两个向度上把马克思主义普遍原理同中国具体实际创造性结合的过程。

从中国历史发展的客观进程来看，近代中国面临着社会制度变革和文化形态变革的双重任务，但是政治与文化两个方面的内生性重建都没有完成。一方面，长期封闭稳定的社会结构和封建专制政治制度，在外力的猛烈冲击下，进入了被动应变的进程，开始改良主义的渐进性"自存变革"，引入外来的军事、经济、政治以及思想方面的资源，谋求通过渐进式变革度过危机并获得重生。洋务运动促使一些先进的中国人意识到，不仅要引入西方的经济、军事和技术，也要引入西方的政治资源，对本土的政治制度进行有限度的变革，由此而形成了戊戌变法运动；顽固保守派虽然镇压了戊戌变法，但也在不久后就尝试实行君主立宪。但是，这些内生性的政治重建都没有成功。辛亥革命在中断这种渐进性的自存变革之后，把一种外来的共和政治体制"平移"到中国，但这种照搬过来的民主共和一开始就没有形成主导性的政治建构，最后被封建军阀中断而失败。由此，内生性的政治变革与重建的任务没有真正完成。

另一方面，中国文化在西方政治、军事、文化的冲击中，也经历了一个"中体西用"的渐进改良历程，改良主义的思想逐渐成为近代中国思想发展的主流。龚自珍、魏源提出了"师夷长技以制夷"的主张，洋务派在维护专制体制的前提下引进西方的"坚船利炮"，张之洞提出了"中学为体、西学为用"的口号，康有为以"托古改制"的方式启动维新变法运动，都试图在传统文化结构中注入外来文化的因素，谋求中国传统文化在异质重构中确保自身主导地位的同时获得新生和复兴。但是，传统文化在西方文化面前显得孱弱不堪，中国人无法从中寻找到支撑社会变局的思想资源。于是，以"全盘西化"为核心的新文化运动勃然兴起，掀起了思想解放的狂飙，谋求通过全盘否定和彻底颠覆来根本性地置换中国文化系统。由此，内生性的文化变革与重生的任务也没有完成。

在这种情况下，五四运动以后，马克思主义在同各种思潮的交锋中被一批先进的中国知识分子接受，确立为改造中国社会和文化的行动指南，他们组建了中国共产党并承担起政治变革和文化变革的双重任务，新民主主义革命在多个层面上总体性展开，将马克思主义普遍原理与中国具体实际创造性结合的马克思主义中国化进程也由此开始。

中国的马克思主义者把马克思主义作为根本指导思想领导中国新民主主义革命伊始，就推动着马克思主义中国化在政治和文化两个向度上同时展开：一方面，把马克思主义同中国革命的具体实践相结合，这是改造中国社会的政治性结合;另一方面,把马克思主义同中国传统优秀文化相结合,这是改造中国文化的文化性结合。这两个向度是马克思主义中国化同一进程中不可分割的两个方面,这也就决定了其理论成果即中国化马克思主义理应具有复合性的特征,既是指导中国革命建设改革发展的政治性意识形态体系,又是中国人民探索自然和社会的科学真理和文化知识体系。

在推进马克思主义中国化的进程中,中国的马克思主义者不仅强调要把马克思主义同中国革命的具体实践结合起来,领导中国的政治制度变革,而且也高度重视把马克思主义同中国文化创造性地结合起来,实现中国文化的创造性转化和创新性发展。1938年10月,毛泽东在提出马克思主义中国化概念时,就特别强调:学习和继承中华民族优秀传统文化的历史遗产,用马克思主义给以批判性的总结,是中国共产党人的一项重要任务,他指出:"从孔夫子到孙中山,我们应当给以总结,承继这一份珍贵的遗产"[①]。1944年7月,他在接受英国记者斯坦因采访时再次强调,"我们中国人必须用我们自己的头脑进行思考,并决定什么东西能在我们自己的土壤里生长起来"[②]。1943年5月26日发布的《中国共产党中央委员会关于共产国际执委主席团提议解散共产国际的决定》明确指出:"中国共产党人是我们民族一切文化、思想、道德的最优秀传统的继承者,把这一切优秀传统看成和自己血肉相连的东西,而且将继续发扬光大。……就是要使马克思列宁主义这一革命科学更进一步地和中国革命实践、中国历史、中国文化深相结合起来。"[③]刘少奇在谈到毛泽东思想时反复强调,毛泽东成功地把马克思主义同中国优秀传统文化创造性地融合起来,让马克思主义深植于中国文化土壤之中,"把我国民族的思想水平提到了从来未有的合理的高度",创造了中国文化发展的最新形态,"是中国民族智慧的最高表现和理论上的最高概括"。[④]

(二)在实际历史进程中马克思主义中国化的两个向度发展是不均衡的

中国先进知识分子接受和运用马克思主义表现出鲜明的特点:作为改造

[①] 《毛泽东选集》第2卷,人民出版社,1991年,第534页。
[②] 《毛泽东文集》第3卷,人民出版社,1996年,第192页。
[③] 《中共中央文件选集》第14册,中共中央党校出版社,1992年,第41页。
[④] 《刘少奇选集》上卷,人民出版社,1981年,第319、335页。

中国的指导思想而不是学术研究的对象，先抓住并引入马克思主义对改造中国最有效、最有用的观点而不是总体性的全面引入。马克思主义中国化在发展路径上的选择是先政治、后文化，先把主要精力用于解决主要矛盾和完成主要任务，实现政权更替和政治制度变革，之后把主要精力放在经济社会和文化发展等方面；虽然在解决主要矛盾时也关注了其他矛盾和任务，但是，轻重、先后、分量不同，这就必然出现马克思主义中国化两个向度发展上的不均衡，政治向度顺利推进，而文化向度相对弱化。

在政治向度上，成功地把马克思主义同中国革命、建设和改革的具体实践结合起来，开辟了一条具有中国特色的新民主主义革命道路，取得了新民主主义革命的胜利，建立了新中国；开辟了一条具有中国特色的社会主义改造和建设道路，创立了具有中国特色的社会主义政治制度、经济制度和各种体制机制；开辟了一条中国特色社会主义的道路，取得了中国特色社会主义事业的胜利；创立了毛泽东思想和中国特色社会主义理论体系，建构了一整套具有中国特色的社会主义意识形态。这一切都表明，中国共产党人在马克思主义指导下，比较好地完成了内生性的政治重建任务。

在文化向度上，虽然很早就提出了马克思主义同中国传统文化创造性结合的任务，确立了去粗取精、去伪存真，去其糟粕、取其精华，古为今用、推陈出新，百花齐放、百家争鸣等文化重建的原则，但并没有真正完成传统文化在马克思主义指导下的创造性转化和创新性发展，马克思主义与中国传统优秀文化的创造性结合依然在路上。也就是说，内生性的文化重建任务并没有完成。

两个向度发展上的不均衡，造成了马克思主义中国化的理论成果——中国化马克思主义在内容上的失衡，意识形态突出而文化内涵不足，进而导致了人们对中国化马克思主义认知上的严重偏差，在谈到中国化马克思主义时，往往只把它看作党和国家的意识形态，而忽略其所包含的文化内涵。

特别是在新中国成立后的相当长一段时间内，马克思主义中国化的发展出现了比较严重的曲折。一方面，不断强化政治意识形态建设，坚持"以阶级斗争为纲"，导致中国化马克思主义越来越片面化。另一方面，"文化大革命"对传统文化的戕害，严重伤害了中国人的文化认同，造成了马克思主义同中国文化在某种程度上的对立，并同广大民众的现实生活脱节。不少人越来越把马克思主义看作单纯的意识形态，而对其文化性内涵、真理性话语日益陌生，甚至自觉不自觉地加以否认；对中国化马克思主义的理解越来越片面，将其视为单一性的政治话语体系。

三、积极推动两种文化的差异融合及双重转化

马克思主义中国化的核心内涵，就是马克思主义普遍原理同中国具体实际的创造性结合，而中国具体实际是包括中国的历史传统、民族文化、现实社会实际、时代特征等在内的总体性系统。马克思主义同中国传统优秀文化的差异融合，是马克思主义中国化的题中应有之义。

中国传统文化与马克思主义是根植于两种不同社会基础和民族传统的文化，在时间和空间上存在深度差异。它们有着不同的时代背景、社会基础、思想内容和文化特征，发挥着不同的社会功能，都有自身的存在价值和立足空间，两种文化不可能相互取代。与此同时，马克思主义已经内在地包含中国传统优秀文化的因子，中国传统文化也在诸多方面同马克思主义有着文化契合点，二者之间存在融合的可能性和必要性，在一定的历史条件下通过特定的理论创新主体，二者的融合必然会走向现实。①

其实，两种文化的融合早已经从可能走向了现实，经历了近百年的历史。但是，因为马克思主义中国化的两个向度在现实展开的过程中出现了不均衡，特别是经历特定时期的重大曲折，两种文化的融合迄今并不理想，并呈现为马克思主义同中国传统文化在当今中国文化体系中的内在紧张乃至于对立，这种紧张和对立对于马克思主义和中国传统文化的当代发展都非常不利。为此，必须要不断深化马克思主义与中国优秀传统文化的差异融合及双重转化。

（一）积极推进中国传统优秀文化的"马克思主义化"，完成中国文化内生性变革的任务，实现中国传统文化的创造性转化和创新性发展

在当代中国文化体系中，中国传统文化不可能被消除。经过几千年绵延发展，中国传统文化已经渗透进中国人的血脉之中，孕育了中华民族的思维方式和精神品格，成为中国人的文化基因、民族认同、精神纽带、思想资

---

① 金民卿：《两种异质文化的独特融合——中国化马克思主义的缘起、发展与实践》，《人民论坛·学术前沿》2012年11月（上）期。

源。当前，优秀传统文化已经构成中国发展进步最深厚的软实力，在世界文化激荡中站稳脚跟的根基，推进改革开放和社会主义现代化建设的强大精神力量，因此若消除传统文化就会消除中华民族赖以存在和维系的根基。但是，中国传统文化也是一个复杂的总体系统，良莠并存，特别是那些封建主义意识形态的思想内容，早已经成为阻碍社会发展的因素，这也正是 20 世纪初期激进思想家全盘否定传统文化的原因，同时也是其自身难以完成内生性变革的原因。

为此，当代中国人必须要着眼于时代进步和人类文明发展的趋势，对中国传统文化进行深刻的甄别选择，真正做到取其精华、去其糟粕，克服其历史和文化局限性；充分吸收人类文明发展的优秀成果和最新鲜的实践经验，克服传统文化的内在缺陷，丰富完善其内容；特别是要正确处理与马克思主义之间的辩证关系，将马克思主义的科学真理注入中国文化系统，以马克思主义的世界观方法论引领自身的创造性转化，推动中国传统优秀文化的现代转型，逐步构建起把马克思主义与传统优秀文化融为一体的当代中国文化系统，并在其创新性发展中不断增强当代中国人的文化自信、制度自信与道路自信。

（二）积极推进马克思主义的"中国文化化"，不断深化马克思主义的身份转换，不断丰富中国化马克思主义的文化性内涵，并逐步消除人们对它的认知偏差

经过一百多年的引入、传播、融合、发展，马克思主义已经成为当代中国文化系统的重要组成部分，而且是经济政治文化社会发展的根本指针，不可能被取代，更不可能被消除，那种用儒学来取代马克思主义指导地位的主张只能是少数人的主观想象。但是，必须承认的是，马克思主义毕竟是一种外来的文化体系，尽管它的内容中渗透着中国文化的因子，但绝不能简单地把它同本土性的传统文化混同，刻意掩盖二者间的差异性而过度渲染其同源性和共生性是不科学的。时至今日，马克思主义的"外来者"身份依然非常明显，再加上马克思主义中国化进程中的不均衡和曲折，思想界和广大民众对它的认同仍然有很大差距。马克思主义在一定程度上还被置于中国文化之外，是"在中国的"马克思主义而不是"中国的"马克思主义。

为此，进一步推进马克思主义同中国传统优秀文化的深度融合，实现马克思主义的"中国文化化"，就成为一个不可忽视的理论任务。一是要深

入发掘中国传统文化中那些同马克思主义理论能够相融合的、相似的思想理论内容,充分阐明马克思主义真理的全人类性和普遍性价值,是中国民众和中国文化能够接受的理论,使得马克思主义在中国的本土文化中找到自己的立足点,同民族文化和民族心理融为一体,最大限度地获得中国文化和民众心理的认同,实现马克思主义的民族化,真正使在"在中国的马克思主义"转化为"中国的马克思主义",像毛泽东说的"在我们自己的土壤里生长起来"。二是要凸显马克思主义在当代中国文化发展中的指导性和引领性,用马克思主义分析和解决中国的具体问题,破解当代中国发展中的重大矛盾和问题;用马克思主义对中国的民族特点和传统文化进行分析鉴别,指导中国传统文化在当代历史条件下的创造性转化,以新的存在形态展现在人们的面前。三是要不断消解马克思主义中国化两个向度的不均衡性,使中国化马克思主义的文化特征更加凸显,切实消除人们对中国化马克思主义的认知偏差。这样做的结果,不仅不会降低马克思主义的指导地位,相反更能加强其指导地位。

通过上述两方面的努力,不断深化马克思主义与中国优秀传统文化的差异融合和双重转化,并在双重转化的基础上融合发展,把中国优秀传统文化提高到马克思主义的高度,使马克思主义深入中国传统优秀文化,贯通两种思想体系、两种文化结构,进一步丰富和发展中国化马克思主义,真正使之成为刘少奇所说的"中国民族智慧的最高表现和理论上的最高概括""把我国民族的思想水平提到了从来未有的合理的高度"。这种完备形态的中国化马克思主义,是扎根于中国文化土壤,在原生态基础上中国化了的再生形态的马克思主义;又是以马克思主义为指导的,在原生态基础上现代化了的再生形态的中国文化,也就是"以马克思主义为主导、以中国文化为基础、反映中国具体实际、体现时代特征的新型文化形态"[①],可以说"完全是马克思主义的,又完全是中国的"[②]。

原载《中国特色社会主义研究》2015 年第 6 期

作者简介:金民卿,中国社会科学院研究员,博士生导师。

[①] 金民卿:《两种异质文化的独特融合——中国化马克思主义的缘起、发展与实践》,《人民论坛·学术前沿》2012 年 11 月(上)期。

[②]《刘少奇选集》上卷,人民出版社,1981 年,第 335 页。

马克思主义与中国文化结合三题

张 安

马克思主义与中国文化相结合,不仅是一个重大的学术问题,还是一个意识形态问题,关系到马克思主义中国化的可能性、中国化马克思主义的性质、马克思主义的指导地位等。然而,思想界一直存在质疑和否定马克思主义与中国文化相结合的声音,认为马克思主义与中国文化不能结合,结合以后会对中国文化以及马克思主义造成不良的影响。因此,我们需要对这些观点进行分析和回应,阐明马克思主义与中国文化相结合的客观性和科学性,推动马克思主义中国化和中国文化的创新发展。

一、马克思主义与中国文化能否结合

不少人认为马克思主义与中国文化不可能实现结合。我国台湾地区学者吴安家指出:"中共所信奉的马列主义,系地地道道的舶来品,与中国传统文化是格格不入的。"[1] 当代新儒家代表人物杜维明也提出,"中国是一个平均主义根深蒂固的贫弱国家",在阶级关系上与欧洲明显不同,有其独特性。因此,马克思主义的阶级斗争"这个原则和中国传统的文化有着极大冲突","是和儒家的根本精神相违背的"。[2] 其实,马克思主义与中国文化并非水火不容,双方的特质及广泛存在的契合之处决定了二者结合的可能性。

1. 中国文化开放包容的特点决定了马克思主义与中国文化能够结合

如果中国文化是一种封闭保守的文化,本能地排斥外来文化,那么

---

[1] 吴安家:《中共史学新探》,幼狮文化事业公司,1984年,第125页。
[2] 杜维明:《现代精神与儒家传统》,生活·读书·新知三联书店,1997年,第321页。

马克思主义与中国文化的结合也就无从谈起。纵观历史，中国文化具有开放包容的特质，能够不断地吸收和融合外来文化。一方面，中国文化呈现出"道并行而不相悖"的特点。孔子的"君子和而不同"(《论语·子路》)，《周易大传》的"天下一致而百虑，同归而殊途"，都主张思想文化的多元开放。中国文化也一直存在"主辅相成""多元一体""和谐共生"等理念。即便是董仲舒提出"罢黜百家，独尊儒术"以后，儒家文化也并未表现出完全的排他性，仍然为其他文化或思想留有生存的空间。另一方面，中国文化就是一个以汉民族文化为主体，兼采其他少数民族文化的多元互补的系统。灿烂辉煌的中国文化就是民族文化融合的产物。魏晋南北朝时期，游牧民族的"胡"文化与中原农耕民族的"汉"文化激荡交融。需要指出的是，古代中国并没有形成现代的国家观念，对于中央政府来说，国内的少数民族与外来的民族都是统一对待的，当时中国在很长时间内都是用"夷""狄""蛮"来统一指代汉族以外的民族的。因而，中国文化对国内少数民族文化的开放包容态度是可以推及异域文明的。这种开放包容的特点，使得中国文化绝不会排斥西方先进文化，也就决定了马克思主义与中国文化的结合成为可能。

2. 马克思主义的理论品质决定了马克思主义与中国文化能够结合

马克思主义与中国文化能够结合是由马克思主义的理论品质决定的。第一，马克思主义的实践性决定了二者能够结合。马克思主义产生于国际共产主义运动，是指导世界无产阶级解放的锐利思想武器，具有鲜明的实践性。马克思主义的重要旨归就"在于使现存世界革命化，实际地反对并改变现存的事物"[1]。马克思主义的实践性要求改变中国的现实问题，实现中国人民的解放。而只有把马克思主义同中国历史文化条件结合起来，才能成功地运用马克思主义普遍原理解决实践提出的新任务和新问题。第二，马克思主义的科学性决定了二者能够结合。马克思主义是具有严密逻辑的科学体系，"这是马克思的对手也承认的"[2]。也正是马克思主义的科学性，使马克思主义能够在大浪淘沙、思潮涌动的近代中国社会，牢牢把握住人们的思想，就连反对、敌视、查禁马克思主义学说的国民党当局，在分析社会问题之时，

---

[1] 《马克思恩格斯选集》第 1 卷，人民出版社，1995 年，第 48 页。
[2] 《列宁全集》第 26 卷，人民出版社，1988 年，第 52 页。

也不得不借用马克思主义的某些原理和方法。理论的生命力来自理论的科学性。马克思主义理论的科学性决定了它能够在中国存在和发展，而不会像以往的思潮和学说那样昙花一现。马克思主义与中国文化的结合如果不建立在马克思主义的科学性的基础上，就难以实现。第三，马克思主义的与时俱进决定了二者能够结合。恩格斯指出："马克思的整个世界观不是教义，而是方法。它提供的不是现成的教条，而是进一步研究的出发点和供这种研究使用的方法。"① 马克思主义是随着时代的发展、实践的深入和科学技术的进步而不断丰富和发展的科学，一部马克思主义发展史就是一部不断进行理论创新、与时俱进的历史。马克思主义这种与时俱进的理论特性决定了它能够在中国文化语境之中存在，并与中国文化相结合，通过吸纳中国文化资源来展现出理论的民族特色，实现中国化。

3. 马克思主义与中国文化的契合决定了马克思主义与中国文化能够结合

马克思主义之所以能在中国生根、开花、结果，一个重要的原因便是马克思主义和中国本土文化之间存在契合之处。正是二者的契合，为中华民族接受马克思主义奠定了心理基础，从而减少了马克思主义传播过程中的阻力。具体来看，马克思主义与中国文化的契合之处主要体现在四个方面：一是社会理想目标的契合性。马克思主义通过分析社会发展的基本规律，预示了未来人人按需分配、个性自由得到极大满足的共产主义社会。这种共产主义理想与中国文化中的大同理想有着一定的契合。二是思维方式的契合性。马克思主义辩证法揭示了三大基本规律，即对立统一规律、量变质变规律、否定之否定规律。这在中国文化之中也能找到与之相对应的内容。如《易经》中的"阴阳说"，再如王夫之强调的"变化日新""物极必反"的发展、运动、转化和普遍联系的观点。三是价值取向的契合性。马克思主义提倡集体主义价值观，强调为了广大人民群众的自由全面发展而奋斗，这与中国人的家国群体本位的价值心理相近。"位卑未敢忘忧国"，兼济天下的家国情怀是中国人最为突出的价值取向。四是思想特征的契合性。中国文化强调"经世致用"，提倡道德践履，要求治学问道要面向现实、关注现实、服务现实。马克思主义也具有鲜明的实践特性。马克思建立起唯物史观的思想体系的重

---

① 《马克思恩格斯选集》第 4 卷，人民出版社，1995 年，第 742 页。

要转变就是从关注物质利益开始的,力图从现实生活中找寻社会或思想变动的原因。因此,我们看到早年深受经世致用文化传统熏陶的中国人对马克思主义阶级斗争理论表现出前所未有的欢迎,也就不足为怪了。

其实,马克思主义与中国文化相结合不仅具有理论上的可能性,还具有现实的可能性,那就是存在结合的主体——中国共产党。中国共产党既是马克思主义的信仰者、实践者,又是中国优秀文化传统的继承者、发展者。中国共产党的成立使得马克思主义与中国文化结合有了现实政治组织加以推动。在运用马克思主义和推动中国文化向前发展的过程中,中国共产党把马克思主义与中国文化结合起来,形成了中国化的马克思主义,使中国文化的发展进入了新的境界。正如毛泽东所指出的:"有了共产党,文化方面也进步了。我们常常把眼前的许多进步事情当作家常便饭,其实比起从前来,乃是改朝换代似的大变化。"[①]

二、马克思主义与中国文化相结合是否会冲击中国文化的发展

马克思主义与中国文化相结合会给中国文化带来怎样的影响?这也是人们较为关注的问题。不少人对此持否定的态度。比如有人指出,从本质上来看,马列主义是反传统文化的,马克思主义的传入,"使中华民族近百年来生命无处安立、精神彻底丧失的局面发展到了最高极点"[②]。本文认为这种论断是立不住的,马克思主义与中国文化相结合对于中国文化发展有着积极的影响。

1. 马克思主义与中国文化的结合适应了中西会通的文化发展趋势

一定的文化是一定的政治经济的产物,随着社会经济的发展,文化必然会产生变化。明末之后,随着中国资本主义的萌芽,中国文化开启了转型发展的历程。总体来看,中国近代文化转型发展是以中西文化会通为主轴的。明清之际,徐光启、李之藻、王微、方以智等人就强调在中西科学上"会通以求超胜",并在实践中推动了中西科学的会通。他们还提出"以耶补儒",

---

① 《毛泽东文集》第3卷,人民出版社,1996年,第31页。
② 方克立:《评大陆新儒家"复兴儒学"的纲领》,《晋阳学刊》1997年第4期,第39—48页。

希冀吸收天主教的思想，重振晚明以来裂变的理学世界，重建中国社会的思想世界。[①] 鸦片战争之后，中国传统文化加快了近代转型，进入文化整合与更新的震荡期。完全的封闭保守状态已经不可能，只有顺应中西文化会通的发展趋势，吸收西方先进文化，中国文化的转型发展才有可能。正如罗素所强调的："假如中国人对于西方文明能够自由地吸取其优点，而扬弃其缺点的话，他们一定能从他们自己的传统中获得一线生机的成长，一定能产生一种糅合中西文明之长的辉煌之业绩。"[②] 从戊戌变法、辛亥革命至五四运动，向西方学习的潮流愈来愈猛烈，以致出现了"全盘西化"的极端思想。回看中国近代文化发展历程（全盘西化导致的激进反传统失误暂且不论），其中确实蕴藏着中国文化创新发展的一个基本要求：吸收西方先进文化，以推动中国文化的创造性转换和创新性发展。正是在这种背景下，作为西方先进文化事物的马克思主义传入中国，而被中国文化接纳也就顺理成章了。

尽管马克思主义与中国文化相结合符合中西文化会通的发展趋势，但是这一命题并不是在马克思主义一传入中国时就出现了，而是在中国文化危机最为严峻的抗日战争时期提出来的。在日本入侵、民族危亡的时刻，中国文化也面临生死存亡的现实考验，社会各界都在探索如何推动中国文化的发展。冯友兰将西方的逻辑实证主义哲学（特别是维也纳学派的分析哲学）与中国传统哲学（特别是宋明理学）相结合，完成了《新理学》《新事论》《新世训》《新原人》《新原道》《新知言》六本书，构造了一个完整的"新理学"体系。贺麟也将新黑格尔主义注入中国的陆王心学而创造其"新心学"的哲学体系。金岳霖运用西方逻辑学的方法整理和弘扬传统的逻辑学思想。[③] 此时，中国共产党也明确提出要建设中华民族的新文化。[④]

正是在中国共产党人探索建设中华民族新文化的过程中，马克思主义与中国文化相结合的命题得以提出。[⑤] 综观延安文化界对中国文化的讨论，

[①] 陈卫平：《徐光启与明清之际后理学思想世界的重建》，《船山学刊》2016年第2期，第96–102页。

[②] 姜义华：《港台及海外学者论近代中国文化》，重庆出版社，1987年，第35页。

[③] 冯崇义：《国魂，在国难中挣扎——抗战时期的中国文化》，广西师范大学出版社，1995年，第82页。

[④] 张卫波：《〈中国文化〉与延安时期民族文化论争》，《中共党史资料》2009年第4期，第130–144页。

[⑤] 此期，陈伯达的《论文化运动中的民族传统》（1938年）、毛泽东的《新民主主义论》（1940年）、张闻天的《抗战以来中华民族的新文化运动与今后任务》（1940年）、吕振羽的《创造民族新文化与文化遗产的继承问题》（1940年）等文章都对创造中华民族新文化的问题进行了论述。

马克思主义与中国文化相结合的命题的主要内涵便是强调运用马克思主义的基本方法分析和梳理中国的历史文化，推动中国文化的发展。① 抗日战争时期，中国共产党人以马克思主义为指导，对传统文化中的伦理思想、"中庸"思想、教育思想、认识论等内容展开了全方位的研究和清理，在批判继承的基础上实现了传统文化某些内容的划时代转换。

2. 马克思主义与中国文化的结合继承和发展了中国文化

马克思主义与中国文化的结合并没有中断中国文化的传承，而是使中国文化在创新发展中得以延续。这一点可以从中国共产党对中国哲学思想和中国传统道德的继承和发展中得到证明。

对中国哲学思想的继承和发展。中国共产党人在马克思主义的指导下，对中国传统的哲学思想进行改造和提升，对一些重要的哲学问题给予了马克思主义的分析和总结。知行观是中国哲学史上一个重要的范畴，对于知与行孰轻孰重、孰先孰后，是以知统行还是以行至知等问题，中国思想界并没有阐述清楚。毛泽东在坚持马克思主义的前提下，对中国传统的知行合一论进行了批判的继承，克服了中国传统知行学说诉诸情感直觉的非逻辑性的缺点，对认识的产生、发展以及判断标准等一系列问题做出了科学的阐释。中国的传统经典《易经》《老子》《易传》都蕴含丰富的辩证法思想，存在"矛盾"这样的哲学命题。但是，中国古代的辩证法只讲转化，并没有说明转化的条件，比如"老子把对立面的转化看作无条件的、绝对的"，"没有注意条件在转化中的重要作用"②。毛泽东根据马克思主义辩证唯物主义和历史唯物主义的观点，对中国古代的辩证思维进行了继承和发展，克服了传统辩证思维的直观性和朴素性，既科学地阐明了矛盾转化的原理，又强调了矛盾转化的条件。

对中国传统伦理道德的继承和发展。中国传统伦理道德思想相当丰富，不少学者还因此把伦理本位作为中国文化突出的特点。延安时期，中国共产党以马克思主义为指导，批判地研究了儒家思想中"内圣外王""致良知"等个人道德的提升方法，使服役于封建君主和家庭成员的忠孝节义等道德规

---

① 1943年5月26日，《关于共产国际执委主席团提议解散共产国际的决定》指出，整风运动"就是要使马克思列宁主义这一革命科学更进一步地和中国革命实践、中国历史、中国文化深相结合起来"。参见：《中共中央文件选集》第12卷，中共中央党校出版社，1986年，第201页。

② 任继愈：《中国哲学发展史（先秦）》，人民出版社，1983年，第270页。

范转换为服役于民族和人民的道德取向。此时，毛泽东发表了《纪念白求恩》和《为人民服务》两篇脍炙人口的文章，刘少奇撰写了《论共产党员的修养》，张闻天也作了题为《论青年的修养》《论待人接物问题》的演讲。艾思奇等理论界人士也纷纷撰文讨论如何传承和发展儒家道德修身思想。这些讨论指出了传统儒家道德修身思想脱离人民群众的局限性，将马克思主义人民群众的立场在人生问题上具体化，从而给传统的价值观念注入了为人民服务的新内容，使其成为适合新时代需要的新道德。正因如此，胡乔木在1946年的《解放日报》上很自信地指出："五四以后，这样一句话曾经特别地流行，说现在是旧道德已经破坏，新道德还没有建立的一个青黄不接的过渡时期。这样的话在一个时期也许是真的，但到今天这却已经不真了。"①

综上所述，马克思主义与中国文化的结合并没有阻滞中国文化，而是为其注入了新的时代内涵，促使其初步实现了创造性转换、创新性发展。当然，中国传统文化的转型发展并没有完成，还在继续，还需要通过推进马克思主义与中国文化的结合来实现中国文化转型发展。

3. 马克思主义与中国文化的结合能够增强中国文化的世界影响力

《泰晤士世界历史地图集》中曾这样描绘：13世纪的"中国是世界上最强大的国家，中国的文化是世界上最光辉的"②。随着工业革命的开展，西方世界经济、科技以及军事力量的全面崛起以及由此而来的文化扩张，中国文化影响力日渐式微。马克思主义与中国文化相结合正是为了扭转近代中国文化的颓败之势，提升中国文化的影响力，实现中国文化的复兴。

从历史上看，佛教中国化让中国文化进入了一个新的发展阶段，并对世界文化产生了影响。佛教在吸收中国传统文化的基础上，形成了中国化的佛教——禅宗。唐宋时期，禅宗的相关理念与中国儒家思想深度结合，改造了中国人的思维方式、伦理趣味，重塑了中国文化。以文学为例，这一时期，以禅入诗、以禅明诗、以禅喻诗蔚然成风，王维、苏轼、黄庭坚、严羽等人是其中的佼佼者。不仅如此，禅宗也对世界文化产生了影响。从唐代起，中

---

① 胡乔木：《谈道德》，《解放日报》1946年5月4日。
② 杰弗里·巴勒克拉夫：《泰晤士世界历史地图集》，生活·读书·新知三联书店，1985年，第127页。

国的禅宗就开始向周边的国家传播和流行，日本文学史上的"五山文学"以及盛行的茶道文化，就受到禅宗思想的影响。此外，一些国家还仿照中国禅宗的建筑式样建造寺庙，就连印度乃至南非也建有南华禅寺。随着东西方文化的广泛交流，禅宗也漂洋过海传到美国和欧洲大陆，引起许多西方人士的兴趣。西方社会相继出现了很多禅寺、禅堂、禅宗学校等，美国也曾有过"基督教禅"运动，欧洲还成立了"欧洲禅宗联盟"。依照佛教与中国文化会通所带来的文化影响力，我们完全有理由相信马克思主义与中国文化结合所产生的新的理论形态和文化形态也将具有世界性的意义。

从现实来看，马克思主义与中国文化结合所形成的中国特色社会主义越来越受到世界关注。当今世界深陷恐怖主义、气候恶化、环境污染、宗教极端主义等问题的困扰，西方的所谓治理方案并不能对这些问题给予彻底的解决，反而使有些问题愈演愈烈。世界越来越关注中国，越来越关注中国特色社会主义，提出了"北京共识""中国模式""中国经验"等概念。中国特色社会主义是在对中华民族五千多年悠久文明的传承中形成的，是马克思主义与中国文化相结合的产物。今天世界对中国特色社会主义的关注，本身就说明了中国文化影响力的提升。国外学者也注意到了中国特色社会主义具有的重大文化意义，认为"中国文化的影响力变得强大起来，将来或许会成为将世界一分为二的大文化圈之一"[①]，"中国有望迎来另一次文化复兴"[②]。我们今天强调文化自信，一个重要的内容就是要坚定对马克思主义与中国文化结合所带来的文化影响力的自信，要相信在马克思主义与中国文化的结合过程中，中国文化必定会取得新的辉煌，创造出巨大的成就，形成强大的世界影响力。

三、马克思主义与中国文化相结合是否会导致马克思主义本质内容或指导地位的改变

马克思主义与中国文化的结合会对马克思主义本身造成怎样的影响，也是人们较为关注的问题。有人认为二者的结合会导致马克思主义本质内容或

[①] 何培忠、石之瑜等：《当代日本中国学家治学历程——中国学家采访录（一）》，平战国等译，中国社会科学出版社，2011年，第282页。
[②] 陈旭麓：《陈旭麓学术文存》，上海人民出版社，1990年，第268页。

指导地位的改变。本文认为并非如此。

1. 马克思主义与中国文化相结合不会导致马克思主义本质内容的改变

马克思主义与中国文化相结合，并不是对中国的思想文化直接进行吸收，而是在批判的基础上吸收精华、排斥糟粕。因此，断定马克思主义与中国文化的结合导致马克思主义"封建化"或是依据内容上具有相似性，由此就认定马克思主义的本质内容发生改变，都是不正确的。恰恰相反，马克思主义与中国文化的结合实现了马克思主义与时俱进的发展。

第一，马克思主义与中国文化的结合不是马克思主义的"封建化"。

有人认为，在马克思主义与中国文化相结合的过程中，落后腐朽的封建文化会影响到马克思主义的本质内容，导致马克思主义的"封建化"。例如，陈旭麓认为，对中国文化落后因素的清理还远没有结束，提倡马克思主义与中国传统文化相结合，会"使中国传统文化中的许多落后于时代的观念意识非但得不到及时的全面的清理和审视，相反往往被整合到中国化的马克思主义理论之中"[1]。实际上并非如此。首先，中国文化中既存在糟粕，又存在精华。马克思主义与中国文化结合，并不是毫无区别地吸收中国文化，而是运用马克思主义的立场、观点和方法，对中国传统文化进行批判性的吸收。需要指出的是，中国共产党一直注重对封建落后思想的批判，虽然提倡马克思主义与中国文化相结合，但从未放弃反封建的任务。其次，马克思主义与中国文化相结合，既是与五四以前的中国传统文化相结合，同时也是与五四以来的启蒙文化传统相结合，这样在马克思主义与中国文化相结合的过程中就内含着反封建的要求。最后，马克思主义与中国文化相结合指涉的是一个内容与形式的问题，是要用中国文化中的优秀思想遗产来阐释马克思主义的基本原理，形成中国风格和中国气派，把"马克思主义从欧洲形式变为中国形式"[2]，而并不是要改变马克思主义的本质内容，更不是要将马克思主义"封建化"。

第二，中国化马克思主义的根本理论内容是马克思列宁主义的。

---

[1] 世界华文传媒年鉴编辑委员会：《世界华文传媒年鉴（2015）》，中国新闻社，2015年，第213页。

[2] 《刘少奇选集》上卷，人民出版社，1981年，第335页。

马克思主义与中国文化相结合的理论产物是中国化的马克思主义。毛泽东还曾用"总店"和"分店"的比喻说明中国化马克思主义与经典形态马克思主义之间的关系。中国化马克思主义尽管与狭义上的马克思主义存在一定的区别，但并没有用中国的特殊性来取消马克思主义基本原理的普遍性，而是通过中国的具体实践验证、细化、丰富了马克思主义。马克思列宁主义是中国化马克思主义的根本理论内容和直接理论来源。中国历代思想和文化遗产并不是中国化马克思主义的理论来源，只是其历史和文化渊源，绝不能把中国化马克思主义对古代传统思想中某些具体观点的继承，看成整个思想体系得以建立的基础。毛泽东在《辩证法唯物论（讲授提纲）》中就指出过："由于中国社会进化的落后，中国今日发展着的辩证唯物论哲学思潮，不是从继承和改造自己的哲学遗产而来的，而是从马克思列宁主义的学习而来的。"[1] 然而，思想界仍然对此存在错误的认识。金观涛以刘少奇的《论共产党员的修养》为依据，分析了该文中许多与中国古代道德修养思想的相似之处，推导出毛泽东思想是伦理中心主义的思想体系，是儒学化的马克思主义。[2] 这种观点视野狭窄、认识片面，没有深入历史背景进行分析，没有看到经过马克思主义批判改造后的儒家道德思想已经与原意存在本质上的不同。上文提到，延安时期中国共产党对中国儒家伦理道德思想进行了深入的讨论，批判了旧道德中的落后反动成分，树立起了共产主义的新道德，实现了对于儒家伦理道德的超越。

第三，马克思主义与中国文化的结合实现了马克思主义的创新发展。

马克思主义与中国文化的结合，不仅没有改变马克思主义的实质，还通过赋予马克思主义民族特色实现了马克思主义的与时俱进。中国共产党的理论创新和理论发展离不开马克思主义与中国文化的结合。回顾党的理论发展历程可以看出，中国共产党在解决中国社会各类问题的过程中，将传统文化资源熔铸再造为中共的理论，推动了马克思主义的创新发展。毛泽东思想中的实事求是思想路线、"三件法宝"的新民主主义革命基本经验，都蕴含着传统文化的因素。中国特色社会主义理论中，小康社会的发展战略、以德治国的执政理念、韬光养晦的外交方略、社会主义和谐社会，等等，也都是凝

---

[1] 周和风：《马克思主义中国化发展史论（哲学卷）》，中共中央党校出版社，2009年，第97页。
[2] 金观涛：《儒家文化的深层结构对马克思主义中国化的影响》，王元化，《新启蒙：危机与改革》，湖南教育出版社，1988年，第22页。

聚中国传统文化内容的理念。而这些思想理论在深化中国共产党对革命规律、执政规律以及社会发展规律认识的同时，也进一步推动了马克思主义发展，使马克思主义中国化、时代化。

2. 马克思主义与中国文化相结合不会导致马克思主义指导地位的改变

在一些文化保守主义者看来，马克思主义与中国文化的结合最终就是要儒化马克思主义，就是要用儒学替代马克思主义的指导思想地位。有论者就明确提出："把中国文化与马克思主义结合起来其实就是，我们要千方百计把马列主义融化在中华民族的儒道之中。"[1] 本文认为马克思主义的指导地位在其与中国文化相结合的过程中，是不会被改变的。

第一，用儒家思想取代马克思主义违背了中国近代以来社会发展的历史逻辑。

百年来，儒家思想不仅破解不了中国的现实危机，就连自身发展也面临着重大危机。随着经学的解体以及西方文化的冲击，传统儒学发展的机制已经不复存在，儒学迫切需要围绕现代化目标进行积极转换。鸦片战争后，正是以儒家学说为代表的中国传统思想文化无力抗拒外敌的入侵，无力实现民族的解放和国家的独立，中国人不得已向西方学习，引进了马克思主义，把马克思主义作为实现中国社会解放和发展的指导思想。在马克思主义的指导下，中国实现了民族的独立，国家的综合实力不断增强，国际地位不断提升。今天的中国已经前所未有地接近民族复兴的目标，已经前所未有地靠近世界舞台的中心。如果马克思主义与中国文化结合起来，最终是要让儒家思想体系成为指导思想的话，那就又回到用儒家思想解决中国问题的老路上去了，这就严重违背了中国近代以来社会发展的历史逻辑。

第二，意识形态领域的复古主义倾向只会在实践中导致失败。

在近代儒学衰落的背景下，中国不少政治势力都曾有过复古、尊孔的举动，都希望还儒家思想以正统地位，以原原本本的儒家思想治理国家、匡扶人心，但无一例外都以失败而告终。国民党的三民主义儒化就是一例。三民主义本是孙中山依据西方国家宪政民主思想而创造的一种理论主张，后期又吸收了苏俄列宁主义的思想，进一步得到发展。然而，孙中山逝世后，戴季

---

[1] 陈绍增：《中国文化的心魂：论语》，河北人民出版社，2015年，第141页。

陶、蒋介石、陶希圣等人却基于狭隘的民族主义立场，对三民主义进行儒化和道统化。蒋介石就曾宣称："三民主义就是中国固有的道德文化的结晶"，三民主义就是要接续从尧舜开始的中国文化的道统。① 国民党急切地将三民主义儒化，恢复儒学的道统地位，就是为了实现"一个主义、一个政党、一个领袖"的专制统治，排挤中国共产党。国民党在意识形态领域的复古主义，对其意识形态发展造成极大的困扰，使其理论主张在现实面前缺少解释力，不能根据实践的发展而发展。国民党最后败走台湾，意识形态的儒化也是重要的原因之一。从表面上看，"儒化"似乎具有"爱国"的意味，是在弘扬中国文化，但实质上是极端保守甚至倒退，只会进一步强化自身的腐朽与落后。在民族主义的激荡下，中国思想界出现各式各样的复古主义、保守主义思潮，中国共产党对此保持了高度的定力。延安时期，在提倡马克思主义与中国文化结合之时，毛泽东就强调过马克思主义的指导地位的问题。他认为，孔子毕竟是两千多年前的人物，他思想中有消极的东西，也有积极的东西，只能当作历史遗产批判地加以继承和发扬。对当前革命运动来说，它是属于第二位的东西，第一位的用以指导革命运动的是马克思主义理论。②

第三，马克思主义与中国文化的结合能够巩固马克思主义的群众基础。

马克思主义传入中国以后，首先就面临着中国大众接受和认同的问题。马克思主义来自西方，与中国人的文化思维毕竟有所不同。其实，随着马克思主义在中国的逐渐传播，中国共产党的知识分子逐渐意识到马克思主义传播要避免使普通老百姓"听了莫名其妙"，不知所云，因此提出了唯物辩证法的"中国化""具体化"的主张。民族风格和民族特色是一种社会记忆形式的象征符号，蕴含着特定族群的共同认知心理。在抗日战争时期，国家的危难使中华民族的爱国热情空前高涨，对民族风格和民族特色的追求成为社会普遍的心理。文艺界人士柯仲平就指出："你没有老百姓喜闻乐见的中国气派，老百姓决不会相信你的领导。你一站到民众中去，你一讲话、行动，老百姓可以立刻分辨出你没有中国味。"③ 在这种思想背景下，马克思主义只有与中国老百姓喜闻乐见的民族文化结合起来，带有民族风格和民族特色，才能获得人们的心理认同，为大众所接受。正因如此，中国共产党提

---

① 高军：《中国现代政治思想史资料选辑》（上），四川人民出版社，1983年，第592页。
② 匡亚明：《孔子评传》，南京大学出版社，1990年，第492页。
③ 柯仲平：《谈"中国气派"》，《新中华报》1939年2月7日。

出了"马克思主义中国化"的号召，强调马克思主义与中国文化结合起来，要求理论体现出"新鲜活泼的、为中国老百姓所喜闻乐见的中国作风和中国气派"[①]。马克思主义与中国文化的结合，体现了中国共产党对理论的民族特色的追求，改变了中国共产党乃外来政党的形象，使马克思主义这种外来学说获得更多的心理认同，进而巩固了马克思主义的指导地位。

总之，马克思主义与中国文化相结合不是要将马克思主义纳入中国传统文化的轨道，也不是要把马克思主义当作公式来剪裁中国文化，而是要通过二者结合，不断实现实践创新和理论创新，创造出中华民族的社会主义新文化。马克思主义与中国文化的结合是近代中国历史文化发展的必然选择，是马克思主义理论的本质要求，符合中国文化的发展趋势。马克思主义与中国文化的结合，使中国文化得到了创造性转换、创新性发展，同时又赋予马克思主义中国风格和中国气派。马克思主义与中国文化相结合是经过几个世纪的探索和实践之后找到的一条科学的文化发展之路。我们要坚定不移地按照马克思主义与中国文化相结合的要求推进中国特色社会主义文化建设，创造中国文化新的辉煌。

原载《高校马克思主义理论研究》2017年第4期

作者简介：张安，法学博士，清华大学马克思主义学院博士后。

---

① 《毛泽东选集》第2卷，人民出版社，1991年，第534页。

马克思主义与中国文学研究

张 炯

马克思主义作为一种学说，概括了19世纪以来科学发展的最新成就，体现了人类文化积累的结晶。它为人们认识世界和改造世界提供了新的世界观和方法论、新的人生观和价值观。一百多年来，马克思主义被不断发展和丰富，成为亿万人民实践社会主义革命和建设的指导思想。当然，它也成为我们、成为世界许多学者从事科学研究，包括文学研究的重要指导思想。

一

马克思主义传入中国，最早在19世纪末、20世纪初，但并未引起当时人们的重视。只是由于俄国发生了十月革命，它才在我国发生了强大而深远的影响。所以，毛泽东说："十月革命一声炮响，给我们送来了马克思列宁主义。"[①] 那时，由陈独秀、李大钊等创办的《新青年》杂志成为传播马克思主义的重要阵地。李大钊、邓中夏还在北京大学创立了马克思主义研究会。他们不但是五四新文化和新文学运动的激进代表人物，后来还成为中国共产党的创始人。陈独秀的《文学革命论》的主张与当时胡适的《文学改良刍议》所提倡以白话文取代文言文不同，明确提出"推倒雕琢的阿谀的贵族文学，建设平易的抒情的国民文学"；"推倒陈腐的铺张的古典文学，建设新鲜的立诚的写实文学"；"推倒迂晦的艰涩的山林文学，建设明了的通俗的社会文学"。李大钊在《什么是新文学》一文中更指出，"我们所要求的新文学，是为社会写实的文学，不是为个人造名的文学"，当以"宏深的思想、学理，坚信的主义，优美的文艺，博爱的精神"作为"土壤根基"。毛泽东在《湘江评论》上也撰文提倡"平民文学"。上述鲜明的平民意识和现实主

---

① 《论人民民主专政》，《毛泽东选集》第四卷，人民出版社，1991年，第1476页。

义的艺术主张，与他们先后受到马克思主义思潮的影响分不开。也可以说，这是我国运用马克思主义观点去观照文学问题的先声。20 年代后，由于中国共产党的成立和革命文学的提倡，不仅邓中夏、沈泽民、恽代英、萧楚女等共产党人有关于文学应为革命服务的主张，而且像郭沫若这样的文学家也倡导作家应到"兵间去，民间去，工厂间去，革命的漩涡中去"，并认为"我们所要求的文学是表同情于无产阶级的写实主义的文学"[①]。蒋光慈不但自己写革命文学，主张要为无产阶级文化的建设开辟新途径，他还尝试运用马克思主义的观点去分析郭沫若等人的作品。自然，他们当时还不是成熟的马克思主义者，论述中存在某些观点的混乱。值得注意的是萧楚女曾指出，艺术和政治、法律、宗教、道德、风俗一样，同是一种人类社会的文化，同是建筑在社会经济组织之上的表层建筑物，同是随着人类生活方式的变迁而变迁的东西。因此，只可说生活创造艺术，艺术是生活的反映。[②] 这里，他明确地运用马克思主义的反映论和经济基础与上层建筑意识形态的学说来阐述文学艺术问题。

30 年代初左翼文艺兴起，当时鲁迅已转到马克思主义的立场，中国共产党的领袖之一瞿秋白有段时间住在鲁迅家里，写了一系列马克思主义观点的文艺批评，包括剖析鲁迅创作和思想道路的文章，为运用马克思主义于文学研究做了出色的工作。而冯雪峰、胡风、周扬在当时也逐渐成为引人注目的马克思主义文艺理论批评家。40 年代在延安、重庆、桂林等地努力运用马克思主义从事文学艺术的批评、研究的还有邵荃麟、何其芳、蔡仪等。周扬主编的《马克思主义与文艺》一书从 40 年代到 50 年代在传播马克思主义文艺思想，使更多人接受这种思想观点来研究文学艺术方面起了相当广泛的促进作用。蔡仪的《新艺术论》和《新美学》则是 40 年代运用马克思主义于文艺和美学理论研究的有影响之作。

当然，毛泽东的哲学著作，特别是他发表于 1942 年 5 月的《在延安文艺座谈会上的讲话》，则是前半世纪把马克思列宁主义与我国革命文艺实践相结合，并且大大丰富和发展了马克思列宁主义的最重要的著作。尽管其中某些论述在今天看来不免存在那个时代的一定局限，但整体上仍然是运用马克思主义的立场、观点和方法以研究文艺问题的经典性论著。它所阐述的

---

① 郭沫若：《革命与文学》，《创造月刊》，第 1 卷，第 3 期，1926 年 5 月 16 日。
② 楚女：《艺术与生活》，《中国青年》1924 年第 38 期。

一系列基本观点至今仍然指导我们的文学创作和文学研究工作。

应当说，20世纪的上叶，随着马克思主义的日益广泛的传播，它指导中国文学研究不断地扩大了自己的影响。但是由于当时影响时空的限制，在广大学术界或文学研究界，大量的研究工作者仍然沿袭传统的非马克思主义的研究方法和观点。马克思主义在广大作家中的影响大于在文学研究家中的影响。这种情况在新中国建立后才产生深刻的改变。

新民主主义革命的胜利使中国共产党成为执政党，这就为马克思主义的传播创造了空前有利的条件。首先是广大人民群众深切相信只有马克思主义才能救中国，才能引导中国从民主革命的胜利走向社会主义革命和建设的新的胜利，从而大大提高了学习和把握马克思主义的主动性和积极性。学术界和文艺研究界也如此。著名文艺理论家和美学家朱光潜先生就是一个突出的例子。他的后半生是非常刻苦和认真地阅读马克思主义著作并努力运用于自己的研究工作的。其次，马克思主义经典作家的著作和苏联的马克思主义学者的许多文艺研究著作才有可能系统地被翻译成中文，介绍给我国的广大学者。像《马克思恩格斯全集》《列宁全集》和普列哈诺夫、梅林、拉法格、卢那察尔斯基等的著作，还有像季莫菲耶夫的《文学基本原理》、苏联科学院集体编写的《马克思列宁主义美学原理》等。最后，旧中国在人民革命根据地和国民党统治区就已经成长起一批信仰和通晓马克思主义的学者和作家、艺术家，在新中国他们起着传播马克思主义的骨干和带头的作用。这种情况加上政治运动的推动，文学研究界越来越多的人努力运用马克思主义去研究文学，包括文学批评、文学理论和文学史这三个相互区别又相互联系的领域。

在文学批评中曾经发生过种种争论和批判运动。今天回顾，这些批判越来越严重地存在"左"的倾向，并且大多带来程度不同的负面效果。60年代初由周扬主持组织编写的一百多种大学文科教材，除了上述两种中国文学史外，还包括叶以群主编的《文学基本原理》、蔡仪主编的《文学概论》、王朝闻主编的《美学概论》、唐弢主编的《中国现代文学史》、杨周翰主编的《西方文学史》等。可以说，这些都代表了那个时期以马克思主义为指导的文学研究方面的重要著作。60年代初对于"左"的错误倾向有所反思，提倡实事求是和探讨文学艺术的规律。但这个进程很快又被极左思潮更大规模的干扰所打断。"以阶级斗争为纲"所引发的新的批判运动直接导向灾难性的"文化大革命"，以致除了极左的文艺批判文章外，任何具有科学意义的认真的文学艺术研究全都消失了。

新时期到来后,文学艺术研究领域才重新恢复了以马克思主义作为指导的传统。

这一时期,马克思主义面临来自不同方面的严重挑战。首先是要批判由来已久的"左"倾教条主义和庸俗社会学的错误,批判"四人帮"所代表的极左文艺路线,从理论上拨乱反正,恢复马克思主义的真正传统和实事求是的思想路线。其次,要深入总结我国的文艺实践、特别是新中国成立以来的社会主义文艺实践,认真吸取经验和教训,并升华为理论,丰富和发展马克思主义及其文艺思想。再次,要正视西方20世纪人文科学、社会科学,特别是文学艺术理论方面的新的成果,既要注意批判,又要吸取其有益的见解。由于不断深化改革,扩大开放,二十年来,文学研究导向的多元化已成为不争的事实。但文学艺术研究中马克思主义的主导地位仍然未曾动摇,也是不争的事实。这方面,我国新时期改革开放的总设计师邓小平的理论贡献起着划时代的作用。作为当代中国的马克思主义,邓小平理论包括他的文艺理论都是对马克思列宁主义、毛泽东思想的继承和发展。他的建设中国特色社会主义理论是我国各族人民实现社会主义现代化的指针。他关于文艺不从属于政治,但又不能脱离政治的思想;关于人民是文艺工作者的母亲,作家、艺术家必须从人民的生活斗争中吸取题材与主题、诗情与画意的思想;关于要努力塑造社会主义新人形象,用社会主义精神教育人民的思想;关于要尊重艺术规律,对作家、艺术家写什么和怎样写不要横加干预的思想;关于要反对封建阶级和资产阶级腐朽意识,倡导共产主义道德理想的思想;关于要加强和改善党对文艺的领导的思想,等等,对于我国文艺的发展和文艺研究的开展都有极为重要的指导意义。这时期出版的文学研究著作是大量的,无论文学理论、文学史还是文学批评领域都有许多著作坚持运用马克思主义的立场、观点和方法。自然不应忽视也确有相当数量的文学研究工作者及其著作采用马克思主义之外的立场、观点和方法。

二

那么,马克思主义对文学研究到底有什么指导作用呢?

我想,这个作用可以分三个层次来说。

第一,它为文学研究提供了科学的基础,提供了科学的世界观和历史观。

我们知道，马克思主义虽是一个完整的思想体系，但在它的三个组成部分中辩证唯物史观作为哲学是它全部理论的基础，集中地体现了马克思主义的基本立场、观点和方法。这就是在能动的反映论上建立的关于存在与意识的辩证关系的观点；事物总是在对立的斗争中前进，永远处于运动的过程中，由量变导致质变的观点；生产力与生产关系、经济基础与上层建筑意识形态又相适应又不相适应的观点；在阶级社会中总是存在阶级对立与阶级斗争的观点；人民群众是历史的创造者，但历史的前进又是各种合力共同起作用的观点；等等。可以毫不夸张地说，正是马克思主义的上述理论把文学研究奠定在现代科学的基础上。

我国对文学开展研究也由来已久。中国传统的文学研究大体有如下几类：

一是彰优汰劣的文本筛选。像古代孔子删诗三百，编成了古代第一部诗歌总集《诗经》，又如梁昭明太子萧统编辑了《昭明文选》。选集的编选当然需要先做研究，确定作品的作者及其产生的地区与年代，甄别文本的真假，判断作品价值的好坏高下。

二是对文本进行考释。这种考释往往要引经据典，既要有考据和论证，又要有阐发和释义。像汉代的《毛诗郑笺》（毛亨传，郑玄笺）。清代的经学派便继承这种传统。今天像《唐诗选注》《宋诗选注》也属于这一类。

三是评点。像许多诗话、词话，大略都是阅读具体作品时所发的感想、感慨或吉光片羽式的悟性见解。小说也有这样的评点。像金圣叹评《水浒传》、毛宗岗评《三国演义》、脂砚斋评《红楼梦》。

四是归纳、分析的系统研究。这方面刘勰的《文心雕龙》是最突出的成就。钟嵘《诗品》也属于这一类。以大量文学作品和现象作为研究对象，加以仔细的分析、归纳，从中得到新的认识。

以上的研究当然都有它的价值，至少仍然葆有它各自的意义，但其各自的局限也是明显的。当时学术视野的狭窄，不能不严重影响到它们对文学的深刻本质和整体意义的把握。

今天，正是在马克思主义的指导下，我们不仅把文学看作社会意识形态，看作社会总系统中的一个分支，看作社会上层建筑意识形态的一部分，即以审美为特征的艺术系统中的子系统——语言艺术，同时由于它是人按照美的规律创造的，是人借助实践，借助自己作为主体的认识力和想象力、幻想力而对客观世界的一种改造，它实际上与其他艺术如音乐、绘画、舞蹈、雕塑、建筑一样，又转化为相对于人的一种客观存在。文学由于以语言作为传媒，凡是语言能够表达的，它都能加以表现，因而，它具有其他艺术所难有的巨大包容性。文学作品不仅反映广泛的社会现实生活，而且能够表现时代精神，表现人们复杂、细微的情感波动和心理反应，所以它又含有丰富的文化信息。文学中有政治，有法律，有宗教，有道德，有美学，有哲学。优秀的文学作品如《红楼梦》便有如当时社会生活的百科全书，从中我们不仅能看到当时社会的人际关系和生活细节，还能看到当时人们的精神状态，以及人们的想象力和幻想力的特点。可见，马克思主义为我们提供了从辨证唯物主义和历史唯物主义世界观与方法论去全面地深刻地认识和把握文学本质的钥匙，使我们能正确地阐释文学与现实、文学与人民、文学与政治、文学与传统，文学的内容与形式，以及文学与文化、与其他艺术的相互关系，从而使仿佛令人眼花缭乱、不可捉摸的文学，变成可理解的有规律可循的现象。

第二，它为文学研究提供了最重要的视角，即美学的和历史的批评视角。

马克思主义创始人在致拉萨尔的论述其历史剧《弗朗茨·西金根》的信中曾指出自己对该剧本的批评是从美学的和历史的要求做出的。审美是一切艺术包括文学区别于其他社会意识形态的本质特征，从美学角度的批评就是抓住了文学艺术本质的批评。而文学艺术作为反映一定社会存在的意识的产物，与特定历史时代的社会生活总保持千丝万缕的联系。因而，不了解特定社会生活的历史关系和形态，就难以阐释何以会有那种特定内涵和形态的文学。事实上，历史上的伟大的优秀的文学作品总是以深刻而广阔地反映了自己的时代而见称的。

这方面，马克思、恩格斯、列宁、毛泽东论述许多具体作家作品的文章和论断，都为我们提供了美学的和历史的文学批评的光辉典范。像马克思、恩格斯致拉萨尔论述其剧本《弗朗茨·西金根》的信，恩格斯致哈克纳斯论述其小说《城市姑娘》的信，还有列宁论列夫·托尔斯泰的系列文章，毛泽东论述古今许多作家作品的言论，都值得我们深入学习和反复领会。在他们那里，确实是把美学的和历史的批评结合起来、统一起来了。

第三，马克思主义还为文学评价提供了科学性与当代性相统一的价值标准。

每一代人乃至每一阶级在评价不同文学作品时都有他们的评价标准。这种标准总带有一定的特殊性和普遍性，并深深地刻有一定时代和社会集团的认识水平的烙印，因而也往往带有自身时代和阶级集团的局限。

我们知道，只有人类的解放才能使无产阶级获得解放。在当今时代无产阶级追求进步和解放的利益，与人民的利益是完全一致的。毛泽东曾把"对待人民的态度如何，在历史上有无进步意义"作为评价文学的重要价值标准，这是完全正确的，也是最有普遍性、最能为绝大多数人所认同的价值标准。一切文学作品的价值高低，确实必须看它与人民的关系如何，在历史上是否起到促进历史进步包括文学进步的作用。毛泽东还提出"作品的内容与形式完美统一"的标准，这也是评价文学所不能缺少的普遍性标准。作品的美感正是由它的内容和形式的完美统一所产生的。历史上一切优秀的作品之所以有富于感人的魅力，正是由于内容与形式的完美统一。以上的两大标准实际上正是美学的和历史的批评的标准。它作为无产阶级的标准，与当代广大人民的要求是相通的，完全一致的。恩格斯所说的要把"巨大的历史深度和思想内容与莎士比亚式的情节的生动性完美地结合起来"，列宁肯定列夫·托尔斯泰从地主阶级向宗法制农民立场的转变，并指出他创造了"俄罗斯的无与伦比的生动艺术图画"，体现的也正是上述两种重要的标准。这都是今天我们研究文学所应该深切领悟和借鉴的。

当然，要真正把马克思主义的立场、观点和方法运用于文学研究，并不容易。否则，前人就不会犯那么多庸俗社会学的错误，出现那么多"左"或右的偏差了。这方面要做得好，根本上还得靠我们自己认真刻苦地学习马克思主义经典作家的原著，并且密切联系实际包括历史的实际和现实的实际，去加以领会。

三

提倡运用马克思主义的立场、观点和方法去研究文学，这当然不是说我们无须汲取和借鉴其他学说所提供的观点和方法。提倡辩证逻辑，实际上形式逻辑至今仍然被普遍采用。传统的注释、考据以及评点的方法也仍然见于许多学者和批评家的笔端。至于80年代以来，弗洛伊德的心理分析的观点和方法、神话的原型批评的观点和方法、比较文学的观点和方法、文化人类学的观点和方法、系统论的观点和方法、形式主义和结构主义的观点和方法，等等，也各有特色和长处，对于丰富人们对文学的认识也各有意义，不应一概排斥。正如邓小平所指出的："我们要坚持百家争鸣的方针，允许争论。不同学派之间要互相尊重，取长补短。要提倡学术交流。任何一项科研成果，都不可能是一个人努力的结果，都是吸收了前人或今人的研究成果。一个新的科学理论的提出，都是总结、概括实践经验的结果。没有前人和今人、中国人或外国人的实践经验，怎么能概括、提出新的理论？"[①]

但是如果有人因此而排斥和贬低马克思主义的观点和方法，那恐怕是不智的，也是我们需要加以反对的。当前确实存在一股反对和贬低马克思主义之风，从国外一直刮到国内。这股思潮的代表人物的时髦说法叫作"消解主流意识形态"或"消解官方权力话语"，代之以所谓"非主流意识形态"或"民间话语"。他们把马克思主义的反映论歪曲为"机械反映论"，以唯心主义的"主体论"来代替辩证唯物主义的能动的反映论。它们否定文学艺术作为社会意识形态的本质，切断文学艺术与政治、道德、宗教、哲学等的联系，鼓吹所谓"文学就是文学"的"文学本位"说，极力否定起伟大作用于政治的文学，特别是革命文学，而鼓吹"纯审美""纯消闲"的文学；他们还把文学的本质归结为"情感的表现"，极力否定文学的思想性和道德陶冶作用；他们完全否定阶级斗争和阶级分析的观点，而代之以抽象的人性论、抽象的"人类之爱"；他们崇尚形式主义的观点，认为对于文学来说，形式是最重要的，而内容、作者以及作者反映的是什么样的现实统统不重要，统统可以排斥于文学研究的视野之外。总之，他们妄图把自己打扮成"民间的代表"，而且是"精英的代表"，妄图否定马克思主义的真理性，从而达到否定马克思主义本身的目的。这种伎俩和策略，真可谓"用心良苦"！对于这股思潮，我们一定要坚决加以反击！因为，这是一种错误的、危险的思潮，它如果侵入我们的队伍，与我们要把我国学术界建成马克思主义的坚强阵地是背道而驰的。

原载《海南师范大学学报》2009 年第 1 期

作者简介：张炯，中国社会科学院文学研究所研究员。

[①]《关于科学和教育工作的几点意见》，《邓小平文选》第 2 卷，人民出版社，1994 年，第 57—58 页。

马克思主义与中华优秀传统文化相结合四题

高长武

马克思主义与中华优秀传统文化相结合是一个重大的理论和实践问题。要回答和解决好这一问题，必然要求阐释清楚马克思主义与中华优秀传统文化为什么要结合、能不能结合、结合成什么、怎么样结合这四个层层递进、环环相扣的具体问题。

一、为什么要结合

实践经验表明，对中国社会的发展进步而言，马克思主义和中华优秀传统文化，哪一个都丢不得，无论丢了哪一个都不利于中国社会的发展进步。近代以来，中国人民苦苦寻求、不断试验、反复比较，终于选择了马克思主义道路，并在中国共产党的领导下持续不懈奋斗，在这条道路上稳步前进，取得了革命、建设、改革的一个又一个胜利。因此，走马克思主义道路不是一时兴起的权宜之计，不是谁强加给我们的，不是天上掉下来的，而是中国人民做出的郑重历史选择，是经过实践检验的正确选择。在坚持马克思主义的指导地位这一根本问题上，我们必须坚定不移，任何时候任何情况下都不能有丝毫动摇。如果丢掉了马克思主义的指导，中国共产党人也就失去了政治灵魂和精神支柱，中国共产党领导中国人民进行的中国特色社会主义事业就会失去指引并难以走向成功。

一个国家、一个民族的强盛，总是以文化兴盛为支撑。近代以来中国在寻求救国救民、富国富民的征途中，也出现过一些人曾试图"割断历史""全盘西化"，事实证明都是行不通的。实际上，中国人民在漫长的历史进程中培育的优秀传统文化，是中华民族的"根"和"魂"，是中华民族的文化基因和精神家园，是中华民族生生不息、发展壮大的丰厚滋养，是治国理政的重要思想文化资源，是涵养社会主义核心价值观的重要源泉，是中国特色社会主义植根的文化沃土，是实现中华民族伟大复兴中国梦的重要精神支撑，是中华民族在世界文化激荡中站稳脚跟、坚定文化自信的坚实根基和突出优势。

把马克思主义与中华优秀传统文化相结合，是推进马克思主义中国化、实现中华优秀传统文化的创造性转化和创新性发展的客观需要和必然要求。习近平总书记深刻指出："任何科学的理论和制度，必须本土化才能真正起到作用。马克思主义也好，社会主义也好，能够在中国取得胜利，关键就是我们不断推进其中国化，紧密结合中国实际加以运用。"将马克思主义基本原理同中国具体实际相结合，不断推进马克思主义中国化，并利用马克思主义中国化的理论成果指导新的实践，这是中国共产党带领中国人民进行革命、建设、改革并不断取得胜利的一条根本经验。而"中国具体实际"，就包括具体的中国历史文化实际，也就是在5000多年中华文明发展中孕育的中华优秀传统文化。因此，推进马克思主义中国化，必然要求把马克思主义基本原理与中华优秀传统文化相结合，并以中华优秀传统文化作为其重要的文化载体和营养源泉。

同时，中华优秀传统文化的创造性转化和创新性发展也离不开马克思主义的理论支持和方法指导。诚然，中华传统文化的价值和意义需要充分肯定，但也应看到，传统文化在其形成和发展过程中，不可避免会受到当时人们的认识水平、时代条件、社会制度的局限性的制约和影响，因而也不可避免会存在陈旧过时甚至有害有毒的糟粕。今日中国相比于昨日中国已经发生了翻天覆地的变化，中华传统文化与今天的社会主义市场经济、民主政治、先进文化、社会治理等多个方面都存在需要协调适应的地方。如果不对中华传统文化进行批判的继承、鉴别的扬弃，不结合今日中国的具体实际和现实需要去推动其优秀成分的创造性转化和创新性发展，中华传统文化之于中国社会发展进步的价值和意义就不可能得到充分发挥和体现，而马克思主义中国化的进程和实效也必然相应受到影响。

马克思主义是行动指南和立身之本，中华优秀传统文化则是精神家园和命脉滋养，二者互为需要、不可分割，只有把二者相结合，避免割裂和对立，才能实现共同发展，助力中国特色社会主义事业。

二、能不能结合

首先看理论层面。一方面，马克思主义不是教条的僵化的理论，而是植根于人民群众丰富多彩的生产生活实践，在实践中产生、服务于实践、经过实践检验，并随着实践的发展而发展的科学理论。这就决定了马克思主义具有与时俱进的鲜明理论品格。所谓"时"，就是客观时代环境，也就是具体实际和历史条件；所谓"进"，就是进步与完善、丰富与发展。马克思主义需要植根于、服务于中国人民的生产生活实践，与中国的具体实际和历史条件包括中国的文化实际相结合，从而实现马克思主义在中国的丰富与发展，也就是实现马克思主义的中国化。

另一方面，中华优秀传统文化与马克思主义有着天然的契合相通之处，其中蕴含着丰富的具有社会主义和马克思主义特征的朴素的思想因素。比如，大道之行、天下为公、大同社会的思想与共产主义理想，废私立公、贫富有度、与天下同利的思想与消灭私有制、实现共同富裕的主张，以民为本、以政裕民、安民富民的思想与马克思主义的群众观，万物自生、不信鬼神、重视人事的思想与马克思主义的无神论，以道制欲、不为物使、俭约自守的思想与马克思主义的消费观，克己奉公、集思广益、群策群力的思想与马克思主义的集体主义思想，知行合一、以行为本、知易行难的思想与马克思主义的认识论，道立于两、阴阳共生、物极必反的思想与马克思主义的辩证法之间，都有着天然的契合相通之处。

其次看实践层面。自从马克思主义传入中国，中国共产党人和中国人民把它与包括中华传统文化在内的中国具体实际相结合，在革命、建设、改革的丰富实践中，已经产生了丰硕的马克思主义中国化的理论成果，取得了物质文明和精神文明建设的巨大成就，中国实现了从站起来到富起来再到强起来的历史巨变。这有力地证明了马克思主义与中华传统文化、中国具体实际应该而且也可以实现结合。

比如，毛泽东把马克思主义哲学的基本原理与中国的具体革命实际和实践，以及中华传统文化中朴素的认识论和辩证法的思想结合起来，创造性地写出了《实践论》《矛盾论》；刘少奇把马克思列宁主义关于党建的理论与中国共产党的实际情况，以及中华传统文化中关于修身正己达人的思想相结合，形成了加强共产党人党性修养的必读篇目《论共产党员的修养》。又如，小康社会的发展目标、实事求是的党的思想路线的精髓，分别就是对《礼记·礼运》中关于"小康"社会的描述，以及《汉书·河间献王传》中"修学好古、实事求是"论断的创造性转化和创新性发展。再如，全心全意为人民服务的党的根本宗旨、建设人类命运共同体的倡议，都离不开中华传统文化中关于"民为邦本，本固邦宁""保民、安民、富民、乐民"的民本思想，以及"讲信修睦、以义为利""合则强，孤则弱"的睦邻外交思想的滋养和启示。这些本质上都属于马克思主义与中华优秀传统文化相结合的内容，也为马克思主义与中华优秀传统文化能不能结合的问题提供了答案。由此可见，无论是从理论层面还是从实践层面来讲，马克思主义与中华优秀传统文化都是可以实现结合的。

三、结合成什么

要回答好这一问题，有必要先澄清三个问题：一是实践和认识的长期性、复杂性，决定了马克思主义与中华优秀传统文化相结合的长期性、复杂性，二者的结合不是一蹴而就、一劳永逸的事情，而是一个随着实践的不断推进和新情况新问题的陆续出现，持续进行的多个阶段的漫长过程。二是实现二者相结合，不是说谁要化掉或代替谁，也不是说要搞什么"复归"和"返本"，更不是说马克思主义和中华优秀传统文化就不存在了。从这个意义上说，实现马克思主义与中华优秀传统文化相结合的过程，也就是推进马克思主义中国化以及中华优秀传统文化的创造性转化和创新性发展的过程。三是实现马克思主义与中华优秀传统文化相结合，根本目的是服务于我们正在进行的奋斗实践，即坚持和发展中国特色社会主义，本质上属于中国特色社会主义文化建设，是中国特色社会主义文化建设的题中应有之义。

综上所述，把马克思主义与中华优秀传统文化相结合，就是要结合成中国特色社会主义文化。中国特色社会主义文化因应了中国人民正在进行的中国特色社会主义事业和实现中华民族伟大复兴的中国梦的实践要求，反映了中国特色社会主义文化作为社会主义先进文化的本质属性，符合坚持马克思主义指导地位的内在要求和为社会主义服务的根本方向；同时，它又契合了中国的历史传承和传统文化实际，反映了它作为民族的科学的大众的文化的基本属性，积淀着中华民族最深层的精神追求，代表着中华民族独特的精神标识，深深植根于中华优秀传统文化的丰厚土壤之中并注意从中汲取营养，从推动中华优秀传统文化的创造性转化和创新性发展中获益。正如党的十九大报告所指出的,"中国特色社会主义文化,源自于中华民族五千多年文明历史所孕育的中华优秀传统文化,熔铸于党领导人民在革命、建设、改革中创造的革命文化和社会主义先进文化,植根于中国特色社会主义伟大实践","是激励全党全国各族人民奋勇前进的强大精神力量"。

四、怎么样结合

要运用辩证唯物主义和历史唯物主义的方法论回答并解决这一问题,在结合的"有机"和"有效"上做足文章。

所谓有机结合,简单说就是内在关联、密切协调、互有所助,而不是流于表面、生硬僵化、相互抵触的结合。需要从二者的内在契合和相通之处入手,着重研究并回答好以下问题:马克思主义与中华优秀传统文化的契合和相通之处体现在哪些地方?中国化马克思主义在创立和丰富、发展过程中从中华优秀传统文化中吸收了哪些思想因素?中华优秀传统文化中蕴含了哪些具有马克思主义、社会主义特征的思想因素?在马克思主义中国化过程中,我们在对待中华优秀传统文化问题上有哪些经验和教训?中华优秀传统文化中有哪些思想精华,实现其创造性转化和创新性发展可以从马克思主义那里得到哪些方法论指导?为真正把这些问题研究好,需要在全党全社会大兴学习研究马克思主义和中华优秀传统文化之风,深入开展马克思主义和中华优秀传统文化的践行和应用工作,让马克思主义和中华优秀传统文化走出书本和课堂、飞入寻常百姓家,真正在广大党员干部和人民群众中入耳、入脑、入心。做好这方面工作,尤其需要培养既有深厚的马克思主义理论素养,能够熟练运用马克思主义的基本立场、观点、方法分析和解决问题,又有丰富的中华优秀传统文化知识储备,能够对中华优秀传统文化内化于心、外化于行,融会贯通马克思主义和中华优秀传统文化精要的通才,为推进马克思主义与中华优秀传统文化的有机结合提供人才保障。

所谓有效结合,简单说就是基于实际、有的放矢、产生实效,而不是脱离实际、无的放矢、毫无实效。要避免闭门造车、坐而论道,而应该基于中国社会特别是文化领域的具体实际和丰富实践,坚持问题意识和导向,回应并解答中国特色社会主义建设和中国共产党治国理政的具体实践中遇到的各方面特别是理论和文化领域的具体问题。比如,在增强理论自信和文化自信的工作中，如何发挥马克思主义和中华优秀传统文化各自的特点和优势，使理论自信与文化自信互为补充、相得益彰？在建设社会主义核心价值观的工作中，如何把深奥的马克思主义理论运用中国老百姓日用常行的具有鲜明中国风格和特点的语言表述出来？在传承发展中华优秀传统文化的工作中，如何以马克思主义的方法论，发挥好优秀传统文化的资政育人作用？在向世界讲好中国故事的工作中，如何以具有中华民族特点和文化风格的语言，展示社会主义在中国焕发出的强大生机活力和发展新境界，展示当代中国为发展中国家走向现代化、为解决人类共同问题所提供的中国智慧、中国方案？不仅要回答并解决这些问题，而且要注意及时总结在回应并解答这些问题过程中积累的各种经验，并上升为理性认识，在丰富中国特色社会主义文化内涵的同时，丰富中国化马克思主义的理论宝库，推动中华优秀传统文化的创造性转化和创新性发展，创造中华文化的新辉煌。

原载《红旗文稿》2018 年第 5 期

作者简介：高长武，中央文献研究室副研究员。

马克思主义在中国的传播与中国传统哲学的背景

张岱年

马克思主义在中国的广泛而深入的传播，不但有政治的原因，而且有思想意识的背景。本文着重分析了中国传统哲学与马克思主义哲学的某些相通之处，认为这是马克思主义在中国得到进步思想界普遍欢迎和接受的一个重要原因，也是在中国发展马克思主义所不应忽视的一个问题。

马克思主义在中国的传播，仅仅几十年的时间，就取得了辉煌的胜利。中国共产党在马克思主义的指导之下，率领广大人民群众，经过复杂曲折的斗争，建立了中华人民共和国。马克思主义成为新中国的最高指导思想。应该承认，马克思主义在中国的传播是比较顺利的，是多数知识分子和广大人民群众所乐于接受的。

马克思主义在中国能够顺利传播，有其政治的原因。近百年来，中国人民如饥似渴地寻求救国救民的有效方策，经过反复的尝试，别的途径都失败了，终于找到了马克思主义。只有在马克思主义的指导之下，才能取得反帝国主义、反封建主义斗争的胜利。这是中国近代史所充分证明的历史真理。

但是，马克思主义在中国的传播之顺利，绝不仅由于政治的原因。如果马克思主义的理论与中国的学术传统是完全格格不入的，那必然不易被人们接受，更不易迅速成为整个国家的主导思想。马克思主义在中国取得胜利，还有思想意识方面的原因。

马克思主义是无产阶级革命的理论，但也有其思想渊源。马克思主义哲学在一定意义上实现了哲学的革命变革，但它与西方古典哲学也有一定的联系。马克思主义的唯物论与西方古典哲学的唯物论有一定的继承关系。马克思主义的辩证法是西方古典哲学中的辩证法的进一步发展。马克思主义的共产主义理想与西方空想社会主义的关系更是必须肯定的。

中国传统哲学中也有唯物论,也有辩证法,虽与西方哲学的唯物论和辩证法有所不同,但也有一些共同之处。中国哲学中的唯物论和辩证法思想与马克思主义的唯物论和辩证法,虽然距离较远,但也有互相契合之处。从中西哲学的异同来考察,中国哲学与马克思主义之间有相通之处,也就不难理解了。

以下试从四个方面来考察中国古典哲学的若干基本倾向与马克思主义理论的相通之处。

一、唯物论

在中国历史上,春秋战国以来,唯心论受到封建统治阶级的尊崇,一些进步思想家也未能摆脱唯心主义的形式。但是,也存在一个唯物论的传统。先秦哲学中最显著的唯物论是荀子的学说,荀子"天行有常,不为尧存,不为桀亡"的命题曾经有深远的影响。汉代王充高举"疾虚妄"的旗帜,给世俗的宗教迷信以沉重的打击。范缜批判神不灭论,提出了关于形神关系的正确理论。宋明时代,张载以自己运动的"气"来说明一切事物,王夫之更提出"天下唯器"的精湛观点。"从世界本身来说明世界",这是中国历代唯物论者的光辉传统。这个传统,在中国历史上每一个时代都有一定的代表。

二、辩证法

如果说在中国哲学史上,唯物论与唯心论的对立不像西方哲学史上那样壁垒分明,人们对于有些唯物论哲学的性质仍时有争论,那么,对于中国古代哲学中存在丰富的辩证法思想,中国哲学史工作者却是一致公认的。老子的"物或损之而益,或益之而损""祸兮福之所倚,福兮祸之所伏",已成为人们的常识。《易传》的"一阴一阳之谓道""刚柔相推而生变化",是更精粹更深邃的辩证观点。宋代以来,张载提出"两不立则一不可见,一不可见则两之用息""感而后有通,不有两则无一"的深湛命题;程颐明确提出"物极必反";邵雍宣扬"一分为二";朱熹更讲"一中有二"。他们的学说中都含有比较丰富的辩证法。到明清之际,王夫之更提出了关于动静、新故的深刻观点。所以,中国学者接触到西方哲学的辩证法并不感到陌生难解,就是很自然的事情了。

三、唯物史观

唯物史观是马克思、恩格斯的创造性的贡献，但在以前亦非全无端萌。在中国思想史上，有许多思想家谈到物质生活与精神生活之关系的问题。《管子》书云："仓廪实而知礼节，衣食足而知荣辱。"肯定物质生活是精神生活的基础。韩非说："饥岁之春，幼弟不饷；穰岁之秋，疏客必食。非疏骨肉爱过客也，多少之实异也。"（《韩非子·五蠹》）王充说："让生于有余，争起于不足。谷足食多，礼义之心生；礼丰义重，平安之基立矣。……礼义之行，在谷足也。"（《论衡·治期》）这些言论都肯定衣食丰足是道德觉悟的必需条件，在一定程度上看到了物质生活条件在社会发展过程中的决定作用。这些观点是广泛流传的，尤其《管子》所讲的两句，成为古今传诵的名言。这些观点还不能称为唯物史观，但与唯物史观有相通之处。

四、社会理想

共产主义理想是西方空想社会主义者提出的。中国封建时代还不具备产生空想社会主义的条件。但是，先秦道家老庄学说中保存着对原始社会的怀念，提出了对阶级剥削的抗议。儒家学者所撰写的《礼运》篇中，宣扬"大同"的理想。大同社会的原则是"天下为公"，其中人与人的关系是："人不独亲其亲，不独子其子，使老有所终，壮有所用，幼有所长，矜寡孤独废疾者皆有所养。男有分，女有归。货恶其弃于地也，不必藏于己；力恶其不出于身也，不必为己。"这是非常明确的对于原始共产社会的赞颂。儒家虽认为"大同"已经无法回复，但这些描述给予后代学者以深沉的印象。"大同"成为人民长期怀念的理想境界。所以，西方共产主义学说传来以后，进步人士是以欣喜的心情欢然接受的。

以上是说明，中国传统哲学思想与马克思主义的理论观点，虽然距离遥远，所属时代不同，所表现的阶级立场更不同，但是也有一些相通之处。应该注意，中国古代的唯物论与西方的唯物论，虽然同属唯物论，但差别很大；中国古代的辩证法与西方的辩证法，虽然都可称为辩证法，但差别更大。我们不应见同而忽异，但是，也不可见异而忽同。中西哲学的唯物论与辩证法的共同之点，对于马克思主义在中国的传播是起了促进作用的。

中国传统哲学中有唯物论，然而唯心论更多；中国传统哲学中有辩证法，然而反辩证法的形而上学观点亦不少。20年代至30年代，一些倾向唯物论的学者欢迎马克思主义的辩证唯物论，而一些坚持唯心论的人们则对于辩证唯物论大肆攻击。在哲学范围内，当时反对马克思主义的人把攻击的矛头主要针对唯物辩证法和唯物史观，这就是当时的所谓"哲学论战"，亦称"唯物辩证法论战"。很多人利用形式逻辑来反对辩证法，把辩证法与形式逻辑对立起来。至于政治思想方面，许多坚持资产阶级立场的论者对于社会主义的攻击尤其猛烈。

30年代，思想理论界虽然错综复杂，学派林立，但最受欢迎的是马克思主义哲学。马克思主义得到了广泛的传播，逐渐深入人心。在全国解放之前，马克思主义哲学在理论界已经取得决定性的胜利了。

1949年新中国成立，更为人们深入学习马克思主义理论提供了充分的条件。一些在30年代就已学贯中西、企图建立自己的学说体系的老一代哲学工作者如冯友兰、金岳霖等，也接受了辩证唯物论与历史唯物论，改变了原来的哲学观点。应该承认，这是中国现代思想史上的大事件。这些老一代学者接受辩证唯物论与历史唯物论，是自觉的，不是自发的；是自愿的，不是被迫的。他们确实理解了马克思主义哲学的真谛，从而实现了自己哲学思想的转向。这也证明了马克思主义辩证唯物论与历史唯物论的真理确实具有巨大的吸引力。

最后谈谈马克思主义的中国化。马克思主义是解放全人类的理论，不属于哪一国，而是国际性的学说。马克思主义在某一国家的传播，必须与这一国家的实际相结合。一个国家的实际不限于经济、政治的实际，也应包括思想传统的实际。运用马克思主义的观点对于一个国家的传统哲学进行分析解剖，从而加以鉴别抉择，这也是一项重要的任务。在中国占指导地位的马克思主义，只能是与中国实际相结合的马克思主义，也就是中国化的马克思主义。以毛泽东同志为代表的中国共产党人正确执行了把马克思主义中国化的任务，所以能够从一个胜利走到又一个胜利。

马克思主义在中国广泛传播，取得伟大的胜利，这不是偶然的，而有其必然的原因。分析一下中国传统哲学的实际内容，理解其中所包含的有利于马克思主义传播的历史条件，就会使我们对于马克思主义哲学在中国的发展有比较明确的认识。

原载《中国社会科学院研究生院学报》1987年第3期

作者简介：张岱年，北京大学哲学系教授，清华大学思想文化所所长。

马克思主义中国化与中国文化从传统向现代的转化

田克勤

实现中华民族伟大复兴的中国梦是历史与现实的,也是未来的。实现中国梦,必须坚持中国道路、弘扬中国精神、凝聚中国力量,而弘扬中国精神,既离不开马克思主义的指导,也离不开传承中国优秀文化。马克思主义作为中国共产党指导思想的理论基础,既提供了新的科学世界观和方法论,又提供了新的价值观。坚持用中国化的马克思主义指导中国文化的改革和发展,是中国文化沿着正确道路不断前进的根本保证。继承和发扬中华民族的优秀传统文化和民族精神极为重要,"这是我们民族的'根'和'魂',丢了这个'根'和'魂',就没有根基了"[1]。五四以来,马克思主义的中国化与中国文化的现代化紧密伴随、相互渗透。马克思主义特别是其中国化的理论成果,为中国文化的现代化提供了强有力的思想方法论的指导;而中国文化从传统向现代的转化,则为马克思主义的中国化提供了丰厚的民族文化底蕴。两者既相互促进又密切联系,共同推进马克思主义中国化与中国文化从传统向现代转化。将这样两个论题衔接起来,进行深入的研究和思考,既具有重要的学术价值,又具有强烈的现实意义。

一、马克思主义中国化的起步与中国文化从传统向现代转化的开端

马克思主义并非从其诞生就传入中国进而被中国先进分子所接受的。1848 年马克思恩格斯发表《共产党宣言》,标志着马克思主义已经在欧洲诞

---

[1] 《习近平关于实现中华民族伟大复兴的中国梦论述摘编》,中央文献出版社,2013 年,第 33 页。

生，但是，这时的中国还刚刚步入近代社会，开始沦为半殖民地半封建社会，中国人对马克思主义的学说还完全没有了解；19世纪下半叶，当马克思主义在欧美工人运动中得到广泛传播并逐步显现其科学价值的时候，先进的中国人才刚刚开始向西方资产阶级思想界寻求革命的道理。这样一个巨大的时代落差，造成了中国先进分子在接受马克思主义之前理论需求的十分迫切和理论准备的严重不足。

1840年以后，西方资本主义对中国发动一次次侵略战争，使中国的旧经济、旧政治、旧文化发生了深刻的变化。一方面是中国的民族危机和社会危机日益严重，另一方面是中国开始产生了先进的生产力和生产关系，产生了新的阶级力量，并促进了中国现代化进程的缓慢启动。

从鸦片战争到五四运动70余年间，先进的中国人为救亡图存不断向西方寻求真理，并在不同的文化背景下，提出了各种形式的救国方案，进行了各种形式的斗争。其中包括封建统治集团内部的有识之士提出的"睁眼看世界""师夷长技以制夷"，以及他们进行的洋务运动；包括太平天国运用西方的宗教思想作为反对清朝统治的斗争武器；包括资产阶级改良派通过变法维新以君主立宪取代封建专制；包括资产阶级革命派用武装起义实现变封建专制为民主共和；也包括资产阶级领导的再造中国文化的"新文化运动"。这些努力，无一例外都遭到了失败。第一次世界大战中发生的俄国十月革命，对中国产生了重大的影响。一方面，十月革命使俄国脱离了世界资本主义体系，走上了与之相反的社会主义道路，并对处于资本主义列强奴役下的中国人民表现出了深刻的同情；另一方面，中国的先进分子从主要学习欧美资本主义到开始向俄国学习，并逐渐认识到应该"用无产阶级宇宙观作为观察国家命运的工具，重新考虑自己的问题"①，纷纷把目光投向了与中国国情相近的俄国，预示着中国新的社会革命即将到来。

马克思主义的本质特征是其实践性，这是马克思主义之所以能够被中国化的基本依据。马克思主义既是对西方资产阶级革命以来先进思想文化成果的批判继承，又是对全世界无产阶级斗争经验的科学总结，并集中体现了人类创造的优秀文明成果，使之具有极大的世界性意义。马克思主义所具有的这种实践性特征，与中国文化历来主张的"入世"、强调"经世致用"的特质又是相似和相通的。马克思主义中国化的必要与可能，从历史的角度来理

---

① 《毛泽东选集》第4卷，人民出版社，1991年，第1471页。

解，恰是因为过去向西方学习未能满足当时中华民族救亡图存的迫切需求而又在客观上准备了接受马克思主义的具体条件。1919年发生的五四运动，不仅促进了马克思主义在中国的广泛传播，促进了中国共产党的建立，开辟了近代中国革命的新时期，而且推动了中国新文化运动的迅猛发展，为中国文化从传统向现代的转化注入了强大动力。毛泽东认为："在中国文化战线或思想战线上，'五四'以前和'五四'以后，构成了两个不同的历史时期"，"在'五四'以前，中国文化战线上的斗争，是资产阶级的新文化和封建阶级的旧文化的斗争"；在"五四"以后，"中国产生了完全崭新的文化生力军，这就是中国共产党人所领导的共产主义的文化思想，即共产主义的宇宙观和社会革命论"[1]。五四时期所进行的文化革命是彻底地反对封建文化的运动，"当时以反对旧道德提倡新道德、反对旧文学提倡新文学为文化革命的两大旗帜，立下了伟大的功劳"[2]。

中国共产党自成立之日起，就把马克思主义作为自己的指导思想，作为推动中国社会变革的思想武器。从党的二大提出民主革命纲领、党的三大确立国共两党合作统一战线政策，到党的四大以后逐步形成新的资产阶级民主主义革命的基本思想，马克思主义中国化开始起步，并取得明显进展。在中国共产党的推动下，国共两党实现了第一次合作，进行了以反对帝国主义支持下的北洋军阀为主要目的的国民革命。孙中山先生原来的三民主义发展成为包含了反帝反封建三大政策在内的新三民主义，并成为国共两党和各个革命阶级的统一战线的政治基础。国共两党"曾经共同宣传了反帝国主义的主张，共同反对了尊孔读经的封建教育，共同反对了封建古装的旧文学和文言文，提倡了以反帝反封建为内容的新文学和白话文。在广东战争和北伐战争中，曾经在中国军队中灌输了反帝反封建的思想，改造了中国的军队。在千百万农民群众中，提出了打倒贪官污吏打倒土豪劣绅的口号，掀起了伟大的农民革命斗争。由于这些，再由于苏联的援助，就取得了北伐的胜利"[3]。然而，这时的中国共产党还处在幼年时期，党的领导机关中占统治地位的成分在大革命的紧要关头"没有能够领导全党巩固革命的胜利，受了资产阶级的欺骗，而使革命遭到失败"[4]。与中国共产党这一时期对马克思主义、对

---

[1]《毛泽东选集》第2卷，人民出版社，1991年，第696-697页。
[2]《毛泽东选集》第2卷，人民出版社，1991年，第700页。
[3]《毛泽东选集》第2卷，人民出版社，1991年，第701页。
[4]《毛泽东选集》第2卷，人民出版社，1991年，第610页。

中国历史状况和社会状况、对革命特点和规律的认识相适应,中国文化由传统向现代的转化虽然已经开始,但却未能实现大的突破。

二、马克思主义中国化的奠基与中国文化从传统向现代转化的突破

1927年大革命失败以后,中国共产党紧紧依靠广大农民,成功进行了土地革命斗争。这一时期,以毛泽东为代表的中国共产党人,遇到了许多新的复杂问题,如何正确对待马克思主义,如何正确对待外国革命经验和上级的指示,如何创造性地运用马克思主义,成为必须着力解决的重大问题。由于缺乏必要的实践经验和理论准备,也由于党内教条主义者一度占统治地位,党在一个较长的时期内存在想问题、办事情从"本本"出发的错误倾向。党内"左"倾教条主义者实行脱离中国革命战争实际的"左"倾冒险主义军事战略,使中国革命遭受严重损失,红军被迫实行战略转移。1935年1月,遵义会议结束了"左"倾教条主义在中共中央的统治,马克思主义中国化开始步入健康轨道,并形成了以红军长征精神为显著标志的中国革命优秀传统文化。

从1927年大革命失败到1937年全面抗战爆发之前,国民党政府在文化问题上与其在政治和军事上一样,都奉行专制主义的政策,一些资产阶级的文化人也曾支持"文化剿共"。正如毛泽东所指出的,"这时有两种反革命的'围剿':军事'围剿'和文化'围剿'。也有两种革命深入:农村革命深入和文化革命深入","从当事者看来,似乎以为共产主义和共产党是一定可以'剿尽杀绝'的了。但结果却相反,两种'围剿'都惨败了。作为军事'围剿'的结果的东西,是红军的北上抗日;作为文化'围剿'的结果的东西,是一九三五年'一二九'青年革命运动的爆发。而作为这两种'围剿'之共同结果的东西,则是全国人民的觉悟"。[①] 在此期间,"全盘西化论""中国本位论""充分世界化论"等论调的出场与退场以及新老教条主义的破产充分表明:离开马克思主义中国化理论创新成果的引领,中国文化从传统向现代的转化就不可能坚持正确的方向并获得成功。

以毛泽东为代表的中国共产党人,坚持从中国实际出发,创造性地运用

[①] 《毛泽东选集》第2卷,人民出版社,1991年,第702页。

马克思主义关于社会革命的基本理论,开创了中国革命的新道路,形成了比较完备的新民主主义革命理论体系。这一理论体系既源于马克思列宁主义的基本原理,又突破了十月革命的模式和经验。以建设一个中华民族的新社会和新国家为目标的新民主主义革命,"不但要把一个政治上受压迫、经济上受剥削的中国,变为一个政治上自由和经济上繁荣的中国,而且要把一个被旧文化统治因而愚昧落后的中国,变为一个被新文化统治因而文明先进的中国"①。党领导人民所创造的新民主主义文化,不仅为新民主主义革命的发展提供了强大的精神支撑,而且为后来社会主义文化建设的展开奠定了重要的基础。

抗日战争初期,由于抗日民族统一战线的建立,全国各方面都有所进步。"政治上有民主化的趋势,文化上有较普遍的动员。"② 然而,抗日战争进入相持阶段以后,国民党的政策发生了变化。这些变化集中表现在:以蒋介石为代表的国民党统治集团确定了"溶共、防共、限共、反共"的方针;1939年3月,国民党公布了含有"限共"内容的《国民精神总动员纲领》;5月,蒋介石发表《三民主义之体系及其实行程序》的演讲,通过篡改和歪曲三民主义、"儒化"三民主义,扼杀三民主义的革命精神,形成了其系统的封建买办法西斯主义理论。与之相呼应,国内思想文化界则"出现了叶青、张君劢等人的反动和言论出版的不自由"③。国民党顽固势力对三民主义的"儒化",则使中国文化从传统向现代的转化陷入了新的困境。针对国民党顽固派在思想文化领域向共产党人发起的挑战,中国共产党与国民党之间围绕"三民主义"展开了激烈的论战。这一斗争的前途如何,也是当时全国人民心目中的重大问题。1940年1月,毛泽东为从思想理论上回应各种挑战,系统阐述新民主主义理论,发表了《新民主主义论》这一纲领性的重要著作。继他在六届六中全会上的讲话中第一次明确提出"马克思主义中国化"概念之后,明确提出,"科学的态度是'实事求是'","惟有科学的态度和负责的精神,能够引导我们民族到解放之路","只有千百万人民的革命实践,才是检验真理的尺度"④。《新民主主义论》中所阐述的许多重大问题,实际上都是与如何认识三民主义、如何认识三民主义与共产主义的关系相联

---

① 《毛泽东选集》第2卷,人民出版社,1991年,第663页。
② 《毛泽东选集》第2卷,人民出版社,1991年,第703页。
③ 《毛泽东选集》第2卷,人民出版社,1991年,第703页。
④ 《毛泽东选集》第2卷,人民出版社,1991年,第662—663页。

系的。正如毛泽东在文中所指出的那样：有些恶意的宣传家"提倡所谓'一次革命论'，用以证明什么革命都包举在三民主义里面了，共产主义就失去了存在的理由；用这种'理论'起劲地反对共产主义和共产党，反对八路军新四军和陕甘宁边区。其目的，是想根本消灭任何革命，反对资产阶级民主革命的彻底性，反对抗日的彻底性，而为投降日寇准备舆论"①。中国共产党在推进马克思主义中国化的过程中，一方面，通过深刻认识和掌握中国国情、揭示中国革命的特点和规律，而对中国革命的具体实际有了深入的理解；另一方面，又通过认真学习马克思主义基本理论、系统总结中国革命经验，制定了指导中国革命健康发展的正确路线、方针、政策。在《新民主主义论》等著作中，毛泽东在为马克思主义中国化做了重要奠基的同时，还提出了发展"民族的、科学的、大众的文化"的基本方针，形成了新民主主义文化建设的思想。他明确指出："现阶段上中国新的国民文化的内容，既不是资产阶级的文化专制主义，又不是单纯的无产阶级的社会主义，而是以无产阶级社会主义文化思想为领导的人民大众反帝反封建的新民主主义。"②作为马克思主义中国化奠基性理论成果的新民主主义理论及其纲领，既为中国文化由传统向现代的转化提供了科学的理论指导，又为以延安时期文化建设和延安精神为标志的革命传统文化的形成奠定了重要的基础。新中国的成立特别是社会主义制度的建立，为中国文化现代化提供了必要的制度前提和政治基础。毛泽东还曾提出，要搞马克思主义与中国实际的"第二次结合"，并开始了对中国自己社会主义建设道路的探索。与此同时，毛泽东明确提出了"百花齐放、推陈出新""古为今用、洋为中用""百花齐放、百家争鸣""为社会主义服务、为人民服务"等文化建设的方针，领导全党全国人民逐步地将新民主主义文化转变为社会主义的文化，并取得了社会主义文化建设的初步繁荣发展。

三、马克思主义中国化的再创与中国文化从传统向现代转化的推进

1957年夏天特别是1962年八届十中全会重提阶级斗争以后，随着党在

---

① 《毛泽东选集》第2卷，人民出版社，1991年，第684页。
② 《毛泽东选集》第2卷，人民出版社，1991年，第706页。

指导思想上逐渐偏离正确轨道，党在思想文化领域"左"倾错误进一步发展，最终导致了"文化大革命"的发生。以往社会主义文化建设所取得的成果被看作所谓"黑线"的产物，党培养的大批知识分子被作为"资产阶级知识分子"，在"以阶级斗争为纲"的口号下，文化被完全政治化。当时对所谓"封资修思想文化"的批判，实际上导致了对中国优秀传统文化、对人类优秀文明成果、对我国乃至其他社会主义国家文化建设成果的否定，并使党和国家陷入封闭僵化的局面。

十一届三中全会标志着中国共产党人在新的历史条件下的伟大觉醒，显示了党顺应时代潮流和人民愿望、勇敢开辟建设社会主义新路的坚强决心。十一届三中全会毅然作出把党和国家工作重心转移到经济建设上来、实行改革开放的历史性决策。从十一届三中全会至今的 30 多年，是中国共产党紧紧依靠人民开创中国特色社会主义道路的新时期。与毛泽东一样，邓小平既是一个创造性运用马克思主义解决中国问题的典范，又是一个传承与创新中国传统文化的典范。在对待中国文化遗产上，邓小平也主张采取历史的阶级的分析方法，划清民主性精华同封建性糟粕的界限，从而使之得到批判性的继承和弘扬。邓小平在对毛泽东晚年错误进行深入反思的基础上，坚持系统总结新中国成立以来党的历史经验，解决了如何正确对待马克思主义、如何正确对待中国实际等问题，找到了中国特色社会主义的正确道路，形成了邓小平理论。邓小平始终强调要坚持解放思想、实事求是，在实践中检验和发展真理，并提出了要把"是否有利于发展社会主义社会的生产力，是否有利于增强社会主义国家的综合国力，是否有利于提高人民的生活水平"[①] 作为判断是非得失的标准；他最先提出了社会主义精神文明的概念，并对其含义、内容作出了比较全面的阐述，特别是关于"教育要面向现代化，面向世界，面向未来"[②] 的方针，不仅指明了中国文化教育和科技改革与发展的正确方向，而且也为整个中国特色社会主义新文化的建构提供了一个基本思路。面向现代化，就要正确处理传统与现代的关系；面向世界，就要正确处理中国与世界的关系；面向未来，就要正确处理历史、现实与未来的关系，这实际上已经结合新的历史条件，把如何对待马克思主义与如何对待中国传统文化的问题紧密结合起来，作出了明确的回答。邓小平对中国传统文化的

---

① 《邓小平文选》第 3 卷，人民出版社，1993 年，第 372 页。
② 《邓小平文选》第 3 卷，人民出版社，1993 年，第 35 页。

超越，最主要的表现是他对中国传统文化"伦理型"模式的突破，也就是从伦理本位到"以经济建设为中心"的文化观念的大转变。"以经济建设为中心"的文化模式，取代了传统的"伦理本位型"以至"政治本位型"的文化，使中国文化自五四运动以来发生的深刻变革又迈出了关键性的一步。

改革开放30多年来，与经济建设快速发展、改革不断深入、思想理论的与时俱进相互伴随，社会主义文化建设取得了显著成就，党对中国特色社会主义建设客观规律的认识也在不断深化。党的十五大提出了中国特色社会主义文化建设的基本纲领，强调"建设有中国特色社会主义的文化，就是以马克思主义为指导，以培育有理想、有道德、有文化、有纪律的公民为目标，发展面向现代化、面向世界、面向未来的，民族的科学的大众的社会主义文化"①。进入新世纪新阶段，面对世情、国情、党情的新变化，中国共产党始终把文化建设放在关系党和国家发展全局的重要地位，相继提出建设社会主义核心价值体系、建设和谐文化、建设社会主义文化强国等重要思想，走出了中国特色社会主义文化发展道路。中国特色社会主义文化发展道路，"是新中国成立特别是改革开放以来我国文化建设实践探索的基本结论，是对中国特色社会主义道路认识的丰富和深化，鲜明回答了我国文化改革发展走什么路、朝着什么样的目标迈进这个带有方向性、战略性的重大问题"②。

"中国共产党从成立之日起，就既是中华优秀传统文化的忠实传承者和弘扬者，又是中国先进文化的积极倡导者和发展者。"中国特色社会主义，既可以从马克思主义的理论宝库中去寻找其理论根据，又可以从当代中国和世界的深刻变化中去寻求其现实依据，也可以从中国文化自身的传承发展中去揭示其文化底蕴。中国文化从传统向现代的转化是创造性的转化，而其实现的关键在于：用什么样的思想理论去引领这一转化、走什么样的文化发展道路去实现这一转化。中国"独特的文化传统，独特的历史命运，独特的基本国情，注定了我们必然要走适合自己特点的发展道路"③。中国文化从传统向现代的转化，是在已有的文化基础上作出顺应时代的变革与完善，更是在前人没有的条件下从无到有的新的创建。这就要求人们对待中国传统文化

---

① 《江泽民文选》第2卷，人民出版社，2006年，第17—18页。
② 《中共中央关于深化文化体制改革推动社会主义文化大发展大繁荣若干重大问题的决定》，人民出版社，2011年，第55页。
③ 《习近平谈治国理政》，外文出版社，2014年，第156页。

要坚持结合新的实践和时代要求进行正确取舍，而不能原封不动地照套照用。推动中国文化从传统向现代的创造性转化，既要深刻认识中国特色社会主义道路的历史必然性，认识这条道路的深厚文化土壤，更要善于从古今中外的比较中深刻认识中国特色社会主义道路的优越性。党的十八大将"自信"分别与中国特色社会主义道路、理论体系和制度相联系，进一步彰显了实现中华民族伟大复兴中国梦的坚定信心。道路自信、理论自信和制度自信又是有机结合、不可分割的统一整体，而贯穿其中的则是：对马克思主义基本理论与中国实际相结合的根本原则的高度自信。而"既不走封闭僵化的老路、也不走改旗易帜的邪路"[1]的庄严昭示，则既表明了中国共产党对中国特色社会主义的道路自信、理论自信和制度自信，也表明了党对中国文化创造性转化的坚定自信。

总之，马克思主义的中国化与中国文化从传统向现代的转化，既推动了马克思主义的理论创新、实践创新和制度创新，又促进了中国文化从传统向现代的创造性转化。它充分证明：中国文化只有在马克思主义特别是其中国化理论成果的指导下才能实现其在古今中外融会贯通中的创造性转化。离开中国特点来谈论马克思主义、谈论中国文化的现代化，都没有实际意义。

原载《马克思主义研究》2015年第9期

作者简介：田克勤，东北师范大学马克思主义学部教授、博士生导师。

---

[1] 《中国共产党第十八次全国代表大会文件汇编》，人民出版社，2012年，第11页。

儒学与马克思主义的契合处及其在当代新文化中的位置

蔡方鹿

中华民族是一个有悠久历史和灿烂文化的伟大民族,在古代文明史上长期处于世界前列。炎黄子孙在数千年劳动、生息的历史发展中,创造和形成了具有中国特色的民族文化。儒学作为中国传统文化的主流,对中国社会的发展演变产生了深刻的影响,成为历史文化遗产的主要内容。由于儒学中具有合理因素与封建主义因素并存的两重性,所以它对现代社会的影响也具有两重性。研究和探讨儒学与马克思主义的契合处,以及儒学在当代新文化中应占的位置,是批判继承传统文化,使之为现代化和社会主义精神文明建设服务的重要环节。

一、民本主义、重民思想与"解放全人类"思想的契合

儒学历来有民本主义和重民的思想传统,强调人民是组成国家的基本要素,统治者应对人民负责。《左传》提出:"夫民,神之主也"。以民本反对神本。孔子"仁学"以人为本,指出"仁者,人也"。强调治理国家必须"节用而爱人,使民以时"。并将"养民也惠,使民也义"作为"君子之道"的要求。孟子提出"制民之产"的思想,认为民无恒产,则无恒心,主张"五亩之宅,树之以桑",以满足百姓的穿衣需求;"百亩之田,勿夺其时",以满足百姓的吃饭需求。在富民的基础上,再实行教育。对待君民关系,孟子提出"民为贵,社稷次之,君为轻"的思想,认为人民比君主更为重要。荀子清楚地看到民众是国家政权的基础,指出:"君者舟也,庶人者水也,水则载舟,水则覆舟。"儒家从民本主义出发,强调重民,认为"民为邦本"。统治者必须广纳民意,以人民的意志为意志,得民心者天下治,如果

失去民心，则将失去天下。需要指出，儒学的民本主义与重民思想同中国历代统治者的专制独裁有严格的区别。正因为这些统治者没有接受儒学的主张，才有专制独裁的出现。朱元璋曾罢免孟子配享孔庙，便极具说服意义。马克思主义从无产阶级解放出发，指出"解放全人类"的思想纲领，强调无产阶级只有解放全人类才能彻底解放自己，号召通过社会革命，创造出一个没有阶级剥削和阶级压迫的新世界，实现无产阶级和劳苦大众的彻底解放，而无产阶级的彻底解放，即是整个人类的解放。儒学的民本主义、重民思想与马克思主义"解放全人类"的思想存在某些契合之处，即都主张满足人民群众的利益和愿望。把人民群众当作社会的主人，反对统治者压制、扼杀民意。毛泽东继承马克思主义"解放全人类"的思想，用以指导中国革命的实际，并批判地吸取了中国传统的民本主义和重民思想，将无产阶级的阶级解放、解放全人类与解放中国人民、振兴中华民族结合起来，指出"我们这个队伍完全是为着解放人民的"，以"全心全意为人民服务"作为中国共产党人的唯一宗旨，把被历代统治者所隐没的儒家民本主义和重民思想加以复彰，并给予革命的改造。尽管儒学的民本主义和重民思想与马克思主义"解放全人类"的思想分属于不同的社会思想体系，具有本质的区别，但不能否认二者仍有某些相合之处，其重民思想与"为人民服务"的宗旨在今天都是需要大力发扬的。

二、大同理想与共产主义目标的契合

儒家经典之一的《礼记》提出大同社会的理想蓝图，希望实现选贤任能，讲和平，推己及人，一普遍的爱，养老抚幼，壮年有工作，孤寡残疾皆有所安，生产品共同所有，各尽所能，贡献社会，不欺诈争利，不掠夺，没有私有财产的大同社会。这种所谓的"儒家社会主义"是中国传统文化遗产之一，为历代志士仁人和要求摆脱剥削、压迫的劳动人民所向往，并在洪秀全、康有为、孙中山的思想和行动上得到充分的表现。

马克思主义的终极目标是通过社会革命，消灭私有制，发展生产力，解放全人类，实现人人平等、自由、没有剥削、压迫，高度民主和文明，各尽所能按需分配的共产主义社会。从社会发展的阶段和规律来看，虽然马克思主义提出的共产主义目标与儒家的大同理想有本质的不同，但二者仍有某些契合之处。由于中国从古代到近代存在一种要求实现大同社会的思想追求，所以当西方文化中的革命思想——马克思主义传入中国后,先进的中国人很容易将中国崇高的大同理想与马克思主义的共产主义目标加以对照,并在革命斗争的实践中比较容易地接受。毛泽东在《论人民民主专政》里把实现共产主义与实现大同联系起来,指出在共产党的领导下"由新民主主义社会进到社会主义社会和共产主义社会,消灭阶级和实现大同"。这说明儒学的大同理想与马克思主义的共产主义目标确有契合之处。

三、"大公无私"与公有观念的契合

儒学的价值观以尊公轻私、重义轻利为特征。至宋代演变为"大公无私"的思想。针对"天下为家"的私有观念,秦汉之际儒家提出"天下为公"(《礼运》)的思想,这种为公的观念对中国社会影响极大。北宋政治家范仲淹提出"先天下之忧而忧,后天下之乐而乐"(《岳阳楼记》)的以天下为己任的为公思想,把国家民族的前途命运置于首位,为后人所称颂。宋代新儒家二程和朱熹严于公私之分,并把公私问题同义利之辨结合起来。程颐指出:"义利云者,公与私之异也。"(《粹言》卷一)认为公代表义,私代表利,要求人们做到"至公无私,大同无我"。这就是肯定了公和义的地位,轻视私和利的价值,亦是对"天下为公"思想的继承。程朱理学给私、利也留下一定的位置,但以"不至妨义"为前提。在中国伦理思想史上,南宋思想家杨简首次明确提出了"大公无私,天下道也"(《慈湖诗传》卷十八)的命题,他把儒学的伦理思想概括为"大公无私"的原则,其"大公无私"与重义轻利在逻辑上是一致的。

儒学"大公无私"、重义轻利的价值观随着宋明理学被定为官方学说之后,成为中国封建社会意识形态的指导思想,贯穿各个社会领域,维护了中国封建社会的稳定和发展,其消极因素又阻碍了社会的前进。这一价值观的特点是过分强调社会整体利益,忽视以至压抑个人利益,过分重视道义原则,轻视物质利益。这就决定了其既具有个人对社会负责的以天下为己任的积极因素,造就了诸多忧国忧民、杀身成仁、舍身取义,为中华民族的振兴而勇于献身的志士仁人,又具有压抑个性,导致生产力乃至整个社会发展迟缓的消极因素。并且历代统治者又都不断削弱这一价值观对自身的约束,而不断加强其对下层群众的制约,使其变为套在人们头上的礼教枷锁。所以应看到"大公无私"、重义轻利的价值观所具有的二重性及其在历史上所产生的不同作用。

同以"私"字为核心的资产阶级意识形态相对立,马克思主义价值观的核心是包含了社会成员个人利益在内的为"公"思想。与共产主义理想相联系,马克思主义提倡公有观念,反对私有观念。在政治制度上,《共产党宣言》把这个理论归结为"消灭私有制",代之以财产公有,在思想观念上,必然强调私服从公,公主导私。但马克思主义并不否定社会成员个人利益存在的合理性,而是主张公共利益与私人利益互相结合,反对将二者分裂。同时强调:"只有在集体中,个人才能获得全面发展其才能的手段,也就是说,只有在集体中才可能有个人自由。"[①] 提倡包含了个人利益的集体主义观念。

马克思主义的公有观念、集体主义思想与儒家"大公无私"的观念有相近的因素。毛泽东在中国革命的实践中,把马克思主义的公有观念同儒学的"大公无私"思想结合起来,并对传统的价值观加以扬弃和改造,提出了无产阶级的"大公无私"思想和"毫不利己,专门利人"的原则。虽然无产阶级的"大公无私"思想是从儒学的"大公无私"观念发展创新而来,但二者有本质的区别。无产阶级的"大公无私"思想作为共产主义的思想体系,是人类的最高道德境界,它在消灭私有制,建立公有制的社会革命的斗争实践中提出,以民族振兴和解放全人类为目标,其公既指社会、集体利益,又包含了社会成员的个人利益;而儒学的"大公无私"观念作为封建社会的产物,受到阶级和时代的局限,建立在私有制社会的基础上,虽然它强调国家、民族的利益高于一切,而国家、民族的利益与人民群众的个人利益虽有相关的一面,但又是相脱离的。尽管如此,儒学的"大公无私"观念与马克思主义的为公观念存在契合之处是不能抹煞的。

四、儒家哲学与马克思主义哲学的契合

(一)"一以贯之"之"道"与重视自然、社会发展规律的契合

儒家哲学历来有重"道"的传统。孔子指出:"吾道一以贯之。"其"道"便是指社会人事的原则和规律。后来儒家吸取道家自然之"道"的思想,"道"成了自然、社会规律的代名词。从某种意义上可以说,一部中国

[①] 《马克思恩格斯选集》第1卷,人民出版社,1972年,第82页。

思想的发展史，即是"道"的发展和演变的历史。儒家强调，任何人，包括帝王在内，无论在处理天人关系，在政治治理中，还是在观察和对待社会及历史的发展变化时，均不能脱离和违背"道"的原则。这种重"道"的传统在唐宋后形成了"道统"，广泛影响中国社会的各个领域。

马克思主义揭示了自然界和人类社会发展的规律，指出规律是客观事物本质的必然的联系，规律贯穿在自然界、人类历史和人的思维等各个领域。人们能够认识、运用规律，按客观规律办事，以指导改造客观世界及革命斗争的实践活动，但不能创造和消灭规律，即规律不能违反，只能顺应。马克思主义揭示并重视客观规律的思想对中国革命影响极大，在指导革命和建设走向胜利的过程中发挥了重大作用。中国古代儒家重"道"的传统与马克思主义重视规律的思想在一定程度上存在相通之处，这是生活在中国文化土壤里的先进的中国人易于接受马克思主义的因素之一。

（二）儒学辩证思维传统与马克思主义辩证法的契合

儒学一向有深厚的辩证思维的传统，其阴阳消长的变易思想、一分为二的矛盾学说、穷则思变的革新观念与兵家、道家、法家以及佛学的辩证法思想一起，成为中国源远流长的哲学遗产。《易传》中"汤、武革命，顺乎天而应乎人"的辩证思想历来被要求社会变革的人们所乐道和引证。

马克思主义哲学的一个十分重要的组成部分是它的辩证法思想。辩证法被马克思、恩格斯视为关于自然、人类社会和思维的运动和发展的最普遍规律的科学。其对立统一、量变质变、肯定否定等学说是马克思主义哲学辩证法的基本规律。马克思认为辩证法的本质是"批判的和革命的"，它不崇拜任何东西，这为推翻旧制度的社会革命提供了强有力的思想武器，因而被以毛泽东为代表的中国共产党人所接受，并被用以指导中国革命的具体实践。马克思主义辩证法之所以被先进的中国人普遍接受，除能满足革命斗争的实践需要外，也与它同中国儒学辩证法传统的互相契合分不开。毛泽东在创立中国化的马克思主义——毛泽东思想时，大量吸收和改造了儒学的辩证法思想，使马克思主义哲学与中国古代哲学的特点相结合，因而具有为人民群众所喜闻乐见和易于掌握的民族文化形式，并在实践中产生了十分显著的效果。

（三）知行统一与理论联系实际的契合

在中国思想史上，知代表认识、知识，引申为理论；行代表实行、行动，亦即实践。儒学历来对知行关系问题十分重视，各个时代的思想家都对知行问题作了系统的论述。虽然观点不尽相同，或主张知先行后，或主张行先知后，或主张知轻行重，或主张知难行易，但均为知行双方不能脱离。其中典型的代表有王守仁的"知行合一"说，王夫之的"行先知后""知行相资"说。可见，知行统一、重躬行践履是古代儒家知行观的特点。

马克思主义哲学的一个最显著的特点是它的实践性，强调理论对于实践的依赖关系，理论的基础是实践，又转过来为实践服务。毛泽东是把马克思主义哲学理论联系实际的原理与儒学知行统一思想相结合的典范，其哲学论著《实践论》就是运用马克思主义哲学的认识理论对中国古代知行问题作出的科学总结，这从《实践论》的副标题"论认识和实践的关系——知和行的关系"可得到证明。在《实践论》里，毛泽东吸取了儒学知行论中的一切积极成果，并加以改造和扬弃，批判了各种唯心主义和形而上学的错误，结合中国革命的实际，提出了辩证唯物主义的知行统一观，使之成为人民群众认识和改造世界的强大思想武器。这个事实本身就说明了儒学的知行统一思想与马克思主义哲学理论联系实际的原理存在契合之处。

五、儒学在当代新文化中的位置

当代新文化的建设，应以马克思主义为指导，既立足中国实际，又注意吸取和借鉴世界先进文化；既批判继承历史传统，又充分体现时代精神。儒学作为中国传统文化的主要成分在当代新文化中应占有重要位置。首先，今天的中国是过去中国的延续，我们不能采取虚无主义的态度人为地割断历史。事实上，儒学对当代社会仍发生着深刻的影响，尽管其影响表现为正、反两个方面，但人们不能绕过传统而谈当代中国的文化建设。其次，由于儒学中具有合理因素与封建主义因素并存的两重性，所以它对现实的作用也有不同。对此，我们既不能因为儒学中具有封建主义因素，就把儒学与封建主义画等号而全盘否定，也不能把当前改革中遇到的阻力统统归咎于儒学，以为骂骂老祖宗便可解决改革中的一切问题，更不能因为儒学中具有合理因素，就把儒学在当代新文化中的位置抬高到不适当的地步，以为儒学万能，可以解决现代化的一切问题。

要使儒学在当代新文化建设中发挥应有的积极作用，就必须扬弃传统，实现儒学的现代转化。这应从以下方面加以努力：

（一）对儒学的价值观进行改造，使之与社会发展的要求相适应

儒学价值观的特点是尊公轻私、重义轻利。对此，我们既要吸取其中的积极因素，发扬传统美德，以天下为己任，反对见利忘义，损公肥私的行为，又要批判其相对轻视物质利益，轻视合理个人利益的满足的倾向，以及压抑个性的封建主义因素，从而树立起公私结合、义利统一的新观念，为实现社会公共利益和个人利益，发挥道德调节应有的作用。

（二）使儒学成为发展经济的重要文化因素

发掘儒学中人本、富民、立功、廉洁、日新等积极因素，来丰富企业文化等当代文化的内涵，以促进社会主义商品经济的发展。只有大力发展生产力，才能逐步实现整个社会包括文化的现代化，并在此基础上克服西方工业化的毛病，使中国的工业化与优秀的民族文化相结合。一方面，儒学存在的价值是它必须为现代化服务；另一方面，现代化又是儒学复兴的最大条件。

（三）将儒学中的合理因素升华、包容到当代新文化之中

儒学中一向有自强、诚信、和谐、互助、恻隐、忠恕、孝悌以及辩证、重规律、知行统一等思想，这些是中国优秀的文化遗产。而现代意义的科学、哲学、民主、法制、教育等则比较缺乏，应使儒学与当代文明有机地结合，同时引进和吸收西方先进文化，使自由、平等、公平、竞争、个性解放和个性全面发展等精神撞击、改造和补充传统儒学，并摒弃中西方文化中的糟粕，使儒学在扬弃传统的过程中走向现代，成为当代文化中的重要内容。

原载《江西社会科学》1993年第1期

作者简介：蔡方鹿，四川师范大学首席教授，博士生导师。

释张载哲学中所谓神

——再论张载的唯物论

张岱年

20世纪50年代之初，我曾写过一篇《张横渠的哲学》（载《哲学研究》1955年第1期），论证张载的哲学基本上是唯物论，之后，又和一些同志辩论过张载哲学是否唯物论的问题（俱载《哲学研究》，收入拙著《中国哲学发微》），到现在已经三十来年了。1978年应中华书局编辑部之约，为《张载集》的出版写了《关于张载的思想和著作》，由于体例和篇幅的限制，对于张载哲学的许多问题没有进行详细的论证。最近，《成都大学学报》1983年第2期发表了周清泉同志的《张载的哲学思想是唯物的吗?》重新提出张载的哲学思想是唯物论还是唯心论的问题，对于我和任继愈、侯外庐诸同志的观点都提出反驳。问题既然提出来了，我也就不得不旧事重提，有所论辩。真理是愈辩愈明的，把这个问题辩论清楚，对于中国哲学史的研究还是有益的。

周清泉同志文章（以下简称"周文"）的主要论点是：张载所谓太虚是"清通不可象"的神，所谓神就是精神，所以太虚就是"宇宙的心、精神、意识"，"这个神其实就是封建社会中一切唯心论者所说的神天"，所以张载是"唯心的神天－太虚的神气本体论者"。这里关键问题是：张载所谓"清通不可象"的"神"究竟是什么意义？如果这神就是一般所谓精神，张载当然是一个唯心论者；但是，如果这个神不是一般所谓精神，那么，以太虚为精神的全部论证就都不能成立了。

关于中国古代哲学中"神"的范畴，我在拙著《中国哲学大纲》及《中国哲学发微》中早已做过分析，现在不得不再做一些说明。周文云：所谓太虚，"从张载形神，物神对举中可以看出，应当是与形、物相对的精神"。事情果然如此简单吗？实际上，这个论断是完全不符合张载原意的。

中国古典著作中所谓神至少有三种含义。第一，神指神灵或天神，如董仲舒所谓"百神之大君"，这是有人格的神灵，古代人以为山川日月都有其神。第二，神指精神作用，如荀子所谓"形具而神生"，佛教所谓"神不灭"的神。还有第三项涵义，指微妙的变化。《周易·系辞传》说："阴阳不测之谓神"，"神无方而易无体"。《周易·说卦传》说："神也者妙万物而为言者也"。晋韩伯《系辞注》云："神也者，变化之极，妙万物而为言，不可以形诘者也，故曰阴阳不测。尝试论之曰：原夫两仪之运，万物之动，岂有使之然哉？莫不独化于太虚，数尔而自造矣。造之非我，理自玄应，化之无主，数自冥运，故不知所以然而况之神，是以明两仪以太极为始，言变化而称极乎神也。"这所谓神，是表示"变化之极"，没有"使之然"者。这种神的观念是对于造物主的否定，也不是指人的精神。

荀子亦讲神，《天论》说："列星随旋，日月递炤，四时代御，阴阳大化，风雨博施，万物各得其和以生，各得其养以成，不见其事而见其功，夫是之谓神。"这神指"不见其事而见其功"的自然变化。荀子是无神论者，所谓神绝非鬼神之神，亦非"形具而神生"之神。

到宋代，张载以"善言神化"著称，他所谓神也即《易传》《荀子》所讲的神。诚然，张载尝以"形神""物神"对举，如说："太虚为清，清则无碍，无碍故神，反清为浊，浊则碍，碍则形。"（《正蒙·太和》，下引此书只注篇名）又说："地，物也；天，神也。物无瑜神之理，顾有地斯有天，若其配然尔。"（《参两》）但是能够从此而推论出他所谓神就是"精神"吗？

须知张载虽以形神对举，但他所谓形不是荀子"形具而神生"的形，他所谓神也不是一般与形相对的神。所谓"碍则形"的形，泛指一切有形之物，不是专指人的身体。所谓神亦指"变化之极"，不是指一般所谓精神。他有时以物神对举，但也把物与神统一起来，如说："存文王，则知天载之神；存众人，则知物性之神。"（《天道》）这是说万物都是具有神性的，即是说万物都有变化的本性。

张载讲神的话很多，最有典型意义的如："神者太虚妙应之目"（《太和》），"由太虚，有天之名"（同上），"神天德，化天道"（《神化》）。"天德"即太虚之德，亦即太虚的本性。神是表示太虚所有的微妙的感应关系。神是太虚的本性，还不能断言太虚就是神。如说张载的太虚就是精神，就更是错误的了。

张载论神的最明确的文句是："惟屈伸、动静、终始之能一也，故所以妙万物而谓之神,通万物而谓之道,体万物而谓之性。"(《乾称》)所谓神就是"屈申动静终始之能",即运动变化的潜能。这神难道可以解释为精神吗?

张载论神,也有不少晦涩难解、易滋误会的语句,如云:"应明(一作静)照鉴,神之明也。"(《神化》)又云:"天下之动,神鼓之也,辞不鼓舞则不足以尽神。"(同上)好像前一句是指精神,后一句是讲天神推动万物了,其实不然。这些话都应联系他讲神各条来理解。"神者太虚妙应之目",所谓"虚明照鉴"是讲太虚的光亮透明。"天下之动神鼓之也"是说神是万物变化的内在根源,神是运动变化的潜能。

张载《易说》中讲所谓神说:"一故神,譬之人身,四体皆一物,故触之而无不觉,不待心使至此而后觉也,此所谓感而遂通,不行而至,不疾而速也。物形乃有小大精粗,神则无精粗,神即神而已,不必言作用。譬之三十辐共一毂则为车,若无辐无毂,则何以见车之用?"这是以人的四体"触之而无不觉"来喻神。人身是一个整体,所以四体受触而无不觉,是说人身也表现了所谓神。周文却解释说:"人身具有大小精粗的四体,都有能够感而善应的心在,才会触之无不觉的。"张载明明说"不待心使至此而后觉也",周文却把"触之无不觉"归之于心,意在把神与心结合起来,这是不正确的曲解。张载所谓"若无辐与毂,则何以见车之用",是对《老子》"有之以为利,无之以为用"的批评,周文却说:"象车是体,辐毂是车体之用一样,心是体,四体是心之用。"按车与辐毂并无体用关系,而是全体与部分的关系。车是辐毂等部分的总体,心是四体的总体吗?这就未免拟于不伦了。牵强附会地把所谓神与心等同起来,是徒劳无益的。

与张载同时的邵雍、程颢也都讲神。邵雍说:"天之象数则可得而推;如其神用则不可得而测也。"(《皇极经世·观物外篇》)程颢说:"盖上天之载,无声无臭,其体则谓之易,其理则谓之道,其用则谓之神。"(《程氏遗书》卷一)程颢曾有"只心便是天"之说,但是他不认为神就是心。

张载哲学的继承者王廷相、王夫之也都讲神。王廷相说:"阴阳气也,变化机也,机则神。"又说"屈申相感者机之由也;缊絪而化者神之妙也"(《慎言·道体》)。王夫之说:"神化者气之聚散不测之妙。"(《张子正蒙注·太和》)又说:"气其所有之实也,其纲缊而含健顺之性,以升降屈申条理必信者,神也。"(同上书《神化》)这些所谓神都是微妙变化之义。

如果认为凡是讲神的就都是唯心论,那么,荀子、《易传》以及王廷相、王夫之的哲学都成了唯心论了。这就否认了中国古代哲学中还有一个唯物论的传统了。神是中国古代哲学中一个独特的观念，我们必须懂得其真正涵义。把神一概理解为精神，这只是望文生义而已。

与神的问题密切相关的是"太虚无形，气之本体"的问题。我向来认为，这种所谓本体，不同于西方哲学中所说之本体，而只是本来状况的意义。周文以为不然，认为所谓本体是"无象无形而又未尝无之的质体"，强调"张载作为气之本体的太虚的精神性"。张载一则说"太虚即气"，再则说"虚空即气"，周文却说张载讲的"太虚不是气"。讲述一个哲学家的思想，却直接否认哲学家自己所说的话，这是什么方法呢？张载明确说"太虚即气"，这是难以否认的，于是周文解释张载的太虚不是"实存的客观物质的气"，而是"客观精神的气"，也就是"一种非实存为有的，未尝无之为神的精神质体的气"。这样一来，历代以"气"说明世界的哲学学说都成为恍惚不定的了，唯物主义与唯心主义的界线也就永远划不清了。哲学史上，有的哲学家以"气"指一种精神境界，如孟子所谓"浩然之气"。但是孟子基本上还是以为"气"是与"志"相对的，"气"属于身体方面，所谓浩然之气不过是一个比喻而已。张载"太虚即气"的气，从上下文看，从他的逻辑推论看，显然是物质性的。周文在这里用了"质体"一词，再三讲"精神质体"，强调"质体"与"形体"的差别。"质体"一词殊为罕见。在汉语中，作为学术名词的"质"字有二义，一为物质之质，一为性质之质。所谓质体之质是何义呢？如果是物质之质，那么质体与形体是没有区别的。如果是性质之质，性质之质的体又应作何解呢？范缜提出"形质神用"之说，以质释形。历来还没有以质表示精神的。

《正蒙》中有一句名言："知太虚即气则无无。"《周易系辞精义》引"横渠易说"，作"知太虚即气则无有有无"。周文以为"则无有有无"为是，"则无无"为误，这也未必然。张载反对"有无之分"，是否定所谓"无"，而不是否定所谓"有"，作"无无"，直截了当，更能表达他的意向。《正蒙》的许多文句是从《易说》中摘录出来的，在摘录时有所改动。我推测，此文《易说》中原作"无有有无"，《正蒙》摘录时就改为"无无"了。通行本《正蒙》作"无无"是不误的，不可妄改。

诚然，如周文所说，"把张载列入唯物论阵营的观点，在当前的哲学史著作中是居于多数的。现在是应当重新加以评价的了"。"重新评价"是永远必要的。为什么多数哲学史工作者都肯定张载哲学是唯物论呢？不应该深思其故吗？难道多数哲学史工作者都是不辨是非的吗？

周文还有一些明显纰漏，也令人惊异。姑举数例。

（1）张载说："未尝无之谓体，体之谓性。"（《诚明》）这里"之谓"是连用的，这句意谓"未尝无"的叫作"体"，"体"叫作"性"。周文却以"未尝无之"四字连读，这就未免忽视了古代汉语的语法了。

（2）张载说："一物两体，气也。"（《参两》）两体又称两端，他说："其阴阳两端循环不已者，立天地之大义"（《太和》），这里"两体"是两个部分的意思，犹言人的四肢为四体。"两端"是两个方面的意思。周文解释"两端"说："任何事物都有绕围着自身存在的界限规定使它从他事物中区分独立起来，而两两相对的两极界线的顶点，就是这一物的两端。"事实上，任何事物，除了几何学的线以外，与别事物区分的界线不只是两个顶点，平面有四边，立体有六面，其分界仅有两点吗？所谓两端绝非此意。

（3）周文引用了"物自体"一词，以为太虚就是"物自体"，就是"潜在、自在的存在或物自体"。"物自体"是康德的哲学名词，指不可知的客观对象。这是一个认识论的观念，不是本体论的观念。周文说："张载所说的太虚无形气之本体、太虚之体的体，应当是指气的未尝无之的质体，或物自体的本体。"这就把认识论上的物自体与本体论所谓本体两个不同类的观念混淆了。

（4）周文讲张载的气"心统性情"，引了《张子语录·后录》的一段话："心是神明之舍，为一身之主宰。性便是许多道理得之于天而具于心者。发于智识念虑处皆是情。故曰心统性情者也。"这几句是朱熹的语录，在"后录"中明白注出，周文却都当作张载的语录引用了。

（5）周文又引："列宁说过：每一时代底理论的思维乃是一种历史的产物，在不同的时代具有非常不同的形式，并且同时具有非常不同的内容。"这是恩格斯《自然辩证法》一书中《反杜林论旧序·论辩证法》篇中的名言，何以引作列宁的语录呢？

我们认为，张载哲学是唯物的。但是张载的哲学体系不够完整，不够严密，他的许多词句不够明确，不够清晰。而且包含许多自相矛盾之处，其历史的阶级的局限也是显然的。虽然如此，他的主要思想还是唯物论，称之为"气一元论"，并无错误。他一方面反对道家"有生于无"的客观唯心主义；一方面又反对佛教"以天地日月为幻妄"的主观唯心主义。如果认为他是宣扬一种以"宇宙的心"为本体的客观唯心论，那他又何必激烈反对道家的客观唯心主义呢？张载所谓太虚和气当然有一定区别，但他所提出的"太虚即气""虚空即气"的命题是具有深刻而丰富的理论意义的，其涵义是说最高的本原也是物质性的。他把太虚、虚空、道、神都统一于气，这是唯物论的思想，是确定无疑的。张载之后，王廷相、王夫之也都肯定太虚即气，这是宋元明清时期唯物主义的传统。张载的神化学说是值得认真研究的，其中包含丰富的辩证思维，神是中国古代哲学的一个重要的基本范畴，虽然易于引起误解，在古代却具有重要的理论意义。如果一见到一个"神"字，就认为是精神或天神，那么，哲学史的研究就将成为儿戏了。重新评价一些问题是必要的，但是首先要虚心，要正确理解所要评价的学说的真实涵义。

原载《人文杂志》1985年第1期

作者简介：张岱年，北京大学哲学系教授，清华大学思想文化所所长。

双选·双认·双赢：马克思主义与中华民族文化的整合效应

姜建成

马克思主义与中华民族文化的历史结合是人类文明发展进程中的伟大事件，是"把新的发现和新的力量惠赠给人类生活"[①]的时代标志。马克思主义与中华民族文化的双向选择、双重认同、双赢格局，彰显了西方文化与东方文化的结合，昭示了外来文化与传统文化的契合，实现了先进科学文化与民族特色文化的融合，推动了马克思主义的大发展，促进了中华民族文化的大繁荣，把马克思主义与中华民族文化共同推向了历史发展的新高度，不仅对全面建成小康社会、建设社会主义文化强国具有重要的指导价值，而且对加快推进社会主义现代化建设事业和实现中华民族的伟大复兴有着不可估量的重大影响。

一、双向选择：马克思主义与中华民族文化的逻辑契合

马克思主义与中华民族文化的结合是历史的抉择，是经历反复认识、比较鉴别、激烈碰撞、价值发现之后的双向选择。马克思主义是人类社会历史上迄今最先进、最科学的思想体系，它深刻揭示了人类社会发展规律，坚定维护最广大人民的根本利益，是指引人民推动社会文明进步、创造幸福美好生活的科学理论。马克思主义作为来自欧洲的外来文化，是与中国传统文化有着很大不同的异质文化，但马克思主义一经传入中国，就逐渐被中华民族优秀文化所含纳，完成了在中国"安家落户"的历史使命，承接了"振兴中华"的历史重任，开启了中华民族文化觉醒的新征程，成为中国社会前行、

---

① 培根：《新工具》，许宝骙译，商务印书馆，1984年，第58页。

文化进步的根本指导力量。

1. 中国化马克思主义离不开中华民族文化

一个半世纪前诞生于欧洲的马克思主义是总结人类实践发展的科学真理。马克思主义要发挥认识世界、改造世界的指导作用，就必须与各国、各民族的文化紧密结合。由于马克思主义有着自己特有的话语体系和思维方式，要想使之在中华大地生根，就不能只说"西洋话"，而要学会说"中国话"。马克思主义能否实现中国化，关键在于不仅要锻造与创新原有的理论内容和逻辑结构，而且要从博大深邃的中华民族传统文化中汲取营养和获取力量，重塑自己的理论形态和价值体系，学会运用中国人的思维习惯和表达方式，真正实现向中国化马克思主义形态的历史性转化，这是其在中华大地扎根并发挥作用的首要前提。"马克思主义要在中国生根、开花和结果，要中国化，就不仅要与中国的现实实际相结合，而且要与中国的历史文化相结合，要向中国文化学习，要从中国的历史文化中汲取智慧。"[1]

中华民族传统文化是马克思主义在中华大地得以立足的载体与根基。对于马克思主义来说，选择中华民族优秀文化，不仅有其历史的必要性，而且有着现实的可能性。"中国人接受马克思主义，与传统文化有密切的关系。中国历史中有悠久的唯物论、无神论、辩证法的传统，有民主主义、人道主义思想的传统，有许多历史唯物主义的思想因素、有大同的社会理想，如此等等，因而马克思主义很容易在中国的土壤里生根。"[2] 中华民族文化由于具有多样性、开放性、包容性的特质，不仅适宜马克思主义在中国大地的生存，而且更能滋润马克思主义在中国社会的创新发展。马克思主义要在中国社会生活中发挥独特的作用，就必须深深扎根于中华民族文化，在民族文化发展中找到自身的合理定位，使中华民族的优秀文化传统既成为马克思主义取之不尽、用之不竭的思想资源，又为马克思主义在中国的广泛传播提供丰厚的土壤，从而自觉地推进马克思主义中国化、时代化、大众化的伟大实践。

2. 中华民族文化的当代发展离不开马克思主义

中国社会历史发展中一个不可回避的事实是，落后就要挨打。近代中国

---

[1] 许全兴：《论马克思主义与中国传统文化相结合》，《理论参考》2009年第11期。
[2] 张岱年、程宜山：《中国文化与文化论争》，中国人民大学出版社，1990年，第186页。

的落伍，导致民族传统文化濒临危亡。"回望近代中国，面对山河破碎、亡国灭种的危机，无数有识之士纷纷寻求救国救民的真理。形形色色的'主义'、思潮纷至沓来、竞相登场，最终又都昙花一现。唯有马克思主义，以其无可辩驳的科学性真理性，在同各种思想的争鸣交锋中，站到了社会思想大潮的前列。"① 马克思主义给中华民族文化带来了新生，给中华民族复兴带来了希望。毛泽东鲜明地指出："十月革命一声炮响，给我们送来了马克思列宁主义。十月革命帮助了全世界的也帮助了中国的先进分子，用无产阶级的宇宙观作为观察国家命运的工具，重新考虑自己的问题。走俄国人的路——这就是结论。"② 马克思主义具有客观性、真理性、阶级性和开放性的特质，在其传入中国之后，同形形色色的社会思潮进行了交流、交锋、交融，吸纳和改造了2000多年来中华民族思想文化中一切有价值的东西，并不断传播和发展起来，越来越被广大中国人民所认识、接受，从根本上改变了中国人民和中华民族的前途命运，带来了中华民族走向伟大复兴的新曙光。马克思主义一经在中国大地传播，就发挥了无比巨大的历史作用，使中国经济社会焕发了蓬勃生机。历史雄辩地表明，中华民族文化发展的出路和希望就在于实现与马克思主义的结合。只有实现与马克思主义的结合，中华民族才能不断创造出有意义、有价值的新文化。从当代中国的发展看，马克思主义与中华民族文化相结合，能使古老的中华文化获得新生而走向世界，成为当今世界最具活力、最能推动人类文明发展的新型民族文化。

3. 马克思主义与中华民族文化相结合形成了具有中国特色的新文化

马克思主义决定了中国先进文化发展的前进方向，中华民族文化提供了中国先进文化发展的深厚底蕴。自中国共产党成立以来，马克思主义与中国各个时期的基本国情和民族文化相结合，最大的特色和亮点就是形成了中国化马克思主义两大理论成果——毛泽东思想和中国特色社会主义理论体系。毛泽东思想是中国化马克思主义的第一个理论成果，它以创造性的内容为马克思主义宝库增添了新的财富，并为中国特色社会主义理论体系的形成奠定了重要的思想理论基础。"中国特色社会主义理论体系，就是包括邓小平

---

① 李长春：《深入推进马克思主义中国化时代化大众化》，《人民日报》2011年7月6日。
② 《毛泽东选集》第4卷，人民出版社，1991年，第1471页。

理论、'三个代表'重要思想以及科学发展观等重大战略思想在内的科学理论体系。这一理论体系是马克思主义中国化的最新成果,是党最可宝贵的政治和精神财富,是全国各族人民团结奋斗的共同思想基础。在当代中国,坚持中国特色社会主义理论体系,就是真正坚持马克思主义。"[1] 作为世界性与民族性相统一的中国化马克思主义,既是马克思主义基本原理在中国的继承和发展,也是中华民族文化在历经艰难曲折发展后的庄严抉择。中国特色社会主义理论体系的形成与发展,开辟了马克思主义发展的新境界,愈益显示其不朽的中国价值和世界意义,并为当代中国一切进步和发展奠定了坚实的理论基础。

中国化马克思主义的形成与发展离不开中华民族传统文化,但并非传统文化的简单移植和某种重复,而是在新的历史条件下对民族传统文化的理性升华和历史超越。胡锦涛指出:"中华民族在漫长历史发展中形成的独具特色的文化传统,深深影响了古代中国,也深深影响着当代中国。现时代中国强调的以人为本、与时俱进、社会和谐、和平发展,既有着中华文明的深厚根基,又体现了时代发展的进步精神。"[2] 中国特色的新文化是马克思主义与中华民族文化相结合的产物,是马克思主义与中华民族文化发展的新形式。在民主革命时期,形成了新民主主义的新文化;在社会主义新时期,创造性地建立了中国特色社会主义新文化。胡锦涛指出:"要坚持发展面向现代化、面向世界、面向未来的,民族的科学的大众的社会主义文化,推动社会主义先进文化更加深入人心,推动社会主义精神文明和物质文明全面发展,不断开创全民族文化创造活力持续迸发、社会文化生活更加丰富多彩、人民基本文化权益得到更好保障、人民思想道德素质和科学文化素质全面提高的新局面,建设中华民族共有精神家园。"[3] 马克思主义与中华民族文化在双向互动过程中,展示了各自的话语特色、思想品格和精神风貌,也为两者的双向选择、相互认同创造了条件。

---

[1] 习近平:《关于建设马克思主义学习型政党的几点学习体会和认识》,《学习时报》2009年11月17日。
[2] 《胡锦涛在美国耶鲁大学的演讲》,《人民日报》2006年4月22日。
[3] 胡锦涛:《在庆祝中国共产党成立90周年大会上的讲话》,《人民日报》2011年7月2日。

二、双重认同：马克思主义与中华民族文化的价值彰显

马克思主义与中华民族文化有着诸多方面的逻辑联系，但也有着各自特有、互通有无、相辅相成的文化差异。无论是马克思主义，还是中华民族文化，都有自身独特的形成条件、生长环境和思想价值，需要在互动过程中相互含纳，互渗互补，和谐共生，实现认同。"马克思主义能否与中国传统文化相结合，关系到马克思主义在中国能否生根、能否得到中国人民的文化心理认同。如果马克思主义不能与中国传统文化相结合，脱离了中国的文化传统，就不可能把马克思主义变为具有中国特色的马克思主义，也就不可能使马克思主义在中国的文化土壤上扎根。"①

1. 马克思主义成为当代中华民族文化的重要组成部分

马克思主义作为时代精神的精华，是民族文化发展的活的灵魂。博大精深的马克思主义批判地继承了人类所创造的一切文明成果。经过近百年的交融发展，马克思主义实际上已经成为中华民族文化中的一部分，而且是占主导地位、起主导作用的一部分。马克思主义是社会主义思想文化的核心和灵魂，是指导中国社会发展、文化进步的理论基础，是中国特色社会主义意识形态的根本指导思想。在当代中国建设社会主义和谐文化，马克思主义是我们的真正优势所在。没有哪一种社会思想可以和马克思主义理论平起平坐，更没有哪一种"主义"可以取代马克思主义在当代中国的历史地位。

在扎实推进社会主义文化强国建设的总体格局中，马克思主义是"一"，中华民族文化是"多"。所谓"一"，就是指马克思主义在社会主义意识形态中的一元化指导地位，是引领中国社会发展、文化进步的唯一指导思想；所谓"多"，就是指中华民族文化的多样性、丰富性，是社会主义先进文化建设的重要基础。在中国特色社会主义文化建设中，"一"与"多"是一个有机整体，它们相互联系、相互依存、相互渗透、相互转化。在实际工作中，"多"不能取消"一"，马克思主义的价值导向、思想指导地位在任何时候、任何情况下都不能动摇，也不能削弱，更不允许搞指导思想的多元化；同

---

① 陈先达：《马克思主义中国化进程中的时代课题——论马克思主义与中国传统文化》，《人民日报》2010年12月27日。

样,"一"不能代替"多",要坚持"百花齐放、百家争鸣"的方针,尊重民族文化的多元性,允许人们价值取向的多样化,注重提高发展的包容性。坚持"一"与"多"的统一,就是要在强化理论武装、打牢思想基础、尊重差异、包容多样的基础上,形成社会发展共识。

2. 中华民族文化成为中国化马克思主义的重要思想来源

中国传统文化倡导和而不同、和谐共生,具有海纳百川、有容乃大的包容性。中国传统文化中的大同思想、民本思想、和谐思想与素朴的唯物论和辩证法等历史文化遗产,都与马克思主义有着某种程度的兼容性、共通性和天然联系性。毛泽东深刻地指出:"对于中国共产党说来,就是要学会把马克思列宁主义的理论应用于中国的具体的环境。成为伟大中华民族的一部分而和这个民族血肉相联的共产党员,离开中国特点来谈马克思主义,只是抽象的空洞的马克思主义。"[①] 一个国家最具民族特色的是其优秀传统文化,它是马克思主义发展中不可或缺的思想资源。"优秀传统文化凝聚着中华民族自强不息的精神追求和历久弥新的精神财富,是发展社会主义先进文化的深厚基础,是建设中华民族共有精神家园的重要支撑。要全面认识祖国传统文化,取其精华、去其糟粕,古为今用、推陈出新,坚持保护利用、普及弘扬并重,加强对优秀传统文化思想价值的挖掘和阐发,维护民族文化基本元素,使优秀传统文化成为新时代鼓舞人民前进的精神力量。"[②]

文化是民族的血脉,是人民的精神家园。在人类文明的历史长河中,中华民族文化历经磨难而绵延不衰,屡处逆境而昂扬奋起,不仅对本民族的社会进步和文明发展发挥了重大的作用,而且对全人类的社会进步和文明发展具有十分重要的影响。中国化马克思主义在与中华民族文化的交流、交锋、交融中,汲取了丰富的民族文化营养,兼具了中华文化的特质,打上了中华文明的烙印,获得了强大的生命力、创造力、感召力,成为更加反映中国国情、切合中国实际、指导中国实践、推进中国发展的科学理论。可以说,中华民族文化在中国化马克思主义思想理论体系中占有十分重要的地位。

[①] 《毛泽东选集》第2卷,人民出版社,1991年,第534页。
[②] 《中共中央关于深化文化体制改革推动社会主义文化大发展大繁荣若干重大问题的决定》,《人民日报》2011年10月26日。

3. 马克思主义与中华民族文化相认同实现了中国特色社会主义文化的新飞跃

马克思主义与中华民族文化的双重认同既是实现马克思主义中国化、本土化的内在要求，也是实现中华民族文化继承与创新的必然要求。在中国革命、建设和改革的实践中，马克思主义及其中国化理论成果的重要历史地位已经确立，并成为党和国家治国兴邦、创造人民幸福生活必须长期坚持的指导思想。中国特色社会主义新文化实现了马克思主义与民族优秀文化的结合，它既不是简单的撮合，也不是外在的叠加，而是扬弃传统文化后水乳交融般的文化创新，在相互吸纳各自优势的基础上，创造性地产生了指导中国改革开放和社会主义现代化建设伟大事业发展的新型理论。

民族文化发展的关键在于不断推进文化传承与创新。一旦马克思主义与民族文化相结合，形成具有民族特色、民族风格和民族气派的新文化，就必然会激活民族传统文化，开始将"一个被旧文化统治而愚昧落后的中国，变为一个被新文化统治因而文明先进的中国"[①] 的历史进程，实现民族文化的新的腾飞。毛泽东明确指出："客观现实世界的变化运动永远没有完结，人们在实践中对于真理的认识也就永远没有完结。马克思列宁主义并没有结束真理，而是在实践中不断地开辟认识真理的道路。"[②] 在推进中国社会主义文化大发展大繁荣的过程中，要用真正体现中国特色社会主义理论体系的思想舆论和文化产品占领各种思想文化阵地，坚持文化自省、文化自觉、文化自信、文化自强，着眼于提高民族素质、塑造高尚人格、引领社会风尚，以更大的力度推进文化事业改革发展，在中国特色社会主义伟大实践中进行文化创造，让人民群众共享文化发展成果，实现中国特色社会主义文化的新飞跃。

三、双赢格局：马克思主义与中华民族文化的融合优势

马克思主义与中华民族文化珠联璧合，交相辉映，相得益彰，构筑了人类文明发展的新高地，推动了马克思主义和中华民族文化的共同发展和繁

[①] 《毛泽东选集》第2卷，人民出版社，1991年，第663页。
[②] 《毛泽东选集》第1卷，人民出版社，1991年，第296页。

荣，为实现中华民族伟大复兴提供了牢固的思想基础、强大的精神动力和可靠的文化保障。可以说，迄今为止，世界上没有哪一种理论学说能够像马克思主义那样，在中华大地上起过如此巨大的历史作用，产生过如此深远的影响；同样，在马克思主义的发展中，没有哪一个民族的文化，像中华民族文化那样，为马克思主义传播、发展、实践提供了如此厚实的思想文化基础，开辟了如此广阔的发展前景。

1. 马克思主义为中华民族文化大繁荣确立了科学的思想理论指导

我们强调马克思主义对中华民族文化的指导作用，丝毫不会影响中华民族传统文化的历史发展，更不会取代中华民族传统文化的重大社会历史价值。马克思主义与中华民族文化的融合，就是要发挥马克思主义的思想理论优势和中华民族传统文化的历史资源优势，实际地改变中国传统文化的话语体系，改变中国人的传统思维方式、生活方式和精神世界，指引社会主义先进文化的前进方向，推动中华民族文化走向新的辉煌。毛泽东指出："我们的党从它一开始，就是一个以马克思列宁主义的理论为基础的党，这是因为这个主义是全世界无产阶级的最正确最革命的科学思想的结晶。马克思列宁主义的普遍真理一经和中国革命的具体实践相结合，就使中国革命的面目为之一新，产生了新民主主义的整个历史阶段。"[1]

当代中国社会主义文化建设已经进入了一个新的历史阶段。马克思主义的科学世界观、价值观、方法论对社会主义先进文化建设具有内在的指导力和强大的感召力。用马克思主义先进文化引领中国社会主义和谐文化，就能够推动中华民族文化大发展大繁荣。就是说，只要坚持以马克思主义作为科学的理论指导，就能够发挥文化引领风尚、教育人民、服务社会、推动发展的积极作用，就能够推进中华民族魅力无限的文化再造和文化创新，也就能推进亿万中国人民全面建成小康社会、实现中华民族伟大复兴的新的实践。

2. 中华民族文化为中国化马克思主义大发展提供了深厚的民族文化根基

马克思主义在与中华民族文化交流整合中不断丰富和发展。只有与中华

---

[1] 《毛泽东选集》第3卷，人民出版社，1991年，第1093页。

民族文化相结合的马克思主义，才是具有中国特色的马克思主义，也才是充满生机和活力的马克思主义。胡锦涛强调指出，要把马克思主义真理的力量深深熔铸在民族的生命力、创造力、凝聚力之中，使当代中国的马克思主义具有更加鲜明的民族特色。

中华民族文化有着独特而丰厚的文化精神，而这些文化精神构成了马克思主义大发展特有的文化支撑。在中华民族的发展中，凝聚了强烈的爱国主义精神。中华民族历经挫折而不屈，屡遭坎坷而不馁，民族团结和国家统一始终是中华民族历史发展的主流，是中国一切发展与进步的重要保障。在中华民族发展中，产生了厚实的人本精神。中华民族文化强调"天地之间，莫贵于人"，注重以民为本，利民、裕民、忧民、爱民、养民、惠民，尊重人的尊严和价值。在中华民族的发展中，形成了自强不息的拼搏精神。"天行健，君子以自强不息"的思想，成为激励中国人民变革创新、凝聚力量、攻坚克难、不懈奋斗的精神力量，而改革创新精神是中华民族自强不息、艰苦奋斗精神在当代的集中体现。在中华民族的发展中，还孕育了厚重的宽容包容精神。"地势坤，君子以厚德载物"的思想，告诫后人"强不执弱、富不侮贫、协和万邦"，促使炎黄子孙在发展中注重"吸纳百家优长、兼集八方精义"。

中华民族在历史发展中积淀了无数思想文化精华，这些都是推进马克思主义大发展的中国文化元素和特有的民族基因。譬如，实事求是思想。毛泽东对《汉书·河间献王传》中的"修学好古，实事求是"一语进行了新的解读，指出："'实事'就是客观存在着的一切事物，'是'就是客观事物的内部联系，即规律性，'求'就是我们去研究。我们要从国内外、省内外、县内外、区内外的实际情况出发，从其中引出其固有的而不是臆造的规律性，即找出周围事变的内部联系，作为我们行动的向导。"[①] 毛泽东倡导的实事求是思想成为中国化马克思主义的思想精髓。譬如，小康社会思想。小康社会是千百年来中国人对衣食无忧、平安幸福生活的深切企盼与向往，它最早出自《礼记·礼运》中，主要讲"天下为家"的理想社会状态。邓小平对小康社会进行了新的阐释，把它作为建设中国特色社会主义的一个重要阶段性发展目标。再譬如，与时俱进思想。"与时俱进"一词，源自《易经》"天施地生，其益无方。凡益之道，与时偕行"。一部人类发展史，就是一部

---

① 《毛泽东选集》第3卷，人民出版社，1991年，第801页。

人类文明创新史。江泽民指出，创新是一个民族进步的灵魂，是一个国家兴旺发达的不竭动力。与时俱进成为马克思主义最为宝贵的理论品质。还譬如，和谐社会思想。中国古代提出的"大同社会"，实际上是中华民族千百年来孜孜以求的一种社会理想，是建设和谐社会的崇高愿景。"和谐"就是和睦协调、友好相处，就是"天地秩序"和"万物法则"的综合平衡。我们党提出的构建社会主义和谐社会的重大战略思想，是对中国传统文化中的大同和谐思想的历史承继，更是实现当代中国社会文明发展的一次新的历史飞跃。

3. 马克思主义与中华民族文化相融合，开创中国社会主义文化发展的新局面

马克思主义与中华民族文化相融合，不仅极大地改变了中国人民的精神面貌，丰富了中国人民的精神生活，构筑了中华民族新的精神家园，而且建立了具有中国特色、中国作风、中国气派的社会主义新文化，使中华民族文化作为新颖而强大的文化展现在世人面前。毛泽东深刻地指出："自从中国人学会了马克思列宁主义以后，中国人在精神上就由被动转入主动。从这时起，近代世界历史上那种看不起中国人，看不起中国文化的时代应当完结了。伟大的胜利的中国人民解放战争和人民大革命，已经复兴了并正在复兴着伟大的中国人民的文化。这种中国人民的文化，就其精神方面来说，已经超过了整个资本主义世界。"①

在当代中国，马克思主义与中华民族文化是两种价值最大、影响最深的思想学说，也是两种最符合中国实际和时代发展的文明成果，它们的历史性、持续性的高度融合与完美结合无论是对中华民族文化还是人类文明发展都能够产生最佳整合效应。"只有坚持马克思主义在文化建设中的指导地位，才能真正以科学态度继承中国文化的优秀传统和吸收外国文化的积极成果，才能引领国内多姿多态多样的文化思潮，使其有利于社会主义主流文化的发展。"②英国思想家罗素曾预言："假如中国人对于西方文明能够自由地汲取其优点，而扬弃其缺点的话，他们一定能从他们自己的传统中获得一线生机

---

① 《毛泽东选集》第4卷，人民出版社，1991年，第1516页。
② 陈先达：《为什么要坚持马克思主义指导地位》，《马克思主义与现实》2011年第6期。

的成长，一定能产生出一种糅合中西文明之长的辉煌之业绩。"[1] 建设社会主义文化强国必须坚持以马克思主义先进文化为统领，实现马克思主义与中华民族优秀文化的新的融合。只有这样，才能引领社会思潮，凝聚发展共识，以民族文化为主体，吸收外来有益文化，推动建立中华文化走向世界的文化开放大格局，形成与中国国际地位相匹配的文化软实力，不断提高中华文化的国际影响力，谱写中华民族文化发展的历史新篇章，不断开创全面建成小康社会、实现中华民族伟大复兴的新局面。

原载《马克思主义研究》2013年第1期

作者简介：姜建成，苏州大学马克思主义学院教授、博士生导师。

---

[1] 姜义华、吴根梁等：《港台及海外学者论近代中国文化》，重庆出版社，1987年，第35页。

西方马克思主义与中国文化研究话语的建构

何卫华

西方马克思主义最初出现于 20 世纪 20 年代，在这一时期，欧洲社会主义革命接二连三地遭遇失败，苏联国家内部出现的一些问题被不断曝光，再加上科技的发展为西方资本主义社会带来的重大变革，新的社会现实促使一大批左派知识分子开始质疑、反思和试图超越苏联式的教条马克思主义，并试图从各个方面推进和完善马克思主义理论。1923 年，卢卡契的《历史和阶级意识》问世，由此开创了一种不同的对马克思主义传统的理解，这为之后的众多西方马克思主义者提供了重要的理论灵感，卢卡契本人也因此被誉为西方马克思主义的创始人。沿袭这一路径，一些不满教条马克思主义之中的经济决定论和庸俗主义气息的知识分子，不仅试图"重新发现马克思的原来设计"[1]，同时结合资本主义社会的变革，并借鉴一些新的理论资源，致力于"重新创造"马克思主义，以便重新激活社会主义事业。这一努力成就了蔚为大观的西方马克思主义传统。自诞生以来，西方马克思主义在世界范围内迅速传播，并且热度至今毫无衰减的迹象。经过这些年的发展，西方马克思主义已成为一个巨大的理论星丛，内部学派林立，内容繁杂，论点交错缠绕。在 20 世纪 70 年代末的中国，改革开放在国内掀起了一股理论引进热，中国对西方马克思主义的正式接受也就开始于这一时期。此后，西方马克思主义在国内学界快速传播，成为国内理论话语之中的"显学"。这一快速发展的背后，至少有以下三个方面的原因：首先，由于建设有中国特色的社会主义市场经济不仅需要反思之前路线上的偏差，同样需要对全新的社会主义模式进行理论阐释，这和西方马克思主义在欧洲的兴起在内驱力上有相似性；其次，由于中国的社会主义性质，马克思主义一直都是新中国的主

---

[1] 徐崇温：《西方马克思主义》，天津人民出版社，1982 年，第 23 页。

导意识形态,在"政治功利主义"[①]这一思维模式的作用下,西方马克思主义成为中国社会建设的理论参照和话语资源自然在情理之中;此外,西方马克思主义是发达资本主义条件下的产物,而自改革开放以来,中国市场经济不断繁荣,人民生活水平不断提高,社会结构发生了重大变化,西方马克思主义者思考的众多问题同样在中国出现,如何把控、图绘和阐释全新的社会现实同样需要借鉴这些理论作为参照。总之,由于其本身的理论特质、强大阐释力以及中国社会的理论需求,西方马克思主义很快就得到中国学界的重视。在"旅行"到中国之后,西方马克思主义并没有停留于一种理论上的新潮,昙花一现后便悄无声息;相反,经过修正、变形和发展,西方马克思主义开始融入并深度地参与中国本土理论话语的建构,很快成为所有引进的理论中影响最大的一支,并已经在中国拥有数量庞大的西方马克思主义研究者。结合西方马克思主义与中国文化研究话语的建构,本章将首先聚焦西方马克思主义的理论特质及其"文化转向",然后讨论其在跨越时空的"旅行"后在中国学界的接受、传播以及对中国文化研究话语建构的形成性影响。

一、西方马克思主义及其"文化转向"

尽管已成为中国学界的热门话题,但西方马克思主义的具体所指至今仍然是众说纷纭。学者马驰认为:"'西方马克思主义'是相对于正统马克思即真正的马克思主义而言的。它最初出现于20世纪20年代前期,原是共产国际内部的一股'左'的激进主义思潮。"[②]马驰的这一定义沿袭了不少学者认为"西马非马"的思路,宏观地勾勒了西方马克思主义的范围。有"中国西马第一人"之称的徐崇温则认为,西方马克思主义"是指在第一次世界大战后,自十月革命胜利而西方革命相继失败的背景下,在西方资本主义国家中产生出来的,既反对第二国际的'新康德主义',又反对共产国际的'机械唯物主义',在对现代资本主义的分析和对社会主义的展望,在革命的战略和策略等问题上,提出了不同于列宁主义的见解,在哲学上,则提出了不同于恩格斯和列宁等马克思主义者所阐述的辩证唯物主义和历史唯物主义的

---

① 代迅:《西方文论在中国的命运》,中华书局,2008年,第6页。
② 马驰:《"新马克思主义"文论》,山东教育出版社,1998年,第2页。

见解，要求重新发现马克思的原来设计，主要表现为'左'的思潮的意识形态"[1]。徐崇温的这一定义不仅描述了西方马克思主义的历史背景和理论特征，还对其进行了理论定性。当然，说这一番话的时候，徐崇温关注的主要是早期欧洲的西方马克思主义者，没有考虑到西方马克思主义后来在世界上其他地区的继续推进，但这一描述很大程度上同样适用于之后的，以及其他西方国家和地区的马克思主义者。国内学者朱立元同样指出，"西方马克思主义的产生是以卢卡契1923年发表《历史和阶级意识》为标志的。其创始人除卢卡契外，还有德国共产党人柯尔施和意大利党领袖葛兰西等。这股思潮一出现，就遭到共产国际的抵制，被指责为'理论上的修正主义'。后来，在欧美共产党内外一些想走第三条道路的理论家中间，西方马克思主义思潮继续得到发展，其中影响最大的是德国的法兰克福学派和法国的萨特等。西方马克思主义理论家往往把马克思主义与某些当代哲学或社会理论结合起来，形成了诸如'存在主义的马克思主义''精神分析学马克思主义''结构主义的马克思主义'等新学说"[2]。对西方马克思主义的起源、发展、内容、接受状况和理论特征，朱立元在这一定义中都有说明，此外，这一定义明确谈到西方马克思主义的后续发展，由此扩大了西方马克思主义涵盖的范围。总而言之，作为一股意在"突围"的左翼激进主义思潮，西方马克思主义最初出现于20世纪20年代，通过继承、修正和发展正统马克思主义，成为在新的历史条件下重新阐释、思考和对抗资本主义社会以及重新构想社会主义未来的重要路径。

（一）当代资本主义及其统制术

全方位地批判资本主义，是西方马克思主义力度的重要来源，正如徐友渔所言，"西方马克思主义最有价值的内涵是它的批判精神，它提出和发展的社会批判和文化批判理论，对于我们反省现代化进程中的种种负面现象，抵制物欲的膨胀和拜金主义盛行，具有可贵的启发和借鉴作用"[3]。在西方马克思主义看来，伴随着科学技术的发展，资本主义社会的繁荣给人带来的并非自由、解放和全面发展，而是更为深重的奴役、更多的不自由和进一步

---

[1] 徐崇温：《西方马克思主义》，天津人民出版社，1982年，第23页。
[2] 朱立元：《当代西方文艺理论》，华东师范大学出版社，1997年，第178页。
[3] 徐友渔：《西方马克思主义在中国》，《读书》1998年第1期，第77页。

的异化。但得益于技术发展带来的物质丰裕，随着资本创造的财富的增加，工人阶级劳动强度在不断降低，物质生活水平得到有效提高，物质需求得到相对满足，大众于是得以安抚。当人们开始满足于当下生活，沉溺于消费，斗志于是遭到消解，忘记自己在社会中的不利地位。在被冠以"无阶级社会"和"后工业社会"等具有迷惑性名称的当下资本主义体制中，无产阶级革命意志的丧失，是20世纪20年代以来社会主义事业遭遇的又一挑战。因此，揭示资本主义的全新运作方式，重新思考社会主义如何可能的问题，显得极为重要。在西方马克思主义对资本主义的重新理论化中，物化、工具理性和"单向度的社会"是极重要的三个概念。

  作为西方马克思主义理论的代表人物，卢卡契对资本主义批判的力度源于他的物化概念，这一概念有力地揭示了当代资本主义体制中的人以及人际关系状况。马克思对商品拜物教的分析与韦伯的合理化理论，为卢卡契的物化理论提供了不少灵感；正是在这些论述的基础上，卢卡契指出，物化是"现代资本主义的一个特有的问题"[①]，换言之，物化是现代发达资本主义社会的产物，是资本主义发展到一定程度之后的必然结果。当商品关系无所不在，成为社会"普遍的结构原则"，并开始制约社会结构的方方面面时，物化也就应运而生。在其他社会形态中，虽然同样存在商品生产和商品交换，但只是在简单的规模上进行，商品并没有成为统摄性力量，还无法达到掩盖人的真实关系的效果，因此并不一定会出现物化现象。当物开始在社会之中占主导性地位时，人类自身的活动即人类的劳动被异化为某种独立于他之外的客观的东西，"在主观方面——在商品经济充分发展的地方——，人的活动同人本身相对立地被客体化，变成一种商品，这种商品服从社会的自然规律的异于人的客观性，它正如变为商品的任何消费品一样，必然不依赖于人而进行自己的运动"[②]。在这种情况下，物不仅不再受人的制约，相反演变为制约人的力量，成为与人相对立的存在。与此同时，人的社会属性被遮蔽，其价值体现为其作为商品的价值，人自身沦落为物化的商品，人作为劳动者的尊严遭到侵蚀。此外，随着社会分工越来越细致，社会中的一切都通过计算来进行中介和交换，这时人的关注点就开始局限于生活所需要的物，"总体性"意识开始丧失，无法再全盘把握整个社会的运作机制。这时的人

[①] 卢卡契：《历史与阶级意识》，杜章智等译，商务印书馆，1992年，第144页。
[②] 同上，第147—148页。

的处境犹如同与佛祖斗法的孙悟空,误将佛祖的手掌心视为整个世界。各个孤立的个体生产者之间的关系这时也被间接化了,只能通过物的中介(即商品的流通)才可以实现,人与人之间的关系演变成了物与物之间的关系。在物的支配下,人不再具有主体性和能动性,而沦为现代资本主义生产体系这一庞大机器上的零部件。总之,在当代资本主义社会,物化开始渗透到一切人类意识和行为中,成为社会的结构性原则,在物化的迷雾中,个人开始失去对世界的总体性把握,无法认识到自身的历史使命。

在西方马克思主义者看来,工具理性是资本主义制造驯服客体的另一手段。在当下资本主义条件下,启蒙弘扬的理性现在已经退化为工具理性,工具理性漠视人的情感、精神价值和本体性需求,扼杀个体的创造性,人因此遭受进一步的异化。工具理性在追求目的时,总是把这种目的以及达到目的可能采取的手段、可能取得的结果都考虑在内,以人对人和自然的控制来衡量事物的价值。这就意味着,一种活动是否合理,是看它是否为一个目的服务,而工具理性只关心实用的目的,以及实现目的的手段。与工具理性发展相伴随的是人性的逐渐丧失。在当代社会,工具理性已变成社会的组织原则,它渗透到社会的整体结构和社会生活的各个毛细血管,成为社会对人进行全面统治、控制和操作的深层基础。在新的历史条件下,统治社会生活的主要是科学技术的合理性,科学技术已演变为强有力的统治手段,机器的进化转变为统治机器的进化。随着工具理性的扩张与普遍化,科技空前发达,并通过社会经济组织渗透到人们的公私生活的每一个层面、每一个领域,从而改变了社会生活的公共空间。这种变化使社会生活的公共决策过程被技术专家和政府官员取代,一般公民即使透过最"民主"的程序,顶多只能在不同技术专家与官僚的决策方案中作别无选择的选择。换言之,大众无可选择地生活在技术专家和政府官员的支配之下,把关系到公民福祸的公共决策交给了这些代理人。这种支配方式的正当性基础是,人们相信科技是解决这个世界一切问题的不二法门,并认可作为工具理性代言人的技术专家和官僚。这种意识再加上高度发达的现代化手段,工具理性便成为一种最不明显,但比旧的意识形态更具渗透力、更具操控力和深远影响的意识形态。这种隐蔽的、不具意识形态表象的意识形态往往以专横、独断,但看起来"理性"的姿态出现在社会生活的公共领域中,成为社会生活中的一大支配力量。"技术的发展给人们带来了生活的安逸,统治也以更为沉稳的压榨手段巩固了自己的地位"①，这是工具理性高度发达以后人们所面对的历史处境。科学技术对自然的征服和利用越来越合理化，同时也导致了对人的奴役，对他人控制能力的增强，人的主体性、独立判断力和想象力大为缩减。工具的复杂化和精确化，敲响的是人自我毁灭的丧钟，人进一步地沦为机器操纵的对象。

有鉴于反抗意识在资本主义社会之中的削弱，马尔库塞将当下社会描述为"单向度的社会"。在马尔库塞看来，利用各种手段，资本主义已经有效地消解了各种反对的力量，当下这一工业社会已蜕变为"单向度的社会"，而生活在这一社会之中的个体则被马尔库塞认为是"单向度的人"。在这一社会中，大众对金钱之外的事物兴趣匮乏，一心致力于让自己的生活变得殷实，沉浸在对"虚假的"需求的满足之中。在马尔库塞看来，这些需求之所以是虚假的，是因为这些需求是"为了特定的社会利益而从外部强加在个人身上的那些需要，是艰辛、侵略、痛苦和非正义永恒化的需要"②。当社会成功地将这些"虚假的"需求强加于人，消费也就不再服务于人的需求，恰恰相反，个体开始为消费而存在。流连于五光十色的各种购物场所，忙于购买各种商品的个体再也无法窥透整个社会的弊病，最终沦为压制性社会所期待的驯服客体。此外，待遇的提高、工作环境的改善和劳动强度的降低，使工人阶级不仅得到有效的安抚，而且开始自动地认同和拥护资本主义意识形态。在生活方式上，以往被资产阶级垄断的物质、消费和娱乐方式现在向无产阶级敞开，所有人都可以穿同样款式的衣服，去同样的餐馆享受美食，开同款式的汽车，去同一旅游胜地度假，去听同一场演唱会。在似乎没有界限的消费中，之前阶级区分的经济界限开始变得模糊不清。这一社会现实带来的结果就是"出现了一种单向度的思想和行为模式，在这一模式中，凡是其内容超越了已确立的话语和行为领域的观念、愿望和目标，不是受到排斥就是沦入已确立的话语和行为领域"③。而在思想领域，经过有效的整合，单向度的思考方式、单向度的哲学大行其道，"肯定性思维方式"的胜利导致思维的同一性，甚至使任何超越性的、批判性的语言和思考最终都成为不可能。在这些因素的综合作用下，人蜕变成为一种局部的、畸形的和单向度的人，无法对不同的、超越性的社会形态进行展望和想象，只能心安理得地配

---

① 马克斯·霍克海默、西奥多·阿道尔诺：《启蒙辩证法》，渠敬东、曹卫东译，上海人民出版社，2006年，第28页。
② 赫尔伯特·马尔库塞：《单向度的人》，刘继译，上海译文出版社，2008年，第28页。
③ 同上，第27—28页。

合资本主义体制的运行。

不管是物化、工具理性，还是"单向度的社会"，揭示的都是资本主义全新的统制术。不难看出，在当代资本主义体制中，当下的剥削、统治和压制开始针对人的内心和思想，致力于制造驯服的客体，让大众心甘情愿地委身于现有制度，并主动地配合这一体制的运作，成为大合奏之中跳动的音符。总之，借助各种现代化的手段，资本主义采用的手段现在更为隐蔽，但却更为强力和高效，由此，反对力量被稀释，批判的、超越的和革命性思维遭到消解，大众得到有效整合。

（二）大众文化与资本主义的"迷魂术"

由于时代的变迁，西方马克思主义的分析重心不再是暴力革命、政治经济学和国家学说，而是文化和意识形态。关于这一点，佩里·安德森明确地指出："西方马克思主义典型的研究对象，并不是国家或法律。它注意的焦点是文化。"[1] 西方马克思主义始终强调文化和意识形态分析在社会主义事业之中的重要性，强调通过文化手段来干预社会的重要性，弘扬"文化革命"。这一"文化转向"有两方面的原因：一是试图对教条马克思主义进行纠偏，因为文化在既往的马克思主义理论中没有得到足够重视；二是因为当代资本主义的统制开始作用于人的思想，资本主义的维持，很大程度上得益于资本主义意识形态，文化抗争因此成为不可或缺的抵制手段。然而，在建构、维持和强化资本主义意识形态的过程中，大众文化的作用不可或缺。在西方马克思主义者看来，大众文化已成为资本主义社会的"减压阀""黏合剂"或"社会水泥"，助力资本主义体制的维持、运作和巩固。随着资本力量的不断增强，文化传播已经被资本牢牢地掌控，演变为文化工业。在《启蒙辩证法》中，霍克海默和阿多诺就指出，文化工业是生产极权主义驯服工具的社会机器，是构筑资本主义统治防护工事的中坚力量，因此，在致力于考察资本主义社会在战后发生的变化时，西方马克思主义者的研究重心不再是政治和经济领域，而是将关注的焦点转向艺术、文化和意识形态问题，并将这里开辟为全新的战场。

首先，在法兰克福学派看来，大众文化实际上已经是统治阶级权力意志的传声筒，现代传播媒介实质上是在为资本主义张目，传播出来的都是垄断

---

[1] 佩里·安德森：《西方马克思主义探讨》，高铦等译，人民出版社，1981年，第97页。

阶级的权力意志和权力话语，成为资本主义统治和剥削的工具。在资本主义社会，文化工业的目的是为统治阶级服务，传递的信息迎合的是统治阶级的利益，在众口一词的文化氛围中，促使大众按照符合资产阶级利益的范畴来思考，通过麻痹和侵蚀人们的思想，使大众丧失对现实社会的批判能力。结合当时纳粹时期德国的大众传播，霍克海默和阿多诺还指出，"广播变成了领袖的话筒；领袖的声音可以通过大街上的喇叭传播出来，就像塞壬的嚎叫一样，引起了极度的恐慌——现代宣传机构也没什么两样"[1]。通过对传播途径的垄断，大众表达异议的声音无法得到传播，并且只能接受经过统治阶级筛选的信息，因为大众传播"使所有的参与者都变成了听众，使所有听众都被迫去收听几乎完全雷同的节目"[2]。文化工业就如同"迷魂术"，以流水线的方式制造出大量的虚幻形象，诉诸大众的无意识，从而使大众从心里认为统治阶级制定的社会秩序具有不容辩驳的正确性，最终心甘情愿地服从于既定的秩序。在霍克海默和阿多诺看来，通过各种方式，"文化工业取得了双重胜利：它从外部祛除了真理，同时又在内部用谎言把真理重建起来"[3]。因此，大众文化不是去启迪大众，而是更为隐蔽、"温柔"和不具意识形态的表象，在新的资本主义体制下，经过大众文化的"规训"，大众开始信奉、认同，心甘情愿地服从于资本主义体制，甚至开始为其大唱赞歌。因此，大众文化是虚假的文化，是资本主义的帮凶，而文化工业实际上承担着"社会水泥"的功能，以资本主义意识形态的塑造和加固为目的。

其次，"文化工业"按照统一的、标准化的模式，批量地生产文化传播物，最后导致的结果就是"同一性"思维，以及"个性的丧失，风格的瓦解"。文化工业所生产的所有产品表现为均一化、模式化和齐一化，因为"在文化工业中，个性就是一种幻象，这不仅是因为生产方式已经被标准化。个人只有与普遍性完全达成一致，他才能得到容忍，才是没有问题的"[4]。大众一旦沉浸于这种文化，就会完全丧失个性，陷入标准化的境地。为迎合大众的需求，文化工业不仅把文化推向了单调平庸，而且把大众也推向了单调平庸。借助现代科学技术手段，借助报纸、杂志、收音机、电视、电影和

---

[1] 马克斯·霍克海默、西奥多·阿道尔诺：《启蒙辩证法》，渠敬东、曹卫东译，上海世纪出版集团，2006年，第144页。

[2] 同上，第109页。

[3] 同上，第121—122页。

[4] 同上，第140页。

当下的互联网等大众传媒技术，文化工业大规模地复制、传播和兜售商品化了的、浅薄的和缺乏创造性的各类大众文化产品，当各种廉价的"娱乐"和"消遣"成功地捕获大众时，文化工业不仅赚得盆满钵满，还为资本的长治久安扫清了障碍。通过提供虚幻的娱乐消遣、无思想的享乐和看上去很美好的各种承诺，大众文化致力于让人们忘却现实中存在的阶级、斗争和矛盾，以便消解人们内在的超越和反抗维度，使人们失去思想和深度，在平面化的文化模式中无法自拔。也就是说，人的自由和独立思考的权利被悄然攫夺，其独创性、想象力和综合判断力都受到极大损害，乃至最终完全失去作为独立个体的自主性，这种最终沦为墨守成规的执行者的人失去了超越纬度和批判纬度，丧失了革命的主体性和反抗精神，成为"单向度社会"之中的"单向度的人"。

最后，在资本主义全新的统制术中，马尔库塞意义上的"虚假的、强迫的"需求的制造发挥着重要的作用，而制造这些"需求"背后主要的操盘手就是大众文化。发达资本主义社会的统制已升级换代，告别了简单的暴力恐吓、威慑和惩罚，而更多是开始着力于作用于人的内在信仰、需求和灵魂，致力于将个体塑造为资本主义体制下的驯服客体，并最终以资本主义的逻辑为行事的标准。没有专横和独断的面孔，大众文化不仅制造各种"虚假的"需求，还让人们沉浸在虚假需求的满足所带来的欣喜中。在大众文化之中，幸福的生活被资本主义社会定义为拥有一辆新款式的汽车、一幢奢华的别墅或一次去海边的浪漫假日，并通过广告等各种宣传手段将这些需求内化。正如霍克海默和阿多诺所言，"文化工业的权力是建立在认同制造出来的需求的基础上"[①]，在各种娱乐方式提供的快感中，大众最终将种种虚构的生活方式内化为自己的渴求，并以此来主导自己的生活。当大众开始为眼花缭乱且不断推陈出新的各式商品奋斗，存在的手段也就被等同于存在的目的，真实需求被掩盖、忘却和抛置一旁。大众最终丧失主体性、独立判断能力和想象力，沦为资本主义统治下的"井底之蛙"，蒙蔽于虚假的意识形态之中。

大众文化的欺骗性、操控性和统治性，造成了社会对人性的腐蚀、摧毁和异化，使其成为法兰克福学派成员的主要批评对象，但西方马克思主义者对此也并非众口一词。这之中的一个特殊声音来自瓦尔特·本雅明，其对于艺术生产的特殊理解，使其对大众文化的态度更为积极。在本雅明看来，文

---

① 同上，第123页。

艺工作者实质上是艺术生产者，艺术作品就是产品或商品，读者或观众就是消费者，艺术创作的技巧构成艺术生产中的艺术生产力，艺术家和观赏者之间的关系则构成了艺术生产关系。正是依照这一逻辑，机械复制被本雅明认为是一种进步的力量，代表着艺术生产力的提高。在本雅明看来，在进入现代社会之前，复制就已经存在，如学徒对师傅们作品的复制，但这一意义上的复制还不成规模。随着现代科学技术的进步，人类社会进入了一个机械复制的时代，文化也相应地成了"技术复制文化"。在本雅明看来，在现代资本主义社会，由于印刷、电影、唱片、唱机等机械复制手段，大大超越了原有的铸造、制模、木刻、篆刻、石刻等复制技术，艺术的全面机械复制的时代拉开了序幕。全面的机械复制成为现代资本主义社会文化艺术的特征，而是否具有可复制性则成为传统艺术和现代艺术的重要区别。在《机械复制时代的艺术》（*The Work of Art in the Age of Mechanical Reproduction*）中，对现代艺术，本雅明这位身处法兰克福学派边缘的理论家，却有着较为乐观的态度。在他看来，传统艺术由于其时空独特性及其所行使的仪式功能，始终笼罩在"光晕"（aura）之中，这种光晕使艺术成为被崇拜的对象。机械复制的后果是传统艺术光晕的消失，因为特定的传统艺术作品总是产生于特定的历史时间和空间，因此总是无法复制的、不可替代的和独一无二的，在欣赏传统艺术品的时候，人们不得不对其保持一定的距离感，对艺术品的这种崇敬感以及其自身的神秘感使这些艺术品始终笼罩在"光晕"之中。在本雅明看来，"光晕"就是"一定距离之外的独一无二的现象"。[①] 经过机械复制的艺术品则不一样，区分不出哪件是原作，哪件是复制品，并且任何此类试图进行区分的努力都是徒劳的。但对"光晕"的逝去，本雅明并没有表示出那种"无可奈何花落去"的依依不舍之情；相反，在他看来，大规模的机械复制将艺术实践从早期的仪式中解放了出来，"在世界历史上，机械复制第一次把艺术作品从它对仪式的寄生式依赖中解放了出来"[②]，使任何普通人都能够有更多的机会接触到各类艺术品；如果你愿意，花少量的钱就能够买一幅复制的凡·高的《向日葵》或伦勃朗的《夜巡》，放在家里随时欣赏。在这一意义上，复制打破了少数人对艺术的垄断，受众在家中就能欣赏到大

[①] Walter Benjamin. *Illuminations*, Harry Zohn trans., New York: Schocken Books, 1969, p.222.

[②] Ibid., p.224.

师们的作品。总体上来讲，本雅明对机械复制艺术持肯定的态度，并将其视为一种艺术革命的力量。本雅明还专门论述过电影，在他看来，摄影和电影技术不仅摧毁了艺术的本真性和光晕，电影的"陌生化效果"还能防止观众无意识中对演员的认同，电影所带来的"震惊"的效果可帮助观众把握现实，促使他们重新审视和思考现实。这样，人的主体意识将得到强化，从而激发人们的革命热情，以获得解放。

总之，经典马克思主义更多地关注经济和政治维度，但在西方马克思主义这里，文化、艺术和审美这些之前没有得到足够重视的维度被推向前台。面对资本主义的强力统制，阿多诺推崇现代艺术，马尔库塞寄希望于艺术的解放性力量，本雅明则强调大众文化的革命性潜能，他们试图以此为突破口对资本主义社会进行爆破。但从根本上讲，这一"文化转向"同样着眼于政治实践，通过批判和超越现实社会，积极地干预社会进程，目的在于废止社会不公正，以社会变革为旨归。但实际效果则正如徐崇温所言，"和第二国际、共产国际不同，'西方马克思主义'不仅没有形成自己的组织，而且没有形成彼此观点一致的思想体系，实际上，它只是由一些大学教授或理论工作者在彼此分开的情况下所写的文章著作组成的，包含有不同倾向的一股思潮"[①]。换言之，虽然对欧洲的现实进程和政治议程的设定有一定影响，但理论家们更多专注的是理论演绎，对现实革命和实际斗争的关注度不够，这从阿多诺对学生运动的态度就可见一斑，这使西方马克思主义最终沦为"课堂中的马克思主义"和"书斋中的革命"。在西方马克思主义发展史上，法兰克福学派是最高峰，之后西方马克思主义的重心开始转移到英语世界，涌现出雷蒙·威廉斯、特里·伊格尔顿和弗雷德里克·詹姆逊等在世界范围内有着广泛影响力的理论家，结合资本主义的新变化，不断推进西方马克思主义的发展。

二、新时期与西方马克思主义在中国

西方马克思主义之所以对教条马克思主义进行修正、补充和再阐释，是出于重新阐释已经"升级换代"的资本主义体制，重新思考激活社会主义事业的需要。随后，西方马克思主义开始在世界范围之内"走红"，但由于具

---

① 徐崇温：《西方马克思主义》，天津人民出版社，1982年，第27页。

体语境的差异,各个国家和地区对西方马克思主义的接受并不完全一样。就中国而言,自20世纪70年代末开始,改革开放将中国带入大家通常所说的新时期,由于中国的社会主义性质,西方马克思主义不仅满足了当时国内解放思想的需求,同时对教条马克思主义有所超越,这正好与当时的现实需求相符合。因此,在众多知识分子的努力下,西方马克思主义理论不断被译介到中国。三十多年来,西方马克思主义理论在中国学界已生根开花,并同中国社会现实相结合,逐渐演变为一种本土性话语形式,参与学界的各种讨论。西方马克思主义流派众多,但就对文化研究话语的影响而言,影响最大的无疑是以法兰克福学派为代表的早期西方马克思主义理论和后来的以雷蒙·威廉斯、弗雷德里克·詹姆逊和特里·伊格尔顿为代表的英美西方马克思主义理论。结合本文论述的需要,这里将主要聚焦这两种传统在中国的"旅行"。经过三十多年的译介,这两派的理论观点在中国已经是声名鹊起,为学界熟知;对中国文化研究话语的建构而言,这些理论家的观点同样是最为重要的理论资源,因而在中国获得的关注度最高,传播范围最广,影响力也最大。美国批评家赛义德曾指出,智性生活的兴盛仰赖于观念和思想的"旅行",但由于缘起的差异、旅行途中来自各路的纷繁压力、接受的状况及之后迫于现实需要的变形,观念和理论的力度必将有所增强或减弱;而一旦被移置于全新的历史时空和境遇之中,观念和理论变得面目全非也将在情理之中。[1] 因此,要深入考察西方马克思主义在中国的接受以及这之后的发展脉络、运作机制和意识形态性等,必须全面把握当时知识生产的生态、社会状态以及思想状况等众多要素,同时了解各种因素之间的相互制约、互动和辉映。

(一)早期西方马克思主义理论在中国

重新激活跌入低谷的社会主义事业,是西方马克思主义最初的目的,但对早已踏上社会主义道路的中国而言,这显然不是中国在其时的实际需要。20世纪70年代末,由于改革开放政策的施行,中国很快就开始走上"以经济建设为中心"的正常轨道。当时国内最迫切的需求是从"左"倾路线中突围。"文化大革命"的结束,国门的敞开,使国人开始意识到中国同欧美国

---

[1] Edward Said. *The World, the Text, and the Critic*, Cambridge, Massachusett: Harvard University Press, 1983, pp. 226-227.

家之间在众多方面的巨大差距，学习西方的先进经验很快成为共识。在这一新时期，新的历史使命带来的是整个社会结构的全方位重构，中国开始进入"后革命时代"。随着经济建设进入快车道，经济的发展为中国社会带来了翻天覆地的变化，社会中各种新情况层出不穷，无论在社会制度上，还是在文化层面上，之前的马克思主义理论资源已无法从理论上去描绘、把控和指导整个社会现实，理论资源的匮乏成为时代的症候；马克思主义内部也在不断寻求更新，以便更好地图绘、阐释和指导现实。西方由于已经历过"现代性"的洗礼，自然成为中国人学习的对象。一时间，在已封闭多年的中国，异彩纷呈的各色理论，如弗洛伊德的精神分析理论、结构主义、后解构主义、后现代主义、女性主义和后殖民主义等，走马灯一般地在中国粉墨登场，引进的热潮充分反映了当时知识界面对全新社会现实所感受到的话语匮乏。在作为社会主义社会的中国，施行市场经济该如何从理论上合法化，在新时期该如何重塑主流意识形态，这些都是亟待解决的问题，理论引进热因此成为当时的必然现象。

根据国内学者马驰的梳理，在20世纪30年代，国内就已经有对卢卡契著述的零星介绍，如1935年，卢卡契的《左拉与现实主义》被翻译为中文，并在《译文》第2卷第2期上发表；在1936年，《小说家》发表了由胡风翻译的卢卡契的《小说理论》的一部分，这之后卢卡契其他的一些著述又开始被零零星星地译介到中国。[①] 在60年代，通过内部发行的方式，萨特、梅洛-庞蒂和卢卡契等人的著述，在国内的一定范围内得到传播。但这些译介都是零散的，不系统的，这些理论本身也没有被视为一股具有逻辑相关性的思潮。在70年代之前，由于当时特殊的历史环境和政治氛围，在这一时期对西方马克思主义理论进行译介的过程中，这些理论并没有被视作马克思主义理论的发展，当时学界普遍认为"西马非马"，而引进的目标是将其作为批判的靶标。到了70年代后期，随着国内学术气氛的活跃，《哲学译丛》（2002年更名为《世界哲学》）等杂志才开始有意识地译介法兰克福学派理论，国内学界系统地了解西方马克思主义理论也开始于这一时期，并且开始出现一些研究性著作。为论述方便，这里将西方马克思主义在中国的传播过程大致分为三个不同的阶段。

20世纪70年代末到80年代，是中国学界开始系统性地译介西方

[①] 马驰：《"新马克思主义"文论》，山东教育出版社，1998年，第301—302页。

马克思主义理论的阶段。学界通常认为，中国对西方马克思主义的正式介绍可以追溯到1978年在山西太原举行的"第一届全国西方哲学大会"，在这次大会上，徐崇温这位积极引进西方批判理论的先锋，在大会上做了关于西方马克思主义的主旨发言，引起了与会者的高度关注。"一石激起千层浪"，这之后越来越多的学者开始投身于西方马克思主义的研究。徐崇温的《法兰克福学派述评》（1980）以及《西方马克思主义》（1982）是这一时期的重要成果，其中《西方马克思主义》被誉为"最系统而完整的一本讨论西方马克思主义问题的中文著作"，这本具有里程碑意义的著述很快成为中国学界了解西方马克思主义的"圣经"。① 以细致的文本阅读为基础，徐崇温的《西方马克思主义》不仅细致地分析了西方马克思主义的兴起与"五月风暴"之间的关联，而且对卢卡契、柯尔施、葛兰西、布洛赫、赖希、法兰克福学派、列斐伏尔、萨特、梅洛-庞蒂和阿尔都塞等人的观点有细致的评介。鉴于当时西方马克思主义的研究还处于起步阶段，这本书的参考价值不言而喻。当然需要指出的是，在评介这些理论家的思想时，徐崇温总体上将他们定性为"对马克思著作所做的注释和对马克思主义的歪曲与攻击"②，因此总不忘强调说了解西方马克思主义是为了"战而胜之"，加上"为了明辨是非，必须加以揭露、批驳和回击"之类的评论。③ 作为中国最权威的科研机构中国社会科学院的研究员，徐崇温的态度在当时仍然具有代表性，很多人都是以苏联马克思主义的模式来评判西方马克思主义。

在这一时期，徐崇温还领衔编撰了"国外马克思主义和社会主义研究论丛"，极大地推动了国内的西方马克思主义研究。作为国内引进西方马克思主义最重要的推动者，徐崇温主持的这一工程从20世纪80年代后半叶开始，一直持续了大概二十年，为国内学界研究西方马克思主义提供了大量的第一手资料。这一工程不仅翻译了不少西方马克思主义的代表作以及相关论著，还出版了一些中国学者撰写的关于西方马克思主义研究论著，最终一共出了42本。④ 正是源于这些努力，西方马克思主义的诸多代表作才开始第

---

① 徐崇温：《"西方马克思主义"研究在我国的开展》，《江西师范大学学报（哲学社会科学版）》2012年第1期，第3—4页。
② 徐崇温：《西方马克思主义》，天津人民出版社，1982年，第23页。
③ 同上，第54页。
④ 徐崇温：《"西方马克思主义"研究在我国的开展》，《江西师范大学学报（哲学社会科学版）》2012年第1期，第8页。

一次以中文的形式和中国读者见面。这些作品包括霍克海默和阿多诺合著的《启蒙辩证法》、霍克海默的《批判理论》、阿多诺的《否定辩证法》、马尔库塞的《单向度的人》和《理性和革命》、哈贝马斯的《交往行为理论》和《沟通与社会进化》等。在这一套丛书之中，陆续还收录有一些中国学者研究西方马克思主义的力作，就整体而言，这些论著代表了当时西方马克思主义研究的最高水平，很多参与这一学术工程的学者后来在这一领域都颇有建树，如陈学明、冯宪光和欧力同等。除开这一套丛书译介的西方马克思主义著述之外，在这一时期，埃里希·弗罗姆的《爱的艺术》和《逃避自由》、赫伯特·马尔库塞的《爱欲与文明》和《美学的维度》、本雅明的《波德莱尔》、阿多诺的《否定辩证法》同样都翻译成了中文。总体上，虽然这一时期有翁寒松的《从时代的产儿到时代的弃子》（1986）、欧阳谦的《人的主体性和人的解放》（1986）、冯宪光的《西方马克思主义文艺美学思想》（1988）、陈学明的《二十世纪的思想库：马尔库塞的六本书》（1989）等著述，但这一时期国内研究性专著相对而言并不多，主要还是停留在评介的阶段。

20 世纪 90 年代是中国西方马克思主义研究的高峰期。当时，经济突飞猛进，文化产业开始不断发展，社会发生了极大的变化。此外，1991 年苏联解体，让大家意识到苏联模式的缺陷和不足，这更加增添了中国学界向西方学习的动力，西方马克思主义的译介和研究的热潮开始在中国涌起。如果说 80 年代的译介主要是出于解放思想的需要，则这时候还多了另一层需要，那就是阐释和指导新的社会现实的需要。市场经济对中国社会产生的影响开始显现，尤其是大众文化在中国的兴起对整个社会的文化和精神生活带来的冲击，这些对知识分子而言都是新现象，而西方马克思主义为描述和阐释这些现象提供了很好的视角。可喜的是，有了前期对西方马克思主义代表性作品的译介，国内学者的西方马克思主义研究不再是无源之水、无本之木，不再捕风捉影地人云亦云，而可以建立在对这些原汁原味的文本的细读之上，并结合中国的文化现实，形成创见。由于思想的进一步解放，这一时期对待西方马克思主义的态度更为客观，大家逐渐放弃了"西马非马"的先见。除开一些关于法兰克福学派思想的总体性研究外，这一时期还出现不少关于西方马克思主义美学思想等方面的专门研究。在《法兰克福学派美学思想论稿》（1997）中，朱立元对卢卡契、布洛赫、布莱希特、本雅明、阿多诺、马尔库塞、弗罗姆和哈贝马斯的美学思想都有专章进行论述。在这一时期，主要作品有欧力同和张伟的《法兰克福学派研究》(1990)、俞吾金和陈学明的《国外马克思主义哲学流派》(1990)、王才勇的《现代审美哲学新探索》(1990)、陈学明的《西方马克思主义论》(1991)和《马尔库塞的新马克思主义》(1991)、李忠尚的《法兰克福学派与科学技术哲学》(1992)、《第三条道路？马尔库塞和哈贝马斯的社会批判理论研究》(1994)、冯宪光的《西方马克思主义美学研究》(1997)、马驰的《"新马克思主义"文论》(1998)和杨小滨的《否定的美学》(1999)。

从90年代后期至今，国内的西方马克思主义研究开始进入反思期。随着中国社会的进一步开放，中国学界不仅在资料的掌握上更为丰富，同时开始有更多的机会同国外同行面对面地进行各种形式的交流，对西方马克思主义产生的历史背景、具体指向和历史局限性自然开始有更全面、更深刻和更为客观的理解。这一时期的反思主要有两个面向：一方面涉及对西方马克思主义理论本身的判断；另一方面则是针对西方马克思主义在中国的"强制挪用"。首先，随着研究的深入，学界对西方马克思主义的敌视越来越少。不少人开始反思自己过去对待马克思主义的态度，徐崇温就反思说："开始时，我曾习惯性地按照苏联模式马克思主义的观点去看这种思潮。但随着研究的逐步深入，我渐渐感到苏联模式关于它的观点，有一些是无限上纲、站不住脚的；而它批评苏联模式的观点，有一些却是事出有因并有一定道理的。"[①] 而西方马克思主义的时代意义、社会相关性和借鉴作用开始得到强调。中国社会科学院研究员吴元迈就指出："西方国家马克思主义文论家的这种国际品格、批判品格、实践品格，都值得我们加以借鉴。"[②] 其次，面对西方马克思主义在中国的快速发展，以及国内一些学者对西方马克思主义的"强制挪用"，不少学者开始对此进行反思，指出其在中国语境中的局限性。在这一方面，徐贲于1995年在《文学评论》发表的《美学、艺术、大众文化：论当前大众文化批判的审美主义倾向》一文比较具有代表性，徐贲在这篇文章中批评了中国学界常常忽略西方马克思主义理论产生的历史背景，而盲目地援引这些理论来对中国大众文化进行批评的倾向，由此号召"走出阿多诺

[①] 同上，第4页。
[②] 吴元迈：《关于国外马克思主义文论研究的思考》，《涪陵师范学院学报》2004年第2期，第3页。

模式","要求批评者尽量不带成见地去熟悉和了解他的对象"。[①] 在这一时期，随着相关讨论的深入，高质量的研究著述越来越多，这里无法一一列举，一些比较有代表性的著述有：衣俊卿的《二十世纪的文化批判》(2003)、张异宾的《文本的深度耕犁》(2004)、王凤才的《批判与重建》(2004)、赵勇的《整合与颠覆：大众文化的辩证法》(2007)、傅永军的《法兰克福学派现代性理论研究》(2007)、童世骏的《批判与实践》(2007)、陈爱华的《法兰克福学派科学伦理思想的历史逻辑》(2007)、王晓升的《为个性自由而斗争：法兰克福学派社会历史理论评述》(2009)。总之，在这一时期，国内学界对马克思主义开始有更为客观的认识，在这一基础上，学者们开始将西方马克思主义同国内的文化实践相结合，西方马克思主义研究开始进入本土化阶段。

需要指出的是，由于改革开放的进一步深入，再加上国内外学界交流的日趋频繁，更为晚近的欧陆西方马克思主义学者同样在国内得到重视。徐崇温主编的"国外马克思主义和社会主义研究丛书"已经关注到法兰克福学派的第二代领军人物哈贝马斯，不仅翻译有他的《交往行动理论·第一卷》（洪佩郁、蔺青译，1993）、《交往行动理论·第二卷》（洪佩郁、蔺青译，1993）以及《交往与社会进化》(1989)，同时在这套丛书中还收录三部关于哈贝马斯的专著，分别为：欧力同和张伟合著的《法兰克福学派研究》(1990)、欧力同撰写的《哈贝马斯的"批判理论"》(1997)、陈学明撰写的《哈贝马斯的"晚期资本主义"论述评》(2005)。国内学界对哈贝马斯的译介十分重视，这不仅是因为哈贝马斯的理论建构继承了前辈们的哲理性思辨，同时还更具有现实色彩；在批判的同时，也在不断地提出应对方案。哈贝马斯本人在 2001 年到北京和上海访问，更是引发了国内的"哈贝马斯热"，涌现出曹卫东、艾四林和童世骏等一大批哈贝马斯研究专家。近些年，法兰克福学派第三代领军人物阿克塞尔·霍耐特也逐渐开始进入中国学者的视野，其本人 2013 年到北京和上海等地进行学术访问，国内对他的研究开始不断升温。

（二）英美西方马克思主义理论在中国

从早期的拒斥，到之后的研究热潮和本土化，以法兰克福学派为代表的

[①] 徐贲：《美学·艺术·大众文化——评当前大众文化批判的审美主义倾向》，《文学评论》1995 年第 5 期，第 59 页。

早期西方马克思主义在中国的接受并非一帆风顺；但相对而言，之后崛起的英美马克思主义文艺理论在中国的接受更为顺畅。自20世纪70年代以来，随着英语世界在世界政治、经济和文化版图中重要性的增强，西方马克思主义理论的中心也开始转移到英语世界。正如佩里·安德森在《当代西方马克思主义》之中所言，"在过去十年中，马克思主义理论的地理位置已经从根本上转移了。今天，学术成果的重心似乎落在说英语的地区，而不是像战争期间和战后的情形那样，分别落在说德语或拉丁语民族的欧洲"[1]。在这一时期，英语世界涌现出雷蒙·威廉斯、弗雷德里克·詹姆逊、特里·伊格尔顿、斯图尔特·霍尔和佩里·安德森等一大批杰出的西方马克思主义理论家。在不同程度上，这些理论家都受到以法兰克福学派为代表的早期西方马克思主义理论的影响，如威廉斯受到过葛兰西和戈德曼等人的影响，阿尔都塞和本雅明等则为伊格尔顿提供了不少理论启示，作为法文教授的詹姆逊对各种欧陆理论更是如数家珍。在充分考察当代资本主义的基础上，英美马克思主义理论家提出了不少创见，将西方马克思主义推向了全新的高度。在此之前，对法兰克福学派的译介已经让中国学者对西方马克思主义的意义、价值和社会相关性有了一定程度的了解，再加上中国社会越来越开放的心态，以及有特色的社会主义市场经济的不断推进，英美西方马克思主义理论进入中国的道路显然更顺畅，并迅速成为中国学界的重要学术资源。由于国内外学术联系的日益密切，这些理论家都同中国学术同行保持着非常密切的学术互动，他们的著述能够同步地被译为中文，及时地在中国学界传播。时至今日，英美西方马克思主义阵营中的雷蒙·威廉斯、詹姆逊和伊格尔顿可谓"三巨头"，而借助当下快捷的学术传播体系，他们的理论已经为中国学界所熟知。

在上述"三巨头"之中，雷蒙·威廉斯年龄最长，但由于去世较早，政治立场稍显温和等原因，他并不是最早得到国内学界关注的一位，对他的研究也最为匮乏。在评价英国文化研究时，金元浦曾评价说："英国文化研究理论今天看来似乎已经显得有些'衰老'了，但是它面对当下全球变革和中国社会，却有着相当的现实性和适用性。"[2] 也许正是由于金元浦提及的

---

[1] 佩里·安德森：《当代西方马克思主义》，余文烈译，东方出版社，1989年，第24页。
[2] 金元浦：《借鉴与融汇：中国当代文艺学对西方马克思主义文艺美学观念的研究与接受》，群言出版社，2015年，第1页。

"现实性"和"适用性",在最近几年中,大家发现各种"后"理论似乎错误地预计了世界局势的变化,于是重新意识到稍显保守的威廉斯的理论的社会相关性,并掀起了一股不大不小的"威廉斯热"。这从国内对威廉斯作品的翻译就可见一斑:1991年,威廉斯的代表作《文化与社会》由吴松江和张文定翻译,并在北京大学出版社出版。但在这之后的二十年间,一共只有《电视:科技与文化形式》(冯建三译,1992)、《现代主义的政治:反对新国教派》(阎嘉译,2000)、《关键词:文化与社会的词汇》(刘建基译,2005)、《现代悲剧》(丁尔苏译,2007)和《马克思主义与文学》(王尔勃和周莉译,2008)这五部著作被翻译为中文。但在2010年到2014年这短短的五年时间之中,《政治与文学》(樊柯、王卫芬译,2010)、《乡村与城市》(韩子满等译,2013)、《漫长的革命》(倪伟译,2013)、《希望的源泉:文化、民主、社会主义》(祁阿红、吴晓妹译,2014)等威廉斯的极具代表性的作品都被翻译为中文,而且《文化与社会》也由高晓玲重译,由吉林出版集团有限责任公司于2011年出版。由此不难看出,正是由于国内学界对威廉斯重要性的认识,对其作品的翻译力度也在加大。

"中国知网"上的查询结果显示,国内第一篇关于威廉斯的论文是1986年由王宁撰写的《威廉斯的〈马克思主义与文学〉》,该文不仅细致地介绍了该书的主要内容,还对威廉斯的相关观点给予了充分的肯定。[1] 在这之后,经过几年的沉寂,威廉斯逐渐引起了越来越多学者的注意。尤其是近几年,关于威廉斯的研究性文章同样在快速增长,这从另外一个角度说明了当下的"威廉斯热"。在当今研究威廉斯的学者之中,影响力比较大的有陆建德、王逢振、陆扬、殷企平、黄卓越、张平功和王尔勃等,对雷蒙·威廉斯思想在中国的传播和研究的深入,这些学者起到了十分积极的推动作用。目前国内研究雷蒙·威廉斯最具代表性的成果应为已经出版的几部专著。国内第一本正式出版的研究威廉斯的专著是吴治平撰写的《威廉斯的文化理论研究》,该书于2006年出版,对文化研究的兴起、威廉斯的文化观、文化唯物主义理论、文化的动态结构以及威廉斯之后的文化研究的发展都有细致的分析。赵国新撰写的《新左派的文化政治:雷蒙·威廉斯的文化理论》于2009年出版,赵国新阅读广博,这本专著文字流畅、旁征博引,气势恢宏,独到而精辟的见解在该书中可谓俯拾即是。根据作者本人所言,该书"从历史的视

---

[1] 王宁:《威廉斯的〈马克思主义与文学〉》,《文艺研究》1986年第1期,第135-136页。

角出发,去追溯威廉斯文化理论背后的思想传统,梳理其思想渊源,揭示其当代意义,昭示其后世影响"①。由此,该书重点分析了威廉斯对前辈思想家的继承和超越,对"文化与社会"的传统、"情感结构"和文化唯物主义都有精彩的论述。舒开智撰写的《雷蒙德·威廉斯文化唯物主义理论研究》在2011年由学苑出版社出版,该书选取了文化唯物主义作为研究对象,通过对威廉斯在不同时期的代表作进行解读,有均衡感地对威廉斯的关键概念、命题和观念展开了论述。

以上著述主要论述的是威廉斯的文化理论,而关于威廉斯文学理论的研究,主要有两部著作:李兆前撰写的《范式转换:雷蒙德·威廉斯的文学研究》于2011年由外语教学与研究出版社出版,该书以库恩的范式理论为视角来论述威廉斯的文学批评实践,对威廉斯的戏剧研究和小说研究之中的重要概念、方法和理论建构进行了阐释,并选择性地对比和论述了其文学和文化理论,强调了文学研究和文化研究之间的差异;刘进撰写的《文学与"文化革命"》于2007年出版,该书认为,威廉斯貌似博杂的写作背后有一坚实的统一内核,这就是他对激进政治的持续坚守,而这一主题又在他所处的特定语境下转化为独具特色的"文化革命"。在对威廉斯著作细读的基础上,这本著作以"文化革命"为视角,从威廉斯的"共同文化"理念、文学批评涉及的主要文学形式、文学批评所体现的空间意识以及其文学批评所体现的文学观念等方面,对威廉斯的文学批评进行了系统细致的研究。

在雷蒙·威廉斯过世后,凭借其桀骜不驯、汪洋恣肆、睿智而不乏幽默的论战风格,特里·伊格尔顿很快成为英国马克思主义理论阵营中的执牛耳者。国内对伊格尔顿的译介很早就已经开始,他的成名作《马克思主义与文学批评》早在1980年就有了中译本,这是改革开放后最早译介成中文的西方马克思主义理论著作之一。这本书是中国学者了解西方马克思主义的启蒙读本,很多高校文学理论课都将该书指定为教材或参考书。由于教学和研究的需要,该书后来又出现过几个不同的译本:《二十世纪西方文学理论》(伍晓明译,1986)、《文学理论引论》(刘峰译,1987)、《当代西方文学理论》(王逢振译,1988)。一本书竟然出现多个译本,其重要性可见一斑。在当下中国文艺理论界,伊格尔顿的大名可谓无人不知,这本书自然功不可没。此

---

① 赵国新:《新左派的文化政治:雷蒙·威廉斯的文化理论》,外语教学与研究出版社,2009年,第27—28页。

后，伊格尔顿的其他著述开始不断被翻译为中文：《美学意识形态》（王杰等译，1997）、《历史中的政治、哲学、爱欲》（马海良译，1999）、《后现代主义的幻象》（华明译，2002）、《文化的观念》（方杰译、2003）、《沃尔特·本雅明或走向革命批评》（郭国良、陆汉臻译，2005）、《甜蜜的暴力——悲剧的观念》（方杰、方宸译，2007）、《理论之后》（商正译，2009）、《马克思为什么是对的》（李杨、任文科、郑义译，2011）、《人生的意义》（朱新伟译，2012）、《论邪恶：恐怖行为忧思录》（林雅华译，2014）、《异端人物》（刘超、陈叶译，2014）、《批评家的任务：与特里·伊格尔顿的对话》（王杰、贾杰译，2014）、《文学阅读指南》（范浩译，2015）。

现在国内已出版多部关于伊格尔顿的学术专著，第一部应是马海良撰写的《文化政治美学——伊格尔顿批评理论研究》（2004），该书是马海良主持的国家社科基金项目"伊格尔顿批评理论研究"的成果之一，尽管作者自谦地说这部著作只是"一种局部的研究"[1]，但该书对伊格尔顿关于批评的功能、文化生产和意识形态等关键范畴有相当深入的思考。柴焰撰写的《伊格尔顿文艺思想研究》于2004年出版，该书主要从文艺学、文学理论的角度来阐释其文学研究思想。王天保在2007年出版的《审美意识形态的辩证法：伊格尔顿美学思想述论》则从历史的视角，追溯了伊格尔顿审美意识形态的发展历程。方珏撰写的《伊格尔顿意识形态理论探要》于2008年出版，该书从"意识形态"这一术语入手，系统地梳理了伊格尔顿关于意识形态问题的思考。段吉方撰写的《意识形态与审美话语：伊格尔顿文学批评理论研究》在2010年出版，该书将意识形态视为伊格尔顿整个理论体系之中的核心概念，以此为视角解读了其对一些文学理论问题和文学批评问题的读解。肖琼的《伊格尔顿悲剧理论研究》在2013年出版，该书选题非常有新意，集中论述了伊格尔顿关于悲剧理论的思考及其重要意义。在2013年出版的《超越文化政治：特里·伊格尔顿的批评理论研究》一书中，作者赵光慧指出，尽管伊格尔顿涉及的领域十分广泛，但繁杂的论述背后隐藏着的是伊格尔顿对全人类的爱；由伊格尔顿的意识形态批评理论入手，该书论述了伊格尔顿的伦理观及宗教观的积极意义。

在英美西方马克思主义阵营中，影响力最大的当数美国学者弗雷德里

---

[1] 马海良：《文化政治美学——伊格尔顿批评理论研究》，中国社会科学出版社，2004年，第45页。

克·詹姆逊，他是中国学界了解西方马克思主义的一位重要导师。1985年秋，詹姆逊应邀在北京大学做了为期四个月的讲座，虽说只是一次学术演讲，但这次"传经送宝"对中国"新时期学术转型"而言，意义非凡。在这一系列的讲座中，詹姆逊从一位西方马克思主义者的视角，对众多资本主义社会的文化现象进行了解读；当时及后来在国内学界有重要影响力的众多学者，如乐黛云、叶维廉、唐小兵、吴晓明、张颐武和王岳川等都曾参加过他的讲座，并受到他的影响。① 经过整理，这次讲座的内容在1986年以《后现代主义与文化理论》为名结集，由陕西师范大学出版社出版，很多学者都是从这本书开始接触到西方马克思主义的一些前沿论题。尽管已经80岁高龄，詹姆逊仍笔耕不辍，在马克思主义理论研究领域不断取得突破，这使他犹如理论界的一棵"常青树"，影响力经久不衰。国内第一篇介绍詹姆逊的文章是1986年由唐小兵撰写的《后现代主义：商品化和文化扩张——访杰姆逊教授》，此后几十年来，关于詹姆逊的各种研究文章屡出不穷。这些年来，乐黛云、王宁、陈永国、王逢振、王一川、王岳川、盛宁、张颐武和胡亚敏等众多在国内理论界活跃的学者都曾对詹姆逊的理论有过专门的论述，并且他的每次来华访问都成为理论界盛事，得到包括媒体在内的社会各界的广泛关注。在很大程度上，对国内任何从事文艺理论工作的学者而言，詹姆逊都是一座无法逾越的丰碑。

詹姆逊在国内受到过广泛的关注，他本人对中国学界同行相当友好，经常邀请中国学者前往他任教的美国杜克大学文学系访学。② 正是由于他在中国学界的巨大影响力，除少数几部著作外，詹姆逊的作品几乎全部都有中译本。此外，由于他和国内学界的紧密联系，他的思想动态和新的研究成果都能同步地被译介到国内。在这之中，需要提及的是四卷本的《詹姆逊文集》（下称《文集》），该文集的主编王逢振是詹姆逊的老朋友，他们相互之间有着密切的学术联系，由他担任主编无疑是对该套文集质量的最好保证。《文集》最终在2004年由中国人民大学出版社出版，共四卷，名称分别为：《新马克思主义》《批评理论和叙事阐释》《文化研究和政治意识》和《现代性、

---

① 陈晨、尹星：《一场演讲与新时期学术转型——王宁、王逢振访谈录》，《中国图书评论》2007年第1期，第76—79页。

② 正是在詹姆逊的邀请下，笔者和华东师范大学的朱国华教授就曾在2008年秋季前往美国杜克大学文学系访问学习，我们多次就一些中国学者感兴趣的问题向他请教。具体可参见何卫华、朱国华：《图绘世界：弗雷德里克·詹姆逊教授访谈录》，《文艺理论研究》2009年第6期，第2—11页。

后现代性和全球化》。《文集》收录有詹姆逊不同阶段的代表性文章,全面地展现了詹姆逊的思想风貌、理论特色以及思想发展历程。同年 6 月 10 日,"'詹姆逊与中国'学术研讨会议暨詹姆逊(四卷本)文集首发式"在中国人民大学举行,虽然年事已高,但詹姆逊本人坚持全程出席了这次盛会。在 2010 年,《文集》又增加了一卷,名称为《论现代主义文学》。在中国理论界,这一套丛书获得的好评如潮,这无疑是西方马克思主义在中国的接受史上的一件具有标志性意义的事件。

在研究方面,国内研究詹姆逊的专著数量众多。第一部专著是陈永国撰写的《文化的政治阐释学:后现代语境中的詹姆逊》,该书于 2000 年由中国社会科学出版社出版。自该书出版以来,在这十多年时间之中,已有近二十本关于詹姆逊的专著出版,比较具有代表性的著作包括:梁永安的《重建总体性:与杰姆逊对话》(2003)、刘进的《弗雷德里克·詹姆逊文化诗学研究》(2003)、吴琼的《走向一种辩证批评:詹姆逊文化政治诗学研究》(2007)、林慧的《詹姆逊乌托邦思想研究》(2007)、李世涛的《通向一种文化政治诗学——詹姆逊文艺阐释理论与实践研究》(2008)、李世涛的《重构全球的文化抵抗空间:詹姆逊文化理论与批评研究》(2008)、张艳芬的《詹姆逊文化理论探析》(2009)、韩雅丽的《詹姆逊的后现代主义理论研究》(2010)、马良的《詹姆逊的后现代马克思主义研究》(2010)、倪寿鹏的《詹姆逊的文化批判理论》(2013)、梁苗的《文化批判与乌托邦重建:詹姆逊晚期马克思主义文化政治学研究》(2013)、姚建彬的《走向马克思主义阐释学——詹姆逊的阐释学研究》(2013)、沈静的《詹姆逊的马克思主义阐释学美学》(2013)、周秀菊的《詹姆逊文化批判思想研究》(2014)、杜明业的《文本形式的政治阐释:詹姆逊文学批评思想研究》(2014)、王伟的《社会形式的诗学——詹姆逊文学形式理论探析》(2015)和冯红的《詹姆逊后现代文化理论术语研究》(2015)。数量众多的专著,再加上数量更为可观的博士和硕士论文,詹姆逊思想的各个方面在国内学界均有所触及,这再次证实了詹姆逊影响力之深远。

总之,由于其同马克思主义之间的亲缘性,不管当时的引进是出于批判的目的,还是为了推进国内的思想解放运动,西方马克思主义从一开始就受到了我国政府部门和学界的高度重视。① 自20世纪70年代末以来,国内已涌现出一大批西方马克思主义研究专家和学者,出版了一大批优秀的研究成果。西方马克思主义在人文社会科学领域有着广泛的影响,就其对文学批评的影响而言,冯宪光就曾指出,在新时期,艺术与美学的人道主义、现实主义与现代主义之争、艺术生产论、艺术的文化学阐释、艺术的人文精神的失落与拯救和大众文化等文学批评中的热点问题全部都受到西方马克思主义的影响。② 更值得一提的是,在2005年,国务院学位委员会、教育部正式决定在"马克思理论"下设置二级学科"国外马克思主义研究",这可以被视为西方马克思主义在中国的接受史上的又一里程碑式事件。总之,经过这些年的发展,在中国众多大学之中,西方马克思主义已成为一个重要的研究方向,每年都有为数众多的硕士和博士研究生通过撰写与西方马克思主义相关的学位论文而获得学位,这些高素质人才是西方马克思主义在中国持续繁荣发展的后继力量和有力保证。由此可见,西方马克思主义在中国的"旅行"仍在途中。

三、西方马克思主义与中国文化研究的两种路径

在五四时期,大众文化问题就在中国得到重视,"文艺为人民大众"就是对五四新文化运动以来革命文艺发展经验的系统总结。在中国近代文化发展史中,陈独秀、胡适、郭沫若、瞿秋白和毛泽东等人,都曾阐述一些和大众文化相关的观点。在《在延安文艺座谈会上的讲话》和《新民主主义论》等著述中,毛泽东同志多次围绕大众文化问题进行论述。在论述"文艺的大众化"问题时,他不仅要求文艺工作者为大众服务,在思想感情上和工农兵大众的思想感情打成一片,同时还明确地指出大众才是文艺创作的主体,这些思想和雷蒙·威廉斯等人的观点存在一些暗合之处。不同的是,由于毛泽东同志的领导人地位,他的思想不仅在很长一段时间之内是中国文化建设的理论指导,并且在现实文化建设之中得到实践。正是在毛泽东同志文艺思想的指导下,扭秧歌、腰鼓、二人转、快板和戏剧等民间艺术形式在中国

---

① 参见徐崇温:《"西方马克思主义"在我国的开展》,《江西师范大学学报(哲学社会科学版)》2012年第2期,第3页。

② 陈厚诚、王宁:《西方当代文学批评在中国》,百花文艺出版社,2000年,第209—228页。

并没有因被视为大众文化而遭到鄙夷、嘲讽和排斥，相反成为我国社会主义文化事业的重要组成部分。当然，其时的大众文化，还不是当下意义上的在工业化和全球化的背景下产生的，经科技革命和传播技术改革而出现的大众文化还不是主流。改革开放以来，随着报纸、电视和电影的快速发展，再加上当下扮演着越来越重要角色的互联网，大众文化才汇聚为一股洪流，不断挤压经典文化。借助这些全新平台，大众文化产品开始有了越来越多的受众。风起云涌的大众文化不仅迅速改变着中国民众的精神生活，还直接影响着整个社会生态。同处于现代转型时期的英国一样，中国的精英文化开始遭到强烈冲击，大众文化有逐渐取代主流文化的态势。为阐释这一些新的文化现象，文化研究在中国崛起应该说是一种必然。

就西方马克思主义的"文化转向"而言，法兰克福学派和英国文化研究传统所取得的成就最具代表性；这两派的理论观点在文化研究领域有广泛的影响，甚至直接决定着当下文化研究议程的设置、理论运思方式和话语建构。正是由于西方马克思主义同文化研究之间的亲缘关系，其自然成为中国文化研究重要的理论资源。在国内，1994年2月19日《文艺报》刊载的《大众文化和文化研究》通常被视为国内第一篇正式介绍文化研究的论文。在这一时期，由汪晖担任执行主编的《读书》杂志不仅刊发了不少关于文化研究的文章，还积极组织各种关于文化研究的研讨会，这对文化研究在中国的兴起有重要推动作用。但文化研究进入中国的标志性事件则应该追溯到1995年在中国大连召开的"文化研究：中国和西方"国际研讨会，出席这次会议的有不少国外重量级文化研究学者，会议对关涉文化研究的一些重要议题进行了深入探讨。随着文化研究热潮在中国的涌起，王宁、汪晖、戴锦华、陶东风、金元浦等一大批学者开始聚集在文化研究的麾下，并且在国内重要学术期刊上发表了大量相关学术文章。

（一）"毒草论"：大众文化与人文精神的失落

改革开放带来的经济高速发展，不仅极大地提高了国人的生活水平，国人的教育程度也随之不断提高，特别是随着高等教育从"精英"教育阶段逐渐过渡到"大众化"阶段，大量高素质人才开始进入社会的各个领域。文化市场上不仅开始有了更多的文化需要，同样有了更多的文化生产的积极参与者。全新的传播技术使文化的生产、传播和接受都变得更为便捷，使低成本地批量生产各种文化产品成为可能。尤其是近年来随着互联网时代的到来，只要点击鼠标，任何个人创作的文化产品都可以通过互联网这一平台在世界范围内无障碍地传播。威廉斯当时所期冀的文化生产的民主化已喷薄欲出，任何人都能够积极地投身于文化生产的时代已经到来。由于时代的原因，改革开放之前，中国的文化出版机构基本上都依赖于政府的拨款，现在则不然，很大一部分文化生产单位都走向市场，文化生产手段领域的垄断开始松动。由于需要自负盈亏，这些文化生产机构只能通过满足市场的需求才能实现自己的生存。因此，这一服务对象上的转变使这些文化生产机构发生了根本性的变化，不再以居高临下的姿态俯察大众，转而将大众作为自己的服务对象，以满足大众的文化需求为己任。正是文化接受对象、生产方式和文化体制等方面的巨大变革，助力大众文化在中国迅速地崛起。正是在这一背景下，中国的文化产业得到全面发展，文化生产和文化消费空前繁荣，电影、电视剧、流行音乐、畅销书和网络文化纷至沓来，"上海的《故事会》发行650万份，湖北的《今古传奇》接近200万份，北京的《啄木鸟》发行175万份，山西的《民间文学》发行100万份，各种街头小报，也大多在100~200万份之间"①。需要指出的是，民众对更为丰富的精神生活的渴求帮助资本发现了市场，看到了集敛财富的商机，资本开始强力介入大众文化产品生产。很快，大众文化被资本征用，沦为资本的傀儡。为了利润，资本不断穷极各种刺激大众欲望的手段，大众文化不再以提升大众的精神面貌为目标，而是以满足低级趣味为旨归，对人文精神和健康的文化生态有着腐蚀性作用。有害的、萎靡的和唯利是图的文化形式宣扬的是蒙昧主义，传达的是拒绝理性和启蒙的姿态，从而遮蔽了真正具有进步意义的大众文化形式，构成对积极进步的文化形式、意义和价值的放逐。众多文化守成者因此忧心不已，从而猛烈抨击新崛起的大众文化。着眼于复杂的中国社会现实使得中国大众文化具有自身的复杂性、独特性和逻辑，不少学者批判大众文化，然而细读这些文本会发现，中国学者对大众文化的批判很大程度上延续了西方马克思主义，尤其是法兰克福学派的理路。

面对其时由大众文化崛起引发的人文精神的危机，国内学者自然而然地转向西方马克思主义，尤其是法兰克福学派的批判理论，并按照这一理路对大众文化表现出来的负面影响进行了抨击。在这些批判性文章之中，据陶东风所述，最早的一篇应该是他本人在1993年发表的《欲望与沉沦——当代

---

① 孟繁华：《众神狂欢：世纪之交的中国文化现象》，中央编译出版社，2003年，第187页。

大众文化批判》一文。作为中国文化研究领域最具有代表性的学者之一，在20世纪90年代初期，陶东风就开始接触西方马克思主义理论，阅读《后现代主义与文化理论》《启蒙辩证法》《单向度的人》等著作，并开始自觉地将这些理论运用到自己对大众文化的解读之中，尽管这种应用有时是一种"机械套用"。[1] 文章一开始，陶东风就直接将大众文化视为"现代工业社会"的产物，源于"批量化、标准化、复制性的生产"，以"经济效益"为中心，目的在于"创造消费使用价值，满足大众（主要集中于现代化大城市）的消费需要"。在这篇文章中，陶东风的批判主要针对几个方面的内容：大众文化追求的是欲望的张扬和感官的刺激，而不是"人的精神的自由、人性的全面发展以及对现实的强烈的批判精神"；复制的、趋同的和标准化的文化产品导致的是个性的丧失；作为空洞的能指，大众文化消解了艺术的深度、超越性和永恒性；为追星而迷狂的人们放弃了对"人生意义、存在价值的思考"。[2] 这篇文章对大众文化的生产模式、特征以及对人所造成的危害进行了全面的论述和批判，深刻而且有力度。为了说明自己的观点，文章多次引用西方马克思主义理论家，尤其是法兰克福学派的理论。同样受到西方马克思主义影响的还有金元浦，在《试论当代的"文化工业"》一文中，依循着同样的思路，金元浦对文化工业的商业性、复制性和伪个性化进行了批判，并且在文章的结尾毫不客气地得出结论说："艺术是塑造心灵的伟大事业，是人类陶冶涵咏美好情志的复杂工程，它闪现着理想主义的神圣光彩，执着于人类感官彻底解放的乌托邦，它是在多层次的接受中追寻人性的超越之途。而文化工业则更多的是一种玩和性的享乐艺术。"[3] 法兰克福学派对大众文化的批判，同样得到了童庆炳的积极回应，他认为"法兰克福学派的观点在我们今天还是实用的，因为我们今天所面临的情况和当年阿多诺等人面临的情况非常相似"[4]。在童庆炳看来，大众文化造成的结果就是"意义的消解"，因此缺乏营养的大众文化需要人文精神的引导。

就对大众文化持批判立场的专著而言，同样有不少作品直接受到了法兰

---

[1] 陶东风：《关于文化研究的答问》，《渤海大学学报》2010年第6期，第21页。
[2] 陶东风：《新"十批判书"之三——欲望与沉沦——当代大众文化批判》，《文艺争鸣》1993年第6期，第10—21页。
[3] 金元浦：《试论当代的"文化工业"》，《文艺理论研究》1994年第2期，第32页。
[4] 童庆炳：《"人文精神与大众文化"笔谈 人文精神：为大众文化引航》，《文艺理论研究》2001年第3期，第53页。

克福学派的影响,而在这之中,姚文放撰写的《当代审美文化批判》是比较具有代表性的一部。在该书的"导言"部分,姚文放就指出自己的文化批判理论受到过"法兰克福学派的'社会批判理论'的启发"[①]。在这之后的论证之中,该书还在不断地征引詹姆逊、布迪厄和哈贝马斯等西方马克思主义者的理论观点,由此可见西方马克思主义对其产生的影响。在论述中,该书并没有简单地套用各路西方马克思主义理论,而是先对当代中国审美的背景做了全方位介绍,将整个的论述对象放置到立体的历史情境之中。有了这样一幅宏观的图像之后,该书开始从六个不同的层面对大众文化进行批判,在他看来:(1)当代审美文化是一种消费文化,因此其"从教化功能为主走向以娱乐功能为主";(2)当代审美文化是一种快餐文化,因此具有"短暂性、片断性、零散性"的特征;(3)当代审美文化是一种广告文化,刺激的是消费欲望;(4)当代审美文化是一种都市文化,其充当着一种"操纵公众舆论的工具"的角色,导致的最终结果是让大众"堕入了更加严重的精神危机之中";(5)当代审美文化是一种青年文化,在姚文放看来,虽然青年文化具有一些积极的政治意义,但对其中充斥的性、毒品和铜臭味等负面因素进行了否定;(6)当代审美文化的本性是文化工业,文化工业是"标准化、模式化的",是"技术性的",目的在于"追求利润、谋求盈利"。对其时中国现实社会中出现的一些具体文化现象引发的负面效应,该书进行了理性、审慎而全面的分析,这可以说是西方马克思主义批判理论和中国文化现实碰撞出的一朵绚丽的火花。

除开上述学者之外,尹鸿、张汝伦和王彬彬等不少学者都受到过西方马克思主义的影响,并且援引这些理论对大众文化进行批评,这些都是西方马克思主义对中国文化研究话语产生影响的有力例证。此外,还有众多学者虽然没有直接引用西方马克思主义的论点,但他们同样对大众文化进行了批判。对于患有"政治匮乏症"的大众文化,中国"新左派"的代表人物汪晖就曾经警醒说,"在19世纪90年代的历史情境中,中国的消费主义文化的兴起并不仅仅是一个经济事件,而且是一个政治性的事件,因为这种消费主义的文化对公众日常生活的渗透实际上完成了一个统治意识形态的再造过程;在这个过程中,大众文化与官方意识形态相互渗透并占据了中国当代意

[①] 姚文放:《当代审美文化批判》,山东文艺出版社,1999年,第1页。

识形态的主导地位，而被排斥和喜剧化的则是知识分子的批判性的意识形态"①。换言之，在一场有中国特色的市场意识形态建构的过程中，在汪晖看来，大众文化始终对各种思想以及有深度的事物保持敌意，虚构出种种需要，实际上是在为消费资本主义推波助澜。此外，周宪对大众文化也提出了批评，在他看来，"科技的昌明和物质的丰盈，日益平庸浅俗且同质化的大众消费文化，与作为创造性标志的艺术想象力的枯萎，形成了强烈的反差"②。尽管这些学者并没有将自己定位为西方马克思主义的门徒，在著述中没有直接引用西方马克思主义理论，但从他们对人文精神的担忧和对资本主义的批判来看，并不难发现他们同西方马克思主义在理论运用上的一致性。

面对大众文化领域的"众神狂欢"，这些批判的声音很好地提醒大家对大众文化的负面影响有所警醒。但如果不充分地考虑当下中国文化现实的特殊性，简单地进行类比，结果就会是"遮蔽了异常错综复杂的中国社会的文化现实"③。因此，一味地认为"月是故乡明"，将不利于更为全面地理解中国大众文化的发展现状。

(二)"鲜花论"：大众文化与"后启蒙事业"

大众文化异军突起，但由于质量良莠不齐，众多学者忧心如焚。尤其是在20世纪90年代的"人文精神大讨论"之中，大众文化就被认为是罪魁祸首之一。④ 各种流行音乐、电视肥皂剧和消费文学艺术一时俨然成为国人精神生活中的主流，在众多学者看来，这种市场化的、充满商业气息的和以刺激人的欲望为手段的大众文化将会造成全新的对人的宰制。在文学领域，在既往的精神文学市场不断收窄的时候，王朔却以其调侃式的语言和玩世不恭的姿态迅速在国内走红，其作品可谓一时洛阳纸贵，还有不少作品被搬上荧屏。正如前文所述，虽然以法兰克福学派为代表的西方马克思主义者对大众文化的崛起进行了批判，但在这一理论阵营中，实际上还存在另一种声音。

---

① 汪晖：《去政治化的政治：短20世纪的终结与90年代》，生活·读书·新知三联书店，2008年，第84页。
② 周宪：《大众文化的时代与想象力的衰落》，《文艺理论研究》1994年第2期，第20页。
③ 戴锦华：《隐形书写：90年代中国文化研究》，江苏人民出版社，1999年，第4页。
④ 1993年，王晓明等在《上海文学》第6期刊发对话《旷野上的废墟——文学和人文精神的危机》，引发了一场关于人文精神的大讨论，而市场化和商品化了的大众文化在社会上产生的一些"负面"效应是引发这场讨论的直接原因。

沿袭西方马克思主义的另一种理路，国内同样有不少学者认识到大众文化的积极潜能，对其有着相当正面的评价。在这些学者之中，比较有代表性的有吴元迈、王宁、鲁晓鹏、陶东风、金元浦、汪民安和包亚明等，这些学者着眼于中国自身的独特语境，充分地肯定了大众文化在中国现代化转型中发挥的积极作用。需指出的是，在中国"理论热"的大潮中，这些学者一直都活跃在潮头浪尖，因此对西方马克思主义各个流派的理论都相当熟悉，在自己的著述中将这些理论作为学术资源自然在情理之中。还有众多学者并没有达到言必称西方马克思主义的地步，但从他们的学术轨迹、理论运思和论证方式并不难发现来自西方马克思主义理论的影响。

在积极而正面地评价大众文化的学者之中，王宁是比较早的一位。王宁很早就开始关注西方马克思主义以及文化研究，并且和国外学术界相关领域的专家学者一直保持着密切的联系。为推进中国的文化研究事业，他于2001年在清华大学成立比较文学与文化研究中心，邀请了一大批文化研究领域的重要学者前来中国讲座，多次举办高端的相关学术会议，并在自己担任主编的《文学理论前沿》上刊发不少高质量的相关理论文章。更为重要的是，在众多学者对大众文化表示出敌意之时，在仔细考察中国的历史语境之后，他很早就认识到大众文化在中国语境之中具有的积极意义。在他看来，大众文化在中国的崛起可以被视为"后启蒙（post-Enlightenment）事业"，因此，在分析大众文化时，应采取更为客观的、理性的和辩证的态度。

王宁对大众文化的积极态度，充分体现在他对王朔的解读之中。如前所述，在"人文精神大讨论"之中，王朔可谓众矢之的，被认为"用调笑来向大众献媚"[①]。通过直言不讳地宣告"我是痞子我怕谁"，并且将作家理解为"码字的"，通过自己的戏谑、调侃和桀骜不驯，王朔不断消解作家和作品的神圣性。更为重要的是，他的作品还不断解构崇高、英雄主义和启蒙精神：在《玩的就是心跳》中，受人尊敬的语言学家却是一位奸污自己女儿的恶棍；在《过把瘾就死》中，事业正蒸蒸日上的杰出专家却为了情人不惜谋杀自己的妻子；他的《千万别把我当人》更是对以往所珍视的价值的极度嘲讽，这些无不是对"神圣"的亵渎。作为"躲避崇高"和"渴望堕落"的代表性人物，王朔借此姿态声名鹊起，并引发了一场关于"王朔现象"的大讨

---

① 王晓明、张宏等：《旷野上的废墟——文学和人文精神的危机》，《上海文学》1993年第6期，第64页。

论。面对不少文化精英对王朔的口诛笔伐，王宁却认为，王朔实际上"用的是一种具有后现代反讽和戏拟特征的游戏态度探讨了一些严肃的主题"，在当时那个文化氛围相对单一、僵化并脱离大众的历史语境中，王宁指出王朔"帮助营造了一种巴赫式的狂欢化的宽松文化气氛，在这样的气氛下，人与人之间的一切人为的等级制度、高雅文化与低级文化之间的界限，以及优美的语言与粗俗的话语之间的界限统统被一种游戏和戏拟的方式消解了"。[1] 换言之，在大众化、世俗化的语言中，王朔抛却了俯视众生的精英姿态，致力于在主流文化之外开辟全新的空间，弘扬全新的更具现代气息的价值观念，这对当时的思想解放而言具有相当积极的意义。正是在这一意义上，王朔是当时"中国民主的进程以及后新时期日趋宽松的文化氛围的标志"[2]，因为他比其他人更为超前地把握到了新时期的脉搏，并通过自己的作品阐释全新的时代精神。王宁指出："大众文化并非全然与现代性/启蒙这类政治和知识大业无关，它实际上可以被视为是当今时代的一种后启蒙事业。"[3] 王宁还多次强调，既往的精英文化由于将自己局限在象牙塔之中，因此和大众相脱节，而大众文化的积极意义还在于其能够有效地弥合大众文化与精英文化之间的鸿沟。[4] 在很多时候，流行文化会通过戏仿等手法，致力于拆毁主流意识形态话语，借此去挤占之前被主流文化和精英文化垄断的地盘。正是由于这一努力，僵化的社会文化空间才开始松动，文化才会更为贴近大众的生活，传达大众的喜怒哀乐，而不再成为被特定社会群体垄断的专利。因此，在王宁看来，知识分子要做的不是去回避、仇视和抨击大众文化，而是适应和积极地投身于这一事业之中。

随着研究的深入，陶东风同样开始意识到大众文化在中国社会之中的积极作用，从而开始反思和检讨自己对法兰克福学派批判理论的"机械套用"。陶东风早就熟悉雷蒙·威廉斯的《文化与社会》等著作，[5] 他后来显然更倾向于认同雷蒙·威廉斯等西方马克思主义者的观点，他们对大众文化的积极评价引起了他的共鸣。当然，这种立场上的转变，最为根本性的原因在于他

---

[1] 王宁：《超越后现代主义》，人民文学出版社，2002年，第225页。
[2] 同上，第224页。
[3] 同上，第216页。
[4] Wang Ning, "Cultural Studies in China: Towards Closing the Gap between Elite Culture and Popular Culture", *European Review*, Vol. 11, No. 2 (May 2003), pp. 183-191.
[5] 陶东风：《关于文化研究的答问》，《渤海大学学报（哲学社会科学版）》2010年第6期，第20页。

对中国本土文化现实开始有了更为深刻的认识,从而意识到简单移植过来的批判理论在中国的局限性。在陶东风看来,这一时期的中国处于世俗化的进程之中,并且中国的"世俗化所消解的不是典型的宗教神权,而是准宗教性的、集政治权威与道德权威于一身的专制王权与官方意识形态。尽管如此,从由政治社会向市民社会转换、健全法制、肯定人的日常生活需求并使之从准宗教化的意识形态与政治教条中解脱出来这些方面来看,中国的世俗化社会变迁仍然有着与西方相似的一面"①。当然,对陶东风而言,世俗化代表的显然是进步的社会进程,而大众文化则是这一进程的推进器。陶东风曾指出,"从中国社会的现代化变迁角度看,世俗化与大众文化(特别是改革开放初期的世俗大众文化)具有消解一元的意识形态与一元的文化专制主义,具有推进政治与文化的多元化、民主化进程的积极历史意义,而作为世俗时代文化主流的、以消遣娱乐为本位的大众文化,在中国特定的转型时期客观上具有消解政治文化与正统意识形态的功能"②。因此,由于中国历史语境的特殊性和差异性,在中国语境之中大众文化的积极功用才是主导性的。以大众为中心的文化形式承载的是完全不同的价值观念,随着这些文化形式重要性的与日俱增,既往过于单一的文化氛围开始松动,文化工作者的言说空间也开始得到有效的扩大。在这一意义上,戏说文学、"大话文学"和对"红色经典"的改编、新历史主义小说和先锋文学之类的作品形成了一个对抗性空间,这些作品开始突出普通人及其趣味的重要性,对被垄断的精英文化和教条式官方话语而言,这无疑是一股强大的颠覆性力量。在提到"文化活动的去精英化"时,陶东风还曾明确地指出:"写作与发表不再具有垄断性,而是普通人也可以参与的大众化活动。"③ 这一"文化大众化"的观点,在精神上显然更接近雷蒙·威廉斯的观点,其终极目的是将大众吸纳到文化的殿堂中。

就对大众文化的积极推介而言,金元浦的贡献同样不可忽略。和陶东风一样,他对大众文化的认识也有一个转变和逐渐深入的过程。早期他同样受法兰克福学派理论的影响,1994年他在《文艺理论研究》上发表《试论当代的"文化工业"》一文,对当时中国的大众文化进行了批评,认为文化工

---

① 陶东风、金元浦:《人文精神与世俗化——关于90年代文化讨论的对话》,《社会科学战线》1996年第2期,第102页。
② 陶东风、徐艳蕊:《当代中国的文化批评》,北京大学出版社,2006年,第83页。
③ 陶东风:《去精英化时代的大众娱乐文化》,《学术月刊》2009年第5期,第22页。

业造就的是数量众多的"自愿的奴隶",文化工业"不仅扼杀了艺术创作者的独特个性,也扼杀了艺术接受者的自主性与想象力"。① 但之后他的观点有所改变,在2010年刊发在《河北学刊》上的《大众文化兴起后的再思考》一文中,金元浦转而更多地强调了大众文化对"建立公共文化空间和文化领域""社会生活的民主法制化"和"文化资源的再分配"等方面的积极意义。② 在他看来,对于现代社会的建构而言,这些层面的转变都不可或缺。除开这一认识上的转变外,金元浦近些年还不断地投身于与文化产业相关的研究,并在这一领域取得了令人瞩目的成绩。貌似"浅薄的"大众文化却承载着丰富的政治性,是文化重建过程之中不可或缺的力量。而着眼于大众文化的现实功能,吴元迈同样针对一些人对大众文化的鄙薄提出了反驳,他指出:"通俗文学不仅打破了雅俗的界限,为人民提供了消遣娱乐,而且对社会、人生诸多问题作了严肃思考和探索,并具有认识、审美、教育等多种功能。"③ 吴元迈的这一判断起到了为大众文化正名的作用,因为在众多批评者看来,这些功能恰恰是大众文化所缺乏的,或者说大众文化在这些方面起到的都是一些反面的作用。事实上,回望这些年大众文化发展的历史,不难看出,凭借其流行性、通俗性和易传播性等优势,对整个民族文化教育水平的提高而言,大众文化起到的作用可谓举足轻重。

对处于现代化转型时期的中国而言,大众文化的崛起是一种必然,正如王宁所言,"大众文化和文学艺术在中国的崛起完全是后新时期这个转型期的历史发展的必然,是不以人的意志为转移的,因而这一时期也打上了不少后工业社会的印记"④。犹如一枚硬币的正反面,虽然大众文化确实造成了一些负面性影响,但对于"科技落后,理性精神难于彰显,启蒙屡屡受挫"⑤ 的中国而言,大众文化的积极意义毋庸置疑,因此辩证地对待大众文化十分重要。对于中国新时期大众文化的这种复杂性,王一川比较中肯地总结说,"以大量信息、流行的和模式化的文体、类型化故事及日常氛围满足大量公众的愉悦需要。使大量社会公众获得感性愉悦,让他们安于现状,是

---

① 金元浦:《试论当代的"文化工业"》,《文艺理论研究》1994年第2期,第30页。
② 金元浦:《大众文化兴起后的再思考》,《河北学刊》2010年第3期,第191—195页。
③ 吴元迈:《关于国外马克思主义文论研究的思考》,《涪陵师范学院学报》2004年第2期,第3页。
④ 王宁:《超越后现代主义》,人民文学出版社,2002年,第217页。
⑤ 徐友渔:《西方马克思主义在中国》,《读书》1998年第1期,第81页。

大众文化的基本功能。当然，具体分析的话，大众文化往往具有若干彼此相反的功能：反抗高雅文化又利用它、拆解官方权威又维护它、追求自由与民主又加以消解、标举日常生活的正当性又使其庸俗化，等等"①。近年来，中国的文化研究已不再停留在纯粹的理论演绎层面，开始出现更多的个案研究，如王宁对"王朔现象"和"第五代导演"的剖析、戴锦华对中国电影的批判、汪民安对"家乐福的语法"等文化景观的感悟、王晓明对城市文化的研究和包亚明对上海酒吧的研究等，都是中国本土性文化研究话语的代表性成果，以往被视为饾饤琐屑的大众文化开始成为学术研究的重要对象，并在学术界成为一道绚丽多彩的风景线。

由于历史传统、社会结构和生成背景的差异，在对待大众文化的态度、运思方式和终极指向上，法兰克福学派和英国文化研究传统二者之间差异较大，但这两种关于大众文化的不同主张从不同角度对大众文化进行了有效说明，对阐释和把控中国的文化现实有着重要的借鉴意义。但需要指出的是，在很大程度上，中国当下的文化格局更多是戴锦华在《隐形书写：90年代中国文化研究》中所说的"镜城"，有自身的复杂性。因此"毒草论"也好，"鲜花论"也好，不可否认的是，大众文化始终是中国新时期意识形态重构的"构造者和主要承载者"，在中国社会转型时期有着不容忽略的作用。正如戴锦华所总结的，"90年代，大众文化无疑成了中国文化舞台上的主角。在流光溢彩、盛世繁华的表象下，是远为深刻的隐形书写，在种种非/超意识形态的表述中，大众文化的政治学有效地完成着新的意识形态实践"②。借鉴西方马克思主义的相关理论，大众文化现象之中的积极面和局限性得到有效揭示，这些努力对建设更为和谐的社会主义文化事业有重要意义，自然也发展成为中国文化研究的重要组成部分。总之，很大程度上由于受到西方马克思主义的影响，中国文化研究话语才最终得以建构，但这种影响是一个引进、吸收和选择性借鉴的过程，再以此为基础，结合中国本土文化现实，中国文化研究逐渐开始形成自身的议题、立场和话语形式。

原载《文学理论前沿》第15辑（清华大学出版社，2016年）

作者简介：何卫华，华中师范大学外国语学院教授。

---

① 王一川：《当代大众文化与中国大众文化学》，《艺术广角》2001年第2期，第8页。
② 戴锦华：《隐形书写：90年代中国文化研究》，江苏人民出版社，1999年，第283页。

新中国 70 年马克思主义与中华优秀传统文化关系的底层逻辑

田辰山

关于马克思主义哲学同中国哲学的关系问题，是我将近三十年研究的主要课题。多年经验积累和学术逻辑，使我形成一个认识：学术与政治是不可能分开的。如果有人声称学术独立，则恰恰隐含着另一种政治的说辞。没有没有学术的政治，没有没有政治的学术，这是板上钉钉的事实。好学术一定会支撑起好政治；好政治一定会做出好学术；好学术一定与好政治分不开；不好的政治一定同不好的学术分不开。关键要争论的是：什么是好政治？什么是好学术？好政治一定是为广大人民而不是为个人和少数人服务的政治；好学术一定是为人类整体福祉而不是为个人和少数人服务的学术。此外，没有超越性的客观性。

我想着重提出的是，要理解马克思主义同中华优秀传统文化之间既区别又融通结合关系的底层逻辑，十分有必要从比照中西文化语义环境着眼。中西方思想文化传统之间存在结构性差异，而马克思主义是西方思想文化中与中国优秀传统对话、对接、融通最为成功的典范，其主要原因是马克思主义虽然语言上具有西方痕迹，但就宇宙观、认知观、思维观、人生观的哲学层次而言，是明显与"一多不分"[①] 哲学主流的中国文化语义内在契合的。从这个中西比照大格局语境中看到的新中国 70 年马克思主义中国化的进程，就是中国思想传统现代性转化的过程，它是在社会实践中取得历史性成功的。

[①] 所说的"一多不分"，是指一切事物无不存在于互为联系之中，无一物是独立、单子个体，万物因相系不分而呈现出浑然一体的状态。

一、新中国 70 年中国共产党领导的社会主义实践是一脉相承的

新中国成立 70 年来，中国共产党领导的社会主义实践主要由两个方面构成，即毛泽东时代的实践同邓小平同志开启的改革开放实践。在微观上，二者似乎差别很大，甚至曾在党内出现不同政治观点的分歧和两条路线严峻的斗争；但是从长远历史宏观视野来看，两者是一脉相承互为延续的。可以说是一个问题两个方面此消彼长的状况：一方面突出人民至上，一方面突出物质财富发展，两个方面是不可分割分立的。在不同时代，同一个问题由一方面向另一方面转化，体现的正是矛盾的特殊性发展。将两个方面视为二元对立，甚至从一方面对另一方面进行绝对否定，都是形而上学的。而偏颇地看问题，是不利于坚持马克思主义和中华优秀传统文化以劳动者利益为至上的本质的。

从这样一种观点看问题，有理由说坚持劳动者或者"人民至上"，是毛泽东时代鲜明的旗帜，简单地以"贫穷"一词来否定那个赢得人民当家作主政治地位、社会主义取得伟大胜利的时代，不能不说是一种谬误性偏颇。改革开放时代，从某些西方人士"华盛顿共识"和"北京共识"的概括说法中也可以得出结论，中国搞的是"社会主义市场经济"，而不是搞的西方经典的和新自由主义的"市场经济"；二者的明显差别是，"华盛顿共识"下的新自由主义资本主义市场经济是"看不见的手"，政府必须放任私有资本集团的活动。这种"不作为"、不干预，是被假设为"天经地义"，符合"市场经济"神圣原则的。恰在这个所谓"天经地义"的原则上，中国是"社会主义市场经济"，其明显标志在于：改革开放自始至终都是在中国共产党的领导和人民政府的宏观调控之下进行不断实践、调整和政策更新的。同时，新中国 70 年中国共产党坚持社会主义实践的一以贯之也是符合"周期律"观念的。从比照中西文化语义环境着眼，"周期律"观念正是以"一多不分"世界观纠正由"一多二元"世界观导致的社会混乱现象的举措。"一多不分"同"一多二元"是两种不同观念，在国际社会则明显表现为"人类命运共同体"的理念和某一国家只以自己利益为目的和自我优先的意志、意愿和行为。

考察新中国成立 70 年来的路线，前 30 年紧紧把握"人民至上"的初心

和方向。毛泽东主席曾提醒全党要不忘初心秉持"赶考"精神，延安时期黄炎培先生同毛泽东主席进行探讨的"周期律"，还有之后重申的马克思列宁主义的"无产阶级专政下继续革命"的理论，都是出于"人民至上"这个"初心"。后40年紧紧围绕以经济建设为中心，因为我们认为前30年"人民至上"的方向问题已经解决，且"人民至上"还是要落实在物质丰富上面。这样一来，中国共产党的中心任务就转向了发展经济和致富。改革开放40多年来，一方面，在经济发展中取得了举世瞩目的惊人成就，这是符合中国共产党的初心和发展方向的；这具体体现在：（1）改革开放不是搞"华盛顿共识"的资本主义市场经济；（2）改革开放取得的惊人发展成就，并不是资本主义市场经济的作用，而是中国共产党坚持中国特色社会主义原则的英明领导和中华优秀传统文化所蕴含的强大软实力作用的结果；（3）广大人民对中国共产党积累树立的强大传统信任也在起作用。否则像在一些类似"拆迁"这样极其复杂、超出想象的社会矛盾问题上是难以跨越的。"三个代表"重要思想和"科学发展观"，尤其是习近平总书记提出的"人类命运共同体"理念，都是与前30年中国共产党人的社会主义思想和原则一脉相承的。

另一方面，我们也要警惕，社会上也出现了向西方资本主义社会的个人主义、自由主义偏斜的倾向。这具体体现在：（1）盛行新自由主义经济学理论的话语；（2）新自由主义和古典经济学的教旨皆是虚构性、纯粹服务于私人资本，牺牲无产阶级劳动群众整体利益而追求个人致富的资本私有者理论；（3）"接轨"的观念和实行值得反思；（4）所谓"服务型政府"并不是指中国特色社会主义为人民服务的政府，而是新自由主义服务于私人资本集团的政府，是特色新自由主义政府的含义，是对西方新自由主义话语的误用；（5）社会意识形态混乱、个人社会行为混乱，百年前的"初心"有所淡漠乃至丧失；等等。如果静下心来好好思索，就会发现，这些乱象在逻辑上无一不是源自个人主义意识形态对社会主义思想的围堵。

马克思主义理论是严谨、科学、严肃的，是辛勤思想劳动的伟大成果，是工人阶级、劳动群众以血和火的革命实践证明的理论。自由主义搞得满地都是的理论，是一钱不值的理论。绝不可削弱马克思主义理论的含金量，把马克思主义理论庸俗化。

二、坚持马克思主义的两个基本点

马克思主义从私有资本运作给人类带来道德败坏、制造人与人战争的社会现实出发,所具有的批判立场的两个基本点是:(1)劳动者至上。劳动者要从使他产生自然性异化的资本主义生产关系之中解放出来;要联合起来建设一个由劳动者主导的社会政治和生活新制度,即社会主义和共产主义。(2)实现解放的道路,是要联合起来应对资产阶级对无产阶级剥削和压迫的阶级斗争,建立起劳动者联合的社会治理组织,实现没有剥削压迫、没有饥饿和贫穷的共生共存、共同发展、共同富裕的社会主义和共产主义。这一道路的核心原理是消灭私有制。

三、中华优秀传统文化的深层结构是"一多不分"哲学

中华优秀传统文化的深层结构是"一多不分"哲学。"一"是指宇宙天地万物和人类是一个内在联系的浑然而一的整体,是一个生生不已的生命大体系和大过程,所以在哲学深处,整个人类是一个共生共运的"命运共同体"。这是人类长期切身经验的智慧总结,是迄今唯一确凿、切实、有利于人类可持续生存发展的哲学文化。与此相反,西方今天广泛流传的"人是独立单子个体"的说法本是一个虚假的建构概想,是无处不被最平白的现实证明为错误的意识形态,是引诱人类走向自我毁灭的有害的意识形态和文化。

四、马克思主义是从西方"一多二元"传统转为"一多不分"哲学文化的异军突起

马克思主义是从西方"一多二元"传统转为"一多不分"哲学文化的异军突起。马克思主义产生于西方,但它是在接受中国"一多不分"哲学文化元素基础上产生的新哲学、新世界观和新方法论。它对整个西方思想文化进行了辩证的批判和继承。它直接批判的对象是印欧传统的"一多二元"形而上学哲学。这里的"一"是一个假设的真理概念,是上帝,或是唯一真理,是超绝、绝对理念,是形而上学;"多"则是"一"制造或派生出的宇宙间一切作为"单子"的"个体"。"一"与"多"之间,存在的是本质独立个体

相互碰撞与冲突的二元对立关系。可以说，在欧洲现代社会，马克思主义起到的作用是中华优秀传统文化发挥的功能。它被介绍到中国之后，自然迅速地火起来，变成中国现代革命实践的理论指导。这正说明它与中华优秀传统文化之间存在一种特有的天然契合的哲学文化底层逻辑。这种哲学文化的底层逻辑在于：二者都是对人类生活共同经验的概括总结；二者都认识到人类与自然世界是一个浑然而一的"命运共同体"，它的生生不已的生命过程，是由一个大体系、大过程的"一多不分"生生为贵关系承载着的。

五、马克思主义同中国优秀哲学文化传统存在天然融通关系

马克思主义同中华优秀传统文化存在天然融通关系的哲学文化根本学理，是"一多不分"的世界观、认知观、思维方式和社会人生观。一个不能回避的根本历史事实是，马克思主义的独特作用在于它对现代资本主义"一多二元"文化和社会理论进行了犀利和彻底的批判。这一独特的现代哲学和历史作用是中国传统文化无法替代的。中国优秀哲学文化传统是中国的马克思主义者在马克思主义传入中国之后，将其中国化的必然的思想土壤和条件。中国古代优秀传统由于地缘和历史条件的限制，在现代未能做到的事情，恰恰是通过马克思主义中国化做到的。因此可以说，中国化马克思主义是中国古代文化传统在中国革命、建设和改革中的创新与发展。它本身蕴藏的一脉相承的民族精神元素是"一多不分"哲学文化的传统底层内涵结构。基于这一哲学文化的学理，绝不可以将马克思主义同中国文化传统进行割裂和二元对立，只有认识到二者在底层哲学文化深刻的逻辑结合，才是恰当的。

学理与实践都告诉人们，中国未来的光明前途，必然孕育在马克思主义与中华优秀传统文化的融通之中，而不应人为地将它们分裂、实行二元对立的无谓的表层纷争。让马克思主义与中国传统文化更有觉悟和理性地结合，开出更加绚丽的花朵；让马克思主义在中国与世界永远立于不败之地，其实就是中国与世界人民永远立于不败之地，这是处于新时代的中国有识之士应该肩负的一个关系人类共同前途命运的历史课题。中国共产党人，马克思主义者，一切关心人类作为一个命运共同体，作为一个大生命体系和过程的人，都要关注人类社会历史的周期律，关注当代出现的马克思主义革命政治的人亡政息现象。"不忘初心、牢记使命"，需要对马克思列宁主义与毛泽东思想进行正本清源。重视理论，重视学理逻辑，重视哲学，重视道理，重视

问题意识的名正言顺极其必要。"名正言顺"就是要重视问题的范畴、论点的内在逻辑与符合学理的叙述话语。我们需有清醒的头脑避免和辨别"偷换概念"的现象。"偷换概念",就是指运用同一个词汇,但用它表达的是经过转换的含义,词汇的表面意思与真实意思甚至是相反的。无论是谁,我们一旦在理论逻辑上出了纰漏,实践上必然会做出不应该有的不当行为。所谓"人无远虑,必有近忧",讲的就是道理逻辑欠缺导致的看不到大局,无法见微知著,失去远见,总是对事物发展过程感觉始料不及,拿捏不当,以致付出巨大代价,甚至遭受惨痛的失败。

基于此,我们可以得出:首先,在新时代百年未有之大变局的极其复杂的情势条件下,要站在路线高度上看准方向!今天的"高级黑""低级红"现象,就是因为缺失了讲述中国自己故事的叙事话语,这种无论是讲社会经济还是讲思想文化问题都会被扭曲的被动局面,其原因就在于缺失了应有的哲学意识,缺失了应有的学理逻辑意识,也缺失了应有的对人和社会思想精神境界的关怀。可以说,今天是个理论不强、逻辑不强、哲学不强、辩证法不强、唯物论不强的时代。我们说今天是最好的时代,是指物质的丰富、手段的科学;今天是最糟的时代,是指缺乏应有的社会头脑,缺乏作为人应有的精神;小聪明太多,却缺乏应有的智慧思维——社会主义社会应有的突出的马克思主义哲学文化和道德教育。

面对这种缺哲学、少理论、缺智慧、少逻辑的情势,我们要"不忘初心,牢记使命",这必然要求在两个方面下工夫:一个是在中国传统思想文化上正本清源;另一个则是在马克思主义尤其马克思主义哲学上,在唯物主义辩证法,在马克思主义理论的原理、立场、观点、方法上正本清源。其关键处,是把二者的内在关系找到,将它们连起来,在学理逻辑、哲学、理论上打通。其实它们本身是相通的,只是我们对它们缺少认识,还不能用逻辑阐释和讲述。

在正本清源这一本源问题意识上,一个关键是人类历史来到今天不可不面对的一个大问题意识和方法论,那就是要比照中国和西方哲学文化传统,在这个比照的大格局视野中,看清世界的问题是什么,看清中国的事情是什么,发现中国哲学文化传统的根源,发现马克思主义哲学世界观的根源,回到中国哲学和马克思主义的同一初心之处,实现对中国共产党人和人民大众的历史使命的再教育。

中国哲学是生命哲学、利生哲学、贵生哲学。它是由"一多不分"自然生生为贵的融通联系体系和动态过程承载和衍生的生命哲学，革命哲学是由此衍生而出的革命理论。因此，可以说，马克思主义革命理论是无产阶级劳动群众的革命理论，它的对立面，是害生哲学，毁害生命的哲学，毁害人类持续生存的谬误哲学。而谬误哲学的前提和结论在必然逻辑的穿连下，落脚在它是挑动人与人互相斗争和伤害的谬论。什么是谬误哲学？是否定人与人、人与社会、人与天地万物内在联系在一起的生命共同体和作为生命体系与过程的"一多二元"谬误，是现代和后现代最具代表性的个人主义意识形态，它将人假设为互不联系的单子个体，认为自私是世界的最终目的，因此背反了宇宙作为内在相系不分、生生不已生命过程的真实面目。与这样的谬误哲学相对，自古至今西方传统的第一问题思维（动态变化的宇宙观）、马克思主义、现代和后现代的批判理论、复杂性科学、生命科学、量子论，这些都是朝着没有谬误哲学文化的中华优秀传统文化中"道"的传统走来的新哲学、新文明、新启蒙。非谬误哲学文化的新启蒙，是总结人类切身经验的结晶，是平白朴素的无须证明的人类经验事实，是源自感性的理性提升，而不是出自为进行后退追溯的虚构假设形而上学的前提。

把马克思主义、社会主义、共产主义理论同中国优秀思想文化传统全面打通，已经势在必行。只要在"一多不分"哲学的宇宙观、认知观、思维方式、社会人生观以及语言结构上打通，就可在一切社会实践问题方面得出前所未有、恰如其分的解释，就可在改造世界的实践中获得无往不胜的理论指导。

另外，"与时俱进""具体问题具体分析""用发展的眼光看问题""一切随变而变"等提法，都须臾不可离开马克思主义哲学，一切的变，是指在新情势条件下的变，而绝不是马克思主义原理的变，皆需在马克思主义基本原理上一以贯之地去看。因为环境条件的变而脱离马克思主义的根本观点、立场和方法，就是以手段改变目的，就不是"与时俱进"，不是"具体问题具体分析"，而是偏离了马克思主义严密科学性理论的方向和路线。因此，我们今天的"初心"教育，其实是补课教育。它不是人们似乎曾熟悉的"补资本主义的课"，而是要补"什么是马克思主义基本原理"的课，补社会主义的理论初心课！

原载《文化软实力》2019年第2期

作者简介：田辰山，夏威夷大学教授，北京外国语大学东西方关系中心主任。

延安时期马克思主义与中华优秀传统文化的结合

梁严冰

中国共产党自从诞生之日起就十分重视文化宣传工作，延安时期在局部执政过程中尤其强调传承与弘扬中华优秀传统文化，认真汲取中华优秀文化的思想精华并熔铸于党领导的人民革命，从而提升马克思主义中国化的水平，不断增强共产党人的文化自信，为激励中华民族独立与解放作出了重要贡献，并对中国共产党在新中国成立后全面治国理政，提供了丰厚的思想文化资源和实践基础。以往研究对此有所涉及[①]，但是，对延安时期中共如何从发展战略与文化政策方面重视中华优秀传统文化，马克思主义与中华优秀传统文化结合是如何具体实践的，又有何重要意义，等等，开展研究的空间仍然很大。因而，认真研究延安时期马克思主义与中华优秀传统文化的结合，对于我们当今实现由社会主义文化大国向文化强国跨越具有十分重要的现实意义。

一、延安时期中国共产党对弘扬中华优秀传统文化高度重视

延安时期是中国共产党取得长足发展并日益走向成熟的时期。由于抗战

[①] 相关论著参见张静如：《中共党史学与马克思主义中国化研究》，人民出版社，2016年；龚书铎：《社会变革与文化趋向——中国近代文化研究》，北京师范大学出版社，2005年；郑师渠：《中国共产党文化思想史研究》，中共中央党校出版社，2007年；韩庆祥、陈远章：《马克思主义中国化时代化大众化研究》，中共中央党校出版社，2014年；李建勇：《"马克思主义中国化"研究》，中央编译出版社，2013年；张允熠：《中国文化与马克思主义》，山西教育出版社，1998年。相关论文有李君如：《马克思主义若干问题研究》，《中共中央党校学报》2008年第1期；王明：《延安时期的马克思主义中国化研究》，《陕西师范大学学报（哲学社会科学版）》2011年第1期；张彦玲：《延安时期毛泽东对中国传统文化的批判继承》，《江西社会科学》1994年第5期；等等。

形势的严峻现实，中共在这一时期不仅进一步加强了党的组织建设，在全国范围内建立党组织，逐渐成为一个全国性的大政党，而且在思想文化领域高度重视与弘扬中华优秀传统文化，并为之不懈努力和奋斗。延安时期中共之所以高度重视弘扬中华优秀传统文化，一方面是因为五四以来中国一直存在各种非马克思主义文化思潮，有的颠倒黑白，有的完全否定中国传统文化，在社会上造成了不良影响；另一方面，国民党大力否定马克思主义思想，极力叫嚣取消马克思主义，扰乱人心，不利于抗战。因此，中共必须阐明文化与政治、经济的正确关系，使全民族树立正确的文化观。为此，1937年7月7日，卢沟桥事变爆发后，面对抗日民族统一战线发展的新阶段，毛泽东于1938年10月12日至14日在中共扩大的六届六中全会上代表中央政治局向大会作了《论新阶段》的报告，指出马克思主义是具体的而不是抽象的，必须通过民族的形式实践马克思主义。具体的马克思主义，不是抽象地运用它，而是要把它运用到中国革命具体的实践斗争和具体的环境中去，并进一步强调抽象而空洞的马克思主义最主要的表现就是离开了中国革命的特点。因此，马克思主义的中国化，一定在它每一表现中带着中国的特性，也就是说，必须是按照中国革命与实践的特点去应用它，这"成为全党亟待了解并亟待解决的问题"[①]。至此，毛泽东向全党明确提出了"马克思主义中国化"的历史任务和命题。马克思主义中国化的历史任务提出后，它有何具体内容？这是一个值得高度关注的问题。可以说，在当时马克思主义中国化最重要的问题是两个：一是将马克思主义理论与中国革命的具体实践相结合，而不是简单引用、背诵死的"公式的"马克思、恩格斯话语，即"决不能主观地公式地应用它"[②]；二是将马克思主义理论同中国的民族文化、历史文化结合起来。摒弃教条主义，废止"洋八股"，而代替之以新鲜活泼的具有中国气派、中国作风并为中国老百姓所喜闻乐见的东西[③]，即继承与发扬中华优秀传统文化，并由此创建新的文化体系是马克思主义中国化的重要内容之一与战略思想。这样，中共六届六中全会也成为全党思想发展的一个重要转折点，标志着中国共产党开始自觉地运用马克思主义，并根据中国民族文化和社会具体历史特点来分析中国革命的具体问题，从而解决中国社会的出路

---

① 中央档案馆：《中共中央文件选集》第11册，中共中央党校出版社，1991年，第658—659页。
② 《毛泽东选集》第2卷，人民出版社，1991年，第707页。
③ 中央档案馆：《中共中央文件选集》第11册，中共中央党校出版社，1991年，第659页。

延安时期马克思主义与中华优秀传统文化的结合

问题,即中国到底"向何处去"。

为彻底、明确解答这一问题,毛泽东在1938年10月强调全党要认真学习我们民族博大精深的历史文化遗产。中华民族在数千年的历史发展过程中形成了独具特色的民族特点,留下了"许多珍贵品"。对于这些,我们依然是"小学生"。毛泽东还指出历史的中国是现今中国的发展基础,我们要继承民族珍贵的历史遗产,而不应割断历史,从孔夫子到孙中山,优秀的遗产我们都应该加以总结和继承,因为我们是马克思主义的历史主义者[1]。1940年1月5日,张闻天在边区救亡协会上针对民族文化遗产问题,在其所作的报告中也指出,我们有值得骄傲与自豪的宝贵文化遗产,这些宝贵文化遗产在民间流传得特别广泛丰富,我们要承担发掘出来的任务,并加以接受、改造与发展[2]。同年1月9日,毛泽东在此次大会的讲话中再次强调在长期的封建社会中,中国创造了灿烂的古代文化。清理与对待中国封建古代文化的正确态度是,剔除其糟粕,吸收其民主性精华,这"是发展民族新文化提高民族自信心的必要条件"[3],并指出"我们必须尊重自己的历史,决不能割断历史",因为现在的中国新文化是从古代的旧文化发展而来的[4]。1941年5月19日,毛泽东在延安干部会上所作的报告中,针对部分党员不重视学习和研究中国历史与传统文化的现状,指出中国共产党成立20年来,就是不断将中国革命的具体实践与马克思列宁主义普遍真理结合的20年。抗日战争以来,党尤其重视马克思列宁主义理论对中国抗日战争具体实践的指导,研究中国历史也有某些开始。但是总体而言,少数党员还是不够重视对中国历史与文化的学习、研究,"不论是近百年还是古代的中国史,在许多党员的心目中还是漆黑一团"[5],因此要求全党要进一步加强中国历史文化的学习和研究,尤其是对鸦片战争爆发以来近百年的中国史,克服目前无组织状态,分工合作地去做[6]。1942年2月28日,毛泽东又在延安干部会上的演讲《反对党八股》中,号召党的干部不但要吸收外国语言中好的方面,还要学习中国古代语言中有生命的东西。因为"古人语言中的许多还有生气

---

[1] 中央档案馆:《中共中央文件选集》第11册,中共中央党校出版社,1991年,第658页。
[2] 中央党史研究室张闻天选集传记组:《张闻天文集》第3卷,中共党史出版社,2012年,第27页。
[3] 《毛泽东选集》第2卷,人民出版社,1991年,第707—708页。
[4] 《毛泽东选集》第2卷,人民出版社,1991年,第708页。
[5] 《毛泽东选集》第3卷,人民出版社,1991年,第795—796页。
[6] 《毛泽东选集》第3卷,人民出版社,1991年,第802页。

的东西我们就没有充分地合理利用"①。时隔3个月后的5月23日，在延安文艺座谈会的讲话中，毛泽东谈到文学艺术创作的源泉与借鉴时，再次指出："我们必须继承一切优秀的文学艺术遗产，批判地吸收其中一切有益的东西。"② 1945年4月24日，毛泽东在中共七大所作的政治报告中，谈到文化、教育、知识分子问题时进一步指出对于中国古代文化，同吸收进步的外国文化一样，应该成为发展中国新文化的借镜，既不能一概排斥，也不能盲目照搬，而是批判地接受它。③

总之，中国共产党在延安时期旗帜鲜明地提出马克思主义中国化的历史任务后，在实践中非常注重将马克思主义理论同中国的民族文化、历史文化结合起来，并在革命斗争中采取了一系列具体方针、政策与措施来继承弘扬中华优秀传统文化，从而激励全党全国人民进行艰苦卓绝的革命斗争，并使之成为革命斗争的力量源泉。

二、延安时期马克思主义与中华优秀传统文化结合的具体实践

延安时期，为了坚持党的文化发展道路，加强马克思主义与中华优秀传统文化的结合，中共采取了一系列的具体实践措施，以实现马克思主义与中华优秀传统文化的结合。主要表现在以下几个方面。

（一）强调文化的民族性，发扬中华固有道德，宣传爱国主义精神

延安时期，中共为了将源自民族五千多年文明史所孕育的中华优秀传统文化与马克思主义结合，高度重视与强调文化的民族性。毛泽东、张闻天等都主张对中国传统文化进行批判性的继承与吸收，毛泽东主张学习中华民族历史遗产的另一任务，就是用马克思主义的方法给以批判的总结。他认为具体的马克思主义，就是通过民族形式实现的马克思主义而非其他，中国化的"马克思主义必须通过民族的形式才能实现"④。他还强调我们对中国传统文化，绝不能兼收并蓄而无批判地继承吸收，一定要将古代优秀的"人民文

---

① 《毛泽东选集》第3卷，人民出版社，1991年，第838页。
② 《毛泽东选集》第3卷，人民出版社，1991年，第860页。
③ 《毛泽东选集》第3卷，人民出版社，1991年，第1083页。
④ 中央档案馆：《中共中央文件选集》第11册，中共中央党校出版社，1991年，第658页。

化"即多少带有革命性和民主性的东西同封建统治阶级的一切腐朽的东西区别开来①。张闻天也指出中国传统文化也不都是完美的,既有糟粕也有精华,因此,不应该全盘否定,也不该全面继承,正确的态度是批判地吸收旧文化,并将其精华发扬光大。因为新文化不是从天上掉下来的,"而是过去人类文化的更高发展"②。具体到中国传统文化中的道德问题,他们认为正是因为文化具有民族性,所以在民族面临危难之际,我们理应发扬中华固有道德与优良传统,宣传爱国主义精神,从而克敌制胜。并号召一切爱国的中华儿女"应该利用中华民族过去历史上一切伟大的事迹与人物,宣传中华民族的伟大,以增强民族自尊心"③。他们还认为"无产阶级的道德和民族的道德能够一致",也应该一致,因为在中国的情形下,"无产阶级的道德同时也就是为全人类的解放的道德"。加之"无产阶级的道德并不是阶级自私的道德",它有极远大的眼界,有最无顾忌的牺牲奋斗精神,要建立的是高尚的模范的民族的道德。如果将二者割裂、对立起来,"这就完全是一种公式的、形式伦理学的曲解"④。正因如此,毛泽东主张共产党员应该在民族战争中表现其高度的积极性,积极宣传爱国主义思想与爱国主义精神,并义正词严地指出日本和德国法西斯侵略者发动的战争,既侵害世界人民也侵害本国人民。爱国主义与国际主义对于我们是一致的,我们进行的是保卫祖国、反对法西斯侵略者的战争。⑤他还要求全党每一个党员必须发挥其全部的积极性,勇敢地走上民族革命的战场,原因很明了,只有全民族获得解放,才能有无产阶级与劳动人民的自由与解放⑥。所以,在抗日战争中必须强调文化的民族性,弘扬中华固有道德,宣传爱国主义精神。

(二)重视历史研究与文物保护,努力发掘、整理民族优秀文化遗产

延安时期,中国共产党自觉将马克思主义理论运用于革命实践,积极弘扬与传承民族优秀传统文化,其中一个很重要的方面就是运用唯物史观,加

---

① 《毛泽东选集》第2卷,人民出版社,1991年,第708页。
② 中央党史研究室张闻天选集传记组:《张闻天文集》第3卷,中共党史出版社,2012年,第27页。
③ 中央档案馆:《中共中央文件选集》第11册,中共中央党校出版社,1991年,第708页。
④ 艾思奇:《艾思奇文集》第1卷,人民出版社,1981年,第417页。
⑤ 中央档案馆:《中共中央文件选集》第11册,中共中央党校出版社,1991年,第641页。
⑥ 中央档案馆:《中共中央文件选集》第11册,中共中央党校出版社,1991年,第642页。

强对中国历史的研究、学习并重视文物保护工作，使国人认清中国历史的发展前途与命运，使史学成为中国革命的思想武器，进而指导伟大的革命实践。

毛泽东在不同场合对少数党员不认真研究历史、割断历史的主观主义思想提出了批评，他说许多同志研究中国的现状和中国的历史，不会运用马克思主义的立场、观点和方法，只会片面地引用马克思列宁主义的个别词句。有的同志甚至"对于自己的历史一点不懂，或懂得甚少，不以为耻，反以为荣"[①]。他号召大家要养成浓厚的研究与学习历史的风气，但是不能照搬西方的模式来任意裁剪与研究中国历史，因为中华民族的发展史有自己的演变与发展规律。中华民族"曾经经过了若干万年的无产阶级原始公社生活"，原始公社崩溃后，又进入了阶级社会，"经过奴隶社会、封建社会，直到现在，已有了约4000年之久"。在中华民族辉煌灿烂的文明史上，我们有发达的手工业和农业，产生了许多伟大的政治家、思想家、军事家、发明家、科学家、文学家和艺术家，有非常丰富的文化典籍。所以说，中国是世界上最早的文明古国之一，有文字可考的历史将近4000年。[②] 在毛泽东等中共领导人的积极倡导下，延安兴起了研究中国历史的浓厚风气，出版了一批马克思主义思想指导下的优秀著作。如1937年冬，延安解放社出版了张闻天编著的《中国现代革命运动史》；1938年下半年，何干之在延安写成《中国社会经济结构》一书，其结论后来为人们所熟知，即中国近代社会的特点是半殖民地半封建性；1939年至1940年，尹达的《中国原始社会》陆续写成，并在1943年由延安作者出版社出版；1940年至1941年，范文澜受中共中央委托，在延安编写《中国通史简编》，1941年、1942年该书的上册和中册在延安出版，是一部用马克思主义观点系统论述中国历史的著作；与此同时，从1941年开始，范文澜着手运用马克思主义的观点研究中国近代史，1946年在延安出版了其主编的《中国近代史》上编第一分册，该书在1947年9月又由华北新华书店翻印，成为延安时期马克思主义史学家研究中国近代史的代表作之一；1942年，许立群编著的马克思主义史学通俗化读物——《中国史话》由延安新华书店出版，等等。

在重视历史研究的同时，中共还十分强调历史文物的保护工作，积极继承民族优秀文化遗产。1939年11月23日，中共在一项关于调查文物古迹

---

① 《毛泽东选集》第3卷，人民出版社，1991年，第797-798页。
② 《毛泽东选集》第2卷，人民出版社，1991年，第622-623页。

的文件中指出:"历代古物、文献与古迹实为研究过去社会历史与文化发展的必需参考资料。"[1] 1946年2月1日,中共中央向各中央局发布了《关于注意爱护古迹的指示》,要求爱护热河故宫围场及其他各地古迹、孔庙与铁路设备,"凡能收回的古物须一律收回,并教育军政干部与群众注意爱护公共财产,禁止破坏"。1947年9月,中共中央在《中国土地法大纲》中明确规定:"名胜古迹应妥为保护,被接收的有历史价值或艺术价值的图书、古物、美术品等,应该开具清单,呈交各地高级机关。"[2] 同年10月21日,毛泽东在参观陕北佳县白云山庙宇建筑后指出:"这些东西,都是历史文化遗产,要好好保存,不要把它毁坏了。"[3] 按照中共中央的指示精神,1948年3月,陕甘宁边区政府、陕甘宁晋绥联防军区司令部、中共中央西北局等联合发布关于保护文物的布告,强调西北为中华民族的发祥地,历代文物古迹甚多,凡我党政军民人等对于一切有关民族文物的古迹名胜均应切实保护,不许有任何破坏。并规定了具体保护种类和保护措施,诸如古版书籍、宗教经典、地方志、风土志及贵重资料、报刊外文书籍、专科书籍、统计图表、古代钱币、陶瓷器皿、古字画、碑帖等必须开具清单,切实保护,派人护送至西北局宣传部统一保管;还规定凡属老区、新区的古迹名胜,如碑塔、雕刻、雕像、古树木、寺院、庙宇及其他一切有历史价值的建筑物等均须一律保护,指定专人保管以免损坏。[4]

(三)学校教育、干部教育在课程设置上注重将马克思主义理论和中国历史文化相结合

抗日战争全面爆发后,中共中央认为文化教育事业必须随之改革,以进一步提高广大干部与青年的文化水平,培育既熟悉马克思主义理论又懂得中国历史文化与革命实际的全面型人才。毛泽东指出:"伟大的抗战必须有伟大的抗战教育运动与之相配合,二者间的不配合现象亟应免除。"[5] 为此,文化教育政策方面必须改定学制,废除不急需与不必要的课程,改变管理制

---

[1] 中国社会科学院科研局:《中国共产党与中国社会科学》,社会科学文献出版社,1991年,第344页。
[2] 中央档案馆:《中共中央文件选集》第16册,中共中央党校出版社,1992年,第68页。
[3] 中央档案馆:《中共中央文件选集》第16册,中共中央党校出版社,1992年,第479页。
[4] 陕西省档案馆、陕西省社会科学院:《陕甘宁边区政府文件选编》第12辑,档案出版社,1990年,第79—80页。
[5] 中央档案馆:《中共中央文件选集》第11册,中共中央党校出版社,1991年,第616页。

度；还要创设并扩大增强各种干部学校，培养大批的抗日干部。① 张闻天也指出在宣传教育方面尤其要注意用马列主义的理论、方法与革命精神教育革命青年与共产党员，并以此去研究中国文化、中国历史的各个方面，研究中国革命的具体实际问题。② 关于党校教育，张闻天特别指出教育方针必须坚持理论与实际的联系，强调马克思主义精神与方法的教育，重视中国实际问题的解决与马列主义原则的结合。关于高级党校的课程设置，他主张要重视马克思主义理论与中国历史文化课程的结合，使党的高级干部熟悉和懂得中国历史与民族文化，建议课程设置一般应该包括马列主义、政治经济学、中国革命运动史与中国问题、中共党史与党的建设等。③ 按照党中央的要求及相关指示精神，陕甘宁边区在学校教学中尤其重视加强马克思主义理论与中国历史文化教育的结合。如延安大学的教育方针重视学员人生观与思想方法的教育，重视中国革命历史与现状的教育，以增进学员的革命理论素养，培养学员的革命立场与实事求是的工作作风。④ 课程设置以马克思主义理论、中国通史、中国政治、中国革命史、国文、思想方法论等为一般必修课。民族学院的课程设置除过各民族历史、各民族语言文字等必修课外，还开设马列主义、中国问题、中国历史、民族问题等讲座课。⑤ 陕北公学高级班课程设置有马列主义、辩证唯物主义、政治经济学、科学社会主义、社会发展史等。其中"中国革命运动史"主要是用马克思列宁主义的观点分析中国社会和中国近代历史；"马列主义"主要讲《共产党宣言》《马克思主义的三个来源和三个组成部分》《社会主义从空想到科学的发展》等著作；"政治经济学"主要讲《资本论》第一卷；"中国问题"主要讲中国革命发展过程中的一些理论问题、实际问题等。⑥ 总之，当时的学校教育教学在课程设置上高度重视马克思主义理论与中国历史文化、革命实践经验的紧密结合，为党培

---

① 中央档案馆：《中共中央文件选集》第11册，中共中央党校出版社，1991年，第617页。
② 中央档案馆：《中共中央文件选集》第11册，中共中央党校出版社，1991年，第709页。
③ 中央档案馆：《中共中央文件选集》第11册，中共中央党校出版社，1991年，第710—711页。
④ 陕西师范大学教育研究所：《陕甘宁边区教育资料·高等教育和干部学校部分》下册，教育科学出版社，1981年，第145页。
⑤ 陕西师范大学教育研究所：《陕甘宁边区教育资料·高等教育和干部学校部分》下册，教育科学出版社，1981年，第224—225页。
⑥ 成仿吾：《战火中的大学——从陕北公学到人民大学的回顾》，人民出版社，2014年，第28—29页。

养了一大批理想信念坚定的优秀人才。①

延安时期干部教育中也十分重视马克思主义理论与中国历史文化的结合。1938年10月14日，毛泽东指出共产党的干部尤其是中央委员和高级干部，都要研究马克思主义理论，都要研究中华民族的历史，"指导一个伟大的革命运动的政党，如果没有革命的理论，没有历史知识，没有对于实际运动的深刻了解，要取得胜利是不可能的"②。1940年1月3日，党中央在关于干部学习的指示中指出："全党干部都应当学习和研究马列主义理论及其在中国的具体运用。"规定干部学习课程设置包括中国近代革命史、中国革命与中国共产党、社会科学常识、联共党史、马列主义、近代世界革命史、政治经济学、历史唯物论与辩证唯物论等。③ 1940年3月9日，中央书记处发布的在职干部教育的指示中，再次强调了各类干部教育中学习马列主义理论课程与中国社会历史、中国问题、党史党建、政治经济学等的重要性，并要求"全党在职干部必须保持平均每日两小时的学习时间"④。1941年5月19日，毛泽东再次重申对于在职干部教育和干部学校教育，应以马克思列宁主义基本原则为指导方针，研究中国革命的实际问题。并要求加强对近百年中国历史的研究与学习，先开展近百年经济史、政治史、军事史、文化史等的分析研究，再开展综合性研究。⑤

（四）文学艺术在马克思主义的指导下，继承与弘扬我国优良文艺传统

延安时期党中央对文学艺术工作高度重视，强调文艺工作必须立足中国革命伟大实践，坚守文化立场，坚持马克思主义思想指导。毛泽东在延安文艺座谈会上明确要求广大文艺工作者"学习马克思列宁主义和学习社会。一个自命为马克思主义的革命作家，尤其是党员作家，必须有马列主义的知

---

① 梁严冰：《抗战时期陕甘宁边区高等教育中的马克思主义教育》，《党的文献》2017年第2期，第92—101页。
② 《毛泽东选集》第2卷，人民出版社，1991年，第533页。
③ 陕西师范大学教育研究所：《陕甘宁边区教育资料·在职干部教育部分》，教育科学出版社，1981年，第32页。
④ 陕西师范大学教育研究所：《陕甘宁边区教育资料·在职干部教育部分》，教育科学出版社，1981年，第34—35页。
⑤ 《毛泽东选集》第3卷，人民出版社，1991年，第802页。

识"①。毛泽东认为，马克思列宁主义是所有革命者都应该学习的科学，文艺工作者同样不能例外。他强调文艺是为人民大众的，不是为剥削者、压迫者的。因此，对于中国和外国的文艺形式，我们并不拒绝利用，相反我们要继承和吸取中外丰富的文学艺术遗产和优良的文学艺术传统。② 进一步指出必须批判地吸收其中一切有益的东西，但是"继承和借鉴决不可以变成替代自己的创造，这是决不能替代的"③。为此呼吁文学艺术家要深入生活，深入群众去创作，从而在继承中进一步发展中华优秀传统文化，并与人民大众的实际生活相结合。毛泽东在鲁迅艺术学院的讲话中指出："你们是青年艺术工作者，现在的大千世界是属于你们的，都是你们活动的园地。"但是"你们的艺术作品要有充实的内容，便要到实际生活中去汲取养料"，"要创造伟大的作品，首先要从实际斗争中去丰富自己的经验"。④ 张闻天在谈到抗战以来的文化政策时，也指出文艺工作者要到民众中去锻炼，一方面新文化必须是代表大众的利益、为大众的解放而斗争的武器；另一方面，新文化要完成自己的任务，必须为大众所接受、所把握，因为只有接近大众、了解大众、向大众学习，才能真正提高文艺作品的水平，才能真正继承与弘扬我国优秀的文化艺术传统。⑤

三、马克思主义与中华优秀传统文化结合的目标：构建与形成新民主主义文化体系

由上述可知，延安时期对于马克思主义与中华优秀传统文化的结合，中共不但在理论上高度重视，而且制定了许多具体的方针政策与实践措施来实现。中共在延安时期为什么要重视和加强马克思主义与中华优秀传统文化的结合呢？简单明了概括，就是要构建和创造革命文化，形成新民主主义文化体系。

构建和创造新民主主义文化，既包括新民主主义文化的内容、历史任务、基本原则，又包括新民主主义文化的领导者、性质等。什么是新民主主

---

① 《毛泽东选集》第 3 卷，人民出版社，1991 年，第 850—852 页。
② 《毛泽东选集》第 3 卷，人民出版社，1991 年，第 855 页。
③ 《毛泽东选集》第 3 卷，人民出版社，1991 年，第 860 页。
④ 《毛泽东文集》第 2 卷，人民出版社，1993 年，第 124 页。
⑤ 中央党史研究室张闻天选集传记组：《张闻天文集》第 3 卷，中共党史出版社，2012 年，第 31—32 页。

义文化？毛泽东指出："所谓新民主主义的文化，一句话，就是无产阶级领导的人民大众的反帝反封建的文化。"①领导权问题不仅是新民主主义文化的重要内容之一，而且是首先必须解决的问题。1940年1月5日，张闻天谈到此问题时指出，五四运动以前新文化运动由资产阶级领导，五四运动以后则由工人阶级领导。后者与前者尽管都属于民主主义性质，但是"后者为彻底的民主主义，即新民主主义"②。领导权发生了变化，使得抗战以来的新文化运动"更能正确的把握到中国的实际，使它在争取革命彻底胜利的过程中起更大的作用"③。同年1月9日，毛泽东对此又做了更为系统的阐述，他指出，在五四以前中国的新文化运动是由资产阶级领导的，在五四以后，由于资产阶级的文化思想比它在政治上的东西还要落后，故而就绝无领导作用。这样，新文化运动的领导权"就不得不落在无产阶级文化思想的肩上"。也就是说，"这种文化，只能由无产阶级的文化思想即共产主义思想去领导，任何别的阶级的文化思想都是不能领导了的"④。由此可知，新民主主义文化在本质上领导权属于无产阶级，在内容上是民族的、科学的、大众的文化。

民族的新民主主义文化包括三个方面的内容，首先，主张民族的解放与独立。毛泽东指出新民主主义文化之所以是民族的，就在于它主张民族的尊严和独立，反对帝国主义压迫，"因为我们的文化是革命的民族文化"⑤。其次，主张批判地吸收中国古代和外国的文化。新民主主义文化坚决反对"全盘西化论"，批判不加鉴别地吸收西方文化。毛泽东强调指出，全盘西化的主张是一种错误的观点。因此包括西方古代的文化，只要是有用的东西，我们都应该吸收。但是，要区别对待，要把它"分解为精华和糟粕两部分，然后排泄其糟粕，吸收其精华"⑥。与此同时，对中国古代文化也必须批判地吸收，去其糟粕，取其精华。最后，新民主主义文化必须有民族的形式，带有民族的特点，要为人民服务，要与中国革命的具体实践完全地统一起来。

科学的新民主主义文化，既是鉴于中国传统文化中科学因素的相对缺

---

① 《毛泽东选集》第2卷，人民出版社，1991年，第698页。
② 中央党史研究室张闻天选集传记组：《张闻天文集》第3卷，中共党史出版社，2012年，第35页。
③ 中央党史研究室张闻天选集传记组：《张闻天文集》第3卷，中共党史出版社，2012年，第35页。
④ 《毛泽东选集》第2卷，人民出版社，1991年，第698页。
⑤ 《毛泽东选集》第2卷，人民出版社，1991年，第706页。
⑥ 《毛泽东选集》第2卷，人民出版社，1991年，第707页。

乏，又是对五四以来一直倡导的民主与科学两面旗帜的发扬与继承。毛泽东指出："这种新民主主义的文化是科学的。它是反对一切封建思想，主张实事求是，主张客观真理，主张理论和实践的一致。"①张闻天也认为学习马列主义必须要有丰富而具体的社会知识与科学知识，党员干部应该首先学习历史、地理以及必要的社会常识、科学常识。"养成科学的生活与科学的工作方法的文化。"②中国共产党人绝不赞同唯心论或宗教教义。延安时期，中国共产党还制定了一系列重视科学技术和科技人才的政策，极大地推动了科学技术的发展，推动了解放区经济社会的发展，有力地支援了抗日战争与解放战争的胜利。③

大众的新民主主义文化，也是民主的文化。毛泽东指出新民主主义文化应成为大众的文化，并为广大的工农劳苦民众服务。④张闻天也主张大众的文化应普及于大众，为大众所有，代表大众的利益，因而它是平民的文化。⑤为此，中共特别强调文化艺术要与普通大众相结合的方针和政策。二者如何结合？其中最基本的就是文艺工作者要破除资产阶级思想、小资产阶级思想的影响，转变为无产阶级的思想，成为无产阶级的一部分，只有这样才会有无产阶级的党性，才会在行动上思想上和工农兵、和我们的党结合。⑥毛泽东还号召："文艺家要向工农兵取材，要和工农兵做朋友，像亲兄弟姐妹一样。"⑦并且，思想和行动、理论和实际要统一，这样想就要这样做，言行一致，为工农想事、为工农做事。在中共中央的号召下，陕甘宁边区及其他解放区的文艺工作者"眼睛向下"，纷纷走向民间、走向大众、走向基层，搜集、创作了大量反映民众现实生活的文艺作品，如何其芳、张松如等搜集整理了《陕北民歌选》，鲁艺创作了引起强烈反响的大型舞台剧《白毛女》，等等。

总之，马克思主义与中华优秀传统文化结合的目标就是要构建与形成新

---

① 《毛泽东选集》第2卷，人民出版社，1991年，第707页。
② 中央党史研究室张闻天选集传记组：《张闻天文集》第3卷，中共党史出版社，2012年，第25页。
③ 郑师渠：《中国共产党文化思想史研究》，中共中央党校出版社，2007年，第116页。
④ 《毛泽东选集》第2卷，人民出版社，1991年，第708页。
⑤ 中央党史研究室张闻天选集传记组：《张闻天文集》第3卷，中共党史出版社，2012年，第25页。
⑥ 《毛泽东文集》第2卷，人民出版社，1993年，第426页。
⑦ 《毛泽东文集》第2卷，人民出版社，1993年，第428页。

民主主义文化体系,这种新民主主义文化体系的构建,首先强调的是在马克思主义思想指导下,坚持中国共产党领导的正确的文化方向,积极弘扬与传播中华优秀传统文化。而它在内容上又一定是民族的、科学的、大众的文化,一定具有民族的特点,贴近人民大众,并要和中国革命的具体实践完全地统一,从而紧扣时代脉搏。马克思主义与中华优秀传统文化的结合,既是对五四以来中共倡导的民主与科学思想旗帜的继承与发扬,又深刻阐明了文化必须服务于无产阶级政治和经济社会发展。

四、延安时期马克思主义与中华优秀传统文化结合的历史意义与作用

延安时期,中国共产党在马克思主义理论的指导下,大力弘扬中华优秀传统文化,并对其进行创新性发展的积极作为,是植根于中国革命的伟大实践,熔铸于党领导的人民革命,对于引领与指导抗日战争、解放战争的胜利发挥了重要作用,具有重大的历史意义并产生了广泛而深远的影响。

第一,批驳与纠正了各种非马克思主义文化思潮,树立了正确对待中国传统文化的态度。抗日战争时期,在民族危难之际,各种文化思潮激荡、碰撞本是很自然的事情,但出现了一些非马克思主义文化思潮,有的不分是非,有的甚至完全否定中国传统文化。一方面,国共两党实现第二次合作后,中国共产党内部的一些人士感到困惑,在共产党与三民主义之间不知道该如何选择;另一方面,抗战时期,国民党大力倡导其所谓的"力行哲学",否定马克思主义思想。1943年,蒋介石抛出了《中国之命运》,极力诋毁马克思主义,曲解孙中山先生的三民主义。1944年,陈立夫修订出版了其《唯生论》一书,用曲解后的孙中山思想反对马克思主义,否定共产党的文化、政治主张。[①] 胡适等人还提出了所谓的全盘西化论。对上述错误思潮及言论,中共强调建立中华民族的新文化,不仅对五四运动以来一直存在的各种非马克思主义文化思潮及民族虚无主义进行了纠正、驳斥,而且对20世纪三四十年代颇为流行的"全盘西化论"给予了有力的回击与批驳,充分表明了中共对于中国传统文化的立场、态度,坚持了正确舆论导向,提振了人

---

① 梁严冰:《抗战时期陕甘宁边区高等教育中的马克思主义教育》,《党的文献》2017年第2期,第92—101页。

心，鼓舞了士气，使广大民众与国人加强了理论武装，并在价值理念、思想信仰上紧密团结在中国共产党周围，从而引领了时代潮流，铸就了中华文化新的辉煌。

第二，推动了新民主主义文化深入人心，增强了民众战胜敌人的底气。抗日战争全面爆发后，中共明确提出文化教育要为抗战服务，发展抗日文化运动。在马克思主义思想的指导下弘扬中华优秀文化，激发全国民众救亡图存意识、提高人民的思想觉悟，是非常重要的内容。中共认为，中华民族的最终胜利，必然是新民主主义文化的胜利。因为"新文化同中国革命一样，必然要最后胜利"，"中华民族的新文化运动将在工人阶级与小资产阶级、文化人与知识分子为基础的亲密合作下完成其任务"。① 中共还进一步号召，中华民族新文化的核心任务就是为抗战建国服务，就是将更加有力地在思想上、文化上准备革命的最后胜利。为此，强调普及文化到农村、工厂、军队、大众中去，大量创作与编写新文化的各种教科书、作品、小册子、杂志、报纸、研究资料等②，从而大力宣传与执行党的文化政策，发扬中华固有的优良道德，提倡民族自尊心、自信心，高扬爱国主义精神，由此推动了新民主主义文化深入人心，从而增强了广大民众战胜敌人的底气、骨气。

第三，阐明了文化与政治、经济的关系，强调文化建设必须为无产阶级政治服务。延安时期毛泽东运用马克思主义的观点对文化概念做了界定："一定的文化是一定社会的政治和经济在观念形态上的反映。"③ 指出在中国有帝国主义文化，还有半封建文化。前者是奴化思想的文化，是帝国主义统治中国的反映；后者是反对新思想新文化的人们的代表，它是半封建的政治和经济在中国的具体反映。它们共同结成反动同盟，反对中国的新文化，因此必须打倒，否则新文化是建立不起来的。还进一步强调："至于新文化，则是在观念形态上反映新政治和新经济的东西，是替新政治新经济服务的。"④ 所以，必须加强马克思主义思想的宣传，强调马克思主义理论的学习，没有无产阶级的政治力量，新文化是无从发生的，也是不可能引导中国

---

① 中央党史研究室张闻天选集传记组：《张闻天文集》第3卷，中共党史出版社，2012年，第36页。
② 中央党史研究室张闻天选集传记组：《张闻天文集》第3卷，中共党史出版社，2012年，第37页。
③ 《毛泽东选集》第2卷，人民出版社，1991年，第694页。
④ 《毛泽东选集》第2卷，人民出版社，1991年，第695页。

革命走向胜利的。由此，新文化建设必须为无产阶级政治服务，新民主主义的政治、经济和文化的结合，就是"我们要造成的新中国"[①]。延安时期中共阐明文化与政治、经济的关系，强调文化建设为政治服务，不仅在当时有利于在马克思主义思想的指导下，树立正确的文化观、价值观，弘扬中华优秀传统文化，而且有利于摒弃历史虚无主义和民族虚无主义，增强中华文化的影响力、感召力，并对坚持中国文化的正确发展道路，激发全民族文化创新创造活力，具有至关重要的作用。

第四，积蓄了革命斗争的精神力量，奠定了共产党人文化自信的理论基石。文化自信是中国共产党治国理政的重要战略思想，对推动社会发展具有基础性、持久性、"定心丸"的关键作用。延安时期，中国共产党强调文化建设必须服务于中国人民反帝反封建的伟大事业，服务于抗日战争与解放战争，因此它积蓄了革命斗争的精神力量，引领了先进文化。也正是延安时期党将文化建设作为一个根本性和战略性的重大课题，并制定了一系列方针、政策和措施来具体实践，从而为新中国共产党人进一步推动文化事业大发展大繁荣提供了丰厚的历史资源，并为新时代推动中国特色社会主义文化创造性转化、创新性发展加强文化自信，亦为铸就中华文化新辉煌奠定了坚实的理论基石。

五、结语

文化是民族的血脉和灵魂，是推动历史发展与前进的不竭思想动力，也是维系一个国家和民族的精神家园与纽带。中华民族有悠久的历史，创造了博大精深的优秀文化，成为中华民族的"根"和"魂"。在新时代，我们对延安时期马克思主义与中华优秀传统文化的结合问题，应认真研究并加以继承和发展，使中华优秀传统文化更好地与新时代改革开放的脉搏相适应，不断增强其感召力和影响力，从而为实现中华民族伟大复兴的中国梦提供精神支柱与理论支撑。

原载《西北大学学报》2020年第6期

作者简介：梁严冰，西安理工大学马克思主义学院教授。

[①] 《毛泽东选集》第2卷，人民出版社，1991年，第709页。

"有容乃大"：关于马克思主义与中国文化的深度结缘

殷国明

在中国近代史上，从孙中山用"天下为公"来表述自己的政治理想，到马克思主义在中国落地生根，不仅是中国文化与西方文化交接、交流和交融，走向世界的过程，更是中国传统文化自我更新、浴火重生的过程。在这个过程中，中国文化以自己有容乃大的胸怀拥抱了世界，同时，世界也把其博大、丰富的思想文化创造馈赠给中国。

文化和学术，自然是记录和践行这一历史过程的载体和见证。可以说，学术为天下公器——这不仅是 20 世纪中国学术研究和文学批评的出发点，更是一种新的文化时代的到来，即中国文化开始敞开胸怀，吸纳世界文化的一切优秀遗产和成果，以创建一种符合人类利益和命运共同体的文化平台和家园。在这里，"天下"是一种跨文化的空间意识，也是一种无畛域的文化胸怀，其所导向的是一种社会化和全球化的语境。如果说，传统的文学批评所追寻的是文学趣味、悟道的心得与个人的情志，重在个人的阅读和感悟的话，那么，新的文学批评与理论则以社会历史发展的趋向与要求为标尺，更加倚重公众的接受程度与传播效应，重视文学的现实力量和社会效益。

但是，学术要成为"天下公器"，或者要做"天下公器"的学问，首先就要有"天下"的空间，有共通的公共概念、语言和话语，有公众可以分享、共享的文化权利——这一切不仅把批评推到了时代变革的前沿，也为西方文化的引入、继而为新的理论范式和观念体系架设了桥梁，创造了条件。

马克思主义进入中国，当是起到了冲破旧有文化场域的界定和限制，创造新的公共文化空间的引领作用。因为 20 世纪初的中国社会和中国文化，首先所面临的就是公共性、公众性和人民性的缺失，旧文化固守着传统疆界，不仅表现在思想和观念上，而且积淀和落实在既定的语言和话语规范及方式上，以方便少数人占有和享用属于全社会的文化权利与资源。

显然，马克思主义之所以能够在中国落地生根，不仅仅由于现实需要，而且还在于其与中国传统文化思想的深度结合和契合。这种深度结合和契合的基础，就是中国传统文化所拥有的超乎寻常的胸襟和包容性——尽管这种胸襟和包容性明清之后一直没能找到释放的机运，且在社会和文化腐败中有所收缩和收敛，但是始终留存于历史的文化遗存和记忆之中，一旦激发，就会焕发出磅礴意境和气势。

实际上，在近代以来的社会变革中，中国人一直在追逐着"天下为公"的梦想，但是一直未能找到通向现实、符合世界潮流的路径。这种追求不仅表现在梁启超阔大的学术情怀之中，也表现在康有为的《大同书》、王国维关于学术和文学境界的论述之中。关于前者，康有为所憧憬和想象的"大同世界"，不仅超越中国3000年传统的"小康"境界，而且其宏大的人类性和世界性构想，不输于西方马克思主义之前的任何"乌托邦"想象和建构：

> 削除邦国号域，各建自主州郡而统一于公政府者，若美国，瑞士之制是也。公政府既立，国界日除，君名日去……于是时，无邦国，无帝王，人人相亲，人人平等，天下为公，是谓"大同"，此联合之太平世也。[1]

不能不说，这是康有为"上览古昔，下考当今，近观中国，远揽全地"[2]的结果，此中既有中国道德文明中强调的"人人相亲"的和谐思想，亦有西方人人平等的文化诉求，同时还包含着与马克思主义、共产主义理想相通的社会理念，为中国未来发展勾勒出广阔的发展愿景，也在一定程度上预示了其历史变革和文化选择的多样性和可能性。

与康有为相通，王国维也是一个生活在患难与悲苦之中的学者，用夏中义先生的话说，他后来之所以一度倾心于叔本华哲学，完全出于一种"灵魂之苦"，而这种"苦"不仅来自生活之艰辛，更是"天才激情与人生境遇的严重失衡"的表现。[3] 不过，王国维并没有由此投入社会变革的政治潮流，而是期待在文化学术中找到心灵的慰藉，以克服和超越内在极度悲观的情

---

[1] 康有为：《大同书》，姜义华、张荣华，《康有为全集》第7集，中国人民大学出版社，1998年，第130页。

[2] 同上，第5页。

[3] 夏中义：《王国维：世纪的苦魂》，北京大学出版社，2006年，第54页。

绪，由此，一方面，他感受到了中国传统文化，尤其是正统儒家文化，在体察、理解和解释人类痛苦和悲苦心理方面的缺失；另一方面，在众多的中国文化思想的资源中，他又发现了与西方文化相通的情愫和因素，从而造就了其打通中西文化场域的学术意识，于是，在其《〈红楼梦〉评论》中，出现了中国的老子、庄子与西方的叔本华等人，一起坐而论道、相互对话的场景，意味着中国的文学批评已经突破单一文化的畛域，不再仅仅满足于中国传统文化框架内的"六经注我"或"我注六经"的方法，进入了中西互注的跨文化时代；而在其《〈国学丛刊〉序》中，王国维又提出"学无中西""学无新旧"和"学无有用与无用"之分的观点，把学术和文学批评推到更大场域之中：

> 余谓中西二学，盛则俱盛，衰则俱衰，风气既开，互相推助。①

此处可见，中国20世纪文化变革的显著标志，就在于公共场域和视野的扩大，文学批评的社会性越来越突出，包容性和延展性也越来越大，并且不断打破旧有的思想界说，呼唤跨学科、跨国界、跨意识形态的学问出现，再建一种新的属于全球、全人类、全民参与和共享的公共文化场域。

正是在这种情景和语境中，马克思主义不仅进入中国，而且完成了与中国文化的深度结合和融合，并成为这个拥有无与伦比的历史传统的文化大国的指导思想。

而经历了百年来的碰撞、磨砺和革新，进入21世纪后的中国学术，也进入了一种新语境和新时空。回首20世纪，尽管经过了很多曲折和反复，但是从总的趋势上看，它以文化上的开放性、现代性和创新性为特征，不仅继承、发展和丰富了中国传统文化的历史成果、经验、经典和境界，而且有所发现和有所创新，为21世纪的学术发展进行了多方面和多层次的铺垫。无疑，无论从论题、问题层面，还是从开拓、延伸和拓展维度，都不意味着世纪学术的终结，而是一种在新的历史语境中的延续和创造性发挥，继续延续着一种尚不能、不敢言终结的探索、反思和创新过程。

也许正是由此出发，笔者把中国20世纪以来的学术发展称为一个"空间拓展的时代"；大而言之，这是中国文化和学术走向世界，向全球化、人类化和世界化拓展的时代；小而言之，也是中国文化和学术走向"百家争

---

① 王国维：《〈国学丛刊〉序》，徐洪兴，《求善·求美·求真——王国维文选》，上海远东出版社，1997年，第112页。

鸣、百花齐放"的时代。这个时代是在一种开放的、与外国文化及学术密切交流和碰撞的语境中生发和变迁的；从价值追求方面来讲，它与中国人民冲破禁锢，面对挑战，在新的历史时空中追求自由、民主和幸福的心理欲求与精神蜕变过程密切相连，紧密相关，也是后者的精神展现和学术见证。正是从这个意义上说，中国传统文化及其文学、外国文化及学术的影响和中国的当代生活和意识，构成了中国 20 世纪以来学术生成和发展的历史源流和精神动因；而它们三者之间的交流、碰撞和融合造就了中国学术探索和理论创新的丰富多样的景观。

因此，"有容乃大"乃是这个时代最重要也最难得的文化景观之一，它所期盼的不仅是中国学术和精神意识的某种结构性和历史性的变化，进入一种传统意识与现代性文化交汇融通的格局，在价值取向上呈现出向开放性、多元化和民主化发展的趋向；而且由内向外体现出一种包容世界文化的博大胸怀，容得下各种不同的观点和观念，容得下生老病死，容得下整个世界。

原载《上海文化》2016 年第 8 期

作者简介：殷国明，华东师范大学中文系教授，博士生导师。

正确处理马克思主义与
中华优秀传统文化的关系

何中华

正确处理马克思主义与中华优秀传统文化的关系，是党的百年奋斗历程中的一个重大理论与实践问题。习近平指出："文化是一个国家、一个民族的灵魂"，"中华优秀传统文化是中华民族的精神命脉"。[①] 中华民族是有着悠久历史和灿烂文化的伟大民族，在长期的历史发展中形成了自己独特的精神世界和思维方法，积淀了深厚的特质禀赋和文化基因。这是影响中华民族生存和发展的深层因素，也是我们党不断进行理论创新的文化沃土。中国共产党作为马克思主义政党，在成立之后，坚持把马克思主义的普遍真理同包括历史文化在内的我国具体实际相结合，不断推进马克思主义中国化。在革命、建设和改革进程中，中国共产党人不断深化对马克思主义与中华优秀传统文化关系的认识，"把坚持马克思主义同弘扬中华优秀传统文化有机结合起来"[②]，不仅推进了马克思主义中国化进程，而且传承、弘扬、光大了中华优秀传统文化，积累了宝贵历史经验。

一、扎根中国文化土壤，结合中国文化实际，推进马克思主义中国化

马克思指出："理论在一个国家实现的程度，总是决定于理论满足这个国家的需要的程度。"[③] 马克思主义在中国的成功传播和实践，充分地证明了这一论断。

[①] 习近平：《坚定文化自信，建设社会主义文化强国》，《求是》2019年第12期。
[②] 《人民日报》2021年3月26日。
[③] 《马克思恩格斯选集》第1卷，人民出版社，1995年，第11页。

首先，马克思主义必须植根于中国文化土壤才能真正实现中国化并有效指导中国革命、建设、改革实践。恩格斯强调指出："在我看来，马克思的历史理论是任何坚定不移和始终一贯的革命策略的基本条件；为了找到这种策略，需要的只是把这一理论应用于本国的经济条件和政治条件。"[①] 所谓"本国的经济条件和政治条件"，也就是最基本的国情，而这些"条件"又必然植根于深厚的文化土壤，毋宁说它就是在特定文化背景下经过长期的历史的发展和积淀孕育而成的。习近平指出："中华传统文化源远流长、博大精深，中华民族形成和发展过程中产生的各种思想文化，记载了中华民族在长期奋斗中开展的精神活动、进行的理性思维、创造的文化成果，反映了中华民族的精神追求，其中最核心的内容已经成为中华民族最基本的文化基因。"[②] 中国共产党成立后，在带领人民进行革命、建设和改革的过程中，立足中国国情，坚持把马克思主义基本原理同中国的具体实际相结合，把马克思主义厚植于中国文化的沃土，创造性地丰富和发展了马克思主义。可以说，中华优秀传统文化是马克思主义中国化的重要背景因素之一，也是中国共产党领导人民进行伟大社会革命取得辉煌成就、进行理论创新取得累累硕果背后的重要文化滋养。毛泽东指出："中国革命斗争的胜利要靠中国同志了解中国情况"，中国共产党人"不但要懂得中国的今天，还要懂得中国的昨天和前天"[③]，要"对于国内和国际的政治、军事、经济、文化"有深入的研究。[④] 这里的"中国情况"，既包含中国的现实状况，也包含中国的历史和文化传统。改革开放后，中国共产党带领全国人民解放思想、实事求是，大胆地试、勇敢地闯，成功开创了中国特色社会主义。邓小平强调："把马克思主义的普遍真理同我国的具体实际结合起来，走自己的道路，建设有中国特色的社会主义，这就是我们总结长期历史经验得出的基本结论。"[⑤] 党的十八大以来，习近平深刻指出："每个国家和民族的历史传统、文化积淀、基本国情不同，其发展道路必然有着自己的特色。""我们开辟了中国特色社会主义道路不是偶然的，是我国历史传承和文化传统决定的。"[⑥]

---

① 《马克思恩格斯选集》第4卷，人民出版社，1995年，第669页。
② 《人民日报》2014年10月14日。
③ 《毛泽东选集》第1卷，人民出版社，1991年，第115页。
④ 《毛泽东选集》第1卷，人民出版社，1991年，第801、796页。
⑤ 《邓小平文选》第3卷，人民出版社，1993年，第3页。
⑥ 《人民日报》2014年10月14日。

从世界范围看，各个国家都有自己的实际情况和文化禀赋，世界社会主义运动在各国的不同实践也充分说明，马克思主义只有与该国实际相结合才能落地生根。并且，这个结合的过程并不是单向和静态的，而是双向和动态的。中国共产党通过把马克思主义与中华优秀传统文化相结合，不仅使马克思主义获得了丰富和发展，而且使中华优秀传统文化实现了创造性转化、创新性发展，在新的历史条件下发扬光大。

其次，中华优秀传统文化与马克思主义的融通契合之处，为二者的有机结合提供了可能性和有利条件。中国共产党是在近代中国社会和文化的深刻激荡中、在新文化运动和五四运动的洗礼下应运而生的，其产生和发展有着深刻的思想文化因素。近代以后，西方各式各样的学说和理论都曾传入我国，在国内的思想政治舞台上竞相出场，但最后只有马克思主义胜出，这决不是偶然的。马克思主义以其科学性和真理性不仅揭示了人类社会的发展规律，而且指明了中国的发展方向和奋斗目标，为苦苦寻求救国救民道路的国人点亮了指路明灯。与此同时，中华优秀传统文化与马克思主义的融通契合之处，也是中国人选择马克思主义和马克思主义能够扎根中国大地并深刻影响中国社会发展进程的重要因素。习近平指出："马克思主义传入中国后，科学社会主义的主张受到中国人民热烈欢迎，并最终扎根中国大地、开花结果，决不是偶然的，而是同我国传承了几千年的优秀历史文化和广大人民日用而不觉的价值观念融通的。"[①] 比如，中国传统文化极为看重"践履"，注重"知行合一"，有"经世致用"的悠久传统，这与马克思主义注重理论与实践相结合有相通之处。更为重要的是，俄国十月革命的成功实践不仅证明了马克思主义的科学性和有效性，也为看重"效验"和"明证"的中国人带来了强烈的思想冲击。陈独秀、李大钊、毛泽东等优秀的中国共产党人都是有着深厚传统文化素养的先进知识分子，他们不仅从理论上认识到了马克思主义的真理性，而且从实践的"效验"中坚定了对马克思主义的信仰。这也是早在十月革命爆发之前马克思主义就已经传入中国，而毛泽东却说"十月革命一声炮响，给我们送来了马克思列宁主义"[②] 的原因之一。可以说，中华优秀传统文化作为先在的精神性的中国元素，不仅影响着马克思主义在中

[①] 习近平：《坚持和完善中国特色社会主义制度 推进国家治理体系和治理能力现代化》，《求是》2020年第1期。

[②] 《毛泽东选集》第4卷，人民出版社，1991年，第1471页。

国的接受和传播，也在马克思主义中国化的整个过程中始终发挥着潜移默化的作用。

二、推动马克思主义在与中华优秀传统文化的结合中呈现出鲜明的民族特色

1938年，毛泽东在《中国共产党在民族战争中的地位》一文中讲到学习马克思主义问题时说，"指导一个伟大的革命运动的政党，如果没有革命理论，没有历史知识，没有对于实际运动的深刻的了解，要取得胜利是不可能的"。他要求中国共产党人一方面加强对马克思主义基本理论的学习，以其指导革命的行动，另一方面，还要"学习我们的历史遗产，用马克思主义的方法给以批判的总结"。他说："我们这个民族有数千年的历史，有它的特点，有它的许多珍贵品。对于这些，我们还是小学生。今天的中国是历史的中国的一个发展；我们是马克思主义的历史主义者，我们不应当割断历史。"他深刻指出："马克思主义必须和我国的具体特点相结合并通过一定的民族形式才能实现"，"离开中国特点来谈马克思主义，只是抽象的空洞的马克思主义。因此，使马克思主义在中国具体化，使之在其每一表现中带着必须有的中国的特性，即是说，按照中国的特点去应用它，成为全党亟待了解并亟须解决的问题"。[1] 毛泽东这里非常清晰和辩证地讲明了马克思主义中国化的科学内涵，也指明了中国共产党人对待中国历史和文化的科学态度。据此而论，马克思主义倘若不和我们民族的文化形式和具体特点相结合，就不可能真正地"具体化"和"中国化"；马克思主义要变成扎根中国土壤并在中国大地上开花结果的"活的马克思主义"，就必须与中国的现实国情和文化传统相结合，使马克思主义以特有的民族形式呈现出来，否则就是教条主义和僵死的马克思主义。毛泽东指出，"洋八股必须废止，空洞抽象的调头必须少唱，教条主义必须休息，而代之以新鲜活泼的、为中国老百姓所喜闻乐见的中国作风和中国气派"[2]。所谓具有中国作风和中国气派，就是马克思主义在与中华优秀传统文化真正结合后呈现出具有中国特色的理论形态。在马克思主义中国化的理论创新成果中，许多经典的思想创造和理论表达都带

---

[1] 《毛泽东选集》第2卷，人民出版社，1991年，第534页。
[2] 《毛泽东选集》第2卷，第534页。

有鲜明的中国风格。比如，毛泽东的重要哲学著作《实践论》就以"论认识和实践的关系——知和行的关系"为副标题，其中"知和行的关系"显然是借用了中国传统哲学中的概念和表述。还有，对于唯物辩证法的对立统一规律，毛泽东也用"矛盾"或"一分为二"等中国式的概念来概括和表述。这些无疑都是具有中国作风和中国气派的理论形态。

在推进马克思主义中国化、赋予马克思主义以民族形式方面，最为经典和具有代表性的还是毛泽东对于实事求是以及邓小平对于小康社会的创造性解释。1941年，在《改造我们的学习》一文中，毛泽东对《汉书》中的"实事求是"一词作了创造性的解释，指出："'实事'就是客观存在着的一切事物，'是'就是客观事物的内部联系，即规律性，'求'就是我们去研究。我们要从国内外、省内外、县内外、区内外的实际情况出发，从其中引出其固有的而不是臆造的规律性，即找出周围事变的内部联系，作为我们行动的向导。"[①] 这一解释既把马克思主义的精髓讲得生动透彻，又使"实事求是"这一中华传统文化中的概念得到了质的升华，包含着丰富的马克思主义思想内涵。1979年，邓小平在会见来访的日本首相大平正芳时，第一次用《礼记》中的"小康"一词来阐释"中国式的现代化"，赋予社会主义现代化理论以鲜明的中国风格。后来，小康社会的理论不断丰富和发展，"小康社会"也成为建设中国特色社会主义和实现社会主义现代化的一个经典表达。

总之，中国共产党在推进马克思主义中国化的过程中，始终注重把马克思主义的基本原理同中国的具体实际相结合，努力使马克思主义的理论和实践具有鲜明的中国特色、中国风格。经过长期实践，马克思主义在中国呈现出勃勃生机，成为深深植根于中国社会和文化沃土的"活的马克思主义"。

三、对中华传统文化"坚持有鉴别的对待，有扬弃的继承"，并结合时代特点和现实需要发扬光大

2014年9月，习近平在纪念孔子诞辰2565周年国际学术研讨会暨国际儒学联合会第五届会员大会开幕会上的讲话中指出："传统文化在其形成和

[①] 《毛泽东选集》第3卷，人民出版社，1991年，第801页。

发展过程中，不可避免会受到当时人们的认识水平、时代条件、社会制度的局限性的制约和影响，因而也不可避免会存在陈旧过时或已成为糟粕性的东西。这就要求人们在学习、研究、应用传统文化时坚持古为今用、推陈出新，结合新的实践和时代要求进行正确取舍，而不能一股脑儿都拿到今天来照套照用。要坚持古为今用、以古鉴今，坚持有鉴别的对待、有扬弃的继承，而不能搞厚古薄今、以古非今，努力实现传统文化的创造性转化、创新性发展，使之与现实文化相融相通，共同服务以文化人的时代任务。"① 在漫长的历史进程中，中华民族创造了独树一帜的灿烂文化。在马克思主义指导下，中国共产党秉持辩证唯物主义和历史唯物主义的科学态度，"对传统文化进行科学分析，对有益的东西、好的东西予以继承和发扬，对负面的、不好的东西加以抵御和克服，取其精华、去其糟粕"，同时"加强对中华优秀传统文化的挖掘和阐发，使中华民族最基本的文化基因与当代文化相适应、与现代社会相协调，把跨越时空、超越国界、富有永恒魅力、具有当代价值的文化精神弘扬起来"。② 中国共产党以马克思主义为指导，对于传统文化一贯秉持一分为二的辩证态度。一方面，中国共产党重视历史，强调尊重和继承我们民族的传统文化，同时又秉持辩证的态度，强调必须是有批判地继承，不能全盘肯定或否定；另一方面，对于传统文化，中国共产党还坚持发展的观点，根据时代发展不断进行改造，赋予其新的内涵，让其更好地为人民服务。

新民主主义革命时期，毛泽东强调，要批判吸收传统文化中的有益因素，并加以改造后为革命事业和人民群众服务。1942年5月，毛泽东在延安文艺座谈会上指出，"我们必须继承一切优秀的文学艺术遗产，批判地吸收其中一切有益的东西"，"对于过去时代的文艺形式，我们也并不拒绝利用，但这些旧形式到了我们手里，给了改造，加进了新内容，也就变成革命的为人民服务的东西了"。③ 改革开放后，中国共产党根据时代和实践的发展，不断强调要从传统文化中挖掘有益资源，为社会主义精神文明建设服务，努力建设中国特色社会主义文化。1979年10月，邓小平在中国文学艺术工作者第四次代表大会上的祝词中指出："我国历史悠久，地域辽阔，人

---

① 《人民日报》2014年9月25日。
② 习近平：《坚定文化自信，建设社会主义文化强国》，《求是》2019年第12期。
③ 《毛泽东选集》第3卷，第860、855页。

口众多,不同民族、不同职业、不同年龄、不同经历和不同教育程度的人们,有多样的生活习俗、文化传统和艺术爱好",对于"我国古代的和外国的文艺作品、表演艺术中一切进步的和优秀的东西,都应当借鉴和学习"。① 1991年7月,在庆祝中国共产党成立70周年大会上,江泽民指出:"有中国特色社会主义的文化,必须以马克思列宁主义、毛泽东思想为指导","必须继承发扬民族优秀传统文化而又充分体现社会主义时代精神"。"中华民族是有悠久历史和优秀文化的伟大民族。我们的文化建设不能割断历史。对民族传统文化要取其精华、去其糟粕,并结合时代的特点加以发展,推陈出新,使它不断发扬光大。"② 2007年10月,胡锦涛在党的十七大报告中指出:"中华文化是中华民族生生不息、团结奋进的不竭动力。要全面认识祖国传统文化,取其精华,去其糟粕,使之与当代社会相适应、与现代文明相协调,保持民族性,体现时代性。"③

党的十八大以来,习近平对社会主义文化建设进行了系统思考和深刻论述,在对待传统文化的科学态度、中华优秀传统文化的时代价值、中国特色社会主义文化与中华优秀传统文化的关系等方面,都有精辟阐述和明确要求。习近平指出:"中国共产党人是马克思主义者,坚持马克思主义的科学学说,坚持和发展中国特色社会主义,但中国共产党人不是历史虚无主义者,也不是文化虚无主义者。我们从来认为,马克思主义基本原理必须同中国具体实际紧密结合起来,应该科学对待民族传统文化,科学对待世界各国文化,用人类创造的一切优秀思想文化成果武装自己。在带领中国人民进行革命、建设、改革的长期历史实践中,中国共产党人始终是中国优秀传统文化的忠实继承者和弘扬者,从孔夫子到孙中山,我们都注意汲取其中积极的养分。""传承中华文化,绝不是简单复古,也不是盲目排外,而是古为今用、洋为中用,辩证取舍、推陈出新,摒弃消极因素,继承积极思想,'以古人之规矩,开自己之生面',实现中华文化的创造性转化和创新性发展。"他还明确指出,"中国特色社会主义文化,源自于中华民族5000多年文明历史所孕育的中华优秀传统文化",强调中华优秀传统文化是"涵养社会主义核心价值观的重要源泉,也是我们在世界文化激荡中站稳脚跟的坚实根基",

---

① 《邓小平文选》第2卷,人民出版社,1994年,第210页。
② 《十三大以来重要文献选编》下册,中央文献出版社,2011年,第1643—1645页。
③ 《胡锦涛文选》第2卷,人民出版社,2016年,第640—641页。

要求"结合新的时代条件传承和弘扬中华优秀传统文化"。①

在历史的长河中,中华民族形成了伟大民族精神和优秀传统文化,这是中华民族生生不息、长盛不衰的文化基因,也是实现中华民族伟大复兴的重要精神力量,要结合新的实际发扬光大。回顾和总结中国共产党认识和处理马克思主义与中华优秀传统文化关系的历史经验,既是坚定文化自信、传承和弘扬中华优秀传统文化、实现中华优秀传统文化创造性转化和创新性发展的题中之义,又是在新的历史条件下继续深化和拓展马克思主义中国化、不断开辟马克思主义新境界的内在要求。在全面建设社会主义现代化国家新征程上,在持续推动马克思主义中国化、时代化、大众化进程中,我们要坚持中国特色社会主义文化发展道路,"推动中华优秀传统文化创造性转化、创新性发展,以时代精神激活中华优秀传统文化的生命力"②,不断铸就中华文化新辉煌,为建设社会主义文化强国和实现中华民族伟大复兴提供强大精神动力。

原载《党的文献》2021 年第 3 期

作者简介:何中华,山东省中国特色社会主义理论体系研究中心特约研究员。

---

① 《人民日报》2014 年 9 月 25 日;习近平:《坚定文化自信,建设社会主义文化强国》,《求是》2019 年第 12 期。
② 《人民日报》2021 年 3 月 26 日。

中国文化与马克思主义

秦 哲

文化是一个民族、一个国家的历史积淀，具有最深层最广泛的群众思想基础；理论是一个政党、一定阶级的价值理想，具有更现实更同步的斗争实践指导性。中国是"东方人类历史的开端"，中国文化是全体中华儿女的共同价值追求和精神家园。马克思主义是人类文明最优秀成果，是世界共产主义者进行伟大斗争的科学的世界观和方法论。先进理论反映着文化的普遍性，彰显真理意义；优秀文化体现着理论的特殊性，蕴含生命价值。文化是理论最高实现形式，理论是文化基本价值实践。中国文化为马克思主义中国化贡献了人文底蕴、气质，马克思主义为中国文化创新发展赋予了时代内涵、意义。

一、马克思主义推动中国文化实现觉醒

"文化的觉醒，从根本讲是个人本位（英美）社会向社会本位（苏联）社会思想、意识的觉醒。"（梁漱溟《中国文化要义》）在人类历史长河中，重大历史事件往往促使人们警醒与清醒。而这种警醒与清醒，正是产生文化自觉的前奏，用这种文化警醒与清醒，引领社会意识的觉醒。历史证明，中国革命、建设、改革与发展的过程，也是马克思主义基本原理与中国具体实践相结合，推动中国以伦理本位社会为核心的文化觉醒的过程。

致力民族独立、获得人民解放，实现中国文化第一次伟大觉醒。"观乎人文，以化成天下。"可以说，文化是古老中国的全部记忆。正如英国学者罗素 20 世纪 30 年代在中国演讲时所说："中国实为一文化体而非国家。"文化使然，国家意识薄弱是近代国人之大写真。1932 年初，上海"一·二八"事变中，《巴黎晨报》记者行经离上海不远地方，看到人们大多若无其事，

不禁感到惶惑，甚至莫名其妙。而1934年3月16日德国发布恢复征兵消息时，柏林一位60多岁女房东闻讯欢喜过度，倒地而亡。这一鲜明对照，不在其事件本身，而在于文化。中国的家族观念在其全部文化传统中占主导地位，且根深蒂固，亦是世界闻名。中国老话有"国之本在家""积家而成国"之说，久而形成轻个人而重家族、先家族而后国家的价值理念。近代以来，特别是从新文化运动开始，无数志士仁人面对一盘散沙的旧中国，常常陷入"家"与"国"的文化反思。

十月革命一声炮响，给中国送来了马克思列宁主义。革命先驱者李大钊在《新纪元》中这样说："俄罗斯之革命，非独俄罗斯人心变动之显兆，实二十世纪全世界人类普遍心理变动之显兆"，这一胜利"是世界革命的新纪元，是人类觉醒的新纪元"，"是二十世纪革命的先声"。以毛泽东为代表的中国共产党人，从嘉兴南湖红船革命理想启航到延安窑洞艰难探寻，再到天安门城楼上庄严宣示，28年的浴血奋战，让这个内忧外患、社会危机空前深重的民族获得了新生、实现了伟大觉醒。民族的觉醒本质上是文化的觉醒。中国文化形成根基在广大人民群众，觉醒根源却在马克思主义指导下的群众斗争实践。在中国伦理本位社会文化大背景下，用马克思主义唤醒"人民观念"，赋予了"民族意识""国家意识""社会意识"新的时代内涵，才最终实现了中国从几千年封建专制政治向人民民主的伟大历史飞跃。

实行改革开放、大力发展经济，实现中国文化再次伟大觉醒。以农耕文明起家的中华民族，惯以"王者以民人为天，而民人以食为天"思想治国理政，千百年来始终把解决百姓温饱问题放在首位，逐步形成了封闭、保守、自给自足、自我循环的经济理念和文化观念。20世纪50年代中后期我们在社会主义改造基本完成之后，由于受"左"的思想影响，曾一度超越发展阶段，大搞以阶级斗争为纲、一大二公、平均主义大锅饭，致使我国经济社会发展遭到巨大损失。

以邓小平为代表的中国共产党人，坚持真理、修正错误，解放思想、实事求是，从以阶级斗争为纲到以经济建设为中心，从封闭半封闭到全面对外开放，从计划经济到社会主义市场经济，完成了中华民族广泛而深刻的社会变革，确立了以公有制为主体、多种所有制经济共同发展的基本经济制度。"改革开放是中国的第二次革命。"马克思认为，一定经济形态决定着社会的政治和文化形态。这场"革命"推动我国经济取得巨大进步的同时，社会主义的政治和文化也发生了根本性改变，整个社会面貌焕然一新。如果说，改革开放是我们党的伟大觉醒，那么也应是中国文化的伟大觉醒。邓小平曾经说，中国的改革是从农村开始的，这个发明权是农民的。所以说，这次"觉醒"从本质看，是马克思主义基本原理的实际运用，打破了中华民族千百年来政治与经济、政治与文化自上而下的单向权力推动，变成了新的历史起点上经济与政治、经济与文化上下结合的双向良性互动，才最终实现了中华民族命运根本扭转、持续走向繁荣富强的伟大飞跃。

涵养党内政治文化、净化党内政治生态，是中国文化又一次伟大觉醒。一个民族的复兴必将伴随其文化的复兴。中国共产党要肩负起民族文化复兴的重任与使命，必须首先建设好党内政治文化，确保党始终代表着中国先进文化的前进方向。在一个时期里，有些地方和部门，由于党的领导弱化、党的建设缺失、管党治党不严，由于封建腐朽文化影响和商品交换原则侵蚀，党内政治生活随意化、形式化、平淡化、庸俗化现象蔓延，个人主义、分散主义、自由主义、好人主义盛行，系统性、塌方式、家族式腐败不时出现。党内严重腐败从表面上看是党的作风建设薄弱问题，但根子都在文化。

人的思想观念来源于文化，价值理念根植于文化。我国有过 2000 多年的封建社会历史，一些旧文化、旧思想对每个中国人的影响都是潜移默化的、浸润身心的。"一人得道鸡犬升天"，封妻荫子、光宗耀祖、任人唯亲等封建思想残余在一定程度上依然存在，侵蚀着党内政治生态建设。马克思说过，无产阶级革命与其他革命不同之处就在于：它自己批评自己，并靠批评自己壮大起来。革命者必先自我革命。党的十八大以来，以习近平同志为核心的党中央以从严管党治党开局起步，以刀刃向内的政治勇气朝党内顽瘴痼疾开刀，反腐败斗争取得重大成果，形成压倒性态势。中国共产党作为中国工人阶级同时作为中国人民和中华民族的先锋队，就是要从加强党内政治文化建设抓起，坚持不懈与中国文化的糟粕、封建思想的残余做斗争，彻底清除形式主义、官僚主义、享乐主义和奢靡之风流毒，匡正政治生态、引领社会风尚，真正建立起新时代意义上的文化自信，最终实现中国人民从站起来到富起来、强起来的伟大飞跃。

二、中国文化为马克思主义中国化提供丰厚沃土

马克思主义来到中国不是孤立存在的，而是始终与中国文化特别是中华优秀传统文化相生相存。马克思主义之所以能够在中华大地上生根发芽、开

花结果，既不是偶然，也不是巧合，而是生长在中国文化这一沃土上的中国人民历史的选择。革命的、道德的和大同的思想元素构成了中国文化的基本特征。中华优秀传统文化的丰厚底蕴、中国革命文化的炽热激情与社会主义先进文化的实践创造，构筑起当代中国马克思主义的文化脊梁。

重视变革与革命的文化传统经过基于马克思主义基本原理的创造性转化、创新性发展，形成当代中国革命理论与传统。中国传统儒家文化既重视伦理与秩序，也重视变革与革命。儒家典籍《周易》讴歌商汤、周武王推翻暴政的革命行动。"汤武革命，顺乎天而应乎人，革之大事矣哉。""革命""变通""革故鼎新"等词汇均出自此书。孟子、荀子也对汤武革命进行了褒扬。齐宣王曾问孟子，商汤流放夏桀、周武王讨伐商纣，算不算犯上作乱？孟子回答，夏桀、商纣已经失去君王的基本德行，是毁仁害义的独夫民贼，诛杀流放这些人，不属于犯上弑君。荀子站在儒家的立场上，也认为把商汤、周武王的行为看成弑君犯上是错误的。他说君主的地位并不是永恒固定的，商汤、周武王奉行道义，为天下人谋福利、除祸害，因而天下人归顺他们。可见，中国传统文化并非一般人眼里纯然的愚忠愚孝文化，而是同时也蕴含着变革与革命的文化传统。

近代以来，中国人民受到帝国主义和封建主义的双重剥削和压迫，中国命运何去何从，富有爱国主义精神和革命传统的中国人民，开始了前赴后继的救国救亡运动。辛亥革命尽管赶走了封建皇帝，但旧文化、旧思想始终难以驱离。新文化运动的兴起，给中国革命带来前所未有的新希望，特别是十月革命给中国送来马列主义，中国共产党开始登上历史的舞台，革命的面貌从此焕然一新。1940年毛泽东在陕甘宁边区文化协会第一次代表大会上发表演讲时，就指出了革命文化的内涵、作用与特点："革命文化，对于人民大众是革命的有力武器。革命文化，在革命前是革命的思想准备；在革命中是革命总战线中的一条必要和重要的战线。"中国文化中的革命元素，与马克思主义彻底的批判精神相融合，以认识世界、改造世界，认识社会、改造社会前所未有的巨大胆识和气魄，产生并造就了革命的马克思主义政党和革命的人民。我们党在马克思主义革命理论指导下，不仅形成了独具特色的中国革命理论，也锤炼出了更具人类文明进步意义的革命文化。从土地革命到社会主义革命，从实行改革开放到全面深化改革，从延安整风再到正风反腐，可以说，一部中国共产党历史，就是一部在勇于自我革命与善于领导革命中实现超越和发展的革命文化史。

中华优秀道德传统经过基于马克思主义基本原理的创造性转化、创新性发展，形成了中国特色社会主义道德信念。道德文化是中国传统文化重要组成部分，是我们立身做人的价值遵循。中国道德文化从本质上讲是"自我"修养的文化，既脱俗于自然又融入自然，始终关注生命的意义；既来源于物质又高于物质，始终关照生命的价值。经过千百年不断演变，逐步形成了以"天人合一""修齐治平""厚德载物""自强不息""礼义廉耻""仁者爱人""孝悌忠信""忠恕之道"为主要特征的中华传统道德观，这不仅给中国人处理人与自然、人与他人、人与自己关系，提供了基本价值遵循，也为马克思主义道德观的中国化奠定了深厚文化根基。马克思早在《1844年经济学-哲学手稿》中，就基于"自由、人类共同体和自我实现"三个概念，形成了一种系统的道德观。马克思认为，这三种价值都是内在的、自由的和终极的善；个人只有生活在与他人、自然的和谐关系中，自我决定才是可能的和现实的。这些，都与中国道德文化高度吻合，它既是非政治的、没有任何社会强制性的道德实践，也是在与他人的合理关系中自我发展的积极的人生境界。

中华优秀道德传统不仅是中国人的文化家底，也为马克思主义道德观在中华大地生存发展创造了现实条件，为彻底摒弃资产阶级虚假的、欺骗的、口是心非的，以及夸大其词的道德教义，探索人类至善理论打下坚实文化基础。习近平总书记在北京大学师生座谈会上指出："核心价值观其实就是一种德，既是个人的德，也是一种大德，就是国家的德、社会的德。"2014年2月，习近平总书记又在中共中央政治局第13次集体学习时指出："牢固的核心价值观，都有其固有的根本。抛弃传统、丢掉根本，就等于割断了自己的精神命脉。"正是基于马克思主义的道德理念、道德实践和道德标准，我们立足社会主义的本质和实践，创新运用中华道德传统中向上向善的思想价值，逐步形成了在国家层面倡导"富强、民主、文明、和谐"，在社会层面倡导"自由、平等、公正、法治"，在个人层面倡导"爱国、敬业、诚信、友善"，三个层面相统一的社会主义核心价值观，为传承和弘扬中华道德传统赋予了新的时代内涵，也为马克思主义"自决的自由""自我价值实现"增添了中华优秀传统文化的人文底蕴。

经典的大同思想经过基于马克思主义基本原理的创造性转化、创新性发展，形成了中国人民团结奋斗的共同思想基础。在中国的优秀传统文化中，"大同"的思想文化源远流长。中华文化中"大同思想"是以追求公天下理想为主要特征的。大同的文化理念早在先秦时期就已经出现,《礼记·礼运篇》中就有"大道之行也,天下为公。选贤与能,讲信修睦……是谓大同"。孔子所设想的大同社会是人类美好的理想社会,实现大同则需要遵循天下为公的大道。一个没有私念的公天下的社会,是贤能得其所用,人与人之间真诚而和睦的社会。从道家"小国寡民"社会构想,到墨家"兼相爱交相利"思想形成,再到洪秀全"有田同耕、有饭同食、有衣同穿"的理想天国等,正是在大同文化感召下,中国人表现出了"天下兴亡,匹夫有责""先天下之忧而忧,后天下之乐而乐"的济世情怀。这种理想追求一直活跃在历代先贤和志士的精神世界里,并被全体中国人民所选择和接受。

20世纪初的中国是政治、经济、文化极其落后的半殖民地半封建国家,但人们对大同世界的理想始终不渝。孙中山先生把"天下为公"作为毕生的奋斗目标,中国早期的马克思主义者也都是以大同思想来理解共产主义。他们认为马克思主义与大同思想是异质同构,高度契合中国人的文化心理。1878年,最早介绍社会主义的《西国近事汇编》认为,"共产主义"就是"无产主义""贫富均财"。经典作家虽然没有对未来的共产主义进行详尽描绘,但还是确定了其中的一些基本原则。如,生产资料全民公有,实行"各尽所能,按需分配"的原则,消灭城市与乡村、工业与农业、脑力与体力劳动"三大差别"对立,阶级和国家消亡等,与马克思所设想的共产主义社会是一个公平、公正的大同世界相一致。应该说,大同思想是中国传统文化与马克思主义的契合点,为马克思主义在中国传播和发展提供了适宜的文化土壤和文化缘由。这便是中国共产党带领中国人民最终选择马克思主义、向往共产主义社会、接受社会主义学说的深厚根基和根本动因。

三、中国特色社会主义文化开启人类文明发展进步新境界

人类社会发展进步始终离不开世界优秀文明成果做支撑。中国特色社会主义文化是中国文化现阶段最显著的特征,是在马克思主义指导下,经过不断自我改造、自我革命逐步形成的。其中蕴含的思想方法、价值理想、精神理念,既是世界优秀文明成果,也是人类文明宝贵的精神财富。中国特色社会主义文化,不仅让中国人民实现"自我觉醒",也逐渐成为世界人民的普遍价值共识,更为人类社会文明进步增添了强劲动力。

"为人民服务"理念为人类社会获得精神自由与解放打开了一扇窗户。

"为人民服务"是1944年9月毛泽东在为因公牺牲的普通战士张思德开追悼会时提出的。70多年间,"为人民服务"作为中国共产党的奋斗宗旨,成为中国共产党人一切行动的出发点和落脚点,并被广大群众所认同,深入人心、家喻户晓,甚至传播于世界。1848年2月,马克思、恩格斯在《共产党宣言》中向全世界宣告:无产阶级要消灭私有制,建立共产主义社会,解放全人类。"解放全人类"首要的是"自我解放",只有自我得到解放、获得自我精神自由,才能推动全人类的解放。人的精神自由,是以对精神的深刻自我意识为条件的。要做到这一点,就需要这个时代的思想家、政治家,启悟全体民众对本民族的精神文化有一个比较深透的理解和把握,从而自主、自觉地对内心世界实现有效的整合、统一和完善,成为自我意识的主人。而毛泽东提出"为人民服务",其思想本质与价值核心正在于此。

我们党之所以长期坚持与封建主义特别是"官本位"思想作斗争,就是要让全体中国人民特别是中国共产党人通过"自我解放",真正获得精神上的自由。因为,在漫长的等级森严的封建社会里,官为百业之首,不同等级的官员享受不同等级待遇,形成了以官职大小衡量人生价值、成就、地位的"官本位"意识。"官本位"文化是几千年封建等级思想的残余,在中国文化的构成中占主导地位,也一直束缚着中华民族精神的自由与解放。"为人民服务"思想是在对封建主义的批判、对道德伦理的重塑中逐步确立起来的,是促使人类社会实现从"自我"意识觉醒到"忘我"境界升华的价值观完善。它不仅让中国共产党人冲出思想牢笼,获得自我解放,达到精神独立与思想自由,为中国文化在本民族恰当定位,也为人类社会文明迈上新台阶、实现新进步打开了一扇心灵窗户。

"共同富裕"理念为人类社会实现财富独立与自由开辟了一条通道。改革开放之后,邓小平多次论述过共同富裕问题。1985年3月,在全国科技工作会议上他再一次指出:"社会主义的目的就是要全国人民共同富裕,不是两极分化。""富裕"问题本质上是一个"财富"问题。追求财富是人的本性,也是社会进步的杠杆。几千年的人类文明史,既是人类追求财富、增加财富的历史,也是财富不断异化的历史。《论语》讲,"富与贵,是人之所欲也,不以其道得之,不处也"。这说明,富贵之"道",既不是损人利己,也不是巧取豪夺,而是仁义之"道"。马克思在《资本论》中指出,异化劳动是财富异化的根源,资本家就是靠剥削工人劳动剩余价值而获得财富的。也就是说,劳动创造财富,但异化的劳动却使财富走了样,让人们失去了真正意义上的财富独立与自由,也由此产生了阶级对立、阶级压迫和剥削。

"贫穷不是社会主义",建设中国特色社会主义离不开财富增长,实现"共同富裕"才是社会主义的本质。但我们提倡的"共同富裕",既不是同步富裕,也不是平均主义;既需要勤劳致富,也需要合法致富;既是物质上共富,也是精神上共富。这就将我们党对"富裕"特别是"财富"本质的认识从"物"提高到了"人"的高度,实现了从"共同富裕"到"自由全面发展"的跃升。改革开放近40年来,我们党始终致力于发展社会主义经济,缩小贫富差距,坚决防止两极分化,使中国跃升为世界第二大经济体;对外坚持做到独立自主,互帮互助,共享共建,积极推动经济全球化,让世界分享中国经济发展成果。当今时代,中国共产党人在一步步践行"共同富裕"思想中形成了这样的价值理念:必须树立劳动创造财富、能力发展财富、人本支撑财富的观念,摒弃金钱财富、权力财富、资本财富的思想;必须处理好财富与社会发展、财富与个人发展的关系,抵制以财富创造为核心的经济社会发展理念;必须大力倡导实现人的自由全面发展就是财富,反对少部分人垄断国家大部分财富,摆脱人成为物的奴隶的羁绊,等等。这不仅深刻揭示了人类社会对财富本质规律的认识,也为实现人的财富独立与自由全面发展提供了理论依据,为构建新的世界经济文化形态开辟出一条思想通道。

构建"人类命运共同体"理念为人类社会永续发展与进步点亮了一盏明灯。当今全球190多个国家、约70亿人口,时刻面临着诸如经济发展长期处于低迷、贫富差距日益拉大、经济危机和金融危机隐患不断加剧;军备竞赛和核竞赛逐步升级、局部战争持续暴发、恐怖主义事件频起;资源枯竭、环境恶化、疾病肆虐、粮食短缺等问题,人类生存与发展始终被一系列世界性、全球性难题所困扰。人类社会未来将走向何方?无论是古代历史上的"华夏中心论",还是近代以来的"西方中心论",都不符合时代发展趋势,都无益于人类永续发展和世界持续繁荣。

"坚持和平发展道路,推动构建人类命运共同体",这是中国共产党和中国人民基于对历史、现实和未来深入思考给世界提供的中国方案、中国理念。在党的十九大报告中,习近平同志进一步向全世界呼吁,各国人民同心协力,构建人类命运共同体,建设持久和平、普遍安全、共同繁荣、开放包容、清洁美丽的世界。构建人类命运共同体理念超越了种族、文化、国家与意识形态界限,蕴含了多样与平等、包容和普惠的精神,充满着推动人类发展进步的大担当和大智慧,既继承了中华优秀文化思想精髓,也体现出马克思主义时代化大众化的使命意识,是人类文明的价值共识。人类社会唯有相互尊重、平等协商,坚决摒弃冷战思维和强权政治,走对话而不对抗、结伴而不结盟的国与国交往新路;唯有坚持以对话解决争端、以协商化解分歧,统筹应对传统和非传统安全威胁,反对一切形式的恐怖主义;唯有同舟共济,促进贸易和投资自由化便利化,推动经济全球化朝着更加开放、包容、普惠、共赢的方向发展;唯有尊重世界文明多样性,以文明交流超越文明隔阂、文明互鉴超越文明冲突、文明共存超越文明优越;唯有坚持环境友好,合作应对气候变化,保护好人类赖以生存的地球家园,人类社会才能真正摆脱困境、面向未来、走向光明。"人类命运共同体"理念,既是中国人民站在人类真理和道义制高点上,为化解世界矛盾冲突、解决各种争端分歧开出的一剂良方,也是中国共产党探索人类社会发展规律,为世界和平发展进步而点亮的一盏智慧明灯。

原载《红旗文稿》2017年第22期

作者单位:中央军委机关。